Gewinnabschöpfung des Patienten
bei kommerzieller Nutzung
von Körpersubstanzen durch den Arzt?

Europäische Hochschulschriften

Publications Universitaires Européennes
European University Studies

Reihe II
Rechtswissenschaft

Série II Series II
Droit
Law

Bd./Vol. 2996

PETER LANG
Frankfurt am Main · Berlin · Bern · Bruxelles · New York · Oxford · Wien

Stella Ehrlich

Gewinnabschöpfung des Patienten bei kommerzieller Nutzung von Körpersubstanzen durch den Arzt?

PETER LANG
Europäischer Verlag der Wissenschaften

Die Deutsche Bibliothek - CIP-Einheitsaufnahme

Ehrlich, Stella:

Gewinnabschöpfung des Patienten bei kommerzieller Nutzung von Körpersubstanzen durch den Arzt? / Stella Ehrlich. - Frankfurt am Main ; Berlin ; Bern ; Bruxelles ; New York ; Oxford ; Wien : Lang, 2000
(Europäische Hochschulschriften : Reihe 2, Rechtswissenschaft ; Bd. 2996)
Zugl: Mannheim, Univ., Diss., 1999
ISBN 3-631-36278-1

D 180
ISSN 0531-7312
ISBN 3-631-36278-1

INHALTSVERZEICHNIS

Einleitung

Die Fragestellung einer Gewinnabschöpfung des Patienten gegenüber seinem Arzt mag die meisten von uns seltsam berühren. Der Patient verfügt nämlich über Körpermaterial, das zwar im ersten Augenblick als nichts Besonderes erscheint, sich aber als etwas Besonderes erweisen kann.

Auf die Frage über den Verbleib des Körpermaterials, das dem Patienten im Rahmen einer ärztlichen Behandlung vom Arzt entnommen wurde, wird der betroffene Patient wahrscheinlich antworten, es handele sich dabei um Abfall, der beseitigt werden müsse. Mitte der achziger Jahre entpuppte sich aber der „Abfall" eines Patienten[1] sogar als Goldmine. Auch sollte man sich vor Augen führen, welche Bedeutung Körpersubstanzen dank des medizinischen und biologischen Fortschritts für die Industrie, vorwiegend die Pharmaindustrie, zukommt, insbesondere bei der Entwicklung und Herstellung von Impfstoffen, Diagnostika, Therapeutika und Schönheitspräparaten[2]. Körpermaterial ist nicht zuletzt wegen gentechnologischer Möglichkeiten für die Industrie, die damit Milliardenumsätze erzielt[3], unentbehrlich geworden. Zudem erlangt Körpermaterial im Bereich der Transplantationsmedizin ganz wesentliche Bedeutung[4].

Die bislang rechtlich geführten Diskussionen betreffen zumeist nicht die Frage einer möglichen Gewinnabschöpfung des Patienten, sondern beschäftigen sich mit der vorgelagerten Frage, ob der Arzt in beliebiger Weise das Körpermaterial seines Patienten weiterverwenden darf[5].

Als großes Problem erweist sich die Heimlichkeit der Verwertung menschlicher Körpersubstanzen[6]. Der Mangel an Informationen trägt dazu bei, daß sich der typische Patient gewöhnlich keine Gedanken darüber macht, was mit seinen entnommenen Körpersubstanzen geschieht oder, falls doch, geht er nicht von einem materiellen Wert der Körpersubstanzen aus. Eher wird er deren anschließende Vernichtung annehmen[7]. Für den typischen Patienten stellt sich

---

[1] Betroffen war der US-Amerikaner *John Moore*; die ausführliche Darstellung des Falls siehe S. 4 ff.

[2] Zur steigenden Bedeutung von Körpersubstanzen *Taupitz*, AcP 191 (1991), 201 (202).

[3] *Scott*, The Body as Property, S. 14 ff.; *Rieger*, DMW 103 (1978), 290; siehe auch *Mich. L. Rev.* 1974, 1182 (1184):Virtually every part of the human body is may or will soon be reusable.

[4] Die Wichtigkeit von Körpermaterial wird auch in Presseberichten hervorgehoben, siehe hierzu *Taupitz*, AcP 191 (1991), 201 (202, 204 Fn. 4 u.13 ff.); siehe ferner *Meichsner*, bild der wissenschaft 1994, 52 ff.; *Grefe*, Interview mit *John Moore* im Süddeutschen Zeitung Magazin vom 20.1.1995 S. 38; Berichte in *Zeit-Punkte* Nr. 2/1995.

[5] Darauf weist *Taupitz*, AcP 191 (1991), 201 (202), hin. Die erst kürzlich veröffentlichte Dissertation von *Müller*, Die kommerzielle Nutzung von Körpersubstanzen, geht nur am Rande auf eine mögliche Gewinnabschöpfung des Patienten ein. Im wesentlichen wird der Verkauf von Körpersubstanzen durch den Substanzträger selbst oder durch einen Dritten behandelt.

[6] *Taupitz*, VersR 1991, 396; *ders.*, AcP 191 (1991), 201 (203).

[7] *Taupitz*, AcP 191 (1991), 201 (203).

daher schon aus rein tatsächlichen Gründen die Frage einer Gewinnabschöpfung nicht[8].

Sofern der Patient Kenntnis von der Nutzung seiner Körpersubstanz erhält und von den lukrativen Geschäften erfährt, die der Arzt auf Grundlage des von ihm zurückgelassenen Körpermaterials betreibt, stellt sich für ihn die Frage, ob er an den wirtschaftlichen Vorteilen des Arztes teilhaben kann. Denn immerhin hat der Patient mit dem von ihm stammenden Körpermaterial einen Beitrag hierzu „geleistet". Auch fragt sich, ob ihm statt dessen oder zusätzlich ein Schmerzensgeldanspruch gegen den Arzt zustehen kann, den man etwas unpräzise ebenfalls als „Gewinnabschöpfung" charakterisierten könnte.

Im 1. Teil dieser Arbeit wird zunächst auf die verschiedenen Arten und Weisen der Nutzungen von Körpersubstanzen durch den Arzt eingegangen[9]. Anschließend folgt eine Darstellung der rechtlichen Bewertung von Körpersubstanzen[10]. Hierauf werden mögliche Grenzen aufgezeigt, die der Nutzung von Körpersubstanzen entgegenstehen könnten und diese somit als „Ausnutzung" erscheinen ließen[11].

Der 2. Teil der Arbeit widmet sich dann der Frage, ob die „Ausnutzung", wenn sie sich als gewinnbringend für den Arzt erweist, zu rechtlichen Konsequenzen zugunsten des Patienten führt, insbesondere, ob dem Patienten Ansprüche zugute kommen, die ihm eine Gewinnabschöpfung ermöglichen[12].

Um die weite Problematik einzugrenzen, wird in dieser Arbeit nur auf die vom Körper im Rahmen einer Behandlung aus *diagnostischen und/oder therapeutischen Gründen* entnommenen Körpersubstanzen und deren (kommerzielle) Nutzung eingegangen[13], sofern die Nutzung *ohne Wissen des Patienten* stattfindet.

Insbesondere bleibt die Entnahme körperlicher Substanzen vom bereits verstorbenen Patienten und/oder die Nutzung seines Leichnams (z. B. crash-tests) außer Betracht. Stirbt der Patient erst *nach* der Entnahme der Körpersubstanz, so fließt dieser Umstand, der Ansprüche seiner Erben betreffen würde, ebenfalls nicht in die Erörterung mit ein.

---

[8] Bei künstlichen Körpersubstanzen allerdings, die für den Patienten ganz offensichtlich einen materiellen Wert besitzen, kommt es zuweilen vor, daß der Patient oder dessen Angehörige wenigstens deren Herausgabe verlangen, hierzu *AG Neuss*, NJW 1987, 709; *LG Mainz*, MedR 1984, 119 f.

[9] S. 5 ff.

[10] S. 15 ff.

[11] S. 45 ff.

[12] S. 123 ff.

[13] Daher wird die Organtransplantation nicht näher erörtert.

Verwertet ein Arzt Informationen *über* das Körpermaterial ohne das Wissen des Patienten, so werden die damit verbundenen spezifischen Probleme, wie die der ärztlichen Schweigepflicht oder des Datenschutzrechts, ebenfalls nicht weiter thematisiert. Vielmehr soll hauptsächlich die Nutzung *an* oder *mit* dem körperlichen *Material* Erörterungsgegenstand sein.

Problematisiert wird ausschließlich die Nutzung menschlicher Körpersubstanzen durch den *Arzt*, obwohl häufig dessen Mitarbeiter und nicht der Arzt selbst mit der konkreten Ausführung befaßt sein dürften. Ohne auf die anderen Beteiligten näher einzugehen, soll hier jedoch nur idealtypisch das Arzt-Patient-Verhältnis erörtert werden.

1. Teil: Zulässige und unzulässige Nutzung von Körpersubstanzen durch den Arzt

I. Problemstellung: Nutzungsformen von Körpersubstanzen durch den Arzt

Um ein besseres Problemverständnis zu erlangen, sollen einige der wichtigsten Nutzungsformen menschlicher Körpersubstanzen an den Anfang der Erörterung gestellt werden.

Die folgenden Sachverhalte gehen von den medizinischen Möglichkeiten aus und führen dann zu den wirtschaftlichen Nutzungsmöglichkeiten hin.

1. Der Fall John Moore (Nutzung durch Züchtung von Zellinien)

Eine der wohl spektakulärsten Nutzungen menschlicher Körpersubstanzen ereignete sich Ende der siebziger, Anfang der achtziger Jahre in den USA.

Der davon betroffene Patient namens *John Moore* brachte die Angelegenheit vor die amerikanischen Gerichte[14]. Wegen seiner noch immer viel zu wenig beachteten Bedeutung - gerade in der deutschen Jurisprudenz[15] - erfolgt eine ausführliche Wiedergabe des Sachverhaltes[16]:

Der Patient *John Moore* war an Haarzellenleukämie erkrankt[17]. *John Moore* vertraute sich daher der medizinischen Behandlung des Arztes Dr. David Golde im Medical Center der University of California, Los Angeles (UCLA) an, der diese Krankheit ebenso wie der vorbehandelnde Arzt diagnostiziert hatte.

Im Rahmen der Behandlung war es erforderlich, eine Splenektomie (Milzentfernung) vorzunehmen, was im Oktober 1976 mit Zustimmung des *John Moore* geschah. Die entnommene Milz wies, statt des normalen Gewichts

---

14 *Moore v. Regents of University of California et al.*, (1990) 51 Cal. 3d 120, Vorinstanz *Moore v. Regents of University of California et al.*, (1988) 249 Cal. Rptr. 494; siehe auch eingehende Darstellung bei *Taupitz*, VersR 1991, 369 ff.; *Schröder/Taupitz*, Menschliches Blut: verwendbar nach Belieben des Arztes?, S. 13 ff., allerdings war bei Abschluß des Manuskripts die Entscheidung des kalifornischen Supreme Court vom 9. 7. 1990 noch nicht bekannt; kurze Bemerkungen zu diesem Fall auch bei *Deutsch*, Medicine and Law 1990, 671 (672).

15 Dies wird in der deutschen Rechtsliteratur zu Recht bemängelt: *Taupitz*, AcP 191 (1991), 201 (203); ebenso *Schröder/Taupitz*, Menschliches Blut: verwendbar nach Belieben des Arztes?, S. 13.

16 Die Rechtsauffassung der mit diesem Fall beschäftigten amerikanischen Gerichte wird erst später an der jeweils geeigneten Stelle dargestellt.

17 Bei dieser seltenen Krebserkrankung wird das Blut von weißen Blutkörperchen überschwemmt. Die Membran der Blutzellen, genauer der B-Lymphozyten, weist dabei haarige Fortsätze auf.

von etwa einem halben Pfund, das fast 28-fache, nämlich sieben Kilogramm, auf.

Obwohl es *John Moore* schon nach wenigen Monaten deutlich besser ging und sich das Verhältnis der verschiedenen Blutzellen normalisiert hatte, begab er sich Jahre später zu einem Anwalt, der im September 1984 gegen den Vorstand des ULCA (die Regents), den behandelnden Arzt Golde, die Universitätsangestellte Quan und gegen die Industrieunternehmen Genetics und Sandoz Klage erhob. Der Kläger *John Moore* trug folgenden Sachverhalt vor[18]:

Golde und die Universitätsangestellte Quan hätten bereits vor Entfernung der Milz die Vermutung gehabt, daß *Moores* Zellen außergewöhnliche Eigenschaften aufwiesen. Neben den B-Lymphozyten seien bei *Moore* auch T-Lymphozyten, eine weitere Gruppe weißer Blutkörperchen, im Übermaß vorhanden. Die beiden Medizinwissenschaftler hätten daher veranlaßt, daß Teile der entnommenen Milz in ihren Besitz gelangten und speziellen Untersuchungen unterzogen worden seien.

Tatsächlich leisteten die beiden Forscher einen bedeutenden Beitrag zur modernen Immunforschung, indem sie die T-Zellen isolierten und in Kulturen züchteten. Es bestätigte sich, daß *Moores* T-Zellen eine ungewöhnlich hohe Anzahl des Lymphokins GM-CSF produzierten.

Zum besseren Verständnis sei folgendes hinzugefügt[19]: Der menschliche Körper enthält 100 Trillionen Zellen, in deren Innern sich jeweils - außer bei den roten Blutkörperchen - ein Zellkern befindet. Jeder Zellkern wiederum enthält 46, in 23 Paaren angelegte, Chromosome. Ein Chromosom eines jeden Paares stellt die Erbinformation von je einem Elternteil dar. Die Chromosome sind angefüllt mit dicht aufgewickelten DNA-Fäden, als deren Segmente schließlich die Gene identifiziert wurden.

Als Genom bezeichnet man die Gesamtheit des menschlichen Erbmaterials. Vereinfacht läßt sich der Unterschied zwischen Gen und Genom so verdeutlichen: Ein Gen ist ein Text, das Genom die ganze Textsammlung[20].

Die Kürzel GM-CSF bedeutet Granulocyte-Macrophage Colony Simulating Factor. Das Protein Lymphokin GM-CSF regelt als körpereigenes Steuerelement die Stärke der Immunabwehr und ist bei jedem Menschen - allerdings in weitaus geringerem Maße als bei *Moore* - zu finden. Es bewirkt das Vorhandensein zweier weiterer Typen weißer Blutkörperchen, der als Freßzellen bezeichneten Granulozyten und Makrophagen, die für ein funktionsfähiges Immunsystem sorgen.

Der genetische Code für Lymphokine ist zwar bei jedem Individuum gleich, trotzdem ist das für ein bestimmtes Lymphokin wichtige Gen meist nicht auffindbar. Aufgrund der großen Menge von *Moores* T-Lymphozyten, die vermehrt Lym-

---

[18] Angemerkt sei, daß die Beklagten gegen die Tatsachenbehauptungen des Klägers den Einwand der mangelnden Schlüssigkeit (demurrer) vorbrachten, der Kläger also keinen Klagegrund habe. In einem solchen Falle hat das Gericht von der Wahrheit der vom Kläger ordnungsgemäß erhobenen Tatsachenbehauptungen auszugehen; siehe hierzu die Ausführungen des amerikanischen Gerichts *Moore v. Regents of University of California,* (1990) 51 Cal. 3d 120 (125) m.w.N.; *Taupitz,* VersR 1991, 369 u. Fn. 7.

[19] Siehe hierzu das *Schaubild* in Zeit-Punkte Nr. 2/1995, 46.

[20] Vgl. *Reich,* Zeit-Punkte Nr. 2/1995, 49 (50).

phokine GM-CSF herstellten, gelang es leichter, das für ihre Produktion verantwortliche Gen zu lokalisieren. Die Überproduktion der Lymphokine GM-CSF war bei *Moore* durch einen Virusinfekt, den HTLV-II[21], hervorgerufen worden. In gleicher Weise würde diese Virusinfektion eine derartige Überproduktion bei jeder gewöhnlichen T-Lymphozyte bewirken.

Für die dargestellten Forschungen sind direkt aus dem Körper entnommene Zellen, sog. Primärzellen, unbrauchbar, da sie nach kurzer Zeit schon absterben. Durch die Züchtung einer Zellinie[22], bei der sich die Zellen selbst reproduzieren, stehen die Zellen über einen längeren Zeitraum hindurch der Produktion von Lymphokinen zur Verfügung.

Im März 1984 erhielten die Forscher das am 6.1.1983 beantragte Patent an der von ihnen entwickelten, inzwischen mit dem Namen „Mo“[23] versehenen Zellkultur, nachdem sie bereits im August 1979 mit dem Patentanwalt der Universität in Kontakt getreten waren. Einige Zeit später wurde das Patent auf die „Regents“ übertragen. Zudem wurde der Name der Zellkultur geändert: sie trug nun die Bezeichnung „RCL“.

Bemerkenswerterweise hatte Golde bereits vor dem Antrag des Patents mit einigen Firmen der Biotech-Branche Verhandlungen über das Exklusivrecht für die Herstellung pharmazeutischer Produkte aus den Zellinien geführt. Das Unternehmen Genetics Institute Inc. aus Cambridge (Massachusetts) gewährte Goldes Abteilung als Entgelt hierfür 330.000 Dollar und ermöglichte so, daß Golde seine Forschungen weiter vorantreiben konnte. Als Beratergehalt für die Medikamentenentwicklung erhielt die Abteilung der Universität vom Genetics Institute Inc. zusätzlich 30.000 Dollar pro Jahr. Außerdem flossen durch den Abschluß weiterer Verträge mit Sandoz Ltd., Sandoz United States, Inc. und Sandoz Pharmaceutical Corporation weitere 110.000 Dollar an die Universität. Golde selbst erwarb günstig Aktien des Unternehmens Genetics Institute Inc., die heute angeblich einen Wert von 2,8 Millionen Dollar besitzen.

Tatsächlich gelang es Wissenschaftlern der Industrieunternehmen, das für die Produktion von Lymphokin GM-CSF verantwortliche Gen aufzufinden. Durch Verfahren der Gentechnologie war bald die großtechnische Herstellung des Proteins und die Entwicklung von Medikamenten möglich.

Die Medikamente, welche die Produktion weißer Blutkörperchen im Körper beschleunigen[24], wirken beispielsweise der Immunschwäche von Krebspatienten nach einer Chemotherapie entgegen. Ebenso dienlich sind sie bei der Behandlung von Aids-Kranken. Weitere Therapiemöglichkeiten werden noch erforscht und ausgetestet[25].

---

21 Human T-Cell Leukemia Virus Type II; siehe hierzu die wissenschaftlichen Veröffentlichungen von*Chen/Quan/Golde,* (Nov.1983) 80 Proc. Nat. Sa: U.S. 7006; *Chen/Mc Laughlin/Gasson/Clark/Golde*, Nature 305 (1983), 502.

22 Sog. *unsterbliche Zellinie, Moore v. Regents of University of California*, (1988) 249 Cal. Rptr.494 (507); ebenso *Murray,* Journal of Law Reform 20 (1987), 1055 (1058).

23 „Mo“ für *Moore*; es entspricht der wissenschaftlichen Praxis, Zellen nach den Personen zu nennen, von denen sie entstammen; die Zellinien werden in Zellbanken auf der ganzen Welt aufbewahrt, siehe hierzu *Taupitz,* VersR 1991, 369 (370) m.w.N.

24 Siehe hierzu schon die oben dargestellten Ausführungen.

25 *Rademacher,* DNÄ Nr. 246 v. 22. 12. 1988 S. 2.

Nach seiner erfolgreichen Behandlung unterzog sich *John Moore* auf Anraten der beiden Mediziner über einen Zeitraum von sieben Jahren etwa zwölf Nachuntersuchungen. Hierbei entnahmen sie ihm Blut, Blutserum, Haut, Knochenmark und Sperma. Die Nachuntersuchungen sollten der Überprüfung, ob die Krebserkrankung erneut auftrete, dienen. Allem Anscheine nach war es nicht nur dabei geblieben. Zusätzlich hatten Golde und Quan die Nachuntersuchungen benutzt, um an weitere für die Wissenschaft so interessante T-Zellen zu gelangen[26].

Im April 1983 trat *Moore* an Golde mit der Bitte heran, die Untersuchungen bei einem Arzt in seinem von Los Angeles fernen Wohnort vornehmen lassen zu dürfen. Auf diese Weise wollte *Moore* zeitlichen Schwierigkeiten aus dem Weg gehen, die ihm die ständigen Flüge bereiteten. Golde winkte ab, machte aber im Gegenzug *Moore* das Angebot, sowohl die Flugkosten zu erstatten als auch ein Tagegeld zu zahlen. Außerdem händigte Golde seinem Patienten ein Formular aus, das Golde et. al. den Eintritt in die Forschung erlauben sollte[27]. *Moore* entsprach dem Willen Goldes, indem er das Formular unterzeichnete.

Im September 1983 flog *Moore* ein letztes Mal - nun allerdings nicht mehr auf eigene Kosten - ins ferne Los Angeles. Der Arzt händigte ihm dort erneut ein Formular mit einer Erklärung aus, deren Inhalt unter anderem folgendermaßen lautet:

> „I (do/do not) voluntarily grant to the University of California any and all right I, or my heirs, may have in any cell line or any other potential product which might be developed from the blood and/or bone marrow obtained from me“[28].

Der Arzt bat um Unterzeichnung der Erklärung, welche die Einwilligung zur Abtretung der Rechte *Moores* an seinen Zellen an die UCLA auslösen sollte. Daraufhin erkundigte sich *Moore*, ob denn auch ein kommerzielles Interesse hinter dem Ganzen stecke. Angeblich entgegnete Golde ihm überheblich, die Universität von Kalifornien mache „keine Geschäfte, sondern reine Forschung“[29], worauf *Moore* sich weigerte, dem Willen des Arztes zu entsprechen und statt dessen die Worte „do not“ umkreiste. Weder telefonische noch schriftliche Überredungsversuche konnten etwas bei ihm ausrichten[30]. Im Gegenteil hegte *Moore*, der anfänglich sogar ein schlechtes Gewissen ob seines Verhaltens gehabt hatte[31], Mißtrauen. Er sah sich veranlaßt, einen Anwalt einzuschalten.

---

26 *Rademacher,* FAZ Nr. 174 v. 29. 7. 1988 S. 7.

27 *Taupitz,* VersR 1991, 369 (371); *Schröder/Taupitz,* Menschliches Blut: verwendbar nach Belieben des Arztes?, S. 17.

28 Abgedruckt bei *Schröder/Taupitz,* Menschliches Blut: verwendbar nach Belieben des Arztes?, S. 17, Fn. 59.

29 *Rademacher,* FAZ Nr. 174 v. 29. 7. 1988 S. 7.

30 *Murray*, Journal of Law Reform 20 (1987), 1055 (1059).

31 *Grefe,* Interview mit *John Moore* im Süddeutschen Zeitung Magazin v. 20. 1. 1995 S. 38.

In seiner Klage gegen die Regents et al. machte *Moore* geltend, ohne seine Kenntnis und sein Einverständnis seien von den Medizinwissenschaftlern mit Hilfe der Zellen Geschäfte in Höhe von mindestens 1 Million Dollar getätigt worden. Außerdem hob er hervor, Marktanalytiker hätten den später entwikkelten Medikamenten einen Marktwert von 3 Milliarden Dollar beigemessen[32]. Er stützte sich auf 13 Klagegründe, die nach seiner Auffassung die Klage aussichtsreich erscheinen ließen[33].

Um zum eigentlichen Ausgangspunkt, der Darstellung der Nutzungsformen von Körpersubstanzen durch den Arzt, zurückzukommen, seien die im Fall *John Moore* vorgenommenen Nutzungen durch die Mediziner wie folgt zusammengefaßt:

Die Nutzung erfolgte primär durch die Züchtung und Weiterkultivierung von Zellinien und mündete in deren gewinnbringenden Vermarktung, indem die Mediziner die Exklusivrechte für die kommerzielle Nutzung der Zellinien an Industrieunternehmen „verkauften".

Einerseits waren die hierfür erforderlichen Zellen der - aus therapeutischen Gründen herausoperierten - Milz entnommen worden (1. Alt. der Materialgewinnung).

Andererseits hatten sich die Mediziner „Nachschub" an den Zellen im Rahmen der „Nachuntersuchungen" verschafft (2. Alt. der Materialgewinnung).

Über all diese Vorgänge war der Patient nicht informiert worden.

2. Weitere Beispiele der Nutzung durch Gentechnologie

Im Beispiel des *John Moore* hatte sich die Gentechnologie als entscheidender Faktor für die Produktion von pharmazeutischen Präparaten herausgestellt. Andere, ähnlich gelagerte Fälle, gelangten an die Öffentlichkeit[34].

Australischen Forschern gelang es Anfang der achtziger Jahre, ein Gen zu isolieren, das unter anderem die Entspannung der Gebärmuskulatur und Ausweitung des Gebärmutterhalses bewirkt. Das entnommene Gen stammte aus dem Eierstockgewebe einer schwangeren Frau. 1991 erhielten die Forscher ein

---

32 Deshalb wird auch oft von dem *Mann mit den goldenen Zellen* gesprochen.

33 Die einzelnen Klagegründe lauten folgendermaßen: (1) *conversion*; (2) *lack of informed consent*; (3) *breach of fiduciary duty*; (4) *fraud and deceit*; (5) *unjust enrichment*; (6) *quasi-contract;* (7) *bad faith breach of the implied covenant of good faith and fair dealing;* (8) *intentional infliction of emotional distress*; (9) *negligent misrepresentation*; (10) *intentional interference with prospective advantageous economic relationships;* (11) *slander of title;* (12) *accounting for profits;* (13) *declaratory relief.*

34 Dargestellt sind die folgenden Fälle bei *Meichsner,* Zeit-Punkte Nr. 2/1995, 65 f.; *Meichsner,* bild der wissenschaft Nr. 6/1994, 48.

Patent auf dieses sog. *Relaxin-Gen*. Gegen die Verleihung des Patents durch das Europäische Patentamt hatten Euro-Grüne - erstmalig in der Genpatentierung - Einspruch erhoben[35]. Der Versuch, Medikamente auf Grundlage dieses Gens herzustellen, mißlang jedoch. Die Firmen, die Exklusivrechte zur Nutzung und Vermarktung dieses Gens (gegen Entgelt) erworben hatten, gaben diese wieder zurück.

Bekannt wurde auch der Fall einer *Guaymi-Indianerin*, deren Blut besondere Abwehrreaktionen gegen Varianten des Aids-Erregers aufweisen konnte. Ihr Körper hatte völlig selbständig eine Leukämie-Erkrankung überwunden. Auffällig war die 26-jährige nicht als Patientin geworden, vielmehr war ihr im Rahmen einer Forschung über die Entstehungs- und Wandergeschichte des Menschen Blut entnommen worden. 1992 erhielt das amerikanischen Handelsministerium ein Patent auf die isolierte Zellinie der Indianerin. Das Patent wurde aber inzwischen nach internationalen Protesten wieder zurückgenommen. Möglicherweise eröffnet das Gen der Indianerin die Grundlage zur Herstellung von Medikamenten, durch die sich Krankheiten wie Aids, Krebs, Alzheimer oder Parkinson bekämpfen lassen und die gleichzeitig Milliardenumsätze ermöglichen.

Im Zusammenhang mit Tieren läßt sich ebenfalls eine Nutzung menschlicher Körpersubstanzen feststellen:

Zwei amerikanische Genforscher hatten Krebsgene von Menschen in die Embryonalzellen von Labormäusen eingepflanzt (sog. *Harvard-Maus*), um die Krebs- und Tumorforschung ein wesentliches Stück voranzutreiben[36]. In Deutschland verfuhren Genforscher aus Köln in ähnlicher Weise, indem sie menschliche Gene in (später patentierte) Mäuse übertragen hatten, um menschliche Antikörper zu produzieren. Auch hier werden hohe Gewinne nicht ausbleiben, falls sich die beiden letztgenannten Verfahren bewähren. *Meichsner* wagt sogar die These, daß die Genforschung nichts mehr geprägt habe, „als ihr enorm frühes Liebäugeln mit gewerblicher Nutzanwendung“[37].

3. Nutzung von Blut zwecks Prüfung von Laborgeräten

Weit weniger spektakulär und doch nicht von minderer Bedeutung stellt sich die *Nutzung menschlichen Blutes* dar[38].

Gewöhnlich findet im Rahmen einer ärztlichen Behandlung eine Blutentnahme statt. Nach durchgeführter Blutanalyse wird die Blutprobe als interfek-

---

35 Der Einspruch war allerdings erfolglos.

36 Die Harvard-Maus ist seit 1988 patentiert.

37 Vgl. *Meichsner,* Zeit-Punkte Nr. 2/1995, 65 (68).

38 Hier kann jeder Durchschnittspatient „Opfer“ einer Nutzung „seines“ Blutes sein.

tiöses Material in besonderer Form vernichtet[39]. Ein kleiner Teil der analysierten Blutproben (ca. 0,1%-0,2%) wird bei der Qualitätsprüfung von Analysegeräten verwendet[40]. Denn allein der Einsatz künstlich hergestellter Kontrollseren gewährleistet noch nicht die innerhalb der Prüfungsverfahren von Laborgeräten erforderliche Präzision. Das gleiche gilt für Verfahren, die der Entwicklung und Analyse neuer Diagnostika dienen. In diesem Zusammenhang erfolgt in der Regel eine Zahlung von weniger als 2 Mark pro Gefäß, nicht als Entgelt, sondern für die Zusammenstellung und Abfüllung, für die Beschriftung, Verpackung und Versendung der Blutsera.

4. Nutzung von Organen zur Transplantation und zum Verkauf von Körpersubstanzen

Die *Transplantationsmedizin* reiht sich ebenfalls in den Katalog der Nutzungsformen menschlicher Körpersubstanzen ein: Sie ermöglicht die Übertragung von Zellen, Geweben und Organen[41] (Transplantate), welche die Funktion von fehlenden oder im Austausch entfernten, funktionsuntüchtigen Zellen oder Organen übernehmen sollen und daher mittlerweile beim Organempfänger als Heilbehandlung gilt[42].

Innere Organe wie Niere, Herz, Leber, Lunge, Dünndarm, Bauchspeicheldrüse sowie Zellen, Knochenspäne, Nervenfasern, Gefäße, Faszien, Hautteile, Gehörknöchelchen, Augenhornhaut und Blut stellen sich als geeignete Transplantate dar. Die Entnahme findet hauptsächlich bei Toten statt (sog. postmortale Organspende), deren Kreislauf durch intensivmedizinische Maßnahmen aufrechterhalten wird[43]. Beim Lebenden stehen, abgesehen von Blut, im wesentlichen nur Knochenmark, paarige lebenswichtige Organe und Teile bestimmter Organe wie beispielsweise von der Leber oder der Bauchspeicheldrüse zur Verfügung. Die Nierentransplantation, als eine die Dauerdialyse ersetzende therapeutische Maßnahme, nimmt in diesem Bereich einen besonders hohen Stellenwert ein[44].

---

39 Aus technischen Gründen findet die Vernichtung ungefähr eine Woche später statt.

40 Siehe zum Ganzen ausführlich *Schröder/Taupitz,* Menschliches Blut: verwendbar nach Belieben des Arztes?, S. 12.

41 Zu beachten ist freilich, daß der Begriff „Organ" (griech. organon = Werkzeug) nicht einheitlich verwendet wird. In klinisch-medizinischen Wörterbüchern wird er als „aus Zellen und Geweben zusammengesetzter Teil des Körpers, der eine Einheit mit bestimmten Funktionen bildet" definiert. In anderen Bereichen der Wissenschaft wird der Begriff erheblich weiter gefaßt, siehe *Deutsch,* ZRP 1994, 179 f.

42 Es handelt sich also um gesunde Organe! Zum Ganzen siehe auch *Brockhaus Enzyklopädie,* Stichwort Transplantation.

43 *Erhard/Daul/Eigler,* DÄBl. 92 (1995), C-27 f.

44 Siehe hierzu Übersicht in *Zeit-Punkte* Nr. 2/1995, 32: Organtransplantation in Deutschland 1994.

Nach Prüfung medizinischer Kriterien erfolgt die Erstellung sog. Spenderdaten über die Staatsgrenzen hinaus[45], sodann ein Vergleich mit den Wartelisten der potentiellen Organempfänger, die Anfertigung von Präferenzlisten und die Benachrichtigung der entsprechenden Transplantationszentren in Deutschland. Hierauf erhalten die Zentren mit den bestgeeignetsten Empfängern die konservierten Organe. Danach wird die Transplantation von den Zentren veranlaßt[46]. Bekanntermaßen wird allerdings ein wachsender Mangel an Spenderorganen verzeichnet und in der medizinischen Wissenschaft als mißlicher Umstand gewertet[47].

Das Problem des „Organmangels", korrespondiert unweigerlich mit dem Problem der „Organbeschaffung". Gründe für den Mangel an Organen mögen in philosophischen Anschauungen zu Leben und Tod oder aber in der mißtrauischen Haltung zur Transplantationsmedizin als „High-Tech-Medizin" liegen. Wahrscheinlich sind auch Zweifel, ob der Zeitpunkt des Todeseintrittes eines potentiellen Spenders wirklich festgestellt werden kann und die Gefahr, noch als lebender Mensch zum „Ersatzteillager" degradiert zu werden[48], ausschlaggebend[49]. Spektakuläre Presseberichte über Mißbräuche bei der Organbeschaffung und den damit zusammenhängenden Organhandel tragen zu einem verschärften Mißtrauen bei. Deutschland ist bis jetzt von diesen Mißbräuchen noch nicht so sehr betroffen[50]. Die „dunklen Geschäfte mit der Not"[51] werden vorzugsweise in Rußland, der Türkei, Asien und Lateinamerika geführt[52]. Menschen der indischen Slums geben angeblich Nieren und Augen zu äußerst niedrigen Preisen hin. Dem soll seit Juni 1994 ein Gesetz Einhalt gewähren[53]. Angeblich unterwerfen in China sogar die Behörden Organe frisch hingerichteter Häftlinge dem Handel[54]. Üble Machenschaften sind zudem aus Sri Lanka bekannt, wo JVP-Angehörige in Straßengräben ohne Nieren, Augen oder Haut gefunden worden sind[55].

Offensichtlich ist Deutschland dennoch nicht ganz frei von zwielichtigen Aktionen zur Organbeschaffung. Allerdings wird hierzulande oftmals sanfter vorgegangen:

---

45 Zentren hierfür befinden sich etwa in Leiden (Eurotransplant) oder in Aarhus (Scandiatransplant).

46 *Erhard/Daul/Eigler,* DÄBl. 92 (1995), C-27 (C-28); siehe auch ausführlich *Gramer,* Das Recht der Organtransplantation, S. 25 ff.

47 *Erhard/Daul/Eigler,* DÄBl. 92 (1995), S. C-27 (C-28) mit dem Hinweis, daß 1993 etwa 30% der auf eine Spenderleber wartenden Patienten gestorben seien.

48 *Keßler,* Zeit-Punkte Nr. 2/1995, 30 (33).

49 Von den Medizin- und Rechtswissenschaften in Deutschland wird der schwer feststellbare *Hirntod* als maßgebliches Kriterium angesehen, was jedoch nicht unumstritten ist.

50 *Pichlmayr/Oldhafer/Rodeck,* DÄBl. 92 (1995), S. C-32 (C-38).

51 So bezeichnend *Fritz-Vannahme,* Zeit-Punkte Nr. 2/1995, 34.

52 *Fritz-Vannahme,* Zeit-Punkte Nr. 2/1995, 34.

53 *Fritz-Vannahme,* Zeit-Punkte Nr. 2/1995, 34.

54 *Venzky,* Zeit-Punkte Nr. 2/1995, 32.

55 *Venzky,* Zeit-Punkte Nr. 2/1995, 32, mit weiteren Beispielen.

„Spender" bieten ihre Organe, wie beispielsweise die Niere, feil, während auf der Empfängerseite mit hohen Summen für eine „Spenderbereitschaft" geworben wird[56]. Darüber hinaus lassen sich sogar schon Organmakler finden, die gegen Entgelt auf privatem Wege Spender und Empfänger aufeinander aufmerksam machen[57].

Die Geschäfte mit Organen gaben zu zahlreichen Betrachtungen wirtschaftlicher und juristischer Art Anlaß, die allerdings nur die Spender- und Empfängerseite betreffen[58]. Bisher scheinen Verkäufe von Organen und Geweben durch den *Arzt* kaum vorgekommen zu sein. Möglicherweise ist dies auf die im Transplantationskodex bekundete Ablehnung einer Kommerzialisierung der Organspenden bzw. Organtransplantationen in jeder Form[59] zurückzuführen, mit dessen Hilfe die Transplantationszentren Selbstkontrolle und Selbstverantwortung auf die mit der Organtransplantation befaßten Ärzte auszuüben suchen[60]. Jedenfalls sind kaum Vorfälle der benannten Art nach außen gedrungen. Der im Mai 1994 in der Öffentlichkeit bekanntgewordene Handel mit Hirnhäuten, der allerdings nicht von Ärzten ausging, scheint wohl eher die Ausnahme zu sein, ebenso wie die aus Presseberichten bekannte (Un-)sitte in manchen deutschen Krankenhäusern, heimlich Organteile gestorbener Patienten zu entnehmen und für medizinische Zwecke zu verkaufen[61].

---

56 Über die Zulässigkeit solcher Geschäfte siehe *Meier,* Der Verkauf von Körperorganen.

57 *Meier,* Der Verkauf von Körperorganen, S. 73 m.w.N.

58 *Carstens,* Das Recht der Organtransplantation, S. 68 ff. m.w.N.; siehe auch *Tress,* Die Organtransplantation aus zivilrechtlicher Sicht, S. 97 f.; *Meier,* Der Verkauf von Körperorganen; *Reimann,* Festschrift für Küchenhoff, S. 344 f.; *Deutsch,* ZRP 1982, 174.

59 Abgedruckt in DNÄ v. 7. 6. 1988, S. 4.

60 *Deutsch,* ZRP 1994, 179 (181) m.w.N.; siehe auch bzgl. Transplantationskliniken *Meier,* Der Verkauf von Körperorganen, S. 73.

61 *Fritz-Vannahme,* Zeit-Punkte Nr. 2/1995, S. 34.

II. Rechtliche Bewertung der Körpersubstanzen des Patienten

1. Rechtliche Bewertung vor der Entnahme

Als Ausgangspunkt einer rechtlichen Bewertung dient immer wieder der vielzitierte Satz aus den Digesten: „*Dominus membrorum suorum nemo videtur*“[62]. Niemandem stand also ein Eigentumsrecht an „seinen“ Körperteilen zu. Später wurde die Zugehörigkeit des Körpers zur Person durch die Rechtsfigur des *Persönlichkeitsrechts*[63] erklärt, dem „Recht am Körper“. Dadurch wurde der Schutz des Körpers vor fremden Eingriffen bezweckt und von der Einwilligung des Betroffenen abhängig gemacht. Die Einwilligung mußte sich im Rahmen des Sittengesetzes halten, das seinen gesetzlichen Niederschlag heute in den §§ 138 BGB, 226 a, 109 StGB findet[64].

Gegenwärtig kommt der Schutz am menschlichen Körper zudem in § 823 Abs. 1 BGB zum Ausdruck: In den Rechtsgütern wie „Leben“, „Körper“, „Gesundheit“ und „Freiheit“ manifestiert sich nichts anderes als das Persönlichkeitsrecht des einzelnen an seinem Körper[65]. Der Schutz dieser Teilausprägungen des Persönlichkeitsrechts wird ergänzt durch den sog. offenen Tatbestand des § 823 Abs. 1 BGB (als „sonstiges Recht“)[66].

Solange die Körperteile vom lebenden Körper nicht getrennt sind, bilden sie in ihrer Gesamtheit eine Einheit, die dem Persönlichkeitsschutzgut „Körper“ im Sinne von § 823 Abs. 1 BGB unterliegt, was schon der natürlichen Auffassung entspricht[67]. Da der Körper an sich nicht eigentumsfähig ist, sind vor der Trennung eigentumsrechtliche Positionen an Körpersubstanzen unmöglich[68].

Einerseits erstreckt sich der Persönlichkeitsschutz auf die körperliche Integrität. Einwirkungen von außen auf den Körper können so verhindert werden (negativer Schutz). Andererseits ermöglicht das Persönlichkeitsrecht dem einzelnen, selbst über seinen Körper zu bestimmen (positiver Schutz), allerdings in den Grenzen der §§ 138 BGB, 226 a, 109 StGB[69].

---

62 *Ulpian*, D. 9,2,13 pr.

63 Ausführlicher zum *Persönlichkeitsrecht* siehe S. 76 ff.

64 *Forkel*, JZ 1974, 593 (595).

65 *Taupitz*, NJW 1995, 745 m.w.N.

66 Grundlegend *BGHZ* 13, 334 (337 f.) = *BGH*, NJW 1954, 1404 - Leserbrief; siehe auch Ausführungen S. 76.

67 *Taupitz*, NJW 1995, 745 m.w.N.

68 A. A. nur *Brunner*, NJW 1953, 1173 f.; *v. Vangerow*, Pandekten I, 6. Aufl., S. 62 ff.

69 Siehe Nachweise bei *Forkel*, JZ 1974, 593 (594 f.).

2. Rechtliche Bewertung nach der Entnahme

Die rechtliche Bewertung von Körpersubstanzen, die früher eher theoretischer Natur war[70], gewinnt ständig an Bedeutung[71]. Dies zeigt sich insbesondere an einem vor nicht allzu langer Zeit vom *BGH* entschiedenen Fall[72] über die fahrlässige *Vernichtung einer Spermakonserve*[73]. In dieser Entscheidung hatte der *BGH* erstmalig die vom Körper getrennte Körpersubstanz, die Spermakonserve - jedenfalls entsprechend - in den Schutzbereich des Rechtsguts „Körper" im Sinne des § 823 Abs. 1 BGB mit einbezogen und war so zu der Annahme einer Körperverletzung gelangt[74].

Verwunderlich ist die Auffassung der Rechtsprechung insbesondere deswegen, weil bisher nach nahezu einhelliger Meinung die getrennte Körpersubstanz als Sache angesehen wurde[75]. Wie oder wann die Körpersubstanz allerdings Sachqualität erhält, wird nicht einheitlich beantwortet. Auch stellt sich zunehmend die Frage, ob persönlichkeitsrechliche Erwägungen in die rechtliche Diskussion mit einzufließen haben.

Im folgenden sollen daher die verschiedenen Auffassungen über die rechtliche Bewertung getrennter Körpersubstanzen näher dargestellt werden.

2.1 Die Ausschließlichkeitsthese

Nach der wohl (noch) überwiegend vertretenen Ausschließlichkeitsthese sind Körpersubstanzen *ausschließlich* rein sachenrechtlich zu bewerten. Je nach Umständen wird aber auch eine rein persönlichkeitsrechtliche Qualifizierung vorgenommen.

2.1.1 Die rein sachenrechtliche Bewertung

Im wesentlichen haben sich zwei Erklärungsansätze herausgebildet, die sich rechtlich mit der Umwandlung von einer im ungetrennten Zustand dem Per-

---

[70] *Schünemann*, Die Rechte am menschlichen Körper, S. 57.

[71] Zur nunmehr praktischen Relevanz siehe Einleitung S. 1 ff.

[72] Urteil vom 9.11.1993 = *BGHZ* 124, 52 = NJW 1994, 127 = JR 1995, 21 = JZ 1994, 463 = MedR 1994, 113 = VersR 1994, 55 = FuR 1994, 56 = LM BGB § 823 (Aa) Nr. 151 = FamRZ 1994, 154 = MDR 1994, 140 = ZfS 1994, 45.

[73] Hierzu *Laufs/Reiling*, NJW 1994, 775; Anm. *Rohe*, JZ 1994, 465; Anm. *Peris*, MedR 1994, 114; *Emmerich*, SchuldR BT, § 20 II 1 (S.273); *ders.*, JuS 1994, 351; *Jauernig*, BGB, 7. Aufl., Vor § 90 Zif. II 6; Anm. *Taupitz*, JR 1995, 22; *ders.*, NJW 1995, 745.

[74] In der Lit. wurde der Gedanke, Verletzungen bzgl. getrennter Körpersubstanzen unter bestimmten Voraussetzungen dem Körperbegriff im Sinne von § 823 Abs. 1 BGB zuzuordnen, schon früher erwogen, siehe hierzu *Schünemann*, Die Rechte am menschlichen Körper, S. 115 ff., insbes. S. 118 ff.

[75] Umfassende Nachweise bei *Schünemann*, Die Rechte am menschlichen Körper, S. 59 u. *Schröder/Taupitz*, Menschliches Blut: verwendbar nach Belieben des Arztes?, S. 35 in Fn. 6.

sönlichkeitsrecht unterworfenen Körpersubstanz zu einer nunmehr dem Eigentumsschutz unterworfenen Sache befassen.

Nach überwiegender Auffassung steht demjenigen, dessen Körpersubstanz entnommen worden ist, das *Eigentumsrecht* daran zu. Dadurch sollen etwaige weiterbestehende Interessen des Betroffenen an den von ihm entnommenen Körpersubstanzen geschützt werden. Allein die Herkunft des nunmehr als Sache anzusehenden Körperteils führe dazu, daß der Betroffene den getrennten Körperteil erwerben müsse, was sich auch aus der Wertung des § 953 BGB ergebe[76]. Denn danach werden dem Eigentümer einer Sache die davon getrennten Bestandteile in sein Eigentum kraft Gesetzes einverleibt. Für abgetrennte Körperteile müsse dies wegen der ungleich engeren Verbundenheit zu den menschlichen Körperteilen um so mehr gelten (sog. Nähe-Theorie)[77]. Ergo verringert sich der vormals höherrangig gewährte Persönlichkeitsschutz nach Trennung in Eigentumsschutz[78].

Nach anderer Ansicht wird weder der Betroffene noch irgendjemand sonst Eigentümer mit Trennung der von nun an als Sache anzusehenden Körpersubstanz, sondern sie wird zunächst herrenlos. Hier stellt sich das Problem, wer Eigentum an der abgetrennten herrenlosen Körpersubstanz erwerben kann.

Innerhalb dieser Auffassung wird zumeist davon ausgegangen, daß durch Eigenbesitz eine *Aneignung* der Körpersubstanz gem. § 958 Abs. 1 BGB möglich ist. Um einer Aneignung eines jeden Beliebigen entgegenzuwirken, stehe dem früheren Inhaber der Körpersubstanz ein ausschließliches Aneignungsrecht gem. § 958 Abs. 2, 2. Alt. BGB zu, da das ihm bis zur Trennung gewährte, sich auch auf diese Körpersubstanz erstreckende Persönlichkeitsrecht noch seine Nachwirkung entfalte (Prolongation)[79]. Der frühere Inhaber der Körpersubstanz müsse aber sein Aneignungsrecht audrücklich oder konkludent ausüben. Nehme der frühere Inhaber die Körpersubstanz nicht an sich, so habe er dadurch stillschweigend auf sein Aneignungsrecht verzichtet (Dereliktion). Jedem Beliebigen stehe nun die Möglichkeit offen, durch schlüssiges Verhal-

---

76 *RGRK/Kregel*, 12. Aufl., § 90 Rdnr. 4; *Enneccerus/Nipperdey*, Allgemeiner Teil des Bürgerlichen Rechts, 15. Aufl., § 121 Fn. 21; *Hubmann*, Das Persönlichkeitsrecht, 2. Aufl., S. 228 Fn. 38; *Palandt/Heinrichs*, 56. Aufl., § 90 Rdnr. 3; *MünchKomm/Holch*, 3. Aufl., § 90 Rdnr. 21; *Soergel/Mühl*, 12. Aufl., § 90 Rdnr. 4 u. § 953 Rdnr. 2; *Staudinger/Dilcher*, 12. Aufl., § 90 Rdnr. 16; *Schäfer*, Rechtsfragen zur Verpflanzung von Körper- und Leichenteilen, S. 50 f.; *Biermann*, Bürgerliches Recht 1, S. 37; *Sohm*, Der Gegenstand, S. 17.

77 Darstellung bei *Schünemann*, Die Rechte am menschlichen Körper, S. 64 in Fn. 1.

78 Zur Kritik dieses Ansatzes siehe *Schünemann*, Die Rechte am menschlichen Körper, S. 64; *Jansen*, Die Blutspende aus zivilrechtlicher Sicht, S. 128 f.

79 *Gareis*, Festgabe für Schirmer, S. 61 ff., S. 90 ff.; *ders.*, Seuff. Bl. 70, 308 (318); *Kallmann*, FamRZ 1969, 572 (577); *Staudinger/Coing*, 11.Aufl., § 90 Rdnr. 4; *Schultheis*, Privatrechtsverhältnisse am Leichnam, S. 32 f.; Darstellung auch bei *Johnsen*, Die Leiche im Privatrecht, S. 39.

ten, wie die Inbesitznahme, sich die Körpersubstanz gem. § 958 Abs. 1 BGB anzueignen und so das Eigentum daran zu erwerben.

Eigentum an der abgetrennten Körpersubstanz erlangt somit entweder der frühere Inhaber der Körpersubstanz, sobald er sein Aneignungsrecht ausübt, oder aber, wenn er darauf verzichtet, jeder Beliebige, der nun die Körpersubstanz in Eigenbesitz nimmt.

Überwiegend wird diese Auffassung heute allerdings abgelehnt: Der angebliche Vorteil dieser Auffassung, daß der frühere Träger des Körperteils die abgetrennte Körpersubstanz gewöhnlich nicht in Besitz nehme, weshalb von einem stillschweigenden Verzicht auf sein Aneignungsrecht auszugehen sei, ist nach der h. M. in gleicher Weise gegeben, indem sie sachgerecht und lebensnah eine stillschweigende Dereliktion annimmt[80]. Im Gegensatz zu der „gekünstelten“ Auffassung vom priviligierten Aneignungsrecht[81] kann der Betroffene, der nach der h. M. Eigentümer der abgetrennten Körpersubstanz ist, nach allgemeinen Regeln hierüber verfügen[82]. Insbesondere wird ihm auch die Übereignung derselben gem. § 929 ff. BGB eröffnet, ohne übermäßig konstruieren zu müssen[83].

2.1.2 Die rein persönlichkeitsrechtliche Bewertung

Nach Trennung des zuvor vom Persönlichkeitsrecht erfaßten Körperteils ist nicht zwingend eine rein sachenrechtliche Betrachtungsweise erforderlich. So wurde die Tatsache, daß dem Betroffenen ein Eigentumsrecht an der Sache zustehen soll bzw. der Betroffene es erwerben kann, mit persönlichkeitsrechtsbezogenen Gedanken überhaupt erst begründet. Erinnert sei etwa an das Argument, gerade die besondere Nähe des Betroffenen zu der entnommenen Körpersubstanz gebiete eine analoge Anwendung des § 953 BGB. Ebenfalls betrachten diejenigen, die dem Betroffenen ein ausschließliches Aneignungsrecht nach § 958 Abs. 2 BGB zubilligen wollen, dieses Recht als Prolongation bzw. Ausfluß des Persönlichkeitsrechts[84].

---

80 *MünchKomm/Holch,* 3. Aufl., § 90 Rdnr. 21; *Soergel/Baur,* 11. Aufl., § 90 Rdnr. 4; auch nach *Staudinger/Dilcher,* 12. Aufl., § 90 Rdnr. 16, kommt diesem angeblichen Vorteil keinerlei Bedeutung zu.

81 So *MünchKomm/Holch,* 3. Aufl., § 90 Rdnr. 21.

82 *Staudinger/Dilcher,* 12. Aufl., § 90 Rdnr. 16.

83 *Schünemann,* Die Rechte am menschlichen Körper, S. 69; *Johnsen,* Die Leiche im Privatrecht, S. 40 ff.; *Schäfer,* Rechtsfragen zur Verpflanzung von Körper- und Leichenteilen, S. 48 f.; *Jansen,* Die Blutspende aus zivilrechtlicher Sicht, S. 119 f.; *Strätz,* Zivilrechtliche Aspekte der Rechtsstellung des Toten unter besonderer Berücksichtigung der Transplantation, S. 28; nach *Johnsen,* Die Leiche im Privatrecht, S. 45, ist es jedem Beliebigen erlaubt, sich die Körpersubstanz als herrenlose Sache anzueignen. Diese Auffassung dürfte wohl als veraltet gelten, siehe hierzu im einzelnen *Schünemann,* Die Rechte am menschlichen Körper, S. 70.

84 *Gareis,* Festgabe für Schirmer, S. 61 ff. (91); *Schreuer,* Festgabe für Bergbohm, S. 242 (260 f.); *Schünemann,* Die Rechte am menschlichen Körper, S. 71 in Fn. 3; *Jansen,* Die Blutspende aus zivilrechtlicher Sicht, S. 118 f. m.w.N.

Die rein sachenrechtliche Betrachtungsweise als „Armutszeugnis“ abzuqualifizieren, scheint von diesem Blickwinkel aus dennoch nicht angemessen zu sein[85]. Gleichwohl ist die Frage, warum denn nicht auch für den getrennten Körperteil das Persönlichkeitsrecht fortbestehen solle[86], durchaus berechtigt, vielleicht sogar geboten, um so der vermehrten Schutzwürdigkeit des Betroffenen hinsichtlich „seiner“ abgetrennten Körpersubstanz in erhöhtem Maße entsprechen zu können.

Diesem berechtigten Einwand versucht die Auffassung, nach der die Körpersubstanzen dem Persönlichkeitsschutz unterliegen, entgegenzuwirken (*rein persönlichkeitsrechtlicher Ansatz*). Ihr zufolge ist es wenig einleuchtend, die Ursache für die Umwandlung des Persönlichkeitsrechts in das Eigentumsrecht allein in der Trennung der Körpersubstanz vom Körper zu sehen. Vergleichbar mit Gegenständen, die selbständig außerhalb der Person stehen, könnten persönliche Beziehungen zu diesen rechtlich ausschließlich dem Persönlichkeitsschutz oder seinen verschiedenartigen Ausprägungen unterliegen[87]. Beispiele hierfür würden etwa die persönliche Beziehung zu geistigen Werken, die durch Anerkennung des Urheberpersönlichkeitsrechts zum Ausdruck kommt (§§ 12 ff. UrhG) oder aber das besondere Verhältnis einer Person zu ihrem Tagebuch[88] oder zu photographischen Aufnahmen einer Person, das durch die §§ 22 ff. KUG unter Umständen neben dem Urheberpersönlichkeitsrecht gem. § 2 Abs. 1 Nr. 5 und § 72 UrhG geschützt wird, bieten[89].

Übertragen auf das Verhältnis zu Körpersubstanzen bedeute dies, daß auf die Natur der schutzwürdigen Interessen abgestellt werden müsse, denen durch die Vielzahl von Verwertungsmöglichkeiten von Körpersubstanzen gesteigerte Bedeutung zukomme[90]. *Forkel* weist vor allem auf das Selbstbestimmungsrecht des früheren Inhabers der Körpersubstanz hin, das im Bereich der Organtransplantation anders zu bewerten sei als bei den früher üblichen Fällen wie Weiterverwertung von Haaren oder Nutzung durch Forschung an mißgebildeten Gliedmaßen[91]. Die sachenrechtliche Betrachtungsweise an getrennten Körpersubstanzen sei deshalb nicht mehr zu rechtfertigen, da die Körperteile nicht mehr funktionsfremd, beispielsweise als wissenschaftliche Forschungsobjekte,

---

85 So aber *Forkel*, JZ 1974, 593 (595).

86 Vgl. *Forkel*, JZ 1974, 593 (595); siehe auch in diesem Sinne schon *Klusemann*, Das Recht des Menschen an seinem Körper, S. 34; zur Frage, ob das Persönlichkeitsrecht neben oder statt des Eigentumsrechts fortbesteht, siehe *Schröder/Taupitz*, Menschliches Blut: verwendbar nach Belieben des Arztes?, S. 42; *Lanz-Zumstein*, Die Rechtsstellung des unbefruchteten und befruchteten menschlichen Keimguts, S. 218 f.; siehe ferner sogleich.

87 *Forkel*, JZ 1974, 593 (595) mit Hinweis auf *Hubmann*, Persönlichkeitsrecht, 2. Aufl., S. 261 ff. und *Gierke*, Deutsches Privatrecht I. Bd., S. 270 ff., 706 f.

88 *BGHZ* 13, 334 ff. = JZ 1955, 211 (213) m. Anm. *Ulmer*; *BGHZ* 19, 325 ff.

89 Siehe weitere Beispiele bei *Forkel*, JZ 1974, 593 (595) m.w.N.

90 *Forkel*, JZ 1974, 593 (595), der besonderes Augenmerk auf die Organtransplantation lenkt.

91 *Forkel*, JZ 1974, 593 (595).

sondern ihrer natürlichen Bestimmung gemäß weiterhin funktionsgerecht, wenn auch in einer anderen Person, genutzt würden[92].

Die persönlichkeitsrechtliche Betrachtungsweise erfasse zwei erhebliche Schutzpositionen: Einerseits könnten Eingriffe Unbefugter abgewehrt, andererseits aber das Bestimmungsrecht des früheren Inhabers gesichert und auf diese Weise der persönlichen Zweckbestimmung des Betroffenen am angemessensten entsprochen werden[93].

Eine derartige persönlichkeitsrechtliche Qualifizierung getrennter Körperteile hindere - im Gegensatz zur sachenrechtlichen Betrachtungsweise - den Träger der Klinik oder andere Personen, nach Belieben mit der Sache im Sinne von § 903 BGB zu verfahren, insbesondere aber wider der persönlichen Zweckbestimmung des Spenders zu handeln[94].

Unter bestimmten Voraussetzungen könne aber dennoch Eigentum an der Körpersubstanz anerkannt werden: Bestünden keine individuellen Interessen des Betroffenen, müsse die Weiterverwendung der Körpersubstanz also keinen bestimmten Bedürfnissen oder Zielen seinerseits gerecht werden, sondern sollten die Körpersubstanzen nach dem Willen des Betroffenen der Außenwelt zugute kommen, gebe der Betroffene den Körperteil quasi frei, bedürfe es von nun an nicht mehr einer persönlichkeitsrechtlichen Betrachtungsweise. So seien Körpersubstanzen wie Blut und Hornhaut, die der Spende dienten, oder aber Körperteile, die zum Nutzen anderer konserviert und gelagert würden, nicht mehr dem persönlichkeitsrechtlichen Schutz zu unterwerfen, da hier nach dem rechtlich anzuerkennenden Willen des Betroffenen die Aufgabe persönlichkeitsrechtlicher Interessen an der Körpersubstanz erfolge[95] und daher keine erhebliche Beeinträchtigung seiner Person hervorgerufen werden könne[96].

Die „Objektivierung“ der Körpersubstanz läßt nach dieser Auffassung daher eine sachenrechtliche Betrachtungsweise zu. Die Sachqualität der ehemals durch das Persönlichkeitsrecht geschützten Körpersubstanz vollziehe sich in zwei Schritten:

---

[92] *Jansen*, Die Blutspende aus zivilrechtlicher Sicht, S. 124.

[93] *Forkel*, JZ 1974, 593 (595); siehe zum Ganzen auch Darstellung bei *Schünemann*, Die Rechte am menschlichen Körper, S. 71 f.

[94] *Forkel*, JZ 1974, 593 (595).

[95] Zum Verzicht persönlichkeitsrechtlicher Interessen wird auf *BGHZ* 16, 172 (175 ff.), *BGHZ* 32, 103 (109 f.,113), *Forkel*, Festschrift für Paulik, S. 109 f. und *Gierke*, Deutsches Privatrecht I. Bd., S. 708, verwiesen.

[96] *Forkel*, JZ 1974, 593 (595); *Jansen*, Die Blutspende aus zivilrechtlicher Sicht, S. 124 ff.,129

Zum einen sei die tatsächliche Hingabe der Körpersubstanz an den Spendedienst, an die Organbank oder an vergleichbaren Stellen erforderlich[97]. Zum anderen müsse die Überlassung der Körpersubstanz vom Willen des Betroffenen getragen sein, das Persönlichkeitsrecht daran aufzugeben. Der Betroffene werde für eine logische Sekunde Eigentümer der Körpersubstanz, die er als Sache dann gem. §§ 929 ff. BGB übereignen könne[98]. Auf diese Weise werde die Teilnahme am Rechtsverkehr ermöglicht, ohne daß die rechtliche Verfügbarkeit der Körpersubstanz Einschränkungen erfahre, trotz des besonderen Umstandes, daß jede Körpersubstanz aufgrund ihrer Herkunft biologisch dem entsprechenden Individuum zugeordnet bleibt[99]. Ob sich dieser Standpunkt heute noch immer vertreten läßt, scheint in Anbetracht der Möglichkeiten der Gentechnologie zweifelhaft zu sein[100].

2.2 Die Überlagerungsthese

Um die Frage beantworten zu können, ob denn eine rein sachenrechtliche Betrachtungsweise persönlichkeitsrechtliche Aspekte ausschließen darf oder ob das Persönlichkeitsrecht vielmehr die sachenrechtliche Betrachtungsweise sogar ersetzt, zumindest aber berücksichtigt werden muß[101], erfordert es eine kritische Auseinandersetzung mit den beiden sich scheinbar ausschließenen Auffassungen.

Nach *Schünemann* ist die sog. Ausschließlichkeitsthese[102] „das Produkt einer fehlgeleiteten historischen Entwicklung des Rechts am menschlichen Körper"[103]. Er siedelt das Problem, wer befugt ist, über die abgetrennten Körperteile zu verfügen bzw. wie die Befugnis erlangt werden kann, schon früher an[104]: Zwar erkennt er die allgemeine Auffassung, daß abgetrennte Körperteile als körperliche, sinnlich wahrnehmbare und beherrschbare Gegenstände die Merkmale des Sachbegriffs[105] erfüllen[106], als unzweifelhaft an[107]. *Schünemann* weist aber auf die Schwierigkeit hin, die Neuentstehung einer Sache nach Trennung der Kör-

97 So *Jansen*, Die Blutspende aus zivilrechtlicher Sicht, S. 129; für *Forkel* dagegen gibt die tatsächliche Hingabe nur den Willen des Betroffenen, seine Persönlichkeitsrechte aufgeben zu wollen, kund; vgl. hierzu *Schünemann*, Die Rechte am menschlichen Körper, S. 108 f.

98 *Jansen*, Die Blutspende aus zivilrechtlicher Sicht, S. 129 f.

99 *Forkel*, JZ 1974, 593 (595).

100 Hierauf weisen zu Recht *Schröder/Taupitz*, Menschliches Blut: verwendbar nach Belieben des Arztes?, S. 40 in Fn. 32, hin.

101 Siehe hierzu schon oben S. 19.

102 Danach schließen sich die sachen- und persönlichkeitsrechtliche Betrachtungsweise gegenseitig aus; siehe hierzu S. 15 ff.

103 Vgl. *Schünemann*, Die Rechte am menschlichen Körper, S. 89.

104 *Schünemann*, Die Rechte am menschlichen Körper, S. 59 ff.

105 Abzustellen ist auf die laienhafte Betrachtungsweise, siehe *Staudinger/Dilcher*, 12. Aufl., Vor § 90 Rdnr. 8.

106 *Jansen*, Die Blutspende aus zivilrechtlicher Sicht, S. 77.

107 *Schünemann*, Die Rechte am menschlichen Körper, S. 60; siehe auch *Schröder/Taupitz*, Menschliches Blut: verwendbar nach Belieben des Arztes?, S. 35 f.

persubstanz vom lebenden Körper zu erklären, die vorher am lebenden Körper nach h. M. einzig vom Persönlichkeitsrecht erfaßt war. Er bemängelt, daß diese Umwandlung als selbstverständlich hingenommen wird. Die nur spärlich unternommenen Begründungsversuche[108] überzeugten nicht, da sie keine geeigneten Erklärungen für eine unterschiedliche Bewertung zwischen getrennten und ungetrennten Körperteilen aufzeigten, die Sachqualität abgetrennter Körperteilen zumeist vielmehr nur behauptet werde[109].

In der Tat lassen sich keine Begründungen finden, welche die Umwandlung der ehemals ohne Sachqualität vom Persönlichkeitsrecht erfaßten Körperteil in einen nunmehr als Sache ohne persönlichkeitsrechtlichen Bezug anzusehenden Gegenstand einleuchtend erklären[110]. Insbesondere wird nichts darüber ausgesagt, wann konkret bei einem abgetrennten Körperteil von Sachqualität auszugehen ist und wann nicht[111]. Bei den Versuchen, die rechtlichen Beziehungen des früheren Inhabers zu „seiner" abgetrennten Körpersubstanz festzustellen, wird vielmehr die Sachqualität der abgetrennten Körpersubstanz als Prämisse gleichsam zugrundegelegt[112].

Schünemann will dem entgehen, indem er bereits dem lebenden menschlichen Körper Sachqualität zuspricht, mit der Konsequenz, daß Eigentum am lebenden menschlichen Körper möglich sei[113]. Seiner Ansicht liegt die Vorstellung zugrunde, der menschliche Körper sei die Hülle für den menschlichen Geist. Als „stoffliche Verbindung" sei der menschliche Körper für die Dauer eines Menschenlebens einem menschlichen Willen zugeordnet[114]. *Schünemann* geht also von zwei Seiten des menschlichen Daseins aus, vom Körper und vom Geist.

---

108 So versucht *Koppe,* Das Recht am eigenen Körper, S. 50 f., aus der „unfreien Natur" des Trennstücks auf seine Sachqualität zu schließen; *Schultheis,* Privatverhältnisse am Leichnam, S. 30 f., weist auf das Fehlen des „Waltens einer lebendigen Tätigkeit" hin, was aber die Hauptsache des lebendigen Körpers sei. Aus neuerer Zeit stammt die von *Schmidt* vertretene These, abgetrennte Körperteile könnten mit Rücksicht auf die Verkehrsauffassung Sachen im Rechtssinne sein, vgl. *Erman/Schmidt,* 9. Aufl., § 90 Rdnr. 4.

109 *Schünemann,* Die Rechte am menschlichen Körper, S. 59 ff., was auch zutrifft, siehe z. B. *MünchKomm/Holch,* 3.Aufl., § 90 Rdnr. 21; *Soergel/Mühl,* 12. Aufl., § 90 Rdnr. 4; *Enneccerus/Nipperdey,* Allgemeiner Teil des Bürgerlichen Rechts, 15. Aufl., §121 in Fn. 21; *Staudinger/Dilcher,* 12. Aufl., § 90 Rdnr. 16, *Palandt/Heinrichs,* 56. Aufl., § 90 Rdnr. 3.

110 Siehe auch *Schröder/Taupitz,* Menschliches Blut: verwendbar nach Belieben des Arztes?, S. 36, u. a. mit Hinweis auf *Staudinger/Dilcher,* 12. Aufl., § 90 Rdnr. 14, dessen Verneinung sich allerdings, wie die Autoren anmerken, auf eine mögliche Sachqualität des *gesamten* menschlichen Körper bezieht.

111 In diesem Sinne auch *Schünemann,* Die Rechte am menschlichen Körper, S. 59 in Fn. 1 a. E.

112 Zutreffend *Schünemann,* Die Rechte am menschlichen Körper, S. 59 ff.; vgl. hierzu auch *Schröder/Taupitz,* Menschliches Blut: verwendbar nach Belieben des Arztes?, S. 36.

113 Anders die h.M., siehe oben Darstellung S. 15.

114 Vgl. *Schünemann,* Die Rechte am menschlichen Körper, S. 91 f.

Mit der Qualifizierung des lebenden menschlichen Körpers als Sache steht *Schünemann* älteren Rechtsordnungen nahe[115]. Allerdings unterwirft er den lebenden menschlichen Körper dennoch dem Persönlichkeitsschutz, weil er die von ihm als erste Stufe eingeordnete *sachenrechtliche Ebene* beim lebenden menschlichen Körper von der zweiten, der *persönlichkeitsrechtlichen Ebene*, völlig überlagert wissen will.

So kommt auch *Schünemann* im Ergebnis wie die h. M. zu einer allein nach persönlichkeitsrechtlichen Aspekten zu beurteilenden Einordnung des lebenden menschlichen Körpers[116]. Gegenüber der h. M. genießt *Schünemanns* Auffassung aber den Vorteil, im Falle der Trennung eines Körperteils vom Körper nicht die Umwandlung von einer Person in eine Sache oder von Persönlichkeitsrecht in Eigentum erklären zu müssen, weil sich seiner Ansicht zufolge keine Umwandlung vollzieht.

Der Ausgangspunkt der Überlagerungsthese, den lebenden menschlichen Körper als Sache einzuordnen, ist jedoch fragwürdig. So weist *Schünemann* selbst ausdrücklich auf die nur als Denkmodell zu begreifende Einordnung des lebenden menschlichen Körpers hin[117]. Allein dieser Hinweis spiegelt die Schwäche seiner These wider, da sie dem Besonderen des lebenden Menschen in keiner Weise gerecht wird. Plakativ beleuchtet *Schreuer* das Besondere des menschlichen Körpers, wenn er ihn nicht als das, „*was ich habe*", sondern als „ein Stück dessen, *was ich bin*, ein Stück *meiner Selbst*, ein greifbares Stück der Persönlichkeit", erfaßt[118]. Folglich lassen sich Körper und Geist nicht trennen. Als Einheit und untrennbare Ganzheit machen sie den lebenden Menschen aus[119]. Daran ändert auch das Verständnis nichts, der Mensch setze sich aus verschiedenen Seinsschichten, namentlich der Schicht des Raum-Zeitlichen und der Schicht des Unräumlich-Zeitlichen, zusammen[120]. Der Körper ist trotz seiner räumlichen Abgrenzung als Gegenstand keine Sache, da es eine Identität

---

115 Vgl. etwa Nachweise bei *Schünemann,* Die Rechte am menschlichen Körper, S. 11 ff.; *Hubmann,* Persönlichkeitsrecht, 2. Aufl., S. 227; *Schröder/Taupitz,* Menschliches Blut: verwendbar nach Belieben des Arztes?, S. 34 f. in Fn. 3; siehe aber auch *Brunner,* NJW 1953. 1173 f.; *v. Vangerow,* Pandekten I, S. 82 ff.

116 Wohl der Auffassung *Schünemanns* zugeneigt: *Voß,* Vernichtung tiefgefrorenen Spermas als Körperverletzung?, S. 89.

117 Vgl. *Schünemann,* Die Rechte am menschlichen Körper, S. 91.

118 Vgl. *Schreuer,* Festgabe für Bergbohm, S. 242 (251) - Hervorhebung durch die Verf.; auch *Jansen,* Die Blutspende aus zivilrechtlicher Sicht, S. 25, bekräftigt die Klarheit des Zitats.

119 Nach *Lanz-Zumstein,* Die Rechtsstellung des unbefruchteten und befruchteten menschlichen Keimguts, S. 66, bedarf es keiner „- dem Juristen ohnehin verschlossenen - metaphysischen Überlegungen, um zu erkennen, daß das menschliche Sein, sein Geist, jeder Gedanke die Existenz von Körperlichkeit voraussetzt".

120 Es wird auch von einer Leib-Seele-Geist Einheit gesprochen, siehe zum Ganzen die umfassenden Darstellungen bei *Hubmann,* Persönlichkeitsrecht, 2. Aufl., S. 16 ff., jeweils m.w.N., was eine ausführliche Darstellung hier erübrigt.

von Recht (der Sache) und Rechtsträger (dem Menschen) nicht gibt[121]. Vielmehr tritt im Körperlichen die Person in der Außenwelt in Erscheinung, erst der Körper vermag der Person zur Entfaltung zu verhelfen[122]. Zudem besteht kein Bedürfnis, den lebenden Menschen als Sache, über die Herrschaftsmacht ausgeübt werden kann, einzuordnen[123].

Vielleicht spricht *Schünemann* dem lebenden Körper zusätzliche Sachqualität gerade deshalb zu, um einer Begründung der sich nach h. M. vollziehenden Umwandlung auf diese Weise zu entgehen. Zugunsten der Rechtsdogmatik aber das Besondere des lebenden Menschen aufzugeben, sollte keine Zustimmung finden. Vielmehr sollte die sachenrechtliche Bewertung getrennter Körperteile hingenommen werden, da die getrennten Körperteile die Merkmale einer Sache erfüllen. Man sollte sich mit dem natürlichen biologischen Prozeß der Umwandlung zufrieden geben, ohne gleich in juristische Erklärungen zu verfallen, die dem Charakter des lebenden menschlichen Wesens zuwiderlaufen[124].

Führt man die Überlagerungsthese konsequent weiter, müßte nach Trennung der Körpersubstanz vom Körper entweder noch immer das Persönlichkeitsrecht das Eigentumsrecht überlagern, oder man müßte zu einer Umschichtung beider Rechte gelangen, derzufolge das Eigentumsrecht das Persönlichkeitsrecht überlagert. In jedem Falle aber setzt die „Überlagerungsthese" begriffslogisch das *Überdauern* beider Ebenen, auch ab dem Zeitpunkt der Trennung, voraus. Dementsprechend wird in diesem Zusammenhang von der Überlagerung des Eigentums- oder Sachenrechts durch das Persönlichkeitsrecht gesprochen[125]. Dies könnte die Schlußfolgerung zulassen, *Schünemann* suche einen Mittelweg[126], um abgetrennten Körpersubstanzen sowohl eigentums- als auch persönlichkeitsrechtliche Qualität zuzusprechen und so der Ausschließlichkeitsthese entgegenzutreten.

Statt dessen stellt *Schünemann* aber die Forderung, daß „die Beendigung der persönlichkeitsrechtlichen Beziehungen nach der Trennung rechtlich denkbar

---

121 *Reimann,* Festschrift für Küchenhoff, S. 345 f.; siehe auch *Staudinger/Dilcher,* 12.Aufl., § 90 Rdnr. 14 m.w.N.; ferner *Koppe,* Das Recht am eigenen Körper, S. 26 ff.; *Lanz-Zumstein,* Die Rechtsstellung des unbefruchteten und befruchteten menschlichen Keimguts, S. 66 ff., die bei Annahme der Sachqualität des Menschen auf wesentliche Einschränkungen des Eigentumsrechts aufmerksam macht.

122 *Jansen,* Die Blutspende aus zivilrechtlicher Sicht, S. 23 ff.

123 Siehe hierzu *Schäfer,* Rechtsfragen zur Verpflanzung von Körper- und Leichenteilen, S. 42.

124 Siehe hierzu *Lanz-Zumstein,* Die Rechtsstellung des unbefruchteten und befruchteten menschlichen Keimguts, S. 66 f., 204 f.

125 Vgl. *Taupitz,* JZ 1992, 1089 (1093 in Fn. 49); *Britting,* Die postmortale Insemination, S. 64; unklar insoweit *Lanz-Zumstein,* Die Rechtsstellung des unbefruchteten und befruchteten menschlichen Keimguts, S. 225 u. Fn. 618, und *Schröder/Taupitz,* Menschliches Blut: verwendbar nach Belieben des Arztes?, S. 40 f.

126 Von einer „vermittelnden Meinung" ist die Rede bei *Britting,* Die postmortale Insemination, S. 64.

sein muß"[127]. Begründet wird die Forderung durch die Absage jeglicher Beziehungen des Menschen zu einer großen Anzahl abgetrennter Körperteile wie etwa Fingernägel und Haare[128]. Daher sucht *Schünemann* nach Kriterien, die das Erlöschen des Persönlichkeitsrechts am abgetrennten Körperteil bewirken. Maßgeblich hierfür könne die Trennung an sich sein. Unter Verweis auf die Einwände der rein persönlichkeitsrechtlichen Theorie, wonach die Annahme, daß der persönlichkeitsrechtliche Schutz nach Trennung beendet sei, den Interessen des Betroffenen widersprechen könne, lehnt *Schünemann* die Geeignetheit dieses Kriteriums[129] ab.

Abgesehen davon wäre es nicht nachvollziehbar, die bislang h. M., die in der Trennung das entscheidende Kriterium für die Umwandlung des Persönlichkeitsrechts zum Sachenrecht sieht[130], gerade aus diesem Grunde zu kritisieren, selbst aber allein die Trennung als Ursache für das Erlöschen des Persönlichkeitsrechts anzunehmen.

Um den Interessen des Betroffenen Rechnung zu tragen, müsse ein weiteres Kriterium herangezogen werden, nämlich der Wille des Betroffenen, auf die persönlichkeitsrechtliche Beziehung zu verzichten[131], wobei der Wille des Betroffenen nicht immer den objektiven Interessen entsprechen müsse. Im allgemeinen aber würden sich die subjektiven und objektiven Interessen decken[132]. Zulässig sei der Verzicht auf das Persönlichkeitsrecht an der getrennten Körpersubstanz deshalb, weil nur ein - mit der Trennung - klar abgrenzbarer, abgespaltener Teil des besonderen Persönlichkeitsrechts berührt werde[133]. Die Äußerung des Willens zum Verzicht könne ausdrücklich oder konkludent erfolgen[134]. Im Zweifelsfalle müsse die Handlung des Betroffenen, die häufig einen typischen Erklärungswert besitze, der Interessenlage gemäß ausgelegt werden[135]. Die Verzichtserklärung könne entweder nach oder mit dem Realakt der Trennung erfolgen oder diesem vorausgehen; im letztgenannten Fall müsse sie jedoch im Zeitpunkt der Trennung noch vorliegen[136]. Eine Beendigung persönlichkeitsrechtlicher Beziehungen sei somit im Zeitpunkt der Trennung oder erst nach Trennung zu einem späteren Zeitpunkt möglich.

---

127 Vgl. *Schünemann,* Die Rechte am menschlichen Körper, S. 100.

128 *Schünemann,* Die Rechte am menschlichen Körper, S. 100, siehe auch *Schünemann,* a.a.O., wonach die Sonderbehandlung - er meint wohl die Überlagerung des Persönlichkeitsrechts hinsichtlich des Eigentumsrechts - nach Trennung nicht mehr erforderlich und somit das Erlöschen des Persönlichkeitsrechts hinsichtlich der Körperteile nicht mehr ausgeschlossen ist.

129 *Schünemann,* Die Rechte am menschlichen Körper, S. 102 f.

130 Darstellung der h. M. siehe oben S. 16 ff.

131 *Schünemann,* Die Rechte am menschlichen Körper, S. 104, mit Verweis auf die Anhänger der rein persönlichkeitsrechtlichen Theorie.

132 *Schünemann,* Die Rechte am menschlichen Körper, S. 104, 107.

133 *Schünemann,* Die Rechte am menschlichen Körper, S. 104, 107.

134 *Schünemann,* Die Rechte am menschlichen Körper, S. 108.

135 *Schünemann,* Die Rechte am menschlichen Körper, S. 108.

136 Vgl. *Schünemann,* Die Rechte am menschlichen Körper, S. 110 ff., wobei er § 959 BGB (Dereliktion) zum Vergleich heranzieht.

Der Verzicht auf das Persönlichkeitsrecht im Zeitpunkt der Trennung erlangt nach *Schünemann* in der Praxis wohl die herausragende Bedeutung, denn er erachtet die Anerkennung besonderer Beziehungen der betroffenen Person zu den meisten abgetrennten Körperteilen - wie Haare, Zähne, Fingernägel oder Operationsentnahmen - nicht als notwendig. Als Abfälle oder verarbeitet würden „sie sich durch nichts als ihre Herkunft von anderen Sachen" unterscheiden. Außerdem handele „es sich hier um Körperteile, die weitgehend zur Trennung vom Körper bestimmt sind". Die Verkehrsanschauung ergebe ebenfalls eine Anwendung der sachenrechtlichen Regeln[137].

Anders bewertet *Schünemann* ganz allgemein abgetrennte Körperteile, die funktionsgerecht wiederverwendet werden sollen, sei es zur Reintegration nach nur vorübergehender Trennung[138] oder zur Transplantation in einen anderen Körper (Organspende). Hier bestehe ein Bedürfnis, die persönlichkeitsrechtlichen Beziehungen des Betroffenen zu den getrennten Körperteilen aufrechtzuerhalten[139] und sie somit dem persönlichkeitsrechtlichen Schutz zu unterwerfen.

Bei näherer kritischer Betrachtung läßt sich die Auffassung, das Persönlichkeitsrecht am getrennten Körperteil aufheben zu können, kaum aufrechterhalten. Ohnehin unterscheidet sich die Überlagerungsthese in der Bewertung abgetrennter Körperteile nur geringfügig vom rein persönlichkeitsrechtlichen Ansatz[140].

Beendet der Inhaber der Körpersubstanz die persönlichkeitsrechtlichen Beziehungen *im Zeitpunkt der Trennung*, hat eine *Überlagerung* hinsichtlich des Körperteils nie bestanden: Die persönlichkeitsrechtliche Ebene ist nicht mehr vorhanden, die sachenrechtliche Ebene kann nicht die persönlichkeitsrechtliche Ebene überlagern oder umgekehrt.

Wenn der Betroffene seine persönlichkeitsrechtlichen Beziehungen an dem Körperteil nie aufgibt, besteht die Überlagerung fort, aber die persönlichkeitsrechtliche und nicht die eigentumsrechtliche Ebene bleibt im Vordergrund[141].

Von der Überlagerungsthese, jedoch nur hinsichtlich *abgetrennter* Körpersubstanzen, dürfte wohl ebenso *Deutsch* ausgehen, wenn er beide Aspekte, also den des Persönlichkeitsrechts und den des Eigentums in Betracht zieht[142]. Seine Differenzierung abgetrennter Körpersubstanzen erfolgt in der Weise, ob *nach der Verkehrsauffassung* trennbare und handelbare Körperteile nach ihrer Trennung als

137 Vgl. *Schünemann*, Die Rechte am menschlichen Körper, S. 78 f., 84, 100 ff.

138 Die Trennung erfolgt z.B. aus diagnostischen Gründen.

139 *Schünemann*, Die Rechte am menschlichen Körper, S. 85.

140 Auch *Schröder/Taupitz*, Menschliches Blut: verwendbar nach Belieben des Arztes?, S. 92, weisen auf sich entsprechende Konsequenzen beider Theorien hin.

141 Daher ist unklar, wenn von *Schröder/Taupitz*, Menschliches Blut: verwendbar nach Belieben des Arztes?, S. 41, die Auffassung *Schünemanns* in der Weise dargestellt wird, durch Tod oder durch Trennung von Körperteilen *trete* die sachenrechtliche Ebene *hervor* und könne rechtlich maßgeblich werden. Zu Recht weisen *Schröder/Taupitz*, a.a.O., S. 92, aber an späterer Stelle kritisch darauf hin, daß *Schünemann* die Konsequenzen für das Persönlichkeitsrecht des Betroffenen übergeht, sofern der Betroffene eine rechtsgeschäftliche Verfügung über das Körperteil trifft.

142 Vgl. *Deutsch*, VersR 1985, 1002 (1004); *ders.*, MDR 1985, 177 (179); *ders.*, NJW 1986, 1971 (1974); *ders.*, Arztrecht und Arzneimittelrecht, 2. Aufl., S. 254.

Sachen behandelt würden. Trennbare, aber üblicherweise nicht getrennte Körperteile seien dem Persönlichkeitsrecht unterzuordnen[143].

Überhaupt findet sich zunehmend in der Literatur die Forderung, bei Körpersubstanzen, die der Fortpflanzung dienen (Sperma), eine Verletzung des allgemeinen Persönlichkeitsrechts anzuerkennen, soweit die Körpersubstanzen ohne Einverständnis des Betroffenen zur Zeugung verwendet werden, da die Bestimmung über das Ob und Wann der eigenen Fortpflanzung Ausdruck des allgemeinen Persönlichkeits- und Selbstbestimmungsrechts sei[144]. Unklar bleibt allerdings, ob die hier angeführte Literaturmeinung eher zur Überlagerungsthese oder zur rein persönlichkeitsrechtlichen Theorie tendiert[145].

Obwohl sich *Schünemann* der sog. Ausschließlichkeitsthese erwehrt, führt sein Ansatz nicht weiter, zumal er zu einer rechtlichen Bewertung abgetrennter Körperteile gelangt[146], die dem persönlichkeitsrechtlichen Ansatz nahe kommt. Setzt man die Überlagerungsthese mit der rein persönlichkeitsrechtlichen Betrachtungsweise in Vergleich, läßt sich folgendes feststellen:

Nach beiden Theorien besteht das Persönlichkeitsrecht nach Trennung fort, wenn sich noch schutzwürdige Interessen des Betroffenen an die getrennten Körpersubstanzen knüpfen. Es wird eine Differenzierung danach vorgenommen, ob die Entnahme der Organverpflanzung oder Reintegration dienen soll. Hier werden persönlichkeitsrechtliche Interessen regelmäßig bejaht, nicht dagegen bei Haaren, Blut und ähnlichem, falls nicht der Wille des Betroffenen etwas anderes ergibt.

Hat der Betroffene keine persönlichen Interessen (mehr) an der getrennten Körpersubstanz, kann er die persönlichkeitsrechtliche Beziehung aufgeben, wobei unterschiedliche Voraussetzungen aufgestellt werden: Entweder soll schon der Wille zur Aufgabe, zumindest nach der Trennung, ausreichen[147] oder aber soll die tatsächliche Hingabe der Körpersubstanz zum Willen, persönliche Interessen daran aufzugeben, hinzutreten[148].

Nach Beendigung der persönlichkeitsrechtlichen Beziehung zur Körpersubstanz kommt die eigentumsrechtliche Betrachtungsweise zum Tragen, die Verkehrsfähigkeit der Körpersubstanz als Sache ist nunmehr möglich.

---

143 Vgl. *Deutsch,* AcP 192 (1992), 161 (173); *ders.,* Arztrecht und Arzneimittelrecht, 2. Aufl., S. 254 f.

144 Vgl. *Püttner/Brühl,* JZ 1987, 529 (532); siehe ferner *Laufs,* JZ 1986, 796 (772); *Heldrich,* JuS 1969, 455 (461); *Coester-Waltjen,* Verhandlungen des 56. Deutschen Juristentages 1986, Teil B 32, die auf *Forkel* verweist; *Pfeiffer,* LM BGB § 823 (Aa) Nr. 151.

145 Zu ungenau insofern *BGHZ* 124, 52 (55), wo ohne weiteres von einer Tendenz zur Überlagerung hin ausgegangen wird.

146 Insofern bietet entgegen der Auffassung von *Schröder/Taupitz,* Menschliches Blut: verwendbar nach Belieben des Arztes?, S. 93, die These *Schünemanns* nicht die Möglichkeit, das Persönlichkeitsrecht und das Sachenrecht an der Körpersubstanz nebeneinander zu berücksichtigen, insbes. da er die Körpersubstanz bei nicht sachenrechtlicher Einordnung u. a. dem körperlichen Schutz der §§ 823 Abs. 1 BGB u. 223 ff. StGB unterwerfen will, siehe hierzu S. 30 f.

147 So nach *Forkel* und *Schünemann.*

148 So nach *Jansen.*

Hervorzuheben sei nochmals, daß beide Theorien nach Aufgabe der persönlichkeitsrechtlichen Beziehungen die Körpersubstanzen rein sachenrechtlich betrachten.

In der Berücksichtigung persönlichkeitsrechtlicher Interessen führt *Schünemann* seinen Ansatz darüber hinaus in eine Richtung, die vom persönlichkeitsrechtlichen Ansatz abweicht, wenn er Körpersubstanzen dem körperlichen Schutz der §§ 823 Abs. 1 BGB und 223 ff. StGB unterwerfen will. Hier zeigen sich Ähnlichkeiten mit der Auffassung des *BGH*, die im folgenden näher dargestellt wird.

2.3 Der Standpunkt des *BGH*

Im Urteil vom 9. November 1993 hatte der VI. Zivilsenat des *BGH* über folgenden Fall zu befinden[149]:

> Ein 31-jähriger Mann hatte vor einer Operation wegen eines Harnblasenkarzinoms in einer Universitätsklinik von ihm stammendes Sperma in einer Kryokonserve einlagern lassen, weil die bevorstehende Operation zu seiner Zeugungsunfähigkeit führen würde. So bestand für ihn im Falle eines Kinderwunsches weiterhin die Möglichkeit, Vater leiblicher Kinder zu werden.
>
> Zwei Jahre später wurde bei dem Betroffenen schriftlich angefragt, ob ihm noch immer an einer Lagerung der Spermien gelegen sei. Falls sich der Betroffene nicht innerhalb von vier Tagen mit der entsprechenden Stelle in Verbindung setze, werde die Konserve aus Gründen begrenzter Lagerungskapazität vernichtet.
>
> Daraufhin schickte der Betroffene rechtzeitig einen eingeschriebenen Brief an die Universitätsklinik, der den Wunsch enthielt, die Konservierung fortdauern zu lassen. Obwohl das Schreiben dort einging, gelangte es aus unaufklärbaren Gründen nicht in die bei der verantwortlichen Stelle geführten Akte über den Kläger. Die Spermakonserve wurde daher etwa vier Monate später vernichtet.
>
> Nachdem der Betroffene nach seiner Heirat den gemeinsamen Kinderwunsch in die Realität umsetzen wollte, erreichte ihn die Nachricht von der zwischenzeitlich erfolgten Vernichtung der Spermakonserve.
>
> Er verlangte daher Zahlung eines angemessenen Schmerzensgeldes in Höhe von mindestens 25 000 DM.

Das *OLG Frankfurt* hatte angenommen, daß das allgemeine Persönlichkeitsrecht nicht verletzt sei. Zwar sei durch die Vernichtung des Spermas die Entscheidungsfreiheit des Klägers darüber verletzt worden, wie und wann sein Sperma eingesetzt werde. Diese Freiheit unterfalle jedoch nicht dem Schutzbereich des allgemeinen Persönlichkeitsrechts, das im Gegensatz zu einem Aktivitätsschutz nur einen Integritätsschutz, also nur den Bestand der Rechtsposition, gewähre[150]. Somit war das Berufungsgericht zur Ablehnung eines Schmerzensgeldanspruches gelangt.

---

[149] *BGHZ* 124, 52=NJW 1994, 127=JR 1995, 21=JZ 1994, 463=MedR 1994, 113=VersR 1994, 55 = FuR 1994, 56 = LM BGB § 823 (Aa) Nr. 151 = FamRZ 1994, 154 = MDR 1994, 140 = ZfS 1994, 45.

[150] Dargestellt in *BGHZ* 124, 52 (53).

Der *BGH* kam zum gegenteiligen Ergebnis. Grundsätzlich wird die Auffassung, daß am abgetrennten Körperteil Sacheigentum entsteht, bejaht. Jedoch ist nach Ansicht des Senats eine andere, weitergehendere Betrachtungsweise erforderlich.

Ausgangspunkt hierzu bilde der § 823 Abs. 1 BGB: Hier werde der Körper als Basis der Persönlichkeit geschützt. Das Recht am eigenen Körper verstehe der Senat als gesetzlich ausgeformten Teil des allgemeinen Persönlichkeitsrechts.

Der Senat macht auf die Situationen aufmerksam, in denen Körperteile dem Körper nicht endgültig entnommen, sondern nach dem Willen des Rechtsträgers zur Bewahrung der Körperfunktion oder zu ihrer Verwirklichung später mit ihm wieder vereinigt werden sollen[151]. Mit Blick auf den Schutzzweck der Norm würden derartige Bestandteile auch während der Trennung vom Körper mit diesem eine *funktionale Einheit* bilden. Eine Verletzung oder Beschädigung dieser abgetrennten Körperteile sei daher als Körperverletzung im Sinne der §§ 823 Abs. 1, 847 Abs. 1 BGB zu qualifizieren.

Sollen dagegen die Körperteile zur endgültigen Trennung entnommen werden, hält der Senat die sachenrechtliche Betrachtungsweise für angebracht und zwar „deshalb, weil hier der Gedanke, nach dem das Selbstbestimmungsrecht des Rechtsträgers den Körper und seine ausgegliederten Bestandteile weiterhin als eine funktionale Einheit erscheinen läßt, nicht zum Tragen gelangt“[152]. Der *BGH* befürwortet allerdings nicht eine rein sachenrechtliche Betrachtungsweise. Vielmehr geht er in den letztgenannten Fällen von einer Überlagerung aus: Falls, insbesondere bei Organspenden oder fremdbestimmten Blutspenden, gegen den Willen des Spenders gehandelt werde, entstünden Entschädigungsansprüche, da das Persönlichkeitsrecht des Betroffenen das Sacheigentum überlagere.

Weil Sperma einerseits vom Körper endgültig getrennt sei, andererseits weiterhin eine körpertypische Funktion, die Fortpflanzung des Rechtsträgers, erfüllen soll, ist nach Auffassung des *BGH* eine eindeutige Zuordnung nicht möglich. Soll aber, wie hier, die verlorene Fortpflanzungstätigkeit substituiert werden[153], sieht der *BGH* jedenfalls bei einem solchen Fall eine Situation für gegeben an, die dem Schutzzweck der §§ 823 Abs. 1, 847 Abs. 1 BGB entspreche. Zum Vergleich weist der Senat insbesondere auf die Befruchtung der Eizelle außerhalb des Körpers hin. Weil aber beim Sperma im Gegensatz zur Eizelle nach der Befruchtung keine Reintegration in den Körper stattfindet, räumt der Senat etwaige Bedenken insofern aus dem Weg, als er die genannten Vorschriften jedenfalls entsprechend anwendet und nochmals ausdrücklich das

---

151 Vgl. *BGHZ* 124, 53 (55).
152 *BGHZ* 124, 53 (55).
153 Vgl. *BGHZ* 124, 53 (56).

durch die Vernichtung betroffene Persönlichkeitsrecht des Rechtsträgers betont, was es rechtfertige, die Vernichtung des Spermas als Körperverletzung anzusehen[154].

Daher wurde dem Kläger die volle Höhe des verlangten Schmerzensgeldes zugestanden.

Zusammengefaßt bedeutet die Auffassung des *BGH* folgendes: Wenn der Körper und dessen abgetrennte Teile weiterhin als funktionale Einheit erscheinen, also im Falle einer geplanten Reintegration, ist der abgetrennte Teil noch immer als „Körper" im Sinne von § 823 Abs. 1 BGB anzusehen.

Bei abgetrennten Körperteilen, die in einen fremden Körper eingegliedert werden sollen, handelt es sich um Sacheigentum, das aber vom Persönlichkeitsrecht überlagert wird.

Ansonsten ist von einer rein sachenrechtlichen Betrachtungsweise auszugehen.

Schon viele Jahre vor dieser Entscheidung des *BGH* stellte *Schünemann* vergleichbare Überlegungen an: Ähnlich wie der *BGH* will er den Schutz des „Körpers" im Sinne von §§ 823 Abs. 1 BGB und 223 ff. StGB, die offensichtlich vom Schutz des menschlichen Körpers in seiner organischen Verbundenheit ausgehen würden[155], auf organisch nicht verbundene, abgetrennte Körperteile erweitern.

Schünemann hält eine Unterteilung abgetrennter Körpersubstanzen für unumgänglich[156], insbesondere im Hinblick auf die verschiedenartigen Motivationen und Ziele, welche die Trennung des Körperteils veranlaßt haben. Daher stellt er ebenfalls drei Gruppen auf, abgetrennte Körperteile einzuordnen:

Sind abgetrennte Körperteile in den Körper wieder funktionstüchtig integrierbar (objektive Eignung), sei für die Zeit der vorübergehenden Trennung die Erweiterung des Schutzes des Körpers im Sinne von § 823 Abs. 1 BGB auf diese ungetrennten Körperteile notwendig, allerdings nur, soweit sie zur Reintegration des Körpers bestimmt sind, aus dem sie stammen (subjektive Eignung). Als Grund hierfür wird die Wahrung der Funktionstüchtigkeit der körperlichen Hülle angeführt.

Ist letztere Bedingung nicht erfüllt, soll das Körperteil also einer anderen Person zugeführt werden (Organtransplantation), so unterliege der abgetrennte Körperteil dem allgemeinen Persönlichkeitsrecht des Spenders, als schwächere Form des Körperschutzes.

---

154 Dieser Auffassung wohl zugeneigt scheinen *Freund/Heubel*, MedR 1995, 194 (198), zu sein, welche die Spermienvernichtung auch im strafrechtlichen Sinne als Körperverletzung qualifizieren, da „durch die Vernichtung der Kernbestand des Freiheitsentfaltungspotentials der Person beeinträchtigt" sei. Gegen die Einordnung einer entnommenen Körpersubstanz als Körperverletzung im strafrechtlichen Sinne *Otto*, Jura 1996, 219 (220); differenzierend *Schnorbus*, JuS 1994, 830 (834 ff.), welcher eine Einordnung als Körperverletzung im strafrechtlichen Bereich ablehnt, indessen die Einordnung im zivilrechtlichen Bereich befürwortet. Er begründet seine Auffassung damit, daß zivilrechtlicher und strafrechtlicher Integritätsschutz „gleichsam auseinandertriften" und geht von einer unterschiedlichen Ordnungsaufgabe beider Rechtsgebiete aus.

155 Vgl. *Schünemann*, Die Rechte am menschlichen Körper, S. 115 m.N.

156 Siehe zum Ganzen *Schünemann*, Die Rechte am menschlichen Körper, S. 118 ff.

Unterlägen die abgetrennten Körperteile nicht dem allgemeinen Persönlichkeitsrecht - wie Fingernägel oder Haare - finde der Sachschutz Anwendung.

Lediglich die besondere Berücksichtigung von Sperma und dessen zumindest analoge Zuordnung zur ersten Gruppe bildet in der Entscheidung des *BGH* eine geringe Abweichung zu *Schünemanns* Ansatz.

Das Urteil des *BGH* erfuhr wenig Anerkennung[157]. Die meisten Stimmen in der Literatur lehnen zu Recht insbesondere die Annahme ab, durch die Vernichtung des Spermas werde die körperliche Integrität des Betroffenen beeinträchtigt[158]. Denn das Begehren des Betroffenen zielt nicht auf Ausgleich für erlittene körperliche Schmerzen, sondern der Ausgleich soll der nunmehr eingeschränkten Persönlichkeitsentfaltung dienen, sich bei entsprechendem Wunsch fortpflanzen zu können[159]. Zudem bewirkt die Entkorporalisierung des Körperverletzungstatbestands eine Verwischung der bis dahin geübten tatbestandlichen Genauigkeit, die bei Annahme einer Körperverletzung, im Gegensatz zur Persönlichkeitsrechtsverletzung, ohne weiteres zu einer Indizwirkung auf der Rechtswidrigkeitsebene führte[160].

Vielleicht mag sich die Konstruktion des Senats daraus erklären, daß er nicht das Risiko eines Wertungswiderspruchs bei Bejahung des allgemeinen Persönlichkeitsrechts eingehen wollte, da in der bisherigen Linie der Rechtsprechung kein Schmerzensgeldanspruch bei Verletzung des Rechts auf Familienplanung[161] als Ausfluß des allgemeinen Persönlichkeitsrechts anerkannt wurde[162].

---

157 Zustimmend, soweit ersichtlich, nur *Schnorbus,* JuS 1994, 830 (834 ff.); wohl auch *Freund/Heubel,* MedR 1995, 194 (insbes. 196) u. *Jauernig,* BGB, 7. Aufl., Vor § 90 Zif. II 6.

158 Ausführlich übt *Taupitz,* Anm. JR 1995, 22 und NJW 1995, 745, Kritik, der zudem in dem Urteil die Prüfung vertraglicher Ansprüche vermißt; ferner *Pfeiffer,* LM BGB § 823 (Aa) Nr. 151; *Laufs/Reiling,* NJW 1994, 775; *Rohe,* JZ 1994, 465; *Peris,* MedR 1994, 113; *Nixdorf,* VersR 1995, 740 (743); *Emmerich,* BGB - Schuldrecht, besonderer Teil, S. 273; siehe nun auch die küzlich veröffentlichte Abhandlung von *Voß,* Vernichtung tiefgefrorenen Spermas als Körperverletzung?, der sich ausschließlich mit diesem Problem befaßt und einen Überblick über die Bedenken auf S. 10 ff. gibt u. das Ergebnis des Urteils anhand praktischer Beispeilsfälle überprüft, a.a.O., S. 72 ff.; kritisch ferner *Müller,* Die kommerzielle Nutzung menschlicher Körpersubstanzen, S. 38 in Fn. 83.

159 In diesem Sinne *Pfeiffer,* LM BGB § 823 Abs.1 (Aa) Nr. 151; Amn. *Taupitz,* JR 1995, 22 (23); *ders.,* NJW 1995, 745 (748 f.); *Laufs/Reiling,* NJW 1994, 775 f.

160 Ausführlich *Pfeiffer,* LM BGB § 823 Abs. 1 (Aa) Nr. 151, der allerdings bei nur vorübergehender Trennung und anschließender Reimplantation in den selben Körper das Körperteil „nach der Verkehrsanschauung auch während der Verpflanzung funktionell" dem Körper des Patienten zurechnet.

161 Siehe hierzu *Voß,* Vernichtung tiefgefrorenen Spermas als Körperverletzung?, S. 66 ff.

162 Anm. *Taupitz,* JR 1995, 22 (25); *ders.,* NJW 1995, 745 (752); *Pfeiffer,* LM BGB § 823 Abs. 1 (Aa) Nr. 151.

2.4 Die modifizierte sachenrechtliche Bewertung

Persönlichkeitsrechtliche Beziehungen ab Trennung völlig zu leugnen oder auszuschließen, ist nicht angebracht, wie die rein persönlichkeitsrechtliche Theorie und die Überlagerungsthese gleichermaßen hervorheben: Entscheidend kommt es vor allem auf die vermehrte Schutzbedürftigkeit des Betroffenen an. Zudem verdient die enge Verbundenheit Aufmerksamkeit, die der Betroffene, trotz Entnahme „seiner“ Körpersubstanz, zu derselben verspüren kann[163]. Außerdem ist die Vorstellung schwer nachvollziehbar, allein aufgrund der Trennung persönlichkeitsrechtliche Beziehungen zur Körpersubstanz erlöschen zu lassen[164].

Indes dürfen die Vorteile des sachenrechtlichen Ansatzes nicht übersehen werden. Materiell vom Betroffenen losgelöst, weist die Körpersubstanz die Merkmale einer Sache im Sinne von § 90 BGB auf. Dem abgetrennten Körperteil keinen Sachschutz zu gewähren, erscheint wegen seiner Gegenständlichkeit als wenig sinnvoll. Andernfalls würde der losgelösten Körper*materie* an sich kein Schutz vor einer etwaigen Substanzbeeinträchtigung im Sinne einer Sachbeschädigung zukommen[165].

Bisher wurde in den verschiedenen Ansätzen je nach Bedürfnis der entsprechende Schutz hinsichtlich abgetrennter Körperteile zuerkannt: Hält man es für erforderlich, Persönlichkeitsschutz zu gewähren, so bestreitet man ohne weiteres, trotz grundsätzlicher Anerkennung der Sacheigenschaft abgetrennter Körperteile, deren Sachqualität. Oder aber man mißt der Sachqualität wegen der persönlichkeitsrechtlichen Überlagerung keinerlei oder nur formelle Bedeutung zu.

Durch die Einteilung abgetrennter Körperteile nach bestimmten Kriterien, insbesondere nach dem Verwendungszweck, wird versucht, eine Systematik zu erreichen, durch die Körperteilen entweder Persönlichkeits- *oder* Eigentumsschutz zugesprochen werden kann. Läßt sich eine Körpersubstanz nicht einer Gruppe zuordnen - man denke an das Sperma - oder sollte sich der Verwendungszweck des Körperbestandteils ändern, treten Schwierigkeiten auf, die zur Rechtsunsicherheit führen. Die am Ergebnis orientierten Argumentationen lassen eine dogmatische Begründung vermissen.

---

163 Hierauf weist *Lanz-Zumstein,* Die Rechtsstellung des unbefruchteten und befruchteten menschlichen Keimguts, S. 211, im Zusammenhang mit Keimzellen hin, die allerdings weder dem rein persönlichkeitsrechtlichen noch dem rein sachenrechtlichen Ansatz folgt. Zudem dürfte dieser Aspekt bei Organentnahmen nicht unerheblich sein.

164 So aber die bislang noch h. M., siehe hierzu S. 16 ff., aber auch S. 28 ff.

165 *Lanz-Zumstein,* Die Rechtsstellung des unbefruchteten und befruchteten menschlichen Keimguts, S. 212.

2.4.1 Die Verneinung der Ausschließlichkeitsthese in bezug auf menschliches Keimgut

Die im Anschluß dargestellten Ansätze versuchen Persönlichkeitsschutz *neben* Eigentumsschutz hinsichtlich der menschlichen Keimzelle zu begründen.

a) Der Ansatz *Brittings*

Für *Britting* ist die Keimzelle *formell als Sache* einzuordnen. Zugleich stellt *Britting* jedoch die Keimzelle weitgehend außerhalb des Rechtsverkehrs, um so insbesondere der Kommerzialisierung der Keimzelle entgegenzutreten[166]. Indem sie die rechtliche Bewertung des menschlichen Leichnams zum Vergleich heranzieht, bewertet *Britting* die Keimzelle als herrenlos und entzieht sie als verkehrsunfähige Sache der Aneignung. Die Entstehung eigentumsrechtlicher Positionen an der Keimzelle werde dadurch verhindert[167]. Gametenbanken, Universitätskliniken oder Ärzte könnten lediglich besitzrechtliche Positionen daran erwerben[168]. Die Qualifizierung der Keimzelle im Sinne *Brittings* verhindert mangels Fremdheit der herrenlosen Keimzelle die Berufung auf strafrechtliche Vorschriften wie die §§ 303, 242 ff., 246, 249 ff. StGB[169].

Dem früheren Träger des Keimguts kommt nach ihrer Auffassung die Befugnis zu, über die Verwendung der Keimzelle zu bestimmen, was sie aus dem allgemeinen Persönlichkeits- und Selbstbestimmungsrecht (Art. 2 Abs. 1 GG und Art. 1 Abs. 1 GG) ableitet. Das *Bestimmungsrecht* des früheren Trägers des Keimguts will *Britting* durch „das Sittengesetz" im Sinne des Art. 2 Abs. 1 GG und durch die „guten Sitten" im Sinne des § 138 BGB begrenzt wissen[170].

b) Der Ansatz *Lanz-Zumsteins*

Lanz-Zumstein lenkt im Zusammenhang mit menschlichem Keimgut einerseits besonderes Augenmerk auf die Nachteile der rein persönlichkeitsrechtlichen Betrachtungsweise und hebt die Unbestimmtheit des Begriffs des Persönlichkeitsrechts hervor, der sowohl „ausgehölt" als auch „zum beliebigen Werk

---

166 *Britting,* Die postmortale Insemination, S. 98.

167 *Britting,* Die postmortale Insemination, S. 100, 104.

168 *Britting,* Die postmortale Insemination, S. 102.

169 *Britting,* Die postmortale Insemination, S. 99, sieht den Gesetzgeber gefordert, entsprechende Schutzvorschriften zu schaffen.

170 *Britting,* Die postmortale Insemination, S. 118 ff.

zeug degradiert“ werde[171]. Andererseits aber will *Lanz-Zumstein* auf persönlichkeitsrechtliche Erwägungen nicht ganz verzichten[172].

Ihr zufolge ist primär eine *eigentumsrechtliche Betrachtungsweise* angebracht, wobei das *Persönlichkeitsrecht* Berücksichtigung finden müsse, was sie rechtsdogmatisch über die Prolongation von Rechten des Trägers herzuleiten versucht[173].

Sie setzt die persönlichen Rechtsbeziehungen zum menschlichen Keimgut mit dem Verhältnis des Urhebers zu seinem Werk gleich, da auch dort, ungeachtet nicht mehr unmittelbar vorhandener Persönlichkeitssphäre des Urhebers zu seinem „Produkt“ eine persönlichkeitsrechtliche Beziehung begründet sei[174]. Allerdings müßten hierfür zwei Voraussetzungen erfüllt sein:

Zum einen müsse eine Anerkennung originärer aktiver Rechte, die ihren Ursprung in der Körperlichkeit hätten, erfolgen; zum anderen dürften die Rechte nach Trennung des Körperbestandteils nicht erlöschen[175].

Rechtlich bewertet *Lanz-Zumstein* das menschliche Keimgut, welches *sowohl* sachenrechtlichen *als auch* personenrechtlichen Normen zugänglich sei, grundsätzlich als eigentumsfähig und sachähnlich[176]. Unerheblich sei, ob dabei von einer „Nachwirkung“, „Ausstrahlung“, oder „Überlagerung“ des Persönlichkeitsrechts gesprochen werde[177]. Bei dem Persönlichkeitsrecht handele es sich inhaltlich um Bestimmungsrechte des Betroffenen[178]. Daher stehe es dem frü-

---

171 Vgl. *Lanz-Zumstein,* Die Rechtsstellung des unbefruchteten und befruchteten menschlichen Keimguts, S. 213. Zu ihrer Kritik an der rein persönlichkeitsrechtlichen Betrachtungsweise siehe ausführlich, a.a.O., S. 212 ff.

172 *Lanz-Zumstein,* Die Rechtsstellung des unbefruchteten und befruchteten menschlichen Keimguts, S. 218, 222 ff.

173 *Lanz-Zumstein,* Die Rechtsstellung des unbefruchteten und befruchteten menschlichen Keimguts, S. 219, 222.

174 Vgl. *Lanz-Zumstein,* Die Rechtsstellung des unbefruchteten und befruchteten menschlichen Keimguts, S. 222.

175 Vgl. *Lanz-Zumstein,* Die Rechtsstellung des unbefruchteten und befruchteten menschlichen Keimguts, S. 222 f.; in Fn. 613 betont sie, daß sich die persönlichkeitsrechtliche Beziehung sogar noch intensiviert, da das Keimgut zwecks Erhaltung und Weiterentwicklung der Keimzellenpotenz überhaupt erst hingegeben worden sei. Bei den hier zu behandelnden Körpersubstanzen, die zwecks Therapie entnommen werden *müssen*, erscheint dagegen fraglich, ob von einer Intensivierung oder gar Aufrechterhaltung persönlichkeitsrechtlicher Beziehungen zur getrennten Körpersubstanz ausgegangen werden kann, hierzu später S. 76 ff., insbes. S. 81 ff.

176 *Lanz-Zumstein,* Die Rechtsstellung des unbefruchteten und befruchteten menschlichen Keimguts, S. 225.

177 *Lanz-Zumstein,* Die Rechtsstellung des unbefruchteten und befruchteten menschlichen Keimguts, S. 226.

178 *Lanz-Zumstein,* Die Rechtsstellung des unbefruchteten und befruchteten menschlichen Keimguts, S. 226.

heren Inhaber zu, über den Werdegang des menschlichen Keimguts nach der Entnahme zu entscheiden.

In der Frage, wann sachenrechtliche Positionen betroffen oder aber wann persönlichkeitsrechtliche Erwägungen vorrangig zu berücksichtigen sind, differenziert *Lanz-Zumstein* danach, ob der zu beurteilende Sachverhalt über einen „objektsbezogenen Umgang" hinausgeht: Denn dann seien persönlichkeitsrechtliche Positionen des menschlichen Keimguts berührt[179], was den Regelfall bilden dürfte[180].

Der entscheidende Vorteil dieser Qualifizierung, Sachen- und Personenrecht gleichsam nebeneinander zu stellen, besteht darin, nicht nur eine formale, sondern auch eine materiale Sachzuweisung zu ermöglichen[181]. Dies bedeutet gegenüber den anderen Auffassungen einen wesentlichen Fortschritt und bietet größere Rechtssicherheit, auch im Hinblick auf den Strafrechtsschutz.

c) Sonderstellung des menschlichen Keimguts?

Lanz-Zumstein reduziert das Nebeneinander der sachenrechtlichen und persönlichkeitsrechtlichen Betrachtungsweise allerdings nur auf das menschliche Keimgut. Bei Körperbestandteilen, die einer Sache gleich genutzt würden (Fingernägel, Haare u. s. w.), wandele sich das früher am Körper bestehende Persönlichkeitsrecht in Eigentum um. Maßgebliches Kriterium sei, ob noch besondere, persönlichkeitsrechtliche Beziehungen zum Körper bestünden. Ohne nähere Erläuterungen verweist sie auf *Jansen* und *Schünemann*[182].

Somit zäumt *Lanz-Zumstein* das Pferd von hinten auf: Indem sie die Charakteristika der Keimzelle veranschaulicht, bemüht sie sich um eine interessengerechte Bewertung dieser *einen* Körpersubstanz. Die Unklarheiten bezüglich anderer abgetrennter Körperteile läßt sie weiterhin bestehen, obwohl ihr Ansatz hier zu mehr Klarheit und Sicherheit führen könnte, wenn man ihn konsequent weiterverfolgt. So aber geschieht die rechtliche Präzisierung ohne einleuchtenden Grund nur im Einzelfall.

Zwar versucht *Britting*, Gründe für eine verschiedenartige Behandlung von Körperzellen, welche die Bausteine von Organen und anderen Körperbestand-

---

179 *Lanz-Zumstein,* Die Rechtsstellung des unbefruchteten und befruchteten menschlichen Keimguts, S. 227.

180 Siehe hierzu auch *Lanz-Zumstein,* Die Rechtsstellung des unbefruchteten und befruchteten menschlichen Keimguts, S. 227 in Fn. 621.

181 Darauf weist *Lanz-Zumstein,* Die Rechtsstellung des unbefruchteten und befruchteten menschlichen Keimguts, S. 225, zu Recht hin.

182 *Lanz-Zumstein,* Die Rechtsstellung des unbefruchteten und befruchteten menschlichen Keimguts, Fn. 618.

teilen bilden, und Keimzellen herauszuarbeiten[183]. Dennoch vermögen sie nicht zu überzeugen.

Zum besseren Verständnis sei folgendes angemerkt: Im Gegensatz zu den Körperzellen, die über 23 Paare von Chromosomen verfügen, beinhaltet der Zellkern der Keimzelle nur 23 Chromosome. Verschmelzen die Keimzellen, genauer die Ei- und die Samenzelle, miteinander, entstehen 23 Chromosomenpaare, wodurch ein neues biologisches Individuum entstehen kann.

Für *Britting* ist das wesentliche Unterscheidungsmerkmal die den Keimzellen - anders als bei den Körperzellen - innewohnende Chance, sich zu einem neuen Individuum zu entwickeln. Aus diesem Grunde sei die Keimzelle gegenüber der Körperzelle höherwertiger einzustufen[184].

Sogleich schildert *Britting* jedoch den bislang nur am Tierexperiment gelungenen Versuch, den Zellkern einer Körperzelle durch den der Eizelle bzw. der befruchteten Eizelle zu ersetzen. Das neue Wesen enthält dann das gesamte Erbmaterial des Zellkernspenders. Falls dieses Experiment auf den Menschen übertragbar sein sollte, wäre der von *Britting* herausgearbeitete Unterschied, wie sie selbst erkennt, überflüssig[185].

Außerdem führt *Britting* noch einen anderen Unterschied an: Werden Körperzellen (Organe) gespendet, so ermöglichten oder erleichterten die Spender damit das Weiterleben einer anderen Person, auch wenn die Spende der Herstellung von pharmazeutischen Präparaten diene. Die Motive zur Spende seien daher rein altruistisch. Mit der Entnahme von Keimzellen werde dagegen die Absicht verfolgt, später neues Leben zu schaffen, um die eigene Art zu bewahren. Die Motive seien daher egoistisch[186]. Um die Stichhaltigkeit ihrer Auffassung nicht zu gefährden, macht *Britting* eine Einschränkung: Das Klonen von Menschen, d. h. die Herstellung genetisch völlig identischer Menschen, muß sie außer Betracht lassen[187].

Abgesehen davon, daß die bereits von *Britting* selbst unternommenen Vorbehalte Bedenken aufkommen lassen, können noch weitere kritische Überlegungen hierzu angestellt werden:

Die angeblich aus altruistischen Motiven veranlaßte Organ- bzw. Körperzellenspende betrifft wohl kaum die Eigenspende, die zur eigenen Genesung verhelfen soll. Wenn die Organspende der Eltern dem lebensgefährlich erkrankten Kind zugute kommen soll (häufiger Fall), so ist zu fragen, ob hier nicht Gründe der Lebenserhaltung der eigenen Art gleichermaßen eine Rolle spielen.

---

183 *Britting,* Die postmortale Insemination, S. 64 ff.

184 *Britting,* Die postmortale Insemination, S. 67.

185 *Britting,* Die postmortale Insemination, S. 67.

186 *Britting,* Die postmortale Insemination, S. 67 f.

187 *Britting,* Die postmortale Insemination, S. 68.

Erfolgt die Organspende gegen Entgelt, so fällt es schwer, dahinter altruistische Motive zu vermuten. Hingegen kann der Spender von Keimzellen, entgegen der Meinung *Brittings,* altruistische Ziele verfolgen. Man denke an die Weitergabe der Keimzellen aus Forschungsgründen.

Die Vorgehensweise *Brittings,* Möglichkeiten mit dem Umgang von Keimzellen nicht zu berücksichtigen, erscheint insoweit gefährlich, als ein juristisches Umdenken erforderlich ist, falls die Forschung nicht nur theoretisch neue Verfahrensweisen durchführt. Die rechtliche Bewertung je nach dem Einzelfall vorzunehmen[188] oder aber Ausnahmen in der rechtlichen Bewertung schaffen zu wollen[189], ist aber nicht erforderlich, sofern eine einheitliche rechtliche Betrachtungsweise möglich ist, durch die alle, eingeschlossen der jetzt noch als illusorisch verworfenen Verwendungsmöglichkeiten von Körpersubstanzen erfaßt werden können.

2.4.2 Die Erweiterung des sachenrechtlichen Ansatzes

Einen Ausweg aus dem Dilemma rechtlicher Unklarheiten scheint eine neuerdings vertretene Auffassung zu bieten, die, trotz einheitlicher rechtlicher Bewertung von Körpersubstanzen, beide Ausprägungen des rechtlichen Schutzes, sowohl den Persönlichkeits- als auch den Eigentumsschutz, in ihre Lösung mit einbezieht.

Ausgehend vom sachenrechtlichen Ansatz wird die Frage gestellt, ob nicht das Persönlichkeitsrecht des Betroffenen eine Übereignung der Körpersubstanzen oder deren Aneignung durch einen anderen überdauern könne[190]. Unabhängig von eigentumsrechtlichen Positionen an den Körpersubstanzen, so die neuere Auffassung, sollen die persönlichkeitsrechtlichen Beziehungen des Betroffenen zu den Körpersubstanzen nicht erlöschen[191].

> Zwar haben einige Vertreter des sachenrechtlichen Ansatzes bei abredewidrigen Verwendungen von Körperteilen erkannt, daß rechtliche Konsequenzen zugunsten des früheren Inhabers der Körpersubstanz erforderlich sind, jedoch fehlt entweder die Ausgestaltung dieser ohnehin unklaren Forderung[192] oder aber man begnügt sich mit dem Verweis auf § 138 BGB[193].

---

[188] So der *BGH,* die persönlichkeitsrechtliche Betrachtungsweise und die Überlagerungsthese.

[189] So *Britting* und *Lanz-Zumstein.*

[190] *Schröder/Taupitz,* Menschliches Blut: verwendbar nach Belieben des Arztes?, S. 42.

[191] *Schröder/Taupitz,* Menschliches Blut: verwendbar nach Belieben des Arztes?, S. 42.

[192] So bei *Soergel/Mühl,* 12. Aufl., § 90 Rdnr. 4; siehe hierzu auch *Schröder/Taupitz,* Menschliches Blut: verwendbar nach Belieben des Arztes?, S. 42 f.

[193] So bei *Jauernig,* 7. Aufl., Vor § 90 Zif. II 6; *Staudinger/Dilcher,* 12 Aufl., § 90 Rdnr. 16, bzgl. Verpflichtungsgeschäfte abgetrennter Körperteile als Sachen, die er unter Beachtung der Grenzen des § 138 BGB für möglich hält; ebenso *MünchKomm/Holch,* 3. Aufl., § 90 Rdnr. 21. Sittenwidrigkeit gem. § 138 BGB nimmt *Britting,* Die postmortale Insemination, S. 102 f., immer bei Verkauf von Keimzellen an, da sie keine Handelsware seien.

a) Ablehnung der Ausschließlichkeitsthese im Urheberrecht

Die Möglichkeit eines Nebeneinanders von Eigentums- und Persönlichkeitsrecht wird anhand von Fallkonstellationen aus dem Urheberrecht veranschaulicht[194]. Insbesondere die *Sirenenbildentscheidung* des *RG* verdient besondere Aufmerksamkeit[195].

Die Eigentümerin hatte für den Treppenflur ihres Hauses ein Freskogemälde „Felseneiland mit Sirenen" von einem namhaften Künstler anfertigen lassen. Später veranlaßte sie die Übermalung der nackt dargestellten Sirenen, so daß sie bekleidet erschienen. Daraufhin forderte der Künstler, die Übermalung zu beseitigen, wobei er den Antrag auf ein ihm zustehendes Persönlichkeitsrecht stützte. Die Antragsgegnerin dagegen berief sich auf ihr Eigentum an dem Kunstwerk und darauf, daß das Werk für die breite Öffentlichkeit nicht zugänglich sei.

Das *RG* erachtet ein *Nebeneinander von Eigentum und Urheberrecht* an dem Kunstwerk für möglich, unabhängig davon, daß beide Rechte von verschiedenen Personen ausgeübt würden[196]: Das vom Künstler geschaffene Werk solle „als ein Ausfluß seiner individuellen künstlerischen Schöpferkraft der Mit- und Nachwelt nur in seiner unveränderten individuellen Gestaltung zugänglich gemacht bzw. hinterlassen" werden[197]. Überträgt der Künstler das Eigentum am Kunstwerk, so könne grundsätzlich nicht davon ausgegangen werden, daß damit zugleich das Urheberrecht des Künstlers übertragen werde[198]. Das *RG* verwehrt dem Erwerber jedoch nicht, das Bildnis bei eventuell später aufkommendem Mißfallen zu vernichten, da der Künstler mit diesem Schicksal von vornherein rechnen müsse. Aber nach diesem Urteil ist es verboten, einen Eingriff des Erwerbers in die künstlerische Eigenart des Werkes vorzunehmen[199]. Daran ändert nach Auffassung des *RG* auch die Vorschrift des § 903 BGB nichts, wonach der Eigentümer nach Belieben mit der Sache verfahren kann. Denn ausdrücklich *begrenze § 903 BGB* die Machtbefugnis des Eigentümers insoweit, als durch sie in *Rechte Dritter* eingegriffen werde[200].

Nach § 903 BGB hat das Sacheigentum einen variablen Inhalt, der durch das *Urheberpersönlichkeitsrecht* als infrage kommendes Recht eines Dritten bestimmt werden kann[201]. Mithin stehen sich das Eigentumsrecht und das Urheberpersönlichkeitsrecht gegenüber. Letzterem soll dadurch der Wert des geisti-

---

194 Siehe *Schröder/Taupitz,* Menschliches Blut: verwendbar nach Belieben des Arztes?, S. 43 f.; *Taupitz,* JZ 1992, 1089 (1093).

195 *RGZ* 79, 397 ff.

196 *RGZ* 79, 397 (400).

197 *RGZ* 79, 397 (399).

198 *RGZ* 79, 397 (400); im Zweifel wird der Umfang der Rechtsübertragung durch den Zweck bestimmt, dem die Rechtsübertragung dienen soll - vgl. *BGHZ* 15, 249 (255 u. 257) - Cosima Wagner, dort sind w. N. aus der Rechtsprechung zu finden.

199 *RGZ* 79, 397 (400).

200 *RGZ* 79, 397 (400).

201 Siehe hierzu *Hubmann/Rehbinder,* Urheber- und Verlagsrecht, 8. Aufl., S. 67.

gen Gutes an dem Werk zugeordnet werden. Zusätzlich erlangt das Interesse des Urhebers insofern an Bedeutung, als die durch das Werk manifestierte Individualität geschützt werden soll. Insoweit muß eine Verringerung der beliebigen Einwirkungsbefugnis des Eigentümers stattfinden, wobei allerdings die Risiken zu berücksichtigen sind, denen sich der Urheber selbst durch das Inverkehrbringen des Werkes ausgesetzt hat[202]. Die Einschränkung des Eigentums erfolgt durch eine Abwägung der Interessen der Beteiligten[203]. Entstellungen und sonstige Beeinträchtigungen des Werks sind demnach jeweils im Hinblick darauf zu bewerten, daß die Gedanken, die Arbeit, der Ruf und das Ansehen des Urhebers mit dem Werk verwoben sind[204] und Rückschlüsse auf seine Individualität zulassen.

Schon in einer früheren Entscheidung[205] hatte das *RG* darauf hingewiesen, daß trotz des Eigentums, das der Empfänger an den ihm zugesandten Briefen erworben hat, ein etwa bestehendes Urheberrecht bei dem Verfasser der Briefe verbleibe[206]. Urheberrechtlich schützenswert sei das Schriftwerk wegen „einer objektiven inneren Eigenschaft", wobei das *RG* die Absichten des Verfassers, wie etwaige Verwertungsmöglichkeiten, bei der Niederschrift als belanglos erachtet[207]. Vielmehr müßten die Briefe oder andere Schriftwerke auf originalen Gedankeninhalten beruhen. Ausschlaggebend könne aber auch die künstlerische Formgebung sein, die zu ästhetischem Reiz und literarischem Wert führe, unabhängig davon, ob es sich lediglich um einen Vertrauensbrief handele. Demgegenüber dürfe sich der Inhalt des Schriftwerks nicht aus bloßem Tatsachenmaterial, historischer Urkunde, „insbesondere als Belege für den Charakter und die Lebensschicksale des Verfassers" zusammensetzen, seien sie auch allgemein interessant und literarisch verwertbar[208]. Ein allgemeines Persönlichkeitsrecht des Künstlers bzw. des Verfassers hatte das *RG*, entsprechend der damals vertretenen h. M., noch nicht anerkannt[209].

Seit der Entscheidung *BGHZ* 13, 334 (Leserbrief) genießen jedoch schriftliche Aufzeichnungen auch dann rechtlichen Schutz, wenn von einem Urheberpersönlichkeitsrecht an dem Schriftstück nicht ausgegangen werden kann. Ist aber ein Urheberpersönlichkeitsrecht an Schriftstücken wie an „gewöhnlichen Briefen" zu verneinen, so kommt dennoch ein allgemeiner Persönlichkeitsschutz in Frage[210].

---

202 *Hubmann/Rehbinder*, Urheber- und Verlagsrecht, S. 68, daher hat der Urheber die Vernichtung des Werks zu dulden.

203 *Hubmann/Rehbinder*, Urheber- und Verlagsrecht, 8. Aufl., S. 67 f.

204 *Hubmann/Rehbinder*, Urheber- und Verlagsrecht, 8. Aufl., S. 159.

205 *RGZ* 69, 401 ff.

206 *RGZ* 69, 401 (403).

207 *RGZ* 69, 401 (404).

208 Vgl. *RGZ* 69, 401 (404 f.).

209 *RGZ* 69, 401 (403) - Briefe Friedrich Nietzsches; *RGZ* 79, 397 (398 f.).

210 *BGHZ* 13, 334 (337) - Leserbrief; siehe zudem *BGHZ* 15, 249 (257 f.) - Cosima Wagner; *BGHZ* 31, 308 (311) - Altherrenrundschreiben; *BGHZ* 36, 77 (83 f.) - Waffenhandel; zum Ganzen auch *Hubmann*, Persönlichkeitsrecht, 2. Aufl., S. 316 ff.

b) Dogmatische Umsetzung der These des Nebeneinanders von Eigentums- und Persönlichkeitsrecht

Hubmann hat mit seinem Gedanken, daß die Interessen der Person ihr teils dicht auf dem Leibe sitzen, teils langsam in unendliche Fernen verlaufen[211], das ausgedrückt, was für den Ansatz von *Schröder/Taupitz* wichtig wird, namentlich die Existenz persönlicher Beziehungen zu Sachen. Dabei ist gleichgültig, ob die persönlichen Beziehungen mit bestehenden Eigentumsrechten zusammenfallen oder aber eine personale Trennung vorliegt[212]. Gemeint sind nicht nur urheberrechtliche Beziehungen, sondern beispielsweise auch Beziehungen des Verfassers zu seinem gewöhnlichen Brief. Der Verfasser kann sich auf sein allgemeines Persönlichkeitsrecht berufen, um den Empfänger als Eigentümer des Briefes an Verwendungsformen irgendwelcher Art zu hindern[213].

Für die rechtliche Bewertung von Körpersubstanzen ziehen *Schröder/Taupitz* daraus entscheidende Konsequenzen: Wie die h. M. legen sie die sachenrechtliche Betrachtungsweise zugrunde. Jedoch, stets im Bewußtsein der möglichen Beziehungen des früheren Inhabers zu dem nunmehr abgetrennten Körperteil, lassen *Schröder/Taupitz* über die *Vorschrift des § 903 BGB* die Berücksichtigung eben dieser persönlichen Beziehungen zu, die in Gestalt des allgemeinen Persönlichkeitsrechts ihre Konkretisierung fänden. Nach *Schröder/Taupitz* vermag so der frühere Inhaber der Körpersubstanz eigentumsrechtliche Positionen eines anderen daran durch sein Persönlichkeitsrecht, als ein dem Eigentum entgegenstehendes Recht eines Dritten im Sinne des § 903 BGB, einzuschränken, falls die notwendigen Voraussetzungen hierfür erfüllt sind[214].

Das Persönlichkeitsrecht des Betroffenen an den abgetrennten Körperteilen sieht *Taupitz* auf zweierlei Art begründbar:

Entweder setze sich das Persönlichkeitsrecht des lebenden Menschen an den getrennten Körperteilen fort, indem das Persönlichkeitsrecht dem Körperteil gleichsam als „Eigenschaft" anhafte, was er mit der Regelung des § 953 BGB vergleicht. Oder aber sei das bei dem früheren Inhaber der Körpersubstanz bestehende Persönlichkeitsrecht berührt, indem die konkrete Nutzung der Körpersubstanz gleichsam „Fernwirkungen" hervorrufe. Die Entscheidung für eine der beiden Alternativen hält *Taupitz* für entbehrlich[215].

---

211 Vgl. *Hubmann,* Persönlichkeitsrecht, 2. Aufl., S. 133.

212 *Schröder/Taupitz,* Menschliches Blut: verwendbar nach Belieben des Arztes?, S. 43.

213 *Schröder/Taupitz,* Menschliches Blut: verwendbar nach Belieben des Arztes?, S. 43 f. m.N.; *Taupitz,* AcP 191 (1991), 201 (210) m.N.; *ders.,* JZ 1992, 1089 (1093) m.N., hier wird zudem auf *LG Düsseldorf,* NJW 1959, 629 - Ablichtung einer Wohnung durch den Vermieter als Eigentümer, und auf *LG Ravensburg,* NJW 1987, 3142 - Bereitstellen selbst erstellter Bilder zur Spermüllabfuhr - hingewiesen; man denke auch an Tagebücher (*BGHZ* 15, 249 - Cosima Wagner); siehe allgemeine Ausführungen zum Persönlichkeitsrecht S. 76 ff.

214 *Taupitz,* JZ 1992, 1089 (1093); *ders.,* AcP 191 (1991), 201 (209).

215 Vgl. *Taupitz,* AcP 191 (1991), 201 (209 f.); *ders.,* JZ 1992, 1089 (1093).

Indes scheint sich die Charakterisierung des Persönlichkeitsrechts als Eigenschaft nicht aufrechterhalten zu lassen[216]: Nach seinem Inhalt erkennt das Persönlichkeitsrecht als subjektives Recht den individuellen Menschen als Rechtssubjekt an. Dem einzelnen Menschen obliegt es daher, die persönlichen Beziehungen zur Außenwelt selbst zu gestalten und Träger derselben zu sein, also von seinem Selbstbestimmungsrecht Gebrauch zu machen[217]. So haftet streng genommen auch das Eigentum nicht einer Sache an, sondern das Eigentumsrecht bewirkt, die Achtung der eigenen Beziehung zur Sache von anderen Personen einfordern zu können[218].

Besondere Geltung erhalten sowohl wirtschaftliche als auch vermögensrechtliche Interessen einer Person zu einer Sache. Losgelöst von der Person wurden die genannten Interessen hier allerdings mit dem Wert der Sache an sich gleichgesetzt und so „in ihr objektiviert“[219]. In gleicher Weise bewirkte die Verselbständigung von typischen Beziehungen einer Person zu einer anderen die Bildung von Vertragsverhältnissen, Beziehungen zu Vereinen, Verbänden und Vergleichbarem[220]. Diese typischen Verhältnisse sind quasi nicht mehr als „Bestandteil“ der Persönlichkeit zu qualifizieren. Ein derartige Typisierung von Beziehungen zwischen Personen und Sachen oder Personen untereinander ist jedoch nicht abschließend. Einzelfälle verbleiben, in denen die persönlichen Interessen einer Person so eng mit ihr verbunden sind, daß ohne eine erfolgte Abspaltung diese persönlichen Interessen der Persönlichkeitssphäre der Person zuzurechnen sind und einen Eingriff in die Persönlichkeit derselben bei Vorliegen der Voraussetzungen nach sich ziehen kann. Dieses *Liebhaber- oder Affektionsinteresse* kommt z. B. durch die Regelung des § 811 Nr. 10 ff. ZPO zum Ausdruck, durch die bestimmte Gegenstände der Zwangsvollstreckung entzogen werden, von denen man annimmt, der Schuldner habe daran ein besonderes Interesse[221].

Weil sich die persönlichen Interessen des früheren Inhabers zu „seiner“ Körpersubstanz nicht in ihr objektiviert haben und derartiges zukünftig kaum zu erwarten ist, da die persönlichen Interessen des Betroffenen zu mannigfaltig sind, um sie einem anderen als dem Persönlichkeitsrecht unterzuordnen und so verselbständigen zu können, ist stets von einer „Fernwirkung“ auszugehen. Für den Ansatz von *Taupitz* bedeutet das, die Nutzung der Substanz kann das beim Betroffenen bestehende Persönlichkeitsrecht berühren, gleichgültig, ob ein anderer inzwischen Eigentum an ihr erworben hat[222]. Gleichzeitig kommt

---

216 Inzwischen hält auch *Taupitz* an der dargestellten Unterscheidung nicht mehr fest, *Taupitz*, Sonderdruck des DÄBl. vom 16. April 1993, S. 3.

217 Zum Persönlichkeitswert als Rechtsgut, siehe *Hubmann*, Persönlichkeitsrecht, 2. Aufl., S. 81 ff., insbes. S. 82.

218 *Hubmann*, Persönlichkeitsrecht, 2. Aufl., S. 120.

219 Vgl. lesenswerte Darstellung bei *Hubmann*, Persönlichkeitsrecht, 2. Aufl., S. 262.

220 *Hubmann*, Persönlichkeitsrecht, 2. Aufl., S. 262.

221 Siehe zum Ganzen *Hubmann*, Persönlichkeitsrecht, 2. Aufl., S. 262 f.

222 Nur bei Annahme, die Körpersubstanz sei trotz Trennung nach wie vor dem Körper im Sinne von § 823 Abs. 1 BGB zuzuordnen (so bzgl. bestimmter Körperteile der *BGH* und *Schünemann*), wäre von einer Verselbständigung persönlicher Interessen zur Körpersubstanz auszugehen, so daß die Körpereigenschaft der getrennten Körpersubstanz stets anhafte bzw. sich die persönlichen Interessen in ihr objektiviert hätten und bei zweckwidriger Verwendung immer der Tatbestand der Körperverletzung vorläge.

damit zum Ausdruck, daß die konkrete Nutzung der Körpersubstanz durch den Eigentümer das Persönlichkeitsrecht des Betroffenen nicht unweigerlich berühren muß, sondern es jeweils der Überprüfung bedarf, ob überhaupt schon der Schutzbereich des Persönlichkeitsrechts des früheren Inhabers betroffen ist, was mit einer umfassenden Interessen- und Güterabwägung im Einzelfall einhergeht[223]. Bei Bejahung der Voraussetzungen gewährleistet sodann § 903 BGB die Berücksichtigung des Persönlichkeitsrechts[224].

Das Schutzbedürfnis des früheren Inhabers sehen *Schröder/Taupitz* in der weiterhin möglichen intensiven Beziehung zu der Körpersubstanz begründet. Insbesondere den Nutzungsformen wie die Genomanalyse, die Übertragung von Körperteilen auf andere Personen oder in lebende Zellen einschließlich der Weiterkultivierung von Zellinien widmen sie in diesem Zusammenhang besondere Aufmerksamkeit[225].

Taupitz ordnet daher abgetrennte Körperteile nicht nach bestimmten Merkmalen, die den Körperteilen jeweils eine unterschiedliche Rechtsnatur zukommen lassen, ein. Vielmehr behandelt er die Körperteile durchweg als Sachen, wobei jedoch jede Nutzung menschlicher Körpersubstanzen auf eine Persönlichkeitsverletzung des früheren Trägers zu überprüfen sei[226].

Diese modifizierte sachenrechtliche Betrachtungsweise, die nicht nur auf die Keimzelle reduziert ist, besticht durch Praktibilität und Rechtssicherheit. Unklare Konstruktionen zum Verzicht des Persönlichkeitsrechts oder aber fragwürdige Gruppierungen abgetrennter Körperteile sind nicht erforder-

---

223 *Schröder/Taupitz,* Menschliches Blut: verwendbar nach Belieben des Arztes?, S. 44 f., dies entspricht der üblichen Persönlichkeitsrechtsprüfung, siehe hierzu auch Nachweise bei *Schröder/Taupitz,* Menschliches Blut: verwendbar nach Belieben des Arztes?, S. 44 in Fn. 55; *Taupitz,* VersR 1991, 369 (375); *ders.,* AcP 191 (1991), 201 (211) m.w.N.; siehe in diesem Zusammenhang Ausführungen S. 81 ff.

224 Insoweit ist die Auffassung von *Voß,* Vernichtung tiefgefrorenen Spermas als Körperverletzung, S. 85, unzutreffend, wenn er im Anschluß an *Forkel* meint, der § 903 BGB wirke im Hinblick auf menschliche Organe etc. befremdlich.

225 *Schröder/Taupitz,* Menschliches Blut: verwendbar nach Belieben des Arztes?, S. 44; *Taupitz,* AcP 191 (1991), 201 (210); *ders.,* VersR 1991, 369 (375); *ders.,* JZ 1992, 1089 (1093); hierzu später S. 81 ff.

226 Vgl. *Taupitz,* AcP 191 (1991), 201 (210); *ders.,* JZ 1992, 1089 (1093).

lich[227]. Durch ihren vorzugswürdigen Ansatz untermauern *Schröder/Taupitz* im Grunde genommen die bis dahin undurchsichtigen Begriffe wie „Überlagerung", „Nachwirkung" oder „Ausstrahlung" des Persönlichkeitsrechts bei grundsätzlicher sachenrechtlicher Betrachtungsweise mit der handfesten Regelung des § 903 BGB[228]. Die sachenrechtliche Bewertung steht demnach nicht zwingend einer persönlichkeitsrechtlichen Betrachtungsweise entgegen, sondern im Gegenteil vermag sie den Weg zu der Vorschrift des § 903 BGB überhaupt erst zu ebnen und so persönlichkeitsrechtliche Erwägungen mit einzubeziehen[229]. Dadurch gelingt es, den umfassenden persönlichen Interessen des früheren Inhabers - man denke an die vermehrten Verwendungsmöglichkeiten - am ehesten gerecht zu werden.

Allerdings befreit der Ansatz nicht von den regelmäßig einer Persönlichkeitsverletzungsprüfung innewohnenden Schwierigkeiten, insbesondere, wann konkret von einer Persönlichkeitsrechtsverletzung auszugehen ist, was aber wiederum den Vorteil der Erfassung möglichst vieler Sachverhalte nach sich zieht[230].

227 Zwar weisen *Schröder/Taupitz,* Menschliches Blut: verwendbar nach Belieben des Arztes?, S. 94, darauf hin, mit ihrem Ansatz stehe es dem Betroffenen ebenfalls frei, auf sein Persönlichkeitsrecht zu verzichten. Vorzugswürdiger dürfte jedoch sein, statt des Verzichts, der im Rahmen des Persönlichkeitsrechts ohnehin umstritten ist, durch die weiterhin verbliebenen Persönlichkeitsrechte an der Körpersubstanz auf die Einwilligung des Betroffenen, die ihm bei einem Eingriff in die Persönlichkeit zusteht, abzustellen. So vermag der Betroffene - wie beim Verzicht auch - dem Arzt persönlichkeitsrechtsverletzende Nutzungen dennoch zuzugestehen. Denn so wird dem Umstand gerecht, daß die Verbindung des einzelnen zur entnommenen Körpersubstanz unlösbar ist. Bei Annahme des Verzichts des Betroffenen auf sein Persönlichkeitsrecht an der Körpersubstanz dagegen wird es schwerfallen, ihm zum Zeitpunkt des Verzichts nicht bedachte Eingriffe in die Persönlichkeit durch Nutzung des Körpermaterials zubilligen zu können. Siehe in bezug auf die menschliche Keimzelle i. E. ebenso *Lanz-Zumstein,* Die Rechtsstellung des unbefruchteten und befruchteten menschlichen Keimguts, S. 243.

228 Siehe zur Berücksichtigung des Persönlichkeitsrechts in unklarer Weise bei sachenrechtlicher Betrachtungsweise durch die Literatur bereits Ausführungen S. 33 ff.

229 Insoweit ist nicht nachvollziehbar, warum *Schnorbus,* JuS 1994, 830 (832), bei sachenrechtlicher Qualifizierung abgetrennter Körperteile vorbehaltlos die Anwendung des § 847 BGB verneint. Denn über § 903 BGB besteht die Möglichkeit, das Persönlichkeitsrecht Berücksichtigung finden zu lassen, das wiederum zum Anspruch des Ersatzes immaterieller Schäden führt, der sich nach h. M. zwar nicht auf § 847 BGB analog, jedoch auf § 823 Abs. 1 BGB direkt stützt. Zum Ersatz des immateriellen Schadens bei Persönlichkeitsrechtsverletzungen allgemein siehe S. 186 ff.

230 Zu den Schwierigkeiten, die sich regelmäßig bei der Prüfung einer Persönlichkeitsrechtsverletzung ergeben, siehe unten S. 76 ff.

III. Mögliche Einschränkungen der Nutzung von Körpersubstanzen durch Rechte des Patienten

Nachdem Grundsatzfragen im Bereich der rechtlichen Qualifizierung entnommener menschlicher Körpersubstanzen im vorherigen Kapitel erörtert worden sind, soll nun auf rechtliche Beschränkungen des Arztes im Umgang mit den Körpersubstanzen eingegangen werden, die den Patienten möglicherweise berechtigen, die konkrete Nutzung der Körpersubstanz durch den Arzt zu verbieten.

1. Einschränkung durch das Eigentumsrecht des Patienten an der Körpersubstanz?

Bei Anerkennung der modifizierten sachenrechtlichen These, die Rechtsgeschäfte mit den Körpersubstanzen als Sachen grundsätzlich zuläßt, bietet sich primär die Überprüfung der Unzulässigkeit der Nutzung menschlicher Körpersubstanzen anhand eigentumsrechtlicher Fragen an.

Einer Untersuchung bedarf daher die eigentumsrechtliche Zuordung der Körpersubstanz, die nach Trennung im Rahmen einer ärztlichen Behandlung unbrauchbar für die ehemals ausgeübte Funktion im körperlichen Organismus des Patienten geworden ist.

In der rechtlichen Bewertung abgetrennter Körpersubstanzen war im vorherigen Kapitel lapidar festgestellt worden, mit Trennung werde der Patient Eigentümer der Körpersubstanz. Doch in Anbetracht der oftmals mit einer Narkose einhergehenden operativen Umstände bekommt der Patient die entnommene Körpersubstanz häufig nicht einmal zu Gesicht. Vielmehr behält der Arzt oder sein Hilfspersonal die entnommene Körpersubstanz sogleich ein. Diese Umstände vermögen jedoch nichts an der Tatsache zu ändern, daß der Patient, obgleich vielleicht nur für eine logische Sekunde, als bisheriger Inhaber Eigentümer der nunmehr getrennten Körpersubstanz geworden ist.

Nun gilt es, sich mit der Frage zu befassen, ob das Belassen oder Zurücklassen der Körpersubstanz beim Arzt einen Verlust des Eigentums des Patienten darstellt, der als Dereliktion oder Übereignung an den Arzt zu bewerten ist.

1.1 Eigentumsaufgabe gem. § 959 BGB?

Als Lösungsvorschlag zur rechtlichen Einordnung des zu beurteilenden Vorgangs käme die Dereliktion im Sinne des § 959 BGB infrage[231].

---

[231] So etwa *Göbbels*, DMW 83 (1958), 891; *Schulz*, Arztrecht für die Praxis, 3. Aufl., S. 37 f.; *Leithoff*, Med. Welt 1976, 174; *Rieger*, DMW 1978, 290 ff; *MünchKomm/Holch*, 3. Aufl., § 90 Rdnr. 21.

Durch die Dereliktion wird quasi die freiwillige Zerstörung des Rechtsverhältnisses zwischen dem Eigentümer und der Sache veranlaßt. Daher ist es unangebracht, die Dereliktion als bloße tatsächliche Handlung zu qualifizieren. Vielmehr tätigt der Derelinquierende ein Rechtsgeschäft, das einen doppelten Tatbestand beinhaltet: Zum einen die Willenserklärung, das Eigentum aufzugeben, zum anderen den vollständigen Besitzverlust als Realakt, die einer gleichzeitigen und gleichsinnigen Verwirklichung bedürfen[232]. Fehlt eine ausdrückliche Erklärung, die den Willen zur Eigentumsaufgabe erkennbar macht, so ist entscheidend auf den *objektiven Erklärungsinhalt* abzustellen, wobei die Vorstellungen des Handelnden mit einbezogen werden können und so Hilfestellungen bei der Auslegung geben[233]. Denn als adressatenlose Willenserklärung, die gleichwohl für die mit der Sache in Berührung kommende Person von Bedeutung ist, richtet sich die Dereliktion an niemanden.

Das voluntative Element zur Eigentumsaufgabe festzustellen, wenn demjenigen, der sich der Sache entledigt, das weitere Schicksal der Sache gleichgültig ist, bereitet keine Schwierigkeiten. Ihm ist es unwichtig, ob die Sache vernichtet wird oder ob sich ein beliebiger Dritter die Sache aneignet. Sie wird gleichsam zum „Freiwild" für jedermann[234].

Anders gestaltet sich aber die Sachlage, wenn es dem Betroffenen entweder gerade auf die *Vernichtung* der Sache ankommt oder er sich nur zugunsten einer *bestimmten Person* von der Sache trennen will.

Die erste Alternative gewinnt Relevanz bei künstlerischen oder literarischen Skizzen, Kunstwerken, Schriftwerken wie privaten Briefen oder Geschäftsbriefen, die, als Müll bereitgestellt, von Fremden weggeschafft werden. Hier verfolgt der Wegwerfende den Zweck, der Allgemeinheit den Zugang zu den genannten persönlichen Dingen zu versperren und sie nur zur Vernichtung durch die eigens hierfür zuständige Stelle freizugeben. Bei derartigen Sachen, die erkennbar in irgendeiner besonderen Beziehung zum Eigentümer stehen, richtet sich der objektive Erklärungsgehalt nicht auf eine Dereliktion, sondern auf eine Eigentumsübertragung an den Träger der Müllabfuhr nach der Vorschrift des § 929 BGB[235]. Im Unterschied zur Dereliktion, bei welcher der Untergang des Eigentums kraft Rechtsgeschäftes erfolgt, ergibt sich bei der Vernichtung der Untergang des Eigentums aus der tatsächlichen Zerstörung der Sache[236].

---

232 *MünchKomm/Quack,* 2. Aufl., § 959 Rdnr. 3.

233 *MünchKomm/Quack,* 2. Aufl., § 959 Rdnr. 5; *RGRK/Pikart,* 12 Aufl., § 959 Rdnr. 6; *LG Ravensburg,* NJW 1987, 3142 (3143), das dieser Auffassung deshalb zu Recht folgt, da die Erklärung keinen Empfänger hat; a. A. insoweit *Westermann,* Sachenrecht, Bd. 1, 6. Aufl., S. 430, der auf den wirklichen Willen des Handelnden abstellt.

234 So anschaulich *Fritsche,* MDR 1962, 714.

235 *LG Ravensburg,* NJW 1987, 3142 (3143).

236 *Fritsche,* MDR 1962, 714.

Will der Eigentümer die Sache nur zugunsten einer anderen Person oder Organisation - er verfolgt ebenso wie bei der gewollten Vernichtung ein bestimmtes Ziel - aufgeben, so liegt mangels Gleichgültigkeit ebenfalls keine Dereliktion, sondern eine Übertragungsofferte im Sinne von § 929 BGB vor[237].

Anhand der soeben dargestellten Kriterien bedarf es der Überprüfung, ob der Patient seine eigentumsrechtlichen Beziehungen zu der entnommenen Körpersubstanz aufgeben will, was rechtlich als Dereliktion im Sinne des § 959 BGB einzuordnen wäre. Kommt es ihm aber entscheidend auf die tatsächliche Zerstörung der Sache an oder will er das Eigentum nur zugunsten einer anderen Person aufgeben, so verfolgt er einen bestimmten Zweck, welcher der Annahme einer Eigentumsaufgabe entgegensteht.

Bei der Überlassung von Körpermaterial aus *diagnostischen* Gründen lehnen *Schröder/Taupitz* eine Eigentumsaufgabe des Patienten hinsichtlich seiner entnommenen Körpersubstanz mit Blick auf die Herrenlosigkeit und die damit verbundene Aneignungsmöglichkeit eines beliebigen Dritten gem. § 958 Abs. 1 BGB ab. Denn weder ein Unbeteiligter noch ein Beteiligter aus dem Kreis des Personals in der Arztpraxis oder Klinik solle die Substanzen in Eigenbesitz nehmen und sich auf diese Weise die Rechte eines Eigentümers im Sinne des § 903 BGB zu eigen machen können. Die Aneignung durch einen beliebigen Dritten könne nämlich die beabsichtigte diagnostische Verwendung durch den behandelnden Arzt vereiteln[238].

Zu diesem Ergebnis kommt die genannte Ansicht durch Auslegung, bei der sie berücksichtigt, daß eine Anwendung des § 959 BGB die Interessen des Patienten gefährden würde.

Soll der Entnahme der Körpersubstanz zugunsten des Patienten eine Laboruntersuchung folgen, so ist es indessen vorzugswürdiger, die Verwirklichung des Tatbestandes der Dereliktion deshalb abzulehnen, weil mit der Körpersubstanz entsprechend dem *ausdrücklichen* - wenn auch konkludenten - Willen beider Parteien ein bestimmter Zweck verfolgt wird.

Ist eine diagnostische Verwendung zugunsten des Patienten von vornherein nicht gewollt, besteht aber beim Patienten Vernichtungsabsicht hinsichtlich seiner Körpersubstanz, so handelt es sich dabei ebenfalls um eine zweckbestimmte Verwendung des Körpermaterials, welche die Schußfolgerung einer Eigentumsaufgabe verbietet. Da sich der Patient zumeist in keiner Weise mit Worten über den weiteren Verlauf seiner aus *therapeutischen* Gründen entnommenen Körpersubstanz äußert, müssen die Umstände auf seine Vernichtungsabsicht schließen lassen. Dabei ergeben sich eine Vielzahl von teilweise konträren

[237] *BayObLG*, MDR 1987, 75 - Bereitstellen von Sammelgut zur Abholung durch eine Organisation; ferner *RGZ* 83, 223 (229); *RGRK/Pikart*, 12. Aufl., § 959 Rdnr. 3; *Staudinger/Gursky*, 12. Aufl., § 959 Rdnr. 3; *Soergel/Mühl*, 12. Aufl., § 959 Rdnr. 1.

[238] *Schröder/Taupitz*, Menschliches Blut: verwendbar nach Belieben des Arztes?, S. 85 f.

Gesichtspunkten, die beim Patienten eine Rolle spielen mögen, die Körpersubstanz beim Arzt bzw. in der Klinik zu belassen, und möglicherweise gegen die Vernichtungsabsicht des Patienten sprechen.

Vielleicht fehlt gerade deshalb die eindeutige Äußerung des Patienten, weil er von der Vernichtung der Körpersubstanz durch die zuständige Stelle ausgeht. Er wird es vorziehen, die fachgerechte Entsorgung zur Vermeidung von Infektionen nicht sich selbst aufbürden zu wollen[239], insbesondere auch im Hinblick darauf, daß die meisten Körpersubstanzen bei unsachgemäßer Behandlung ohnehin nur kurz existieren und womöglich übelriechend und allerhand Ungeziefer anziehend dem Verfall unterliegen. Bedeutsam für ein scheinbares Desinteresse an der entnommenen Körpersubstanz dürfte zudem sein, daß der Patient sich nicht ekelerregenden Gefühlen aussetzen will, die nur allzuleicht allein schon bei dem Gedanken an das Aussehen der entnommenen Körpersubstanz ausgelöst werden können. Und endlich macht sich der Patient nur deshalb keine weiteren Gedanken - dies dürfte wohl am häufigsten zutreffen -, weil er davon ausgeht, daß der Arzt die mit der Behandlung verbundenen Umstände, einschließlich der fachgerechten Entsorgung der ihm entnommenen Körpersubstanzen, zu seiner Zufriedenheit lösen wird. Oder der Betroffene will einfach eine nähere Konfrontation mit der Körpersubstanz vermeiden, die immerhin als früherer Teil einen Defekt in seinem natürlichen Organismus anzeigt und ihn so auf seine „Unvollständigkeit" aufmerksam macht. Vielleicht trifft aber auch das Gegenteil zu und die entnommene Körpersubstanz ist so unbedeutend für ihn, daß ein Verlangen nach Herausgabe außerhalb jeder Diskussion steht. Auch mag die Art der Körpersubstanz von Relevanz sein: Möglicherweise bedeutet dem Patienten die Entsorgung der Späne eines abgeschliffenen Zahnes weit weniger als die Vernichtung des amputierten Beins. Zu erwägen wäre daher, die Willensrichtung des Patienten je nach konkreter Beschaffenheit der betroffenen Körpersubstanz auszulegen. Eine differenzierte rechtliche Bewertung des Vorgangs ließe sich dann nicht vermeiden.

In Anbetracht der vielfältigen medizinwissenschaftlichen Möglichkeiten, die sich im Laufe der Jahre entwickelt haben - insbesondere die Verfahren der Gentechnologie - genügen bereits sehr kleine Substanzen aus dem menschlichen Körper, um Rückschlüsse auf innerste Bereiche des früheren Inhabers zuzulassen, die womöglich selbst ihm bisher verborgen geblieben waren. Da jeder Zellkern die gesamte Erbinformation enthält, wird bei entsprechenden Gerätschaften die Möglichkeit eröffnet, die Erbinformation vergleichbar einem Buch zu lesen. So können Erkenntnisse über bestimmte Veranlagungen des Patienten

[239] Eine große Anzahl entnommener Körpersubstanzen können Gefahren für die Umwelt auslösen, falls sie lebende Erreger enthalten, die über den Kontakt mit Abfällen bei Menschen übertragbare Krankheiten im Sinne des Bundes-Seuchengesetzes auslösen können, vgl. *Verordnung zur Bestimmung von Abfällen nach § 2 Abs. 2 des Abfallbeseitigungsgesetzes vom 24. Mai 1977*, BGBl. I, 773 (779); siehe auch *Schünemann*, Die Rechte am menschlichen Körper, S. 160, 170 f., der auf eine Umweltgefährdung durch die Beseitigung der Körpersubstanz mit dem Hausmüll hinweist, nachdem der Betroffene spätestens im Falle des durch nicht fachgerechter Lagerung hervorgerufenen Verfalls kein Interesse mehr daran zeigen wird.

schon aus einem Haar gewonnen werden[240]. Bereits ohne gentechnische Verfahren vermag man beispielsweise anhand von Schleimsekreten, deren Vernichtung dem Patienten auf den ersten Blick weit weniger wichtig als die Zerstörung eines amputierten Beins zu sein scheint, die Feststellung zu treffen, ob der Betroffene mit bestimmten Erregern infiziert ist, welche als Indikatoren die Beständigkeit des Immunsystems anzweifeln lassen.

Vergleichbar mit selbstgemalten Bildern, Briefen, Geschäftspapieren oder sonstigen persönlichen Dokumenten stehen daher die entnommenen Körpersubstanzen, unabhängig welcher Beschaffenheit, erkennbar in einer besonderen Beziehung zum Patienten als Eigentümer der Körpersubstanz. Beläßt der Patient die entnommene Körpersubstanz beim Arzt oder in der Klinik, so geht der objektive Erklärungsgehalt dahin, die Körpersubstanz von der zuständigen Stelle möglichst schnell vernichtet zu wissen, um jedwede weitere, die persönliche Beziehung betreffende Nutzung auszuschließen[241]. Die Zweckbestimmung der Vernichtung verhindert aber die auf Gleichgültigkeit ausgerichtete Eigentumsaufgabe gem. § 959 BGB. Selbst wenn man die Zweckbestimmung der Vernichtung bezweifeln will, so kommt es dem Patienten wegen der Mißbrauchsgefahr jedenfalls darauf an, daß gerade sein Arzt die ihm entnommene Körpersubstanz erhält und alles weitere regeln wird. Insofern ist ebenfalls von einer Zweckbestimmung auszugehen, die sich auf eine bestimmte Person richtet.

Die Idee, den Erklärungsgehalt des Patienten als aufschiebend bedingte Dereliktion im Sinne von § 158 Abs. 1 BGB zu deuten, erweist sich hingegen als unzutreffende Lösungsmöglichkeit. Denn die Bedingung in der Forderung einer zweckentsprechenden Verwendung zu sehen, widerspricht dem auf Gleichgültigkeit des Willens angelegten Charakter der Dereliktion[242].

Auch *Schünemann* lehnt im Ergebnis die Dereliktionslösung wegen Fehlens des voluntativen Elements ab, allerdings indem er *abfallrechtliche Aspekte* beleuchtet[243].

---

240 Aufschlußreich in diesem Zusammenhang: *Schröder/Taupitz*, Menschliches Blut: verwendbar nach Belieben des Arztes?, S. 7 f.; *Taupitz*, JZ 1992, 1089 ff.

241 Im Zusammenhang mit Blutproben von Patienten sind beispielsweise Fälle bekannt geworden, in denen diese ungefragt auf HIV-Antikörper getestet worden sind. Siehe hierzu Darstellung bei *Schröder/Taupitz*, Menschliches Blut: verwendbar nach Belieben des Arztes?, S. 6 f., m.w.N.

242 Der bedingten Dereliktion steht zu Recht ablehnend *Staudiner/Gursky*, 12. Aufl., § 959 Rdnr. 1 m.w.N. gegenüber; a. A. *MünchKomm/Quack*, 2. Aufl., § 959 Rdnr. 8 m.N., der jedoch i.d.R. von einer Umdeutung in eine Eigentumsübertragung ausgeht; offengeblieben von *Schröder/Taupitz*, Menschliches Blut: verwendbar nach Belieben des Arztes?, S. 86, die im hier erörternden Fall diese Konstruktion allerdings mit Blick auf die Rechtsfolgen ablehnen.

243 *Schünemann*, Die Rechte am menschlichen Körper, S. 162, 164.

Aus abfallrechtlichen Vorschriften ergibt sich das Verbot, Körperteile, die möglicherweise Infektionsgefahr hervorrufen können, mit dem Hausmüll zu entsorgen. Grundsätzlich sind sie den beseitigungspflichtigen Anlagen zu überlassen, wo sie durch Verbrennung entsorgt werden[244].

Die Frage, ob öffentlich-rechtliche Abfallvorschriften auf die zivilrechtlich möglicherweise zulässige Dereliktion Auswirkungen haben, ist für *Schünemann* bedeutungslos. Jedoch ergebe sich durch Auslegung, daß der Patient nicht gegen öffentlich-rechtliche Abfallbeseitigungsvorschriften verstoßen wolle[245].

Tatsächlich dürfte sich ein Verbot der Eigentumsaufgabe aus der öffentlich-rechtlichen Vorschrift des § 13 Abs. 1 KrW-/AbfG[246] ergeben, wonach der Besitzer Abfälle dem Beseitigungspflichtigen zu überlassen hat. § 13 Abs. 1 KrW-/AbfG wirkt als rechtlich gleichrangige Rechtsquelle mit § 959 BGB zusammen und beeinflußt über *§ 134 BGB* den Regelungsgehalt der Derelikton[247]. Die normierte Abfallbeseitigungspflicht führt daher gem. § 134 BGB zur Nichtigkeit der Dereliktion[248].

Zusätzlich zu abfallrechtlichen Aspekten bezieht *Schünemann* in seine rechtlichen Erläuterungen den *steigenden Wert* vieler Körpersubstanzen mit ein: Die Unkenntnis vieler Patienten über den wirtschaftlichen Wert von Körperteilen ließe nicht zu, in das bloße Schweigen einen Dereliktionswillen des Patienten hinein zu interpretieren[249].

Da in der Tat der zunehmend vorhandene wirtschaftliche Wert entnommener Körpersubstanzen bei der Feststellung des objektiven Erklärungsinhalts Berücksichtigung finden muß, darf dem Schweigen des Patienten nicht der Erklärungsgehalt einer Dereliktion beigemessen werden.

Aus den dargestellten Überlegungen zur Dereliktion ergibt sich demnach folgendes: Bei einer Entnahme der Körpersubstanz aus diagnostischen Gründen ist von einer ausdrücklichen Zweckbestimmung des Patienten auszugehen, die bei einer Entnahme aus therapeutischen Gründen hingegen fehlt. Der objektive Erlärungsinhalt des Verhaltens des Patienten deutet jedoch in diesem Falle auf das Nichtvorhandensein eines Dereliktionswillens hin.

---

244 Nachweise zur ordnungsgemäßen Abfallentsorgung bzgl. getrennter Körperteile, siehe *Schünemann,* Die Rechte am menschlichen Körper, S. 161.

245 *Schünemann,* Die Rechte am menschlichen Körper, S. 162.

246 Früher handelte es sich um § 3 Abs. 1 BAbfG.

247 In diesem Sinne, *BVerfGE* 58, 300 (336) - Naßauskiesung, wonach bei der Bestimmung der verfassungsrechtlichen Rechtsstellung des Eigentümers bürgerliches Recht und öffentlich-rechtliche Gesetze gleichrangig zusammenwirken. Konkret bzgl. § 3 BAbfG (heute mit § 13 KrW-/AbfG vergleichbar), siehe *LG Ravensburg,* NJW 1987, 3142 (3143).

248 *MünchKomm/Quack,* 2. Aufl., § 959 Rdnr. 14.

249 *Schünemann,* Die Rechte am menschlichen Körper, S. 162, insbes. S. 164, auf *Schmelcher,* DMW 1960, 2036 f., berufend.

1.2 Eigentumsübertragung gem. § 929 BGB?

Wohl nur ausnahmsweise, nämlich dann, wenn der Patient ausdrücklich die Körpersubstanz dem Arzt überläßt, will *Schünemann* den Vorgang als Übereignung qualifizieren[250]. Da dies aber selten der Fall sein wird, ist davon auszugehen, daß *Schünemann* grundsätzlich die eigentumsrechtlichen Beziehungen des Patienten zu der getrennten Körpersubstanz weiterbestehen lassen will. Deshalb hat der Patient nach seiner Auffassung das Recht, als Eigentümer die entnommene Körpersubstanz vom Kliniktrager oder vom niedergelassenen Arzt herauszuverlangen[251]. *Schünemann* beschränkt das Recht insofern, als der Kliniktrager die Herausgabe an den Patienten aus abfallrechtlichen Gründen verweigern darf, falls die Gefährlichkeit der Körpersubstanz klar erkennbar sei.

Verneint man eine Eigentumsübertragung des entnommenen Körpermaterials, müßte *bloßer Besitzwechsel* vorliegen. Das Körpermaterial könnte aufgrund eines schuldrechtlichen Überlassungsvertrags mit der Abrede zur - möglicherweise nach Untersuchung des Körpermaterials - anschließenden Vernichtung in den Besitz des Arztes gelangt sein[252].

Bis zur Vernichtung der Körpersubstanz müßte der Patient allerdings die Position eines mittelbaren Besitzers nach § 868 BGB innehaben. Sofern von einem (konkludenten) schuldrechtlichen Überlassungsvertrag mit der Abrede zur anschließenden Vernichtung ausgegangen wird, entspricht dies den Erfordernissen der h. M., da an die Konkretheit des Besitzmittlungsverhältnisses keine allzu hohen Anforderungen gestellt werden. Insbesondere braucht die Abrede, die stillschweigend erfolgen kann, keinem besonderen Schuldvertragstyp des BGB zu entsprechen[253].

Jedoch muß die rechtliche Konstruktion des mittelbaren Besitzes bei der vorliegenden Konstellation scheitern: Abgesehen davon, daß es schon sehr zweifelhaft sein dürfte, ob der Arzt die entnommene Körpersubstanz als Fremdbesitzer für den Patienten besitzt[254], so fehlt es jedenfalls an der Besitzüberlassung nur auf Zeit. Aus dem Besitzmittlungsverhältnis oder einem sonstigen Rechts-

---

[250] *Schünemann,* Die Rechte am menschlichen Körper, S. 164.

[251] Vgl. *Schünemann,* Die Rechte am menschlichen Körper, S. 170, der seine Ansicht lediglich mit Literaturangaben untermauert.

[252] *Schröder/Taupitz,* Menschliches Blut: verwendbar nach Belieben des Arztes?, S. 84 in Fn. 2 gehen davon aus, daß sich die Körpersubstanz zumindest solange im unmittelbaren Besitz des Patienten befindet, wie die Entnahmegerätschaften noch mit dem Körper des Patienten verbunden sind. Hilfspersonal des Arztes oder der Klinik wird ab dem Zeitpunkt der Entnahme zum Besitzdiener gem. § 855 BGB, entsprechend der allgemein üblichen Annahme, daß der Arbeitnehmer i. d. R. als Besitzdiener des Arbeitgebers anzusehen ist (siehe hierzu Nachweise a.a.O.).

[253] *MünchKomm/Joost,* 3. Aufl., Rdnr. 14 zu § 868 m.w.N.

[254] Zu dieser Voraussetzung siehe nur *RGRK/Kregel,* 12. Aufl., § 868 Rdnr. 1.

verhältnis[255] muß sich zwar nicht notwendig ein Anspruch auf Herausgabe der Sache an den mittelbaren Besitzer zu irgendeiner Zeit ergeben, da die Pflicht zur Herausgabe an einen Dritten genügt[256] oder der unmittelbare Besitzer selbst Eigentum daran erwerben kann. Erforderlich ist aber, daß sich aus dem Verhältnis überhaupt das Bestehen eines Herausgabeanspruchs des mittelbaren Besitzers gegen den unmittelbaren Besitzer während eines gewissen Zeitraums ableiten läßt[257], was dem Gesetzeswortlaut des § 868 BGB zu entnehmen ist, in dem von Besitz „auf Zeit“ die Rede ist[258].

Weder der Arzt noch der Patient gehen im Regelfall von der Annahme aus, der Patient wolle die entnommene Körpersubstanz jemals wieder seinem Besitz unterordnen. In Anbetracht dieser Erwägungen ist eine nur auf Zeit eingeräumte besitzrechtliche Position des Arztes durch den Patienten und damit das Bestehen eines Herausgabeanspruchs zu verneinen[259].

Dies gilt ebenfalls, wenn sich der Arzt verpflichtet hat, die Körpersubstanz an den Entsorgungsträger herauszugeben. Denn der Patient vermag keinen Herausgabeanspruch gegen den Entsorgungstäger geltend zu machen, da es an einem Besitzmittlungsverhältnis zwischen dem Patienten und dem Entsorgungsträger fehlt. Weder steht der Patient mit dem Entsorgungsträger in unmittelbarem Kontakt, noch tritt der Arzt als Stellvertreter des Patienten auf. Der Entsorgungsträger vernichtet die Körpersubstanz auch nicht für den Patienten, sondern deshalb, weil er hierzu gesetzlich verpflichtet ist. Abgesehen davon fehlt dem Entsorgungsträger der Wille, die Körpersubstanz in Anerkennung eines Herausgabeanspruchs zu besitzen. Der Besitzmittlungswille müßte für den Patienten objektiv erkennbar sein. Indessen fehlen hier jegliche Anhaltspunkte. Diese ohnehin gekünstelt wirkende Konstruktion ist daher abzulehnen.

---

[255] Man denke an die Nichtigkeit des Besitzmittlungsverhältnisses und deren Rechtsfolgen.

[256] *BGH* LM § 2203 Nr. 1; *LG Mainz,* NJW 1954, 194 (196).

[257] *RGZ* 132, 183 (186): *BGHZ* 10, 81 (87)=NJW 1953, 1506; *Baur/Stürner,* Lehrbuch des Sachenrechts, 16. Aufl., S. 61; *Westermann,* Sachenrecht, Bd. I, 6. Aufl., S. 125 f., weist zudem auf § 870 BGB hin, nach dem die Übertragung des mittelbaren Besitzes durch die Abtretung des Herausgabeanspruches erfolgt - und zwar eines wirklich existierenden Anspruchs.

[258] *MünchKomm/Joost,* 2. Aufl., § 868 Rdnr. 15; siehe hierzu auch *BGHZ* 85, 265.

[259] So auch *Schröder/Taupitz,* Menschliches Blut: verwendbar nach Belieben des Arztes?, S. 84, die insbesondere das Interesse des Patienten verneinen, ggf. schuldrechtlich verpflichtet zu sein und für die sachgerechte Vernichtung des möglichen infektiösen Materials sorgen zu müssen.

Vielmehr soll anhand von § 929 BGB erörtert werden, ob eine Eigentumsübertragung vorliegt[260]. Hierfür ist die (dingliche) Einigung der Parteien sowie die Übergabe der Körpersubstanz erforderlich.

Um von einer Einigung zwischen Patienten und Arzt ausgehen zu können, müßte der Patient rechtlich das Angebot zur Eigentumsübertragung an den Arzt abgegeben haben. Als empfangsbedürftige Willenserklärung bedarf die Übereignungsofferte des Patienten einer Annahmeerklärung, die, wie die Offerte, in der Regel mit dem Zugang Gültigkeit erlangt[261]. Gewöhnlich ist die Willenserklärung dann zugegangen, wenn seitens des Empfängers Kenntnisnahme möglich und den Umständen entsprechend zu erwarten ist[262]. Dabei müssen die Umstände des Einzelfalls mit berücksichtigt werden[263].

Sowohl der Patient als auch der Arzt äußern sich nicht ausdrücklich darüber, ob das Körpermaterial übereignet werden soll. Das Verhalten der Beteiligten ist daher auf seine Konkludenz hin zu untersuchen.

In der nach außen erkennbaren Bereitschaft des Patienten, dem Arzt oder Hilfspersonal die endgültige Entnahme der Körpersubstanz zu ermöglichen, sei es durch das Hinhalten des Arms bei der Blutentnahme oder indem er sich bereitwillig der Narkose unterzieht, liegt noch keine (antizipierte) Übereignungsofferte des Patienten durch schlüssiges Verhalten. Denn hier ist der Übertragungsgegenstand noch nicht existent, geschweige denn individuell bestimmt[264], zumal in diesem Stadium möglicherweise noch nicht eindeutig ist, wieviel Körpersubstanz entnommen werden muß.

Sobald die Körpersubstanz, sofern sie *Untersuchungszwecken* dienen soll, in einem Gefäß oder durch ihre materielle Existenz an sich hinreichend bestimmbar ist, gibt der *nicht nakotisierte* Patient die konkludente Übertragungsofferte ab: Indem er den Vorgang ohne weiteres geschehen läßt, manifestiert sich sein

260 Sofern man einen Eigentumserwerb des Substanzträgers nach § 953 BGB analog annimmt, wäre ein Eigentumserwerb seitens des Arztes auch mit der analoge Anwendung von § 956 Abs. 1 Satz 1 BGB erklärbar: Danach erwirbt derjenige, dem der Eigentümer die Aneignung der Erzeugnisse oder sonstigen Bestandteile einer Sache gestattet, Eigentum an ihnen, falls er Besitz daran ergreift. Jedoch kann ein Erwerbsrecht mit dinglicher Wirkung am Körper des Menschen nicht begründet werden und die Gestattung stellt im übrigen nicht mehr als ein Angebot auf Übereignung dar, vgl. hierzu ausführlich *Müller,* Die kommerzielle Nutzung menschlicher Körpersubstanzen, S. 92 ff. u. S. 145 f. Zur Übereignung nach den §§ 929 ff. BGB siehe ferner, a.a.O., S. 147 ff.

261 *Flume,* Das Rechtsgeschäft, 3. Aufl., S. 649. Zustandekommen und Wirksamkeit der Einigung als dinglicher Vertrag richtet sich nach allgemeiner Auffassung nach den allgemeinen Vorschriften über Rechtsgeschäfte und Verträge, siehe hierzu *Staudinger/Wiegand,* 12. Aufl., § 929 Rdnr. 8 m.w.N.

262 *RGZ* 60, 334 (335); *RGZ* 99, 20 (23); *RGZ* 142, 402 (407); *BGH* LM Nr. 15= NJW 1980, 990; *BAG,* NJW 1989, 606 m.w.N.

263 *RGZ* 99, 20 (23); zustimmend *MünchKomm/Förschler,* 3. Aufl., § 130 Rdnr. 11.

264 Zur Bestimmbarkeit des Gegenstands, der übergehen soll, siehe *BGHZ* 21, 52 (55) u. *MünchKomm/Quack,* 2. Aufl., § 929 Rdnr. 81 ff., insbes. 84.

Bewußtsein, Eigentum an der Körpersubstanz zwecks Diagnose an den Arzt zu übertragen. Dabei ist unerheblich, ob die Gerätschaften noch mit dem Körper verbunden sind.

Allerdings verbietet sich eine derartige Betrachtungsweise im Zusammenhang mit Patienten, die sich im Zeitpunkt der Entgegennahme des extrahierten Körpermaterials *in Narkose oder bewußtlosem Zustand* befinden und daher keine Willenserklärung abgeben können (vgl. § 105 Abs. 2 BGB). Insofern ist das Vorliegen der Übereignungsofferte des Patienten schon im Zeitpunkt der Entnahme oder Trennung zu verneinen.

Ähnliches gilt bei Körpersubstanzen, die dem *nicht bewußtlosen* Patienten nur aus *therapeutischen* Gründen entnommen werden, ohne die Substanz danach zwecks Diagnose zugunsten des Patienten untersuchen zu wollen. Denn die Umstände lassen zu diesem Zeitpunkt nicht immer deutlich erkennen, daß es dem Patienten auf die Übereignung ankommt, da hier nicht die Untersuchung an der Körpersubstanz, sondern der Heilerfolg durch Entnehmen der Körpersubstanz im Vordergrund steht.

Jedoch spätestens, wenn der Patient die Körpersubstanz beim Arzt zurückläßt, hat er in diesen Fallvarianten die Übereignungsofferte durch schlüssiges Verhalten geäußert: Er macht nun nach außen kenntlich, daß er kein Interesse am entnommenen Körpermaterial hat, sondern es vielmehr dem Arzt überlassen will. Im Gegensatz zur Dereliktion wird hier, statt auf den objektiven Erklärungsinhalt, auf die Verständnismöglichkeit des konkret betroffenen Arztes abgestellt[265].

Auch die zur Eigentumsübertragung notwendige Annahmeerklärung des Arztes läßt sich nur aufgrund der Konkludenz seines Verhaltens ermitteln, wobei es entscheidend auf die Sichtweise des Patienten ankommt.

Nimmt der Arzt die zu *Untersuchungszwecken* entnommene Körpersubstanz entgegen, so kommt hierin durch schlüssiges Verhalten seine Annahme der Übertragungsofferte im Zeitpunkt der Trennung gegenüber dem *nicht nakotisierten* Patienten zum Ausdruck[266].

Die Betätigung des Annahmewillens des Arztes gegenüber dem *narkotisierten oder bewußtlosen* Patienten kann im Zeitpunkt der Trennung der Körpersubstanz noch nicht erfolgt sein. Der Patient hat mangels Geistesgegenwärtigkeit noch keine (konkludente) Übereignungsofferte abgegeben (§ 105 Abs. 2 BGB), die der Arzt zu diesem Zeitpunkt annehmen könnte.

---

265 Für die Auslegung der Erklärung (normative Auslegung) ist die objektive Bedeutung aus der Sicht des Empfängers maßgebend, vgl. *MünchKomm/Quack*, 2. Aufl., § 929 Rdnr. 46; zur normativen Auslegung *Erman/Brox*, 9. Aufl., § 133 Rdnr. 19.

266 Im Zusammenhang mit der Blutentnahme ebenso *Schröder/Taupitz*, Menschliches Blut: verwendbar nach Belieben des Arztes?, S. 86.

Der Patient äußert die Offerte zur Übertragung erkennbar erst dann, wenn er die Körpersubstanz beim Arzt beläßt. Dann bleibt ihm aber in seiner Abwesenheit verborgen, ob der Arzt das Übereignungsangebot annehmen will. Regelmäßig fällt eine unter Abwesenden getätigte Willenserklärung in den Wirkungsbereich des § 130 Abs. 1 S. 1 BGB[267]. Der danach erforderliche Zugang der Annahmeerklärung des Arztes ist jedoch ausnahmsweise entbehrlich, wenn die Voraussetzungen des § 151 S. 1 BGB vorliegen. Da das wortlose Hinterlassen der Körpersubstanz beim Arzt nicht nur als konkludente Offerte des Patienten, sondern zugleich als Verzicht der Annahmeerklärung durch den Arzt gedeutet werden kann, steht es dem Arzt nach dieser Vorschrift frei, das Angebot anzunehmen, ohne den Patienten hiervon in Kenntnis setzen zu müssen.

In diesem Kontext ist strittig, ob die Vorschrift des § 151 S. 1 BGB vom Erfordernis der Annahmeerklärung gerade gegenüber dem Antragenden entbindet, also nur den Zugang der Willenserklärung entbehrlich macht[268], oder aber die bloße Betätigung zur Manifestation des Annahmewillens genügt[269]. Eine Entscheidung erübrigt sich allerdings, da die terminologische Frage praktisch unbedeutend ist, insbesondere wenn man die Willensbetätigung grundsätzlich allen Bestimmungen über die Willenserklärung unterwirft[270].

Tätigt der Arzt[271] eine Aneignungs- oder Gebrauchshandlung in bezug auf die hinterlassene Körpersubstanz, so liegt hierin die Annahme der Offerte[272].

---

267 Zum Zugang von Erklärungen unter Abwesenden siehe *Dilcher,* AcP154 (1955), 120 ff.; *John,* AcP 184 (1984), 385 (386 ff.).

268 Siehe insbes. *Medicus,* Bürgerliches Recht, 17. Aufl., Rdnr. 55; *Pawlowski,* Allgemeiner Teil, 4. Aufl., Rdnr. 378.

269 Siehe insbes. *Manigk,* Willenserklärung und Willensgeschäft, S. 370 m.w.N.; *Bydlinski,* JuS 1988, 36 (37) m.N. Nach *Flume,* Das Rechtsgeschäft, 3. Aufl., S. 655, soll bereits die Entschlußfassung des Angebotsempfängers ausreichen.

270 Vgl. *Soergel/Wolf,* 12. Aufl., § 151 Rdnr. 7; ferner *MünchKomm/Kramer,* 3. Aufl., § 151 Rdnr. 48.

271 Nimmt nicht der Arzt selbst die Handlung vor, sondern Hilfspersonal, so finden die Vorschriften über die Stellvertretung gem. §§ 164 ff. BGB Anwendung. *Schröder/Taupitz,* Menschliches Blut: verwendbar nach Belieben des Arztes?, S. 86 f., ziehen neben der Möglichkeit der Stellvertretung zu Recht die Möglichkeit des Empfangs- und Erklärungsboten in Betracht. Welche der Alternativen konkret gegeben ist, richtet sich nach dem tatsächlichen Auftreten der betroffenen Personen zum Patienten. Zur Abgrenzung von Stellvertreter und Bote siehe *Larenz,* Allgemeiner Teil, 7. Aufl., S. 590 ff.

272 *Schröder/Taupitz,* Menschliches Blut: verwendbar nach Belieben des Arztes?, S. 87, weisen im Zusammenhang mit Blutproben, die in den üblichen betrieblichen Verlauf eingegliedert werden, auf die Anwendbarkeit den § 151 S. 1 BGB hin. Wie sich jedoch anhand der Ausführungen gezeigt hat, findet die Übereignung des aus diagnostischen Zwecken entnommenen Körpermaterials bereits in einem früheren Stadium statt. Im Zeitpunkt der Eingliederung des Materials in den betrieblichen Verlauf ist der Arzt schon Eigentümer. Nur wenn sich der Patient in einem bewußtlosen Zustand bei der Entnahme befindet, erfolgt Angebot und Annahme zu einem späteren Zeitpunkt. Bei der Blutentnahme ist der Patient zumeist bei vollem Bewußtsein.

Aus den Ausführungen ergibt sich, daß, unabhängig davon, ob es sich um einen nakotisierten oder geistesgegenwärtigen Patienten handelt, regelmäßig eine Einigung angenommen werden kann.

Zur Einigung muß die Übergabe der Körpersubstanz hinzukommen. Erforderlich ist hierfür, daß der Patient jeden Besitz verliert[273]. Dies wäre nicht der Fall, wenn sich die Körpersubstanz noch im mittelbaren Besitz des Patienten befände. Denkbar wäre, daß der Arzt als unmittelbarer Besitzer dem Patienten den Besitz mittelt. Da der Patient jeglichen Besitz verloren hat[274], ist die Voraussetzung der Übergabe erfüllt.

Zusammengefaßt sollen die Ergebnisse nochmals verdeutlicht werden: Grundsätzlich erwirbt der behandelnde Arzt sowohl im Falle einer diagnostischen Entnahme als auch im Falle einer aus therapeutischen Gründen erfolgten Extraktion das Eigentum. Die Übereignung der entnommenen Körpersubstanz kann beim bewußtlosen Patienten sowie generell bei der aus therapeutischen Gründen getätigten Entnahme nur unter Heranziehung des § 151 S. 1 BGB bejaht werden. Danach muß die Annahmeerklärung dem Patienten nicht zugehen. Sobald der Patient aber sein Eigentumsrecht verloren hat, kann er aus diesem Grunde nicht mehr die Ärzte von der Nutzung ausschließen (§ 903 BGB) oder sonstige Rechte, die einem Eigentümer zustehen, geltend machen[275].

1.3 Gesetzlicher oder rechtsgeschäftlicher Eigentumsübergang durch die konkrete Nutzung des Körpermaterials?

Falls eine rechtsgeschäftliche Eigentumsübertragung abgelehnt werden muß, etwa wenn der Patient ausdrücklich keine Offerte abgibt, ist zu prüfen, ob unter dem Blickwinkel gesetzlicher Erwerbstatbestände ein Eigentumserwerb des behandelnen Arztes in Frage kommt[276].

Anknüpfungspunkt könnte etwa die Nutzung der Körpersubstanz durch den Arzt sein. Die Nutzungsmöglichkeiten sind vielschichtiger Natur. Neben der Einbeziehung der Körpersubstanz in die Forschungstätigkeiten kommen der Verkauf an die Industrie oder an Patienten oder schlicht die Implantation des Körpermaterials in einen anderen menschlichen Körper zwecks therapeutischer Behandlung in Betracht[277].

---

[273] Allgemein siehe nur *Jauernig*, 7. Aufl., § 929 Zif. I 3a.

[274] Siehe hierzu S. 51 f.

[275] Man denke beispielsweise an § 985 BGB (Herausgabeanspruch) oder § 1004 BGB (Unterlassungsanspruch); § 823 BGB (Schadensersatz) verlangt aber zusätzlich ein Verschulden, das möglicherweise beim Arzt nicht gegeben wäre.

[276] Die Anwendung der §§ 947 bis 950 BGB bejahend: *Müller*, Die kommerzielle Nutzung menschlicher Körpersubstanzen, S. 170, mit dem Hinweis, daß es sich bei Körpersubstanzen um eigentumsfähige Sachen handelt.

[277] Zu den Nutzungsmöglichkeiten siehe S. 5 ff.

Die Weiterverwendung von Körpersubstanzen könnte in den Fällen, in denen sie zur Entstehung einer neuen Sache führt, einen Eigentumserwerb des Arztes *gem. § 950 Abs. 1 BGB* nach sich ziehen[278]. Dabei dürfte der objektive Verarbeitungswert nicht wesentlich geringer sein als der Wert des Stoffes, also der Körpersubstanz[279].

Da das Ergebnis von Forschungstätigkeiten, wie die Züchtung von Zellinien zur gentechnologischen Nutzung, einen ungeheuren Arbeitsaufwand benötigt und der Vermögenswert[280] erheblich gesteigert wird, ist letzteres Kriterium erfüllt. Fraglich ist aber, ob sich die vermehrte natürliche Zelle als Neuheit im Sinne des § 950 Abs. 1 BGB darstellt.

Die Entscheidung, wann eine neue Sache vorliegt, richtet sich nach der Verkehrsanschauung. Insbesondere eine neue Bezeichnung der Sache nach ihrer Verarbeitung indiziert die Neuheit des Arbeitsergebnisses[281]. Allerdings könnte die Zellinie auch als neues *Erzeugnis* im Sinne von § 99 Abs. 1 BGB zu qualifizieren sein. Erzeugnisse einer Sache sind alle organischen Produkte ohne Rücksicht darauf, ob sie durch Aufwendung von Arbeit gewonnen wurden oder nicht[282]. Eine solche Betrachtungsweise würde zur Anwendung des *§ 953 BGB* führen. Nach § 953 BGB stünden, im Unterschied zu § 950 BGB, die weiterkultivierten Zellen als Erzeugnisse weiterhin im Eigentum des Patienten, der die eigentumsrechtliche Position der ursprünglich entnommenen Zelle innehatte. „Neuheit" im Sinne von § 950 BGB und „Erzeugnis" im Sinne von § 953 BGB schließen sich daher gegenseitig aus.

Die gezüchtete Zellinie nicht als Erzeugnis im Sinne von § 953 BGB, sondern als Neuheit im Sinne von § 950 Abs. 1 BGB zu qualifizieren, dürfte insofern zu bevorzugen sein, als darauf sog. Erzeugnispatente vergeben werden und die gezüchtete Zellinie als genetische *Erfindung* angesehen wird, was gegen ihre Natürlichkeit spricht.

Falls ein natürlicher Stoff anhand neu entwickelter Verfahren aufgefunden wird, die seine Gewinnung und Isolierung ermöglichen, kann sowohl der Stoff selbst als auch das Verfahren, das seine Herstellung bewirkte, patentiert werden[283].

Die Einbeziehung des genetischen Verfahrens in den Patentschutz führt in der Literatur zu Kontroversen, die hier nur kurz skizziert werden sollen.

Zum Teil wird ein Patenthindernis darin gesehen, daß genetische Errungenschaften zwingend eine informationelle Seite aufweisen. Als die „Wiedergabe von Informationen" im Sinne von § 1 Abs. 2 Nr. 4 PatG müßte die Erteilung eines Patents

---

278 Siehe nur *Rothkegel*, Der Eigentumserwerb bei Verarbeitung, S. 75 m.w.N.

279 *MünchKomm/Quack*, 2. Aufl., § 950 Rdnr. 5.

280 Zum Vermögenswert menschlicher Körpersubstanzen, siehe unten S. 126 ff.

281 *Hofmann*, NJW 1961, 1246.

282 Vgl. *Staudinger/Dilcher*, 13. Aufl., § 99 Rdnr. 6; ferner *Medicus*, JuS 1985, 637.

283 *Benkhard/Bruchhausen*, 9. Aufl., § 1 PatG Rdnr. 92; *BPatG*, GRUR 1978, 238 = *BPatGE* 20, 81 - Antamanid des grünen Knollenblätterpilzes; *BPatG*, GRUR 1978, 586 = *BPatGE* 21, 43 - Loctobacillus bavaricus.

auf genetische Erfindungen unterbleiben[284]. Eine restriktive Auslegung des § 1 Abs. 2 Nr. 4 PatG verdient demgegenüber den Vorzug[285], so daß genetische Erfindungen in der Regel nicht unter diese Vorschrift zu subsumieren sind.

Ein *generelles* Patentierungsverbot genetischer Erfindungen wegen § 2 Nr. 1 PatG zu begründen, überzeugt ebenfalls nicht. Denn ein Verstoß gegen die „öffentliche Ordnung" meint in diesem Kontext nur der Verstoß gegen die tragenden Grundsätze der Rechtsordnung. Der Gesetzesverstoß muß also die wahrscheinliche Gefahr einer Bedrohung des geordneten Gemeinschaftslebens darstellen[286]. Dies führt nur zum Verbot einzelner gefährlicher genetischer Erfindungen[287]. Problematisiert wird in diesem Zusammenhang vor allem, ob ein generelles Patentierungsverbot in bezug auf *menschliche* Körpersubstanzen erforderlich ist[288].

Außerdem werden ethische Bedenken gegen die Patentierbarkeit genetischer Erfindungen geäußert[289]. Jedoch führt die Berücksichtigung ethischer Grundsätze nur zu speziellen Patentierungshindernissen[290].

Auch dem Erfordernis der gewerblichen Anwendbarkeit (vgl. §§ 1 Abs. 1, 5 PatG) werden genetische Erfindungen gerecht, da sie als Grundlage zur Herstellung von Medikamenten dienen können.

Schließlich verweisen die Gegner auf die durch die Patentierung hervorgerufene Beeinträchtigung des medizinischen Fortschritts, die Befürworter sehen dagegen den Schutz medizinischer Errungenschaften gewährleistet[291]. Vorzugswürdiger erscheint, letzterer Ansicht zu folgen, um insbesondere der Schaffung willkürlicher Differenzierungen entgegentreten zu können, die sich beim Ausschluß der Patentierbarkeit genetischer Verfahren und damit ihrer - wenn auch natürlichen - Erzeugnisse ergeben würden[292].

Die Frage allerdings, ob durch die Weiterkultivierung *menschlicher* Zellen und Gene ein Verfahrens- und zugleich ein Erzeugnispatent erlangt werden kann, falls die genannten Voraussetzungen erfüllt sind, wird mit dem Verweis auf die ethische Schranke überwiegend verneint[293].

---

284 Zu diesem Einwand *Moufang,* Genetische Erfindungen im gewerblichen Rechtsschutz, S. 179, mit dem Verweis, daß § 1 Abs. 2 Nr. 4 PatG sogar noch weiter ausgelegt werden könnte, also nicht nur die Wiedergabe, sondern zudem die Veränderung bzw. Neuordnung von Informationen hierunter subsumiert werden könnte.

285 Eingehend *Moufang,* Genetische Erfindungen im gewerblichen Rechtsschutz, S. 180 ff.

286 *Schulte,* 5. Aufl., § 2 PatG Rdnr. 4.

287 Hierzu *Moufang,* Genetische Erfindungen im gewerblichen Rechtsschutz, S. 242; *ders.,* GRUR Int. 1993, 439 (445 ff.), mit Beispielen.

288 Dazu sogleich.

289 Siehe Darstellung bei *Moufang,* Genetische Erfindungen im gewerblichen Rechtsschutz, S. 227 ff. mit umfangreichen Nachweisen.

290 *Moufang,* Genetische Erfindungen im gewerblichen Rechtsschutz, S. 242 ff.

291 *Schulte,* 5. Aufl., § 1 PatG Rdnr. 123; vgl. auch *Moufang,* Genetische Erfindungen im gewerblichen Rechtsschutz, S. 171 f.: „Der Umstand, daß eine Entdeckung den Kern einer Erfindung bildet, darf der Erfindungsqualität nicht entgegenstehen." Andernfalls sieht *Moufang,* a.a.O., Errungenschaften in ungerechtfertigter Weise für schutzunwürdig erklärt und den technischen Fortschritt behindert. In diesem Sinne auch *Taupitz,* JZ 1992, 1089 (1096) m.w.N.

292 Zutreffend *Taupitz,* JZ 1992, 1089 (1096).

293 *Dolder,* Mitt. 1984, 1 ff.; *Moufang,* Genetische Erfindungen im gewerblichen Rechtsschutz, S. 246 ff.

Gegen die Erteilung von Patenten auf menschliche Zellinien oder Gene spreche die Degradierung des Menschen zum Objekt[294]. *Dolder* führt den im Patentrecht anerkannten Grundsatz an, daß Erfindungen, die eine objektmäßige Nutzung des menschlichen Körpers zum Zwecke der Gütererzeugung beinhalten oder voraussetzen, nicht Gegenstand von privaten Ausschließungsrechten sein können. Als unerträglich müsse es für die Rechtsordnung angesehen werden, wenn durch das Instrument des Patentrechts der menschliche Körper als Kategorie zum Zwecke individueller Profiterzielung monopolisiert würde[295]. Berufend auf Art. 53 (a) EPÜ[296] wirke eine passive Ausnutzung pathologischer Zustände des lebenden menschlichen Körpers als Patentierungshindernis, da der menschliche Körper als strukturierte Gesamtheit einem experimentellen Gesamtgeschehen zum Zwecke der Gütererzeugung untergeordnet werde[297]. Die Patentierung menschlicher Zellinien sei aber dann möglich, sofern das Individuum und der Zeitpunkt der Entnahme (der Zellen) durch Zufallsauswahl bestimmt werde und solange nur eine einzelne Entnahme beim gleichen Individuum stattfinde[298]. *Moufang* hält sogar ein generelles Patentierungsverbot für Substanzen, die aus dem menschlichen Körper gewonnen werden, mit Blick auf Art. 53 (a) EPÜ für erforderlich[299]. Nach ihm impliziert die Patenterteilung für menschliche Zellen oder Gene einen unzulässigen Eingriff in das Selbstbestimmungsrecht anderer Menschen über ihren Körper[300]. Allerdings will er von einem Patentierungsausschluß absehen, wenn menschliche Gene (oder andere Genomteile) in vitro synthetisiert und entsprechend beansprucht würden[301].

Trotz dieser kritischen Stimmen verhält sich die Praxis weniger zurückhaltend, wenn es um die Patentierung menschlicher Gene oder anderer menschlicher Körperteile geht[302]. In der Schilderung der Erteilungspraxis des Deutschen Patentamts hinsichtlich biotechnologischer Erfindungen, ist nur der bei-

---

294 *Moufang,* Genetische Erfindungen im gewerblichen Rechtsschutz, S. 246.

295 *Dolder,* Mitt. 1984, 1 (3).

296 Die entsprechende deutsche Vorschrift findet sich in § 2 Nr. 1 PatG.

297 Vgl. *Dolder,* Mitt. 1984, 1 (7), nach dem die Gewinnung von Lymphozyten aus dem Körper von Patienten oder sensibilisierten Versuchspersonen nicht zum Gegenstand eines Patents werden dürfe (a.a.O., S. 4 f.).

298 Vgl. *Dolder,* Mitt. 1984, 1 (5 f.). Kritisch zum Abgrenzungskriterium der Zufälligkeit: *Moufang,* Genetische Erfindungen im gewerblichen Rechtsschutz, S. 247.

299 *Moufang,* Genetische Erfindungen im gewerblichen Rechtsschutz, S. 247. Gerade im Fall *John Moore* sollte nach seiner Auffassung unter dem Eindruck der Vorgehensweise des Arztes, der nicht die Einwilligung seines Patienten eingeholt hatte, die Entscheidung gegen die Patentanmeldung ausfallen, GRUR Int. 1993, 439 (449 f.). Allerdings sollte in diesem Zusammenhang berücksichtigt werden, daß der Patient das Patent möglicherweise herausverlangen kann, siehe hierzu später S. 159 ff.

300 *Moufang,* Genetische Erfindungen im gewerblichen Rechtsschutz, S. 248.

301 Vgl. *Moufang,* Genetische Erfindungen im gewerblichen Rechtsschutz, S. 247; weitergehend *ders.,* GRUR Int. 1993, 439 (449 f.), sofern der frühere Substanzträger wirksam eingewilligt hat und nicht die Embryonenforschung betroffen ist.

302 Hierzu *Moufang,* GRUR Int. 1993, 439 (448).

läufige Satz zu lesen: „Es versteht sich, daß (...) auch menschliche Zellen und ihre Elemente anzutreffen sind, ohne daß sich hier vorläufig patentrechtliche Besonderheiten ergaben“[303]. Damit im Einklang hatte die Beschwerdekammer des EPA den Einspruch zurückgewiesen, den Euro-Grüne gegen ein Patent eingelegt hatten, das auf ein menschliches Gen verliehen worden war[304]. Ferner hatte das *BPatG* die Patentierbarkeit eines Schichtkoratoplastiktransplantat, ein hergerichteter menschlicher Sehnengewebeschnitt, nicht deswegen verneint, weil es sich um ein aus einem Leichnam entnommenes *menschliches* hergerichtetes und präpariertes Gewebeteil handelt, sondern vielmehr fand die Zurückweisung aus Gründen der nur einmaligen Nutzbarkeit dieser Erfindung statt[305].

Nach Meinung der Bundesregierung[306] ist die Erteilung eines Patents auf menschliche Gene nicht schlichtweg, sondern nur unter bestimmten Voraussetzungen ausgeschlossen, etwa, wenn mit den Patenten ein unbekannter Verwendungszweck verfolgt werde. Außerdem dürfe ein Patent auf menschliche Gene nicht erteilt werden, sofern deren Veröffentlichung oder Verwertung gegen die öffentliche Ordnung oder die guten Sitten verstoßen würde[307]. Im übrigen habe die jeweils konkret mit der Patentierbarkeit befaßte Institution (das Europäische Patentamt, das Deutsche Patentamt oder das Bundespatentgericht) im Rahmen ihrer Zuständigkeit hierüber zu entscheiden.

Angemerkt sei zudem noch folgendes: Betrifft die Frage der Patentierbarkeit menschliche Substanzen, die dem Körper entnommen werden mußten, weil die Entnahme medizinisch indiziert war, scheinen sich *Dolders* und *Moufangs* Befürchtungen kaum zu realisieren. Von einer objektsmäßigen Nutzung des *menschlichen Körpers* zum Zwecke der Gütererzeugung kann bei bereits getrennten Körperteilen nicht die Rede sein. Sofern weniger der persönliche Informationsgehalt menschlicher Gene als vielmehr, neben dem materiellen Gehalt, unter Wahrung der Anonymität, Informationen ausgenützt werden, die bei jedem Menschen, wenn auch in unterschiedlicher Intensität, gleichermaßen auftreten, kann zudem nicht schlechthin von einem durch die Erteilung des Patents hervorgerufenen unzulässigen Eingriff in das Selbstbestimmungsrecht ausgegangen werden[308].

---

303 Vgl. *Goebel,* GRUR Int. 1987, 297 (298). Als Beispiel für ein Patent auf eine Zellkultur können die „Humane T-Zell-Linien, DE-PS 32 22 072“ genannt werden.

304 Darstellung bei *Meichsner,* Zeit-Punkte, Nr. 2/1995, 65; hierbei handelte es sich um das sog. Relaxin-Gen, siehe schon oben S. 9.

305 *BPatG,* GRUR 1985, 276 - Schichtkoratoplastiktransplantat. Bei gezüchteten menschlichen Zellinien, die sich ohnehin nur unerheblich in ihrer Beschaffenheit von den tierischen Zellinien unterscheiden, besteht das Problem ihrer nur einmaligen Nutzbarkeit hingegen nicht.

306 Die Meinung der Bundesregierung äußert *Kretschmer,* GRUR 1992, 428.

307 Dabei wird auf Art. 53 (a) EPÜ, § 2 Nr. 1 PatG verwiesen.

308 Ein DNA-Strang ist nichts anderes als eine, wenn auch komplizierte, chemische Substanz, vgl. *Gareis,* GRUR Int. 1987, 287 (291). Zu den Voraussetzungen, die hingegen einen Eingriff in das Persönlichkeitsrecht durch gentechnologische Verfahren bewirken, siehe S. 92 ff.

Zusätzlich sollte nicht die kommerzielle Bedeutung unterschätzt und nur negativ gesehen werden: Da der Aufwand für die Entwicklung solcher Prozesse, wie Züchtung von Zellinien, außerordentlich hoch ist, muß die Wirtschaft ihre investierten Geldmittel wieder verdienen[309]. Wird ein Patentschutz geschaffen, leistet es sich die Wirtschaft, eher große Beträge in die Forschung und Entwicklung zu investieren, deren Ergebnisse der Volksgesundheit in hohem Maße dienlich sind. Dies darf vor dem Hintergrund der großen Zukunftsängste nicht in Vergessenheit geraten.

Schließlich wird in der *Stellungsnahme der Deutschen Vereinigung für gewerblichen Rechtsschutz und Urheberrecht* zutreffend die Möglichkeit der Rechtsprechung betont, jederzeit mit dem vorhandenen Gesetzesinstrumentarium die Erteilung von Patenten zu verhindern, so beispielsweise Patente, welche die Veränderung menschlichen Erbguts betreffen[310]. Bisher haben sich gentechnische Manipulationen menschlicher Erbanlagen unter den beim Deutschen Patentamt eingegangenen Anmeldungen nicht gefunden[311]. Wäre dies der Fall, müßte im Rahmen des § 2 Nr. 1 S. 1 PatG ein Verstoß gegen die guten Sitten geprüft werden.

Daher bleibt festzuhalten, daß menschliche Zellinien und Gene grundsätzlich patentierbar sind. An menschlichen Zellinien kann daher ein sog. „Erzeugnispatent" erworben werden, das dem Inhaber wirtschaftliche Befugnisse hieran einräumt[312]. Unter Berücksichtigung dieser Umstände ist die gezüchtete Zellinie als Neuheit im Sinne des § 950 BGB anzusehen. Diese Betrachtungsweise führt dazu, dem Arzt das Eigentum an der Zellinie zuzuordnen.

Falls der Arzt lediglich eine Integration des fremden Körpermaterials in einen anderen Körper vornimmt, verliert das Körpermaterial durch diesen Vorgang seine Sachqualität. Das integrierte Material wird nunmehr lediglich vom Persönlichkeitsrecht des neuen Inhabers erfaßt[313]. In diesem Falle verliert

---

309 *Gareis,* GRUR Int. 1987, 287 (291).

310 *Stellungsnahme der Deutschen Vereinigung für gewerblichen Rechtsschutz und Urheberrecht* zum Fragebogen des Bundesministeriums der Justiz zum rechtlichen Schutz biotechnologischer Forschungsergebnisse, GRUR 1987, 506 (510).

311 Vgl. *Goebel,* GRUR Int. 1987, 297 (298).

312 Der Patentrechtsinhaber kann gem. § 15 Abs. 1 S. 2 PatG sein Patentrecht auf andere übertragen und gem. § 15 Abs. 2 PatG zum Gegenstand von Lizenzen machen.

313 Dies entspricht der h. M., wobei zur Begründung teilweise eine analoge Anwendung des § 947 Abs. 2 BGB vorgeschlagen wird, siehe Überblick über den Streitstand bei *Voß,* Vernichtung tiefgefrorenen Spermas als Körperverletzung?, S. 25 ff. Der h. M. ist, jedenfalls bei natürlichen Körpermaterial, insbesondere deswegen zu folgen, da die natürlichen Körpersubstanzen mit dem Körper des Empfängers verwachsen oder sich in ihm auflösen und ein auseinanderhalten nicht mehr möglich ist, *Schünemann,* Die Rechte am menschlichen Körper, S. 140 in Fn. 1 u. *Voß,* a.a.O., S. 30. Auch nach der *Umwandlungsthese* verliert das Körpermaterial bei der Einfügung in den lebenden menschlichen Körper die Sacheigenschaft. Siehe ausführliche Darstellung bei *Schünemann,* a.a.O., S. 122 ff. m.w.N.

zwar der frühere Inhaber sein Eigentumsrecht, aber sozusagen *kraft Natur der Sache*. Sofern vorher kein rechtsgeschäftlicher Eigentumswechsel stattfand, hatte der Arzt nie eigentumsrechtliche Positionen daran erworben.

Werden menschliche Körpersubstanzen, die nicht bereits durch Verarbeitung und Umwandlung in das Eigentum des Arztes gelangt sind, in Tiere integriert, wird die Sachqualität dadurch nicht aufgehoben. Tiere sind nach § 90 a BGB zwar keine Sachen, werden aber im Rechtsverkehr als solche behandelt. Die menschlichen Körpersubstanzen kann man als Nebenbestandteile des Tieres ansehen, da sie beim Tier als Hauptsache ebensogut fehlen könnten. Deshalb erwirbt *gem. § 947 Abs. 2 BGB* der Eigentümer des Tieres mit der Verbindung das Eigentum auch an der Körpersubstanz. Der frühere Inhaber der Körpersubstanz verliert auch im Falle der Integration des Körpermaterials in ein Tier sein Eigentum.

Veräußert der Arzt eine eigentumsrechtlich dem früheren Inhaber zugeordnete Körpersubstanz, so ruft die Veräußerung als konkrete Nutzung den Eigentumsverlust des Patienten daran hervor, falls der Dritte gutgläubig *gem. § 932 BGB* vom Nichtberechtigten erwirbt. In der Regel dürfte wohl von der Gutgläubigkeit des Dritten auszugehen sein, wenn er annimmt, daß der Arzt die Körpersubstanz mit dem Einverständnis des Patienten endgültig erlangt hat[314].

Der Vollständigkeit halber sei noch erwähnt, daß die *§§ 134 und 138 BGB*[315] die Übertragung des Eigentums an der Körpersubstanz sowohl durch den Nichtberechtigten als auch durch den Berechtigten scheitern lassen können. Ein Verbotsgesetz[316] wird allerdings nur dann gem. § 134 BGB die Nichtigkeit der dinglichen Einigung auslösen, wenn es nach Sinn und Zweck den Eigentumserwerb als solchen zu vereiteln sucht[317]. Knüpft es lediglich an ein bestimmtes Verhalten an, bleibt die Wirksamkeit der dinglichen Übereignung davon unberührt[318].

---

314 Auch *Müller*, Die kommerzielle Nutzung menschlicher Körpersubstanzen, S. 238, hält einen gutgläubigen Erwerb des Dritten für möglich.

315 Siehe hierzu unten S. 64, 72 f., 131.

316 Zu denken wäre beispielsweise an das Verbot des Handels mit Organen, hierzu §§ 17 ff. Transplantationsgesetz (TPG), BGBl. 1997, 2631 ff., und unten S. 130 ff.

317 *BGHZ* 93, 264 (267 ff.) = NJW 1985, 1020; ferner *BGHZ* 11, 59 (61 f.) = NJW 1954, 549 und *MünchKomm/Quack*, 2. Aufl., § 929 Rdnr. 61 f.

318 Durch das Verbot des Organhandels soll der Kommerzialisierung des menschlichen Körpers entgegengetreten werden, die Verfügung und Verteilung lebenswichtiger Organe soll nicht von der finanziellen Leistungsfähigkeit potentieller Empfänger abhängen, vielmehr soll nur die therapeutische Dringlichkeit im Einzelfall maßgeblich sein. Da entscheidend die Pönalisierung eines verwerflichen Verhaltens im Vordergrund steht, vermag das in Aussicht gestellte Verbot nicht die Nichtigkeit der dinglichen Einigung zu bewirken. Allerdings ist fraglich, ob dieses Gesetz den Handel von Organen erfaßt, die zwecks Therapie und/oder Diagnose entnommen worden sind, hierzu später S. 130 ff.

1.4 Eigentumsverletzung im Fall *John Moore*?

1.4.1 Auffassung des kalifornischen Supreme Court

Mit folgenden Erwägungen lehnte der kalifornische Supreme Court die Berufung *Moores* auf das Eigentumsrecht (conversion) ab[319]. *Moore* sei bei Entnahme der Körpersubstanz von einem endgültigen Besitzverlust ausgegangen. Außerdem zog das Gericht eine abfallrechtliche Vorschrift heran (§ 7054.4 Health and Safety Code), nach der die Substanz auf bestimmte Art zu vernichten sei, was die Ausübung des Eigentums praktisch völlig einschränke. Für die eigentumsrechtliche Lage an den patentierten weiterkultivierten Zellen gelte nichts anderes, da sie das Ergebnis schöpferischer Betätigung seien. Das Patent stehe aber dem zu, dem die Entwicklung der Zellinie gelungen sei.

Zusätzlich erwog das Gericht praktische Konsequenzen: Eine derartige Betrachtungsweise schütze die sozial nützlichen Tätigkeiten der Forscher, die ansonsten bei ihrer Forschung jeweils mit der verschuldensunabhängigen Haftung rechnen müßten, was den im großen und ganzen freien Austausch von Körpermaterial beeinträchtigen würde und dadurch die für die Menschheit wichtige Forschung behindere. Schlagworte wie die „Ahnentafel der Einwilligung", die bis zur ursprünglichen Gewinnung des Rohmaterials zurückverfolgt werden müßte, oder aber wie das „Los in der Haftungslotterie", das irgendein mit der Forschung Befaßter ziehen würde[320], sollen die Meinung des Gerichts in anschaulicher Weise untermauern. Jedoch hält das Gericht dem Betroffenen andere Rechtsbehelfe offen[321].

1.4.2 Beurteilung nach deutschem Recht

Nach der deutschen Rechtslage wäre die Begründung des Verlusts des Eigentums an dem entnommenen Körpermaterial speziell im Falle *John Moore* folgendermaßen zu begründen:

Da anzunehmen ist, daß *Moore* bei der Entnahme der Milz betäubt war, hat er konkludent erst beim Zurücklassen der Körpersubstanz beim Arzt eine an diesen gerichtete Eigentumsofferte abgegeben, die gleichzeitig einen Verzicht auf die Annahmeerklärung beinhaltet. Durch die Inbesitznahme und Nutzung der Milz tätigte der Arzt die gem. § 151 BGB erforderliche Willensbetätigung zur Annahme der Offerte, so daß er gem. § 929 S. 1 BGB Eigentümer geworden ist.

---

319 Anders noch der kalifornische Court of Appeal, *Moore v. Regents of University of California et al.* (1988) 249 Cal. Rptr. 494 (503 ff.): Da eine Eigentumsaufgabe (abandonment) wegen fehlender Gleichgültigkeit nicht vorliege, seien weiterhin Eigentumsrechte an der Körpersubstanz vorhanden. Siehe auch Darstellung bei *Taupitz*, VersR 1991, 369 (371 f.).

320 Vgl. *Moore v. Regents of University of California*, (1990) 51 Cal. 3d 120 (146 f.).

321 Siehe Darstellung des Urteils durch *Taupitz*, VersR 1991, 369 (376 f.).

Bei den sog. Nachschubuntersuchungen, die gleichzeitig der Überprüfung *Moores* Gesundheitszustands dienen sollten, kann ebenfalls die konkludente Abgabe einer Offerte *Moores* zur Eigentumsübertragung bejaht werden. Zwar wäre denkbar, die Angebotsannahme durch den Arzt gem. § 138 Abs. 1 BGB als sittenwidrig zu qualifizieren, da er mit der Entnahme gleichzeitig eine „Nachlieferung“ des Körpermaterials wollte. Die Einigung wäre dann unwirksam. Jedoch bezweckte der Arzt immerhin mit dem Körpermaterial auch eine Untersuchung zugunsten seines Patienten, die wohl objektiv erforderlich war, was gegen die Annahme der Sittenwidrigkeit spricht. Sollten aber keine Nachuntersuchungen erforderlich gewesen sein, so ist die Übereignung der Körpersubstanz an den Arzt sittenwidrig und damit nichtig. Dann führt jedoch die konkrete Nutzung, die Weiterkultivierung von Zellen, gem. § 950 BGB zum Eigentumserwerb des Arztes. *Moore* hat daher nach deutschem Recht keine Ansprüche aus Eigentum.

2. *Anfechtungsrecht des Patienten?*

2.1 Eigenschaftsirrtum gem. § 119 Abs. 2 BGB?

Die in den meisten Fällen vorliegende Übereignung der Körpersubstanz an den Arzt könnte rückwirkend als nichtig anzusehen sein (§ 142 Abs. 1 BGB), falls der Patient ein ihm gem. § 119 Abs. 2 BGB zustehendes Anfechtungsrecht ausübt.

Hierzu müßte sich der Patient über eine *verkehrswesentliche Eigenschaft* (vgl. § 119 Abs. 2 BGB) der Körpersubstanz geirrt haben. Ein Eigenschaftsirrtum liegt dann vor, wenn der Betroffene unrichtige Vorstellungen über tatsächliche Umstände zu einem Gegenstand hat, die für die Willensbildung und den Entschluß, eine bestimmte Erklärung abzugeben, ausschlaggebend waren, ohne daß die Vorstellungen in der Erklärung ausdrücklich genannt werden müssen[322]. Der Eigenschaftsirrtum ist in der Regel unbeachtlich. Nur wenn die auf der natürlichen Beschaffenheit beruhenden Merkmale bzw. die tatsächlichen und rechtlichen Verhältnisse zur Umwelt nach der Verkehrsanschauung von Bedeutung für die Wertschätzung oder Verwendbarkeit der Körpersubstanz sind[323], ist ein Irrtum hierüber beachtlich.

Sofern man der Auffassung sein sollte, daß die Körpersubstanz einen Marktpreis hat[324], vermag ein Irrtum des Patienten hierüber zur Anfechtung nicht

---

[322] Vgl. *Larenz/Wolf,* Allgemeiner Teil des Bürgerlichen Rechts, 8. Aufl., Rdnr. 46.

[323] *Erman/Brox,* 9. Aufl., § 119 Rdnr. 42, siehe ferner *RGZ* 21, 308 (311); ähnlich *RGZ* 61, 84 (86).

[324] So *Schünemann,* Die Rechte am menschlichen Körper, S. 162 ff., der vom steigenden Wert vieler Körpersubstanzen ausgeht.

zu berechtigen. Vielmehr ist die Frage entscheidend, ob sich die konkrete Beschaffenheit von Körpermaterial wertbildend auf den Preis auswirkt[325].

Steht bei der Übereignung objektiv fest, daß die Körpersubstanz bestimmte Merkmale aufweist, die *sicher* für die Wertschätzung oder Verwertbarkeit Bedeutung haben[326], so bestehen bezüglich des Vorliegens einer *Eigenschaft* keine Bedenken. Gedacht sei an entnommenes Blut, das sich als Teststoff zwecks Prüfung von Laborgeräten eignet[327]. Ebenfalls fallen hierunter die Körpersubstanzen, die sich sicher für eine wirtschaftliche Weiterverwendung eignen.

Zweifel dürften dann jedoch an der *Verkehrswesentlichkeit* der Eigenschaft bestehen. Nach der früher h. M. bestimmte sich die Verkehrswesentlichkeit einer Eigenschaft allein nach der unabhängig vom konkreten Geschäft bestehenden Verkehrsanschauung. Heute wird die Verkehrswesentlichkeit überwiegend jedoch nur im Zusammenhang mit dem konkreten Geschäftszweck ermittelt[328]. *Jauernig* hebt ausdrücklich die Erforderlichkeit der Prüfung der Verkehrswesentlichkeit im Einzelfall hervor[329].

Wie sich bereits aus den eigentumsrechtlichen Untersuchungen ergeben hat, steht die Übereignung zwecks Diagnose oder zwecks Vernichtung im Vordergrund. Diente die Entnahme *diagnostischen Gründen*, so kam es dem Patienten auf die Untersuchung des Materials zu seinen Gunsten an, wobei er mit dessen anschließender Vernichtung rechnete. Hätte er im Zeitpunkt der Übereignung des Materials von dessen Eigenschaften gewußt, so würde sich dies bei objektiver Wertung auf den konkreten Geschäftszweck (Übereignung zwecks Untersuchung als vordringliches Ziel) in den meisten Fällen wohl nicht ausgewirkt haben[330]. Beim Blut steht die nicht patientenbezogene Nutzung als Teststoff von

---

325 Da bereits die Eignung der Körpersubstanz zur Weiterverwendbarkeit eine verkehrswesentliche Eigenschaft im Sinne des § 119 Abs. 2 BGB darstellen kann, kommt es bei der Frage, ob eine Anfechtung möglich ist, nicht unbedingt darauf an, daß es sich bei die Körpersubstanz an sich um ein vermögenswertes Gut handelt oder nicht, siehe hierzu später S. 126 ff.

326 Zur sicheren Verwertbarkeit als Eigenschaft siehe *OLG Köln*, MDR 1965, 292 (293).

327 Daß sich jedes Blut als Teststoff eignet ist unerheblich; jedenfalls ist Blut verwertbar, was für das Vorliegen einer Eigenschaft ausreicht. Jedoch dürfte es an der Verkehrswesentlichkeit fehlen, dazu sogleich.

328 *Staudinger/Dilcher*, 12. Aufl., § 119 Rdnr. 46. Die h. M. geht auf *Flume*, Das Rechtsgeschäft, 3. Aufl., S. 476, zurück. Nach *BGHZ* 88, 240 (246) dürfen nur solche Eigenschaften als verkehrswesentlich berücksichtigt werden, „die von dem Erklärenden in irgendeiner Weise erkennbar dem Vertrag zugrunde gelegt worden sind, ohne daß er sie geradezu zu seinem Inhalt seiner Erklärung gemacht haben muß". Kritisch hierzu *Larenz*, Allgemeiner Teil, 7. Aufl., S. 381 m.w.N.

329 *Jauernig*, BGB, 7. Aufl., § 119 Zif. 4 d.

330 Der Kausalitätszusammenhang zwischen Irrtum und Abgabe der Willenserklärung ist im Gegensatz zu den Irrtumsfällen des § 119 Abs. 1 BGB keine eigenständige Anfechtungsvoraussetzung, sondern bereits im Tatbestandsmerkmal der Verkehrswesentlichkeit erfaßt. Siehe hierzu *MünchKomm/Kramer*, 3. Aufl., § 119 Rdnr. 126; ferner *Soergel/Hefermehl*, 12. Aufl., § 119 Rdnr. 67.

Laborgeräten einer patientenbezogenen Untersuchung und anschließenden, wenngleich etwas verzögernden Vernichtung nicht entgegen. Insofern dürfte diese konkrete Art der Nutzung unwesentlich für den Patienten sein[331].

Dagegen stellt sich das Problem, ob die *sichere* Geeignetheit zur Nutzung des Körpermaterials den konkreten Vertragszweck der *Vernichtung* beeinflußt. Die Behauptung, daß die gewollte Vernichtung gleichzeitig mit Gleichgültigkeit über den weiteren Verlauf von Körpersubstanzen einhergehen muß, wurde bereits verneint[332]. Hat der Patient keine Vorstellungen über die wertbildenden Merkmale des Körpermaterials, ist nicht auszuschließen, daß er eine eigene Nutzung bei Kenntnis dieser Sachlage gegenüber der Vernichtung vorgezogen oder die Nutzung sogar verhindert hätte. Dann aber muß von der Verkehrswesentlichkeit der Eigenschaft ausgegangen werden[333]. Einer Anfechtung gem. § 119 Abs. 2 BGB steht in diesem Zusammenhang nichts entgegen.

In den meisten Fällen wird es aber bei Abgabe[334] der Willenserklärung des Patienten *unsicher* sein, ob das Körpermaterial wertbildende Merkmale aufweist. So hat beispielsweise eine Körpersubstanz im Zeitpunkt der Übereignung die Eigenschaft, daß sie eine ungewöhnlich hohe Anzahl weißer Blutkörperchen aufweist. Jedoch ist unsicher, ob sich dies auf die Wertschätzung und Verwendbarkeit der Körpersubstanz auswirkt. Dies muß erst durch die Forschung festgestellt werden. Nur wenn die Möglichkeit der *zukünftigen Verwertbarkeit* der Körpersubstanz eine verkehrswesentliche Eigenschaft im Sinne des § 119 Abs. 2 BGB darstellt, kann der Patient nach dieser Vorschrift anfechten.

Nach *Schröder/Taupitz* kann der Patient, falls er sich über die Seltenheit der Körpersubstanz irre, die auf der ungewöhnlichen Beschaffenheit des Körpermaterials beruhe[335], gem. § 119 Abs. 2 BGB anfechten.

Jedoch, auch wenn der Patient über die ungewöhnliche Beschaffenheit seiner Körpersubstanz Kenntnis hätte oder in Kenntnis gesetzt worden wäre, hätte dies nichts an der Übereignung an den Arzt zwecks Diagnose und/oder Vernichtung

---

331 Ebenfalls zum Ergebnis der Unanfechtbarkeit bei der Nutzung von Blut kommt *Taupitz,* AcP 191 (1991), 201 (216), obgleich mit anderer Begründung. Siehe ferner *Schröder/Taupitz,* Menschliches Blut: verwendbar nach Belieben des Arztes?, S. 59 ff., insbes. S. 61. *Taupitz* bezweifelt die Seltenheit von „normalem" Blut, auf die es aber im Zusammenhang mit § 119 Abs. 2 BGB ankäme.

332 Siehe im Zusammenhang mit der Dereliktion, S. 45 ff. Zur Verneinung der These, die sinnvolle Nutzung sei besser als die Vernichtung: *Taupitz,* AcP 191 (1991), 201 (218 f.).

333 Die Forderung einer konkreten Einwilligung des Patienten in solche Geschehnisse, freilich in einem anderen Zusammenhang, läßt ebenfalls auf die Verkehrswesentlichkeit der Weiterverwendung von Körpersubstanzen in dieser Form Rückschlüsse zu. Siehe zur geforderten Einwilligung *Taupitz,* Sonderdruck des DÄBl. vom 16. April 1993, S. 4; *Schröder/Taupitz,* Menschliches Blut: verwendbar nach Belieben des Arztes?, S. 70; ferner *Deutsch,* Arztrecht und Arzneimittelrecht, 2. Aufl., S. 256, der es für angebracht hält, den unerwarteten Gebrauch von Körpersubstanzen mitzuteilen.

334 Vgl. § 119 Abs. 2, der auf § 119 Abs. 1 BGB verweist.

335 *Schröder/Taupitz,* Menschliches Blut: verwendbar nach Belieben des Arztes?, S.79 f.; *Taupitz,* AcP 191 (1991), 201 (216 f.); *ders.,* Kommerzialisierung menschlicher Körpersubstanzen, S. 51 (66).

geändert. Erst die Kenntnis des Umstands, daß die ungewöhnliche Beschaffenheit der vom Patienten an den Arzt übereignete Körpersubstanz möglicherweise gewinnträchtig verwertet werden kann, hätte den Patienten von der Übereignung abgehalten oder er hätte jedenfalls von einer Übereignung, ohne im Gegenzug ein Entgelt hierfür zu erhalten, abgesehen. Wenn sich aber die Kenntnis der Gewinnträchtigkeit erst im Nachhinein herausstellt, kommt es für die Anfechtbarkeit der Übereignung entscheidend darauf an, ob die Gewinnträchtigkeit oder Ertragsfähigkeit verkehrswesentliche Eigenschaft ist.

Gerade im Hinblick auf die Ertragsfähigkeit oder die wirtschaftliche Verwertbarkeit besteht in den höchstrichterlichen Entscheidungen Uneinigkeit darüber, ob hierbei von einer der Sache anhaftenden Eigenschaft ausgegangen werden kann. Einige Entscheidungen lehnen den Eigenschaftscharakter in diesem Falle ab[336]. Allerdings wird eingeräumt, daß die Ertragsfähigkeit im Rahmen des § 459 Abs. 2 BGB als zusicherungfähige Eigenschaft eingestuft wird[337]. In anderen Entscheidungen wird die Ertragsfähigkeit einer Sache dagegen als verkehrswesentliche Eigenschaft angesehen[338].

In der Tat läßt sich aus der scheinbar uneinheitlichen Rechtsprechung ein sich auf die Lösung differenzierend auswirkendes Kriterium herausarbeiten: Entscheidend soll nämlich sein, ob die tatsächlichen und rechtlichen Umstände den Gegenstand selbst kennzeichnen oder ob diese Umstände nur mittelbar einen Einfluß auf seine Bewertung auszuüben vermögen[339].

Die Fälle, mit denen sich die Rechtsprechung befaßte, betrafen hauptsächlich Kauf- oder Tauschverträge, bei denen das Problem zu lösen war, ob eine vom *Käufer* erwartete Verwertungsmöglichkeit verkehrswesentliche Eigenschaft der Sache ist. In den bejahenden Urteilen geschah dies nur unter engen Voraussetzungen, so beispielsweise, wenn die Erträge in der Vergangenheit über Jahre hinweg gezogen worden waren[340].

In jüngerer Zeit waren die Gerichte allerdings mit Rechtsfällen befaßt, die eher dem hier zugrundeliegenden Sachverhalt vergleichbar sind, da nicht derjenige, der die Sache erhalten, sondern derjenige, der sie weggegeben hat, betroffen war. So hatte das *LG Berlin* einen Fall zu entscheiden, in dem die Zulässigkeit der Anfechtung einer Erbschaftsausschlagung gem. § 119 Abs. 2 BGB wegen Irrtums über die Entwicklung der DDR den Verhandlungsgegenstand bildete[341]. Das *LG Berlin* war der Auffassung, daß die reine Chance auf zukünftige Erträgnisse keinen verläßlichen Anhalt für das Vorliegen einer ver-

336 *BGHZ* 16, 54 (57 f.) = NJW 1961, 772; *BGH* LM § 276 Nr. 5 (Fb) = NJW 1970, 653 (655); *OLG Frankfurt*, BB 1974, 1093 f.; *BGH* LM § 459 Nr. 43 = NJW 1977, 1538 (1539); *BGH* LM § 123 Nr. 52 = UFITA 1980, 218 (221); *BGH*, NJW 1990,1658 (1659).

337 Siehe hierzu *MünchKomm/Kramer*, 3. Aufl., § 119 Rdnr. 115 m. N.

338 *RGZ* 61, 84 (86); *BGH*, BB 1959, 792.

339 *BGHZ* 16, 54 (57), sich auf *RGZ* 149, 235 (238), berufend; *Staudinger/Dilcher*, 12 Aufl., § 119 Rdnr. 61; kritisch *MünchKomm/Kramer*, 3. Aufl., § 119 Rdnr. 90 m.w.N.

340 *BGH*, NJW 1990, 1658 (1659) m.N.

341 *LG Berlin*, NJW 1991, 1238.

kehrswesentlichen Eigenschaft biete. Denn soweit die Zukunft ungewiß und ihre Entwicklung unvorhersehbar sei, könne keine Divergenz zwischen Vorstellung und Wirklichkeit des Betroffenen vorliegen. Bloße entäuschte Hoffnungen, Erwartungen und Spekulationen begründeten aber keinen Irrtum, da die Erwartung des Eintritts künftiger Ereignisse zweifelhaft und ungewiß sei. Eine andere Auffassung gewährleiste nicht das Vertrauen auf die Gültigkeit von Willenserklärungen und beeinträchtige so die Rechtssicherheit[342]. Entscheidende Bedeutung gewinnt dabei die Tatsache, daß erst spätere Umstände zur fehlerhaften Einschätzung des Betroffenen führten, die jedoch während der Abgabe der Übertragungsofferte zutreffend war[343].

Wenn im Zeitpunkt der Übergabe nur feststeht, daß bei entsprechender Nutzung allein die bloße Chance auf zukünftige wirtschaftliche Erträge besteht, so erscheint es in Anbetracht der Unsicherheiten nicht sachgerecht, von einer dem Körpermaterial „anhaftenden" Eigenschaft auszugehen.

Da der Patient im Zeitpunkt der Übereignung der Körpersubstanz über den späteren Umstand - die wirtschaftliche Ertragsfähigkeit der Körpersubstanz - keinem Irrtum im Sinne des § 119 Abs. 2 BGB unterlegen war, vielmehr auch der Arzt nicht wissen konnte, ob die Nutzung der Körpersubstanz tatsächlich gewinnträchtig ist, scheidet die Anfechtung in diesem Falle aus. Statt dessen unterliegt der Patient einem unbeachtlichen Motivirrtum[344].

Bisher wurde nur das Verfügungsgeschäft ohne Einbeziehung des Kausalgeschäfts rechtlich beleuchtet. Jedoch handelt es sich möglicherweise bei der Überlassung der Körpersubstanz an den Arzt um eine unentgeltliche Zuwendung im Sinne des § 516 Abs. 1 BGB, was nach einer vereinzelt in der Literatur geäußerten These dazu führt, den auch in der Regel unbeachtlichen Motivirrtum als Anfechtungsgrund anzuerkennen[345].

Begründet wird diese Ansicht damit, daß der Vertrauensgrundsatz bei einer Schenkung weniger Relevanz erfahre. Vielmehr widerspreche es der Auffassung „aller billig und gerecht Denkenden", den Schenker an einer unentgeltli-

---

342 So zu Recht *LG Berlin*, NJW 1990, 1238 (1241).

343 Hierauf weist *Grunewald*, NJW 1991, 1208 (1212) im Zusammenhang mit der Frage der zulässigen Anfechtung zur Erbschaftsausschlagung hin. Zur Veranschaulichung schildert sie die vergleichbare Situation, in der das Bild eines Künstlers vererbt wird, der im Zeitpunkt des Erbfalls unbekannt war, später aber zur Berühmtheit gelangte. Dort ist die Anfechtung einer Erbschaftsausschlagung anerkanntermaßen nicht möglich. Siehe ferner *KG*, ZIR 1992, 208 (211).

344 Zur Gewinnerwartung als unbeachtlichen Motivirrtum siehe *Staudinger/Dilcher*, 12 Aufl., § 119 Rdnr. 71; *Erman/Brox*, 9. Aufl., § 119 Rdnr. 51; *Soergel/Hefermehl*, 12 Aufl., § 119 Rdnr. 64.

345 *Flume*, Das Rechtsgeschäft, 3. Aufl., S. 426; darauf verweisend *Soergel/Hefermehl*, 12 Aufl., § 119 Rdnr. 58; ferner *Lenel*, AcP 123 (1925), 161 (192 f.); *Enneccerus/Kipp/Wolff*, Lehrbuch des Bürgerlichen Rechts, 15.-17. Aufl., S. 429 in Fn. 24.

chen Zuwendung festhalten zu lassen, die auf einem Motivirrtum beruhe[346]. Nach *Flume* gehört das Motiv des Schenkers in Wirklichkeit zur causa der Schenkung. Ist das Motiv unrichtig, so sollte man entscheiden, daß die Schenkung nichtig ist.

Will der Patient selbst die entnommenen Körpersubstanzen bestimmten Menschen oder der Forschung zuführen, so geht *Schünemann* wohl unter dem Eindruck altruistischer Gesichtspunkte von einer Schenkung des Patienten aus[347]: Erhalte die Körpersubstanz einen Marktwert, so sei nicht ersichtlich, warum dieser Wert nicht dem ursprünglichen Eigentümer zufließen solle, wenn anstelle der Vernichtung die kommerzielle Verwertung trete[348]. Demnach will *Schünemann* vermutlich bei einer wertvollen Körpersubstanz die Schenkung als Ursache zur Übereignung verneinen.

Der Beweggrund des Belassens der Körpersubstanz beim Arzt liegt in der Regel in der Untersuchung und/oder der Vernichtung der Substanz. Daher verfolgt der Patient mit der kostenlosen Zuwendung einen bestimmten Zweck, was jedoch dem Wesen der Schenkung, insbesondere dem Merkmal der „unentgeltlichen" Zuwendung widersprechen könnte. Unentgeltlichkeit bedeutet die Unabhängigkeit der Zuwendung von einer Gegenleistung[349].

Bei der Überlassung zwecks *Untersuchung* soll der Arzt im Rahmen der Behandlung eine Leistung insofern erbringen, als die Körpersubstanz zugunsten des Patienten untersucht werden soll. Der Patient will also durch seine Zuwendung eine weitere Leistung initiieren. Bei der Übereignung zwecks *Vernichtung* soll der Arzt die Körpersubstanz sachgerecht entsorgen. Wie bei der Überlassung zwecks Untersuchung wird hier ebenso, wenn auch nicht so offensichtlich, eine weitere Leistung verlangt. Da diese Leistung (Untersuchung und/oder Vernichtung) aber erst auf Grundlage der Zuwendung erbracht zu werden vermag, kann nicht von einem entgeltlichen Rechtsgeschäft ausgegangen werden, bei dem die Leistung des Zuwendungsempfängers aus seinem sonstigen Vermögen stammen soll[350].

Mangels Entgeltlichkeit des Rechtsgeschäfts kommt eine Auflagenschenkung gem. § 525 Abs. 1 BGB in Betracht. Dann müßte dem Arzt eine nach dem Parteiwillen - wenn auch nur geringfügige Bereicherung - verbleiben[351]. Die erworbene Sache des Arztes durchläuft bei ihm jedoch lediglich eine

---

346 Vgl. *Flume,* Das Rechtsgeschäft, 3. Aufl., S. 426, auf das skandinavische Recht verweisend; ähnlich auf die geringe Schutzwürdigkeit abstellend *Lenel,* AcP 123 (1925), 161 (193), der das österreichische Gesetzbuch zum Vergleich heranzieht.

347 *Schünemann,* Die Rechte am menschlichen Körper, S. 168 f.

348 *Schünemann,* Die Rechte am menschlichen Körper, S. 169.

349 Siehe nur *Jauernig/Vollkommer,* 7. Aufl., § 516 Zif. 2.

350 Siehe hierzu *MünchKomm/Kollhosser,* 3. Aufl., § 525 Rdnr. 2.

351 *MünchKomm/Kollhosser,* 3. Aufl., § 525 Rdnr. 2; ferner *RGZ* 60, 238 (240); *RGZ* 62, 386 (390 f.).

„Durchgangsstation“[352]. Nach dem Parteiwillen wird vom Arzt die Veranlassung zur Vernichtung erwartet[353]. Daher kann der Patient im Rahmen des § 119 Abs. 2 BGB auch nach dieser Auffassung nicht anfechten.

2.2 Anfechtbarkeit wegen Täuschung gem. § 123 Abs. 1 BGB?

Der Motivirrtum des Patienten über die Brauchbarkeit der Körpersubstanz ist dann beachtlich, wenn die Fehlvorstellung auf einer arglistigen Täuschung des Arztes beruht (§ 123 Abs. 1 BGB).

Die in § 123 Abs. 1 BGB genannte Arglist ist dem Tatbestandsmerkmal „vorsätzlich“ gleichzusetzen[354]. Der Arzt handelt bereits dann arglistig, wenn ihm zumindest dolus eventualis vorzuwerfen ist. Er muß also das Bewußtsein und den Willen haben, durch die Täuschungshandlung einen Irrtum beim Patienten zu erregen oder aufrecht zu erhalten, der den Patienten zur Abgabe der Übereignungsofferte motiviert, die der Patient nicht oder mit anderem Inhalt abgegeben hätte[355].

Die Täuschungshandlung des Arztes könnte hier in einem Unterlassen (Verschweigen) liegen, sofern eine Rechtspflicht zur Aufklärung besteht[356]. Die Pflicht des Arztes zur Aufklärung kann sich aufgrund der konkreten Umstände aus Treu und Glauben (§ 242 BGB) ergeben, wenn die Aufklärung nach der Verkehrsauffassung erwartet werden darf[357]. Insbesondere begründen ein besonderes Vertrauensverhältnis oder eine besondere Interessenwahrung, selbst wenn es sich dabei um Nebenpflichten handelt, die Pflicht zur Aufklärung. Auch offensichtlich bedeutsame Umstände, die beim anderen Teil einen bestimmten Entschluß hervorgerufen haben, machen eine Aufklärung[358] erforderlich.

Die Pflicht des Arztes, den Patienten über die mögliche Brauchbarkeit des entnommenen Körpermaterials und die damit verbundenen Gewinnchancen zu informieren, erscheint durchaus fraglich. Für eine entsprechende rechtliche Verpflichtung des Arztes gibt das Gesetz keine Anhaltspunkte.

Taupitz verneint die Pflicht des Arztes, unaufgefordert auf den Wert von Körpersubstanzen hinweisen zu müssen[359]. Ebenso hatte das *AG Neuss* eine

---

[352] Zur nur vorübergehenden Vermögensvermehrung *MünchKomm/Kollhosser,* 3. Aufl., § 516 Rdnr. 8 m.w.N.

[353] Siehe hierzu auch später S. 113 ff.

[354] *MünchKomm/Kramer,* 3. Aufl., § 123 Rdnr. 6.

[355] Vgl. allgemein *MünchKomm/Kramer,* 3. Aufl., § 123 Rdnr. 5 m.w.N.

[356] Siehe *Erman/Brox,* 9. Aufl., § 123 Rdnr. 13 ff.; ferner *Baden,* NJW 1988, 746 (748).

[357] Zum Verschweigen als arglistige Täuschung *BGH,* NJW-RR 1991, 439 (440).

[358] Zum Ganzen *Erman/Brox,* 9. Aufl., § 123 Rdnr. 15 ff. m. N.

[359] *Taupitz,* AcP 191 (1991), 201 (217); *ders.,* Kommerzialisierung menschlicher Körpersubstanzen, S. 51 (66); ferner *ders.,* VersR 1991, 369 (374 f.).

Aufklärungspflicht des Arztes über das Mitnahmerecht einer entnommenen Goldkrone des Patienten abgelehnt[360]. *Schünemann* dagegen tritt für eine Informationspflicht ein, wenn die Körpersubstanz statt der Vernichtung der kommerziellen Verwendung zugeführt werden soll[361].

In die rechtliche Erwägung ist die besondere Vertrauensprägung des Rechtsverhältnisses Arzt-Patient mit einzubeziehen[362]. In letzter Zeit gewinnt deshalb die Frage an Bedeutung, ob dem Arzt neben seiner üblichen Aufklärungspflicht, im Zusammenhang mit der Behandlung, eine sog. wirtschaftliche Aufklärungspflicht zukommt[363]. Hierbei ist beispielsweise die Informationspflicht des Arztes hinsichtlich einer kostengünstigeren Behandlung anerkannt[364]. Dann sind aber nur wirtschaftliche Umstände, die *in* die Behandlung mit einfließen, betroffen. Die wirtschaftliche Nutzungsmöglichkeiten der sozusagen als „Abfall" entnommenen oder nach Diagnose als Abfall zu qualifizierenden Körpersubstanzen stehen hingegen nach der Entnahme in keiner unmittelbaren Verbindung mehr zur Behandlung. Daher läßt sich nicht die Schlußfolgerung ziehen, die allgemein anerkannte wirtschaftliche Aufklärungspflicht des Arztes erstrecke sich auf Informationen über die wirtschaftlich möglicherweise ertragreiche Nutzungsformen entnommener Körpersubstanzen[365].

Grundsätzlich ist es Sache jeder Vertragspartei, bei Abschluß eines Vertrags selbst die erforderliche Aufmerksamkeit anzuwenden und die nötigen Erkundigungen einzuziehen[366]. Würde die Aufklärung zum eigenen Nachteil gereichen, wird eine Pflicht hierzu in der Regel abgelehnt[367]. Ebenfalls muß nicht über die Verwendungsabsicht einer Sache aufgeklärt werden[368]. Folgerichtig wäre eine Aufklärungspflicht des Arztes in diesem Falle zu verneinen.

---

360 *AG Neuss,* NJW 1987, 709.

361 *Schünemann,* Die Rechte am menschlichen Körper, S. 169, allerdings ohne seine Ansicht zu begründen.

362 Allgemein *MünchKomm/Roth,* 3. Aufl., § 242 Rdnr. 219; *Taupitz,* Kommerzialisierung menschlicher Körpersubstanzen, S. 51 (65), weist zu Recht darauf hin, daß der Patient aus besonderem Vertrauen zum Arzt gerade nicht ökonomische Gesichtspunkte in seine Überlegungen mit einbezieht.

363 Hierzu *Eberhard,* NJW 1989, 746 ff. u. *Müller,* Die kommerzielle Nutzung menschlicher Körpersubstanzen, S. 172 ff.

364 *BGH,* NJW 1983, 2630 = MedR 1986, 109; *OLG Düsseldorf,* NJW 1991, 2352 f.; *LG Bremen,* NJW 1991, 2353 f.; *Baden,* NJW 1988, 746 ff.; *Laufs,* NJW 1992, 1529 (1534); *ders.,* Arztrecht, 5. Aufl., Rdnr. 232, deshalb wird der Arzt aber nicht zum Sachwalter fremder Vermögensinteressen.

365 Im Ergebnis ebenso *Müller,* Die kommerzielle Nutzung menschlicher Körpersubstanzen, S. 175.

366 *RG,* NJW 1912, 342.

367 *MünchKomm/Roth,* 3. Aufl., § 242 Rdnr. 213.

368 *RG,* JW 1912, 342. Hier wollte der Verkäufer wegen fehlender Aufklärung des Käufers anfechten. Aus dieser Entscheidung ergibt sich, daß jeweils nach dem Einzelfall und dessen Besonderheiten zu entscheiden ist.

Berücksichtigt man aber die geringe Erkennbarkeit der Umstände durch den typischen Patienten, so ist die rechtliche Pflicht des Arztes zur Aufklärung nicht ausgeschlossen, wenn die Umstände, hier die wirtschaftliche und wissenschaftliche Verwendungsmöglichkeit der Körpersubstanz, als wichtig erachtet werden. Die Aufklärung zur Berechtigung der Mitnahme einer *künstlichen,* wirtschaftlich möglicherweise ertragreichen Körpersubstanz war zu Recht vom *AG Neuss* dem Arzt lediglich im Zuge einer „kundenfreundlichen"[369] Behandlung angeraten, nicht jedoch als rechtliche Pflicht auferlegt worden. Doch im Gegensatz zu einer künstlichen Körpersubstanz, die womöglich noch aus Gold besteht, deren wirtschaftliche Brauchbarkeit also offensichtlich ist, kann dies bei einer entnommenen natürlichen Körpersubstanz nicht ohne weiteres angenommen werden. Dennoch besteht kein Bedürfnis von diesen Grundsätzen abzuweichen. Vielmehr ist im Regelfall die Aufklärungspflicht des Arztes zu verneinen[370]. Lediglich in ganz besonderen Fällen sollte eine Aufklärungspflicht bejaht werden: Je größer die wissenschaftliche und wirtschaftliche Bedeutung, die für den Patienten nicht erkennbar ist, desto näher liegt die Erforderlichkeit einer Aufklärung hierüber durch den Arzt, wenn die Information über die mögliche wissenschaftliche und wirtschaftliche Bedeutung für den Patienten wichtig erscheint[371]. Indessen wird sich der Arzt zu diesem Zeitpunkt hierüber nicht im klaren sein. Sofern sich der Arzt jedoch über die mögliche wissenschaftliche und wirtschaftliche Bedeutung bewußt ist und zudem aus grob unbilligem, rücksichtslosem Eigennutz die eigenen Gewinninteressen unverhältnismäßig überbewertet, so ist von einer Anfechtungsmöglichkeit der Übereignungsofferte des Patienten auszugehen[372]. Wann dies genau der Fall ist, läßt sich allein im Einzelfall ermitteln[373]. Nur dann ist eine Anfechtung im Rahmen des § 123 Abs. 1 BGB zulässig.

Die Täuschungshandlung kann ferner in einem positiven Tun des Arztes liegen. Dies ist dann der Fall, wenn der Arzt dem Patienten vorspiegelt, die Entnahme und anschließende Übereignung sei für die Diagnose des Krankheitsbildes erforderlich, was jedoch nach Kenntnis des Arztes nicht der Wirklichkeit entspricht. Diese Täuschungshandlung ist dann für die Übereignungsofferte des Patienten ursächlich, wenn er dem Ansinnen des Arztes nachkommt und die entsprechende Körpersubstanz unter einer irrigen Vorstellung dem Arzt überläßt. Da hier der Arzt allerdings seinen Patienten gleichsam als Objekt für seine kommerziellen Interessen ausnutzt, was dem „Anstandsgefühl aller billig und

369 Vgl. *AG Neuss,* NJW 1987, 709.

370 Ebenso *Müller,* Die kommerzielle Nutzung menschlicher Körpersubstanzen, S. 175.

371 Siehe allgemein zu Anhaltspunkten zur Bejahung einer Aufklärungspflicht aus § 242 BGB *MünchKomm/Roth,* 3. Aufl., Rdnr. 218.

372 Zum grob unbilligen, rücksichtslosen Eigennutz im Zusammenhang mit der Anwendbarkeit des § 242 BGB siehe *Erman/Werner,* 9. Aufl., § 242 Rdnr. 83.

373 Siehe hierzu auch *Müller,* Die kommerzielle Nutzung menschlicher Körpersubstanzen, S. 175, der eine Aufklärungspflicht des Arztes bejaht, wenn ein über das normale Maß hinausgehendes Vertrauensverhältnis zwischen Arzt und Patienten besteht oder die Körpersubstanz einen ungewöhnlich hohen wirtschaftlichen Wert besitzt.

gerecht Denkenden“[374] widerstrebt, ist bereits die auf Übereignung der Körpersubstanz gerichtete Einigung gem. § 138 BGB nichtig.

Häufiger gilt es Fallgestaltungen zu beurteilen, wo die Entnahme an sich aus therapeutischen Gründen objektiv erforderlich ist, nicht jedoch eine Untersuchung der Körpersubstanz. Von Sittenwidrigkeit gem. § 138 BGB kann hier noch nicht ausgegangen werden. Spiegelt der Arzt dem Patienten vor, eine objektiv nicht erforderliche Untersuchung sei notwendig, so liegt ein Kausalitätszusammenhang zwischen der Fehlvorstellung des Patienten und seiner Übereignungsofferte vor, wenn der Patient die Übereignungsofferte andernfalls nicht oder mit anderem Inhalt abgegeben hätte. Dem Patienten steht ein Anfechtungsrecht gem. § 123 Abs. 1 BGB zu. Gleiches trifft zu, wenn der Arzt die objektiv nicht gegebene Erforderlichkeit der Vernichtung durch ihn selbst oder einer zuständigen Stelle aus abfallrechtlichen Gründen vorspiegelt und so den Patienten zur Überlassung der Körpersubstanz an den Arzt bewegt.

Kann der Patient gleichzeitig nach § 119 Abs. 2 BGB anfechten, so hat er eine Wahlmöglichkeit zwischen beiden Rechtsbehelfen[375]. Ist das Verhalten des Arztes als sittenwidrig gem. § 138 BGB einzustufen, dann ist der dingliche Vertrag nichtig. Insofern ist die Anfechtung nicht erforderlich.

2.3 Anfechtungsrecht im Fall *John Moore*?

2.3.1 Auffassung des kalifornischen Supreme Court

Auf eine Anfechtungsmöglichkeit *John Moores* ging der kalifornische Supreme Court nicht ein. Jedoch äußerte er sich darüber, ob der Arzt dem Patienten gegenüber eine Treuepflicht verletzt habe (breach of fiduciary duty) und ob er - allerdings schon im Zeitpunkt der Einwilligung des Patienten in die Behandlung - zu einer Aufklärung verpflichtet gewesen wäre (lack of informed consent)[376].

Die Richter kamen zu dem Ergebnis, daß der Arzt alle persönlichen Interessen, unabhängig von deren Einfluß auf die Gesundheit des Patienten und die Behandlung, offenzulegen habe, eingeschlossen wirtschaftlicher oder wissenschaftlicher Interessen. Weiter vertritt der kalifornische Supreme Court die Auffassung, ein berechtigtes Interesse des Patienten bestehe, wenn der Arzt mit der Behandlung wirtschaftliche Interessen verbinde, da der Arzt dadurch in Loyalitätskonflikte zum Patienten gestürzt werden könne. Es bedürfe einer Abwägung der Vor- und Nachteile für den Patienten unter Berücksichtigung

[374] Vgl. *Mot.*, Bd. II, S. 727.

[375] Ausführlich *MünchKomm/Kramer*, 3. Aufl., § 123 Rdnr. 25.

[376] Hier dagegen war erörtert worden, ob die Aufklärung im Zusammenhang mit der Übereignung des Patienten hätte erfolgen müssen, also nicht schon vor der Entnahme der Körpersubstanz, sondern im Zeitpunkt des Belassens des bereits herausgenommenen Körpermaterials beim Arzt.

der individuellen Interessen der Parteien. Auch bestehe die Gefahr, daß der Arzt zu sehr die Behandlung auf seine wissenschaftlichen Interessen hin ausrichte[377]. Eine Verletzung der Treuepflicht und das Fehlen einer nach Aufklärung erfolgten Einwilligung sah der kalifornische Gerichtshof im Fall *John Moore* daher als gegeben an.

2.3.2 Beurteilung nach deutschem Recht

Im deutschen Recht gestaltet sich die Rechtslage im Fall *Moore* nach der hier vertretenen Auffassung folgendermaßen:

Der Arzt hat, wie bereits erörtert[378], rechtsgeschäftlich Eigentum an der herausoperierten Milz erworben. Ob die Zellen des *John Moore* Merkmale aufweisen, die sich als wertbildend herausstellen, war im Zeitpunkt der Entnahme unsicher. Der behandelnde, fachkundige Arzt hatte lediglich die Vermutung, daß die Zellen Merkmale besäßen, die zu geldwerten Vorteilen führen könnten[379]. Es bedurfte erst einer genauen Untersuchung, welche die Vermutung bestätigte, ob die Zellen, die besondere Merkmale aufweisen, tatsächlich gewinnträchtig weiterverwertet werden könnten. Der geldwerte Charakter der Substanzen entpuppte sich erst, als die Züchtung der Zellkulturen gelang. Die ertragreiche Weiterverwendungsmöglichkeit der entnommenen Körpersubstanz des Patienten war aber im Zeitpunkt der Einigung nur eine bloße Chance auf zukünftige wirtschaftliche Erträgnisse und so keine ihr anhaftende Eigenschaft im Sinne des § 119 Abs. 2 BGB. Insofern waren keine falschen Vorstellungen hierüber möglich.

Allerdings ist zu fragen, ob der Arzt *ausnahmsweise* seinem Patienten aus Treu und Glauben zur Aufklärung über seine Vermutungen und Forschungstätigkeiten bei der Übereignung verpflichtet gewesen wäre. Berücksichtigt man einerseits die Schwierigkeit für den ahnungslosen, nicht auf wirtschaftliche Aspekte ausgerichteten Patienten, die Situation der möglichen ertragreichen Weiterverwertbarkeit der entnommenen Körpersubstanzen richtig zu erfassen und zu erkennen, andererseits aber die Möglichkeit, durch die Körpersubstanzen große wirtschaftliche Vorteile erlangen zu können, so erscheint es in der Tat interessengerecht, dem Patienten die Anfechtungsmöglichkeit gem. § 123 Abs. 1 BGB zu gewähren. Auf der einen Seite erwies der Arzt der Menschheit zwar einen großen Dienst, auf der anderen Seite ließ er sich von rücksichtslosem und eigennützigem Gewinnstreben leiten, als er *Moore* nicht über die Weiterverwendungsabsicht seiner Körpersubstanz unterrichtet hat. Auch das spätere Verhalten des Arztes läßt Rückschlüsse auf seine inneren Absichten zu, die er im Zeitpunkt der Verletzung der Aufklärungspflicht hatte: Denn er hatte seinen Patienten lange Zeit über seine Machenschaften, selbst auf Anfrage hin,

---

[377] Siehe ausführliche Darstellung bei *Taupitz,* VersR 1991, 369 (372 f.).

[378] Darstellung S. 63 f.

[379] *Moore v. Regents of University of California,* (1990) 51 Cal.3d 120 (126).

im unklaren gelassen. Hinzu kommt die Annahme, daß *Moore* die Milz nicht an den Arzt übereignet hätte, wenn er über ihre mögliche Bedeutung für die Medizinwissenschaft aufgeklärt worden wäre[380]. Daher liegt der erforderliche Kausalitätszusammenhang zwischen dem Verschweigen von Tatsachen und der Übereignungsofferte des Patienten nahe, was dem Arzt auch bewußt gewesen sein dürfte. Daher wäre *Moore* unter Einbeziehung der Wertung des § 242 BGB ausnahmsweise ein Recht zur Anfechtung der Übereignungsofferte nach § 123 Abs. 1 BGB zu gewähren.

Im Gegensatz zum kalifornischen Supreme Court wird nicht generell eine Aufklärungspflicht des Arztes über wissenschaftliche und wirtschaftliche Forschungsinteressen postuliert, sondern nur, wenn eine außergewöhnliche Sachverhaltsgestaltung hierfür Anlaß bietet[381].

Nach *Taupitz*[382], der wie das kalifornische Gericht, die Aufklärungspflicht bei der Einwilligung in die Entnahme der Körpersubstanz untersucht, kommt es allerdings hinsichtlich der entnommenen Milz nicht auf die Frage der unrechtmäßigen Entnahme, sondern auf die Frage der unrechtmäßigen Nutzung an. Nach der hier erfolgten Vorgehensweise, bei der die Aufklärungspflicht im Zeitpunkt der Übereignung untersucht wird, kommt es jedoch auf den Zeitpunkt des Erlangens der eigentumsrechtlichen Position an der Körpersubstanz an, um die Frage beantworten zu können, ob dem Patienten ein Anfechtungsrecht hinsichtlich seiner Übertragungsofferte zusteht. Denn unabhängig davon, ob die Einwilligung unwirksam ist - bei Unwirksamkeit stellt die Entnahme des Körpermaterials eine rechtswidrige Körperverletzung dar (§§ 823 Abs. 1 BGB, 223 StGB) - kann die Übereignung wirksam sein, da der Patient trotz unwirksamer Einwilligung in die Entnahme dennoch die Möglichkeit besitzt, über seine Körpersubstanzen zu verfügen oder auch umgekehrt trotz wirksamer Einwilligung in die Entnahme die Übereignung anfechten kann.

In bezug auf die Nachuntersuchungen gilt folgendes: Wenn die Entnahme von Blut, Blutserum, Haut, Knochenmark und Sperma zur Gesundung *Moores* erforderlich waren, so kann trotz gleichzeitig gewollter Entnahme für die Forschung nicht von Sittenwidrigkeit gem. § 138 BGB ausgegangen werden. Die rechtsgeschäftliche Übereignung ist daher nicht schon von vornherein unwirksam. Bezüglich der erforderlichen Nachuntersuchungen hätte der Arzt aber über die Weiterverwendungsmöglichkeit aufklären müssen. Aus den gleichen Gründen wie oben würde man die Anfechtung aus § 123 Abs. 1 BGB zulassen.

---

380 Daneben ist aber auch die Annahme denkbar, daß *John Moore* das der Übereignung zugrunde liegende *Kausalgeschäft* anders ausgestaltet hätte, indem er sich beispielsweise nur gegen eine Gewinnbeteiligung zur Übereignung verpflichtet hätte. Deshalb kann er auch das Kausalgeschäft anfechten. Zum Kausalgeschäft siehe unten S. 112 ff.

381 Anschaulich gegen eine weite Aufklärungspflicht *Taupitz*, VersR 1991, 369 (374 f.); *ders.*, Kommerzialisierung menschlicher Körpersubstanzen, S. 51 (62 f.); *ders.*, AcP 191 (1991), 201 (207 f.); *ders.*, Sonderdruck des DÄBl. vom 16. April 1993, S. 2.

382 *Taupitz*, VersR 1991, 369 (374 f.); *ders.*, Kommerzialisierung menschlicher Körpersubstanzen, S. 51 (62 f.); *ders.*, AcP 191 (1991), 201 (207 f.); *ders.*, Sonderdruck des DÄBl. vom 16. April 1993, S. 2; unklar insoweit *Müller*, Die kommerzielle Nutzung menschlicher Körpersubstanzen, S. 175 f.

Hatten die patientenbezogenen Gründe wie die Überwachung des Gesundheitszustands *Moores* dagegen nur Alibifunktion[383], ist also die Entnahme an sich schon überflüssig, so muß die Einigung zwischen Patienten und Arzt, der seinen Patienten gleichsam als Objekt für seine kommerziellen Interessen ausnutzt, als sittenwidrig gem. § 138 BGB qualifiziert werden. Wegen Nichtigkeit der dinglichen Einigung bedarf es dann keiner Anfechtung mehr[384].

3. Einschränkung durch das Persönlichkeitsrecht des Patienten?

3.1 Allgemeine Darstellung des Persönlichkeitsrechts im Überblick

Die vielen Beispiele aus der Rechtsprechung im Hinblick auf einen Persönlichkeitsschutz zeugen von der großen Bedeutung und Notwendigkeit der Anerkennung eines Persönlichkeitsrechts. Gleichzeitig tritt damit die Schwierigkeit, es zu konkretisieren, zutage, auf die auch der *BGH* anspielt, wenn er die generalklauselartige Weite und Unbestimmtheit des Begriffs hervorhebt[385]. In nahezu allen Bereichen des Rechts wird das Persönlichkeitsrecht relevant. Es setzt eindeutig Grenzen, wo sie aber genau zu verzeichnen sind, ist unklar. Hier beginnt die Aufgabe der Rechtswissenschaft, nach Anhaltspunkten zu suchen.

3.1.1 Rechtliche Einordnung

Mit dem Urteil *BGHZ 13, 334* (Leserbrief) bekannte sich die Rechtsprechung erstmals ausdrücklich zu einem allgemeinen Persönlichkeitsrecht. Grundlage hierzu gaben die Artt. 1 Abs. 1 i. V. m. 2 Abs. 1 des Grundgesetzes. Verstanden als objektive Wertordnung für alle Rechtsbereiche, sollen diese Grundrechte den Persönlichkeitsschutz nicht nur gegenüber der öffentlichen Gewalt, sondern schlechthin gewähren[386]. In zahlreichen nachfolgenden Entscheidungen wurde die neu eingeschlagene Linie des *BGH* bestätigt[387].

Dagegen scheiterten die Versuche, das allgemeine Persönlichkeitsrecht einer gesetzlichen Regelung zu unterwerfen[388]; vielmehr subsumiert die Rechtspre-

---

383 Hiervon geht offenbar *John Moore* aus, siehe *Taupitz,* VersR 1991, 369 (375).

384 Wohl ebenso *Taupitz,* VersR, 1991, 369 (375).

385 *BGHZ* 24, 78 - Gesundheitszeugnis; siehe zur Rechtsprechung des *BGH: Brandner,* JZ 1983, 689 ff.

386 *Coing,* JZ 1954, 700 - Anm. zu *BGH,* JZ 1954, 698 ff. - Leserbrief.

387 Wichtig in diesem Zusammenhang sind: *BGHZ* 15, 249 ff. - Cosima Wagner; *BGHZ* 20, 345 (351) - Paul Dahlke; *BGHZ* 24, 72 ff. - Gesundheitszeugnis; *BGHZ* 26, 349 (354) - Herrenreiter; *BGHZ* 27, 284 (286) - Heimliche Tonbandaufnahme; *BGHZ* 30, 7 (11) - Caterina Valente; *BGHZ* 35, 363 (366 f.) - Ginseng-Wurzel; *BGHZ* 39, 124 (130) - Fernsehansagerin; siehe auch *BVerfGE* 7, 198 (204 ff.).

388 Entwurf eines Gesetzes zur Neuordnung des zivilrechtlichen Persönlichkeits- und Ehrenschutzes, BT-Dr III/1237 vom 18.08.1959.

chung des *BGH* das allgemeine Persönlichkeitsrecht unter „ein sonstiges Recht" im Sinne des § 823 Abs. 1 BGB[389].

Im Hinblick auf die sich wandelnden Vorstellungen, die sozialen und technischen Errungenschaften und Entwicklungen, überläßt das allgemeine Persönlichkeitsrecht in seiner generalklauselartigen Weite und Unbestimmtheit den Richtern die Möglichkeit, schöpferische Rechtsfindung zu betreiben, und zwar auf Grundlage der allgemeinen Gerechtigkeitsvorstellungen der Gemeinschaft[390] unter Berücksichtigung der zwingenden Wertordnung der Verfassung[391]. Der in den Artt. 1 und 2 GG genannte verfassungsrechtliche Auftrag an die Staatsgewalt[392], die Würde des Menschen zu schützen und ihm seine Persönlichkeitsentfaltung zu ermöglichen[393], legitimiert die richterliche Rechtsetzung[394].

Da wegen der Vielfalt der Beeinträchtigungsmöglichkeiten eine abschließende Präzisierung des allgemeinen Persönlichkeitsrechts weder wünschenswert noch durchführbar ist[395], gewährleistet allein die *Entwicklung von Fallkategorien* einen angemessenen Persönlichkeitsschutz[396].

3.1.2 Inhalt und Schutzumfang des Persönlichkeitsrechts

Allgemein wird das Persönlichkeitsrecht als das *Recht auf Achtung und Nichtverletzung der Person sowohl in ihrem unmittelbaren Dasein als auch in ihren einzelnen Erscheinungsformen* verstanden[397].

Diese Formulierung ist jedoch wenig hilfreich, sondern eher vage gehalten, um sich der Gefahr zu entledigen, das Persönlichkeitsrecht als zu eng oder zu weit zu begreifen[398].

---

389 *BGHZ* 24, 72 (77 f.) - Gesundheitszeugnis.

390 *BVerfGE* 9, 338 (349); siehe auch *Hubmann*, JZ 1957, 521 (523 f.).

391 *Redeker*, NJW 1972, 409 (412); *Steindorff*, Persönlichkeitsschutz im Zivilrecht, S. 15; *Jarass*, NJW 1989, 857 (861); bezeichnet wird diese Berücksichtigung der Grundrechte auch als *Ausstrahlung der Grundrechte* ins Zivilrecht.

392 Vgl. *BVerfGE* 34, 273 (275); *RGRK/Dunz*, 12. Aufl., § 823 Anh. I Rdnr. 10, vermerkt, daß der gesamte Grundrechtskatalog der Ausgestaltung des Persönlichkeitsrechts dient; siehe auch *BVerfGE* 54, 148 (152 f.).

393 *Weitnauer*, DB 1976, 1365.

394 *Redeker*, NJW 1972, 409 (412).

395 Hierzu *Voß*, Vernichtung tiefgefrorenen Spermas als Körperverletzung?, S. 54 mit umfassenden Nachweisen.

396 In diesem Sinne auch *Schwerdtner*, JuS 1978, 289 (290), der die Charakterisierung des allgemeinen Persönlichkeitsrechts als „nebulöses Recht" (so aber *Rötelmann*, NJW 1971, 1636) ablehnt.

397 *Larenz*, Allgemeiner Teil, 7. Aufl., S. 129; *Deutsch*, AcP 192 (1992), 161 (162); in ähnlicher Weise *BGHZ* 24, 72 (76) - Gesundheitszeugnis; *BGHZ* 27, 284 (285) - Heimliche Tonbandaufnahme.

398 *Kaufmann*, JuS 1963, 373 m.w.N.

Das *privatrechtliche* Persönlichkeitsrecht ist nicht mit dem *verfassungsrechtlichen* Persönlichkeitsrecht identisch[399]. Als ein in § 823 Abs. 1 BGB verankertes einfachgesetzliches Rechtsinstitut[400] kommt dem allgemeinen Persönlichkeitsrecht unmittelbare Rechtswirkung im Bereich des Zivilrechts zu[401]. Daher besteht die Möglichkeit des Gesetzgebers, das privatrechtliche Persönlichkeitsrecht erheblich zu beschränken, allerdings ohne dabei gegen das verfassungsrechtlich gewährleistete Persönlichkeitsrecht einschließlich seiner verfassungsrechtlichen Konkretisierungen zu verstoßen.

Trotz dieser doppelten Rechtsnatur des Persönlichkeitsrechts kann eine genaue Einordnung meistens unterbleiben, da sich der Schutzumfang des privat- und öffentlich-rechtlichen Persönlichkeitsrechts im großen und ganzen entsprechen[402].

Für die inhaltliche Erfassung des Persönlichkeitsrechts und die Absteckung seiner Grenzen, die den Schutzumfang des Persönlichkeitsrechts festlegen, sind in Rechtsprechung und Literatur zahlreiche Versuche unternommen worden[403]. Danach läßt sich feststellen, daß der Persönlichkeitsschutz zwei Bereiche umfaßt[404]:

Einerseits wird das Recht, in Ruhe gelassen zu werden - auch als „individuelle Identität" bezeichnet[405] -, durch das allgemeine Persönlichkeitsrecht geschützt[406]. Der andere Schutzbereich betrifft das Recht auf freie Entfaltungs- und Handlungsfreiheit[407] oder anders ausgedrückt die „soziale Identität"[408].

399 *Ehmann,* JuS 1997, 193 (197).

400 *BVerfGE* 34, 269 (281) - Soraya; *Schwerdtner,* JuS 1978, 291; *Jarass,* NJW 1989, 857 (858).

401 Hierzu *Müller,* Die kommerzielle Nutzung menschlicher Körpersubstanzen, S. 30 ff. m.w.N.

402 *Jarass,* NJW 1989, 857 (858) m.w.N.

403 *RGRK/Dunz,* 12. Aufl., § 823 Anh. I Rdnr. 12 ff.; *Helle,* Besondere Persönlichkeitsrechte im Privatrecht, S. 11 ff.; *Hubmann,* JZ 1957, 521 (524); *ders.,* Persönlichkeitsrecht, 2. Aufl., 175 ff., insbes. 268 ff.; *Jarass,* NJW 1989, 857 (858 f.); *Larenz/Canaris,* Lehrbuch des Schuldrechts Bd. II 2, 13. Aufl., S. 499 ff.; *Leßmann,* JA 1988, 409 (410 f.); *Steindorff,* Persönlichkeitsschutz im Zivilrecht, S. 25; *Wenzel,* Das Recht der Wort und Bildberichterstattung, 3. Aufl., Rdnr. 5.32 ff.; *BVerfGE* 6, 389 (433) - Homosexuellenurteil; *BVerfGE* 27, 345 (350 ff.); *BVerfGE* 34, 238 (243) - Tonbandentscheidung; *BVerfGE* 80, 367 (373 f. u. 379 ff.) - Tagebuchentscheidung.

404 *Palandt/Thomas,* 49. Aufl., § 823 Anm. 14 B; *Jarass,* NJW 1989, 857 (859), spricht von „zwei Zielrichtungen".

405 *Steindorff,* Persönlichkeitsschutz im Zivilrecht, S. 25.

406 *Palandt/Thomas,* BGB, 49. Aufl., § 823 Anm. 14 B m.w.N.

407 *Palandt/Thomas,* BGB, 49. Aufl., § 823 Anm. 14 B m.w.N.

408 *Steindorff,* Persönlichkeitsschutz im Zivilrecht, S. 25; siehe auch *Jarass,* NJW 1989, 857 (859).

Der Versuch einer genaueren Präzisierung des allgemeinen Persönlichkeitsrechts erfolgt durch die *Sphärentheorie*, die anfänglich bei den Zivilgerichten Anwendung fand und später durch das *BVerfG* unter verfassungsrechtlichen Gesichtspunkten weiter ausgebaut wurde[409].

Die Sphärentheorie untergliedert den Persönlichkeitsschutz in drei nach dem Grad ihrer Intensität abgestufte Schutzzonen[410]:

Auf der ersten Stufe steht die *Intimsphäre*[411], die den Kernbereich des Persönlichkeitsschutzes des Menschen ausmacht. Sie umfaßt den Lebensbereich, den der einzelne erkennbar sogar vor den meisten ihm nahestehenden Personen geheimhalten will[412]. Erfaßt werden beispielsweise die innere Gefühls- und Gedankenwelt zusammen mit ihren äußeren Erscheinungsformen und der Sexualbereich[413]. Die Intimsphäre ist unantastbar, genießt also absoluten Schutz[414].

Die zweite Stufe bildet die *Privatsphäre*, durch die das Privatleben im häuslichen Kreise wie das Familienleben, Freundschaften und Bekanntschaften geschützt werden[415]. Im Gegensatz zur unantastbaren Intimsphäre ist hier ein Eingriff möglich, allerdings unter Abwägung der sich in Frage stehenden Interessen[416].

Die *Individualsphäre* als dritte Stufe erfaßt die persönliche Eigenart des Menschen als Mitglied der sozialen Gemeinschaft in seinen Beziehungen zur Umwelt, vor allem sein Eigenleben in der Öffentlichkeit wie bei Veranstaltungen, auf der Straße und sein berufliches Wirken[417]. Die Individualsphäre

---

409 Umfassende Nachweise bei *Geis*, JZ 1991, 112 (113); *Schmidt*, JZ 1974, 241, spricht in diesem Zusammenhang von einem „eigentümlichen Hin und Her zwischen öffentlichem und privatem Recht". Eine andere Einordnung nimmt indessen *Ehmann*, JuS 1997, 193 (194 ff.), vor, der allerdings zu gleichen Ergebnissen kommen dürfte. Zudem greift auch er teilweise auf die verschiedenen Sphären zurück.

410 *Ricker*, NJW 1990, 2097 (2098); *Hubmann*, Persönlichkeitsrecht, 2. Aufl., S. 268 ff.; *Palandt/Thomas*, 56. Aufl., § 823 Rdnr. 178

411 *Brandner*, JZ 1983, 689 (690), *Hubmann*, JZ 1957, 521 (524), der allerdings von Geheimsphäre spricht; *Ricker*, NJW 1990, 2097 (2098); *OLG Hamburg*, NJW 1967, 2314 (2316).

412 Siehe Fn. 411.

413 *Ricker*, NJW 1990, 2097 (2098); *OLG Hamburg*, NJW 1967, 2314 (2316). Zur Einordnung des Gesundheitszustandes siehe später S. 91 ff.

414 *BGH*, NJW 1988, 1984; *BVerfGE* 80, 367 = NJW 1990, 563 - Tagebuchentscheidung.

415 Siehe Fn. 411; *OLG Saarbrücken*, NJW 1978, 2395; *BGH* 73, 120 - Kohl/Biedenkopf.

416 *Brandner*, JZ 1983, 689 (690); *Wenzel*, Das Recht der Wort und Bildberichterstattung, 3. Aufl., Rdnr. 5.44.

417 Siehe Fn. 411; *Wenzel*, Das Recht der Wort und Bildberichterstattung, 3. Aufl., Rdnr. 5.47; *Palandt/Thomas*, 56. Aufl., § 823 Rdnr. 178; *Hubmann*, JZ 1957, 521 (524); *ders.*, Persönlichkeitsrecht, 2. Aufl., S. 322, zählt das berufliche Wirken schon zur Privatsphäre, jedoch ohne denselben Schutz zu gewähren wie dem privaten Lebensbereich im engeren Sinne; siehe aber auch zur Einordnung des beruflichen Wirkens erst auf der dritten Stufe *BGH*, NJW 1981, 1366 (1367) - Aufmacher II.

bewahrt den einzelnen im Verhältnis zur Privatsphäre mit noch geringerer Intensität vor Eingriffen, so daß auch hier eine Interessenabwägung, allerdings in abgeschwächter Form, vorzunehmen ist[418].

Teils werden die verschiedenen Stufen in anderer Weise bezeichnet. So spricht *Hubmann* nicht von der Intimsphäre, sondern von der *Geheimsphäre*[419]. *Wenzel* nimmt eine noch genauere Gliederung vor, indem er der Intimsphäre einen engeren als dem hier verstandenen Sinn beilegt, zusätzlich jedoch noch die Geheimsphäre, die sich nach seiner Auffassung zwischen Intim- und Privatsphäre befindet, als Schutzbereich nennt[420]. Häufig erfaßt der Begriff der Geheimsphäre aber auch den ganzen Bereich, der die Indiskretion, Mitteilungen an Dritte und das Verbreiten und Veröffentlichen von Vorgängen betrifft[421].

Die Individualsphäre wird anderenorts als *Sozialsphäre*[422] oder Sphäre der beruflichen Betätigung[423] beschrieben.

Von den drei Schutzbereichen ist die *Öffentlichkeitssphäre* abzugrenzen, die den Bereich des menschlichen Lebens umfaßt, von dem jeder Kenntnis nehmen kann oder sogar soll[424].

Trotz Einordnung des Persönlichkeitsschutzes in verschiedene Sphären bleiben Unklarheiten, insbesondere, wenn die einzelnen Sphären in ihren Randgebieten betroffen sind, zumal die Übergänge von der einen zur nächsten Sphäre fließend sind[425]. Daher bedarf es zusätzlich der *Systematisierung wichtiger Schutzbereiche*, was der Abwendung von Rechtsunsicherheiten dienen soll. Rechtsprechung und Literatur versuchen dem auf vielfältige Weise gerecht zu werden.

Wenngleich sich die verschiedenen Konkretisierungsmöglichkeiten der Rechtsprechung und Literatur nicht in allen Einzelheiten decken[426], so lassen sich doch Bereiche feststellen, die trotz unterschiedlicher Gliederungen und Einteilungen in Fallgruppen und Schutzbereiche inhaltlich im wesentlichen

418 *Brandner,* JZ 1983, 689 (690).

419 *Hubmann,* JZ 1957, 521 (524); *ders.*, Persönlichkeitsrecht, 2. Aufl., S. 269 ff., 325 ff; siehe auch Fn. 411.

420 *Wenzel,* Das Recht der Wort und Bildberichterstattung, 3. Aufl., Rdnr. 5.32 ff.

421 Vgl. *Maass,* Information und Geheimnis im Zivilrecht, S. 22 m.w.N.

422 So *Wenzel,* Das Recht der Wort und Bildberichterstattung, 3. Aufl., Rdnr. 5.47.

423 So *Brandner,* JZ 1983, 689 (690).

424 *Wenzel,* Das Recht der Wort und Bildberichterstattung, 3. Aufl., Rdnr. 5.50.

425 *Hubmann,* JZ 1957, 521 (524).

426 Verwiesen sei auf die zahlreiche Literatur, besonders aber auf die ausführlichen Darstellungen bei *Helle,* Besondere Persönlichkeitsrechte im Privatrecht, S. 11 ff., der zur Konkretisierung des Persönlichkeitsrechts *sieben Abstufungen* vornimmt; ebenso lesenswert die Schutzbereichsbestimmung bei *Larenz/Canaris,* Lehrbuch des Schuldrechts Bd. II 2, 13. Aufl., S. 498 ff., die nicht wie *Helle* über die Charakterisierung und verschiedenartige Erscheinungsform des Persönlichkeitsrechts dieses näher erfassen wollen, sondern als Oberpunkte die wichtigsten Fallgruppen und Eingriffsmöglichkeiten darstellen und diese allgemeiner fassen wollen; siehe ferner *RGRK/Dunz,* 12 Aufl., § 823 Anh. I, Rdnr. 69 ff.

übereinstimmen oder sich gegenseitig ergänzen. Genau diese Handhabung des Persönlichkeitsrechts entspricht seinem ihm eigentümlichen Rechtscharakter.

Die Aufstellung wichtiger Schutzbereiche und Fallgruppen entledigt jedoch nicht von dem Erfordernis, in jedem Einzelfall eine *umfassende Güter- und Interessenabwägung* vorzunehmen[427]. Zudem darf bei der inhaltlichen Bestimmung des Persönlichkeitsrechts nie die Beeinflussung durch Verfassungsrecht (sog. *Ausstrahlungswirkung*) außer acht gelassen werden[428]. Verfassungsrechtliche Erkenntnisse haben ständig in die Diskussion des zivilrechtlichen Persönlichkeitsschutzes mit einzufließen[429], auch im Hinblick darauf, daß das zivil- und öffentlich-rechtliche Persönlichkeitsrecht ohnehin im wesentlichen vergleichbar ist[430]. Die ordentlichen Gerichte haben bei der Anwendung von Zivilrecht grundrechtliche Normen und Maßstäbe zu beachten[431].

Durch Schaffung einiger Sondernormen wie beispielsweise des Namensrechts in § 12 BGB, des Rechts am eigenen Bild in den §§ 22 ff. KUG, des Urheberpersönlichkeitsrechts und des Erfinderpersönlichkeitsrechts sind *besondere Persönlichkeitsrechte* entstanden, bei denen sich eine Einzelabwägung bei Vorliegen der Tatbestandsvoraussetzungen erübrigt, sondern die Rechtswidrigkeit indiziert ist[432].

3.2 Persönlichkeitsrechtsverletzung des Patienten durch die Nutzung des ihm entnommenen Körpermaterials?

Unabhängig davon, ob der Patient das Eigentum an „seiner" Körpersubstanz an den Arzt verloren hat, kann das Persönlichkeitsrecht des Patienten als Recht eines Dritten im Sinne von § 903 BGB die beliebige Nutzung der Körpersubstanz begrenzen[433].

3.2.1 Eingriff in das Patientenpersönlichkeitsrecht?

Gelegentlich wird erörtert, ob sich ein *Patientenpersönlichkeitsrecht* aus den bisher anerkannten Ausprägungen des Persönlichkeitsrechts des Patienten

427 Erstmals *BGHZ* 31, 308; *Larenz/Canaris,* Lehrbuch des Schuldrechts Bd. II 2, 13. Aufl., S. 498 m.w.N., auf die *Indikationslösung* in Teilbereichen soll hier nicht weiter eingegangen werden.

428 *Steindorff,* Persönlichkeitsschutz im Zivilrecht, S. 15, spricht davon, daß Verfassungsrecht als mitbestimmendes Kriterium zur Ermittlung des zivilrechtlichen Tatbestandes diene.

429 *Steindorff,* Persönlichkeitsschutz im Zivilrecht, S. 15; *Jarass,* NJW 1989, 857 (861 f.); ausführliche Darstellung bei *Wenzel,* Das Recht der Wort und Bildberichterstattung, 3. Aufl., Rdnr. 2.2 ff.; *BVerfG,* NJW 1958, 257 - Lüth; *BVerfG,* NJW 1983, 1415 - Wahlkampfäußerung.

430 Siehe schon Ausführungen S. 78.

431 *BVerfG,* NJW 1976, 1677 - DGB.

432 Siehe nur: *Helle,* Besondere Persönlichkeitsrechte im Privatrecht, S. 30 f., 38.

433 Ausführlich zur rechtlichen Bewertung von Körpersubstanzen siehe S. 16 ff., insbes. S. 40 ff.

durchsetzen wird. Als besonderes Persönlichkeitsrecht, vergleichbar dem Urheber- oder Erfinderpersönlichkeitsrecht, hätte diese Anerkennung zur Folge, daß bei Verletzung des Patientenpersönlichkeitsrechts Rechtswidrigkeit indiziert wäre[434]. Das Patientenpersönlichkeitsrecht wird im Zusammenhang mit der Einwilligung und Aufklärung in die ärztliche Heilbehandlung, dem Datenschutz und der ärztlichen Schweigepflicht, der Einsicht in die Krankenunterlagen, der Sterbehilfe und der Obduktion, der medizinischen Forschung am Patienten und der Drittzustimmung zu medizinischen Maßnahmen erörtert. Auch die Körperteile des Patienten erlangen zunehmend an Bedeutung[435].

Allerdings fand das Patientenpersönlichkeitsrecht als besonderes Persönlichkeitsrecht in der Jurisprudenz bisher noch keine Anerkennung. Im Verhältnis zwischen Arzt und Patienten spielt das Persönlichkeitsrecht des Patienten zwar eine entscheidende, die Beziehungen - seien sie gesetzlicher oder vertraglicher Natur[436] - erheblich mitgestaltende Rolle. Die Berücksichtigung erfolgt aber immer nur im Hinblick darauf, dem allgemeinen Persönlichkeitsrecht des Patienten Genüge zu tun[437].

3.2.2 Eingriff in das Persönlichkeitsrecht durch Mißachtung des Willens des Patienten auf Vernichtung

Durch die Weiterverwendung der Körpersubstanz ist der sich konkludent ergebende, auf Vernichtung der Körpersubstanz nach Durchführung der für die Behandlung erforderlichen Untersuchungen oder Entnahmen gerichtete Wille des Betroffenen mißachtet worden. Der Arzt hat sich unter Mißachtung der Bestimmung des Patienten selbst die Bestimmung über den Verbleib des Körpermaterials angemaßt. Die *Entschließungsfreiheit* des Patienten wurde durch das Verhalten des Arztes allerdings nicht beeinträchtigt; denn dem Patienten ist nicht die Freiheit genommen worden, aufgrund selbständiger Entscheidung Entschlüsse zu fassen[438]. Er traf vielmehr selbständig eine Entscheidung, die aber nicht beachtet wurde[439].

Es könnte indessen das *Selbstbestimmungsrecht* des Patienten, das nicht mit dem Recht der Entschließungsfreiheit gleichgesetzt werden darf[440], beeinträchtigt sein. Dies ist dann der Fall, wenn die alleinige Befugnis des Patienten, über

---

434 Siehe hierzu *Deutsch,* AcP 192 (1992), 161 (179).

435 Als Überblick hierzu eignet sich der Aufsatz von *Deutsch,* AcP 192 (1992), 161 (165 ff.).

436 *Deutsch,* AcP 192 (1992), 161 (179 f.) m.w.N.

437 *Deutsch,* AcP 192 (1992), 161 (179 f.).

438 Zum Inhalt der Entschließungsfreiheit als Erscheinungsform des allgemeinen Persönlichkeitsrechts, vgl. *Wiese,* Festschrift für Duden, S. 719 (735).

439 Im Falle einer Täuschung über die weitere Verwendung einer Körpersubstanz beispielsweise wird die Entschließungsfreiheit beeinträchtigt, da dadurch eine Beeinflussung der Willensbildung des Patienten stattfindet.

440 Vgl. *Wiese,* Festschrift für Duden, S. 719 (735).

die Weiterverwendung des Körpermaterials zu bestimmen, vom Arzt nicht beachtet wurde: Falls dem Patienten weiterhin persönlichkeitsrechliche Positionen an dem Körpermaterial zustehen[441] und diese persönlichkeitsbezogene Belange des Patienten höher zu bewerten sind als die ungehinderte Ausübung des Eigentumsrechts des Arztes, so liegt in der Mißachtung des Willens des Patienten eine Persönlichkeitsrechtsverletzung. Zu der Körpersubstanz können im Einzelfall ganz besondere Interessen und Verbindungen des Patienten bestehen. Nur wenn diese besonderen ideellen Interessen des Patienten berücksichtigungsfähig sind, wird ihm eine Recht auf Selbstbestimmung hierüber gewährt, d. h. ein Recht, das sich auf diese besonderen ideellen Interessen erstreckt, sofern sie in der Gemeinschaft anerkannt sind.

Anders als die persönliche Beziehung einer Person zu ihrem Abbild, die ihr die Befugnis einräumt, über die Weitergabe des Bildnisses zu entscheiden, fällt es schwer, die Verknüpfung persönlicher Interessen zur Körpersubstanz zu begründen. Denn im Gegensatz zum Bildnis vermag niemand, vielleicht mit Ausnahme des *behandelnden* Arztes, allein durch das Aussehen oder die Form der Körpersubstanz die Zuordnung zum früheren Inhaber zu vollziehen. Erst komplizierte, nur mit bestimmten Gerätschaften durchführbare Laboruntersuchungen lassen Rückschlüsse auf die Persönlichkeit des früheren Inhabers der Körpersubstanz zu. Allerdings kann auch hier keine eindeutige Zuordnung zu einer bestimmten Person erfolgen, wenn nicht lediglich eine kleine Personengruppe zur Auswahl steht.

Ideelle Interessen des Patienten an der ihm entnommenen Körpersubstanz könnte man möglicherweise bereits mit dem Hinweis auf die *biologische Verbundenheit* bejahen, ohne auf die konkreten Nutzungsarten eingehen zu müssen. Die Zellen der getrennten Körpersubstanzen entsprechen exakt denen des früheren Inhabers. Zudem waren die Körpersubstanzen immerhin einmal Teil des Persönlichkeitsträgers. Dies könnte ein Nähegefühl des Patienten zu seiner entnommenen Körpersubstanz begründen und zur Schlußfolgerung führen, jede Nutzung berühre ideelle Interessen des Patienten. Allerdings wären die ideellen Interessen noch zu den Interessen des Arztes in Verhältnis zu setzen, bevor man zur Annahme einer Persönlichkeitsrechtsverletzung gelangen würde.

441 *Hubmann,* Persönlichkeitsrecht, 2. Aufl., S. 181, nimmt bei einer nicht konsentierten Bildnisveröffentlichung keinen Eingriff in die Selbstbestimmung der betroffenen Person an, sondern eine Verletzung des Rechts am eigenen Bild, da der Abgebildete nicht in eine Situation gebracht worden sei, sich in einer bestimmten Weise zu entscheiden. Hierzu ist folgendes anzumerken: Zwar wurde nicht in die Entschließungsfreiheit des Betroffenen eingegriffen. Trotzdem ist das davon zu unterscheidende Selbstbestimmungsrecht verletzt, das sich auf das durch das Persönlichkeitsrecht geschützte Bildnis bezieht. Siehe dazu *Wiese,* Festschrift für Duden, S. 719 (736). Auch leuchtet es nicht ein, wenn der *BGH* in seiner Rechtsprechung das Recht am eigenen Bild von dem Selbstbestimmungsrecht unterscheidet. Vielmehr begründet das Recht am eigenen Bild erst die Möglichkeit der betroffenen Person, hierüber zu bestimmen; siehe hierzu nur *BGHZ* 26, 349 (345 ff.) - Herrenreiter.

Indes vermag der Verweis auf die biologische Verbundenheit nicht zu genügen. Trotz biologischer Verbundenheit widmet der frühere Inhaber den Körpersubstanzen nicht in gleichem Maße seine besondere Aufmerksamkeit. So besteht zum Herz von je her eine besondere Beziehung. Auch liegt die emotionale Bindung meist näher zur Niere oder zur Leber als zu Sekreten, die täglich ausgestoßen werden, sei es, weil sie Abfallprodukten gleichkommen, von denen sich der frühere Inhaber ohne jede Schwierigkeit trennt, sei es, weil sie ihm unwichtig erscheinen, da sie sich ohnehin selbständig regenerieren. Insofern kann nicht generell die Aussage getroffen werden, allein die Tatsache der biologischen Verbundenheit oder aber die Tatsache, daß die Substanz einmal Teil des Persönlichkeitsträgers selbst war, lasse von vornherein die Annahme zu, ideelle Interessen zu Körpersubstanzen seien auch nach Trennung weiterhin vorhanden. Demnach kommt man nicht umhin, das Vorhandensein ideeller Beziehungen zur entnommenen Körpersubstanz je nach Art der Substanz zu entscheiden.

Die Entscheidung kann aber auch von der konkreten Art der Nutzung abhängig sein, weil die konkrete Nutzung der aus therapeutischen und/oder diagnostischen Gründen entnommenen Körpersubstanzen auf vielfältige Weise erfolgt und daher persönliche Interessen des früheren Inhabers in unterschiedlicher Intensität berühren kann. Verfahren der Genomanalyse, die Versuche mit Keimzellen, die Implantation in fremde Menschen- oder Tierkörper, sei es aus Gründen der Gesundung oder der Forschung, die Verarbeitung zu Medikamenten, die Nutzung von Blut zur Austestung von Laborgeräten oder aber der bloße Verkauf des Körpermaterials kommen für den Arzt als Möglichkeiten der Weiterverwendung in Betracht.

Erheblich ist also, *welche* Körpersubstanz genutzt wird und/oder, wichtiger noch, *wie* sie genutzt wird. Führen diese Umstände zur Verletzung ideeller Interessen des Patienten, und wiegt diese Verletzung ausnahmsweise höher als das Interesse des Eigentümers, nach freiem Belieben mit der Körpersubstanz zu verfahren, dann ist eine Persönlichkeitsverletzung des Patienten durch den Arzt zu bejahen, sofern keine Rechtfertigungsgründe hierfür ersichtlich sind.

Die Aussage, allein die Herkunft des Körpermaterials lasse nicht automatisch die Schlußfolgerung ideeller Bindungen zu diesem zu, unterscheidet das Verhältnis des Patienten zu seiner Körpersubstanz vom Verhältnis des Künstlers zu seinem Kunstwerk.

Zwar bietet es sich durchaus an, die *Umgestaltung* eines Kunstwerks und die hierdurch bewirkte Verletzung der geistigen Beziehungen des Künstlers zu seinem Werk mit verbliebenen ideellen Bindungen des Patienten zu seinem Körpermaterial zu vergleichen[442]. Doch allein schon die Tatsache, daß der Künstler aufgrund schöpferischer Gedanken in der Außenwelt in irgendeiner Form produktiv geworden ist, räumt ihm im Falle der Umgestaltung seines Kunstwerks grundsätzlich ein Selbstbestimmungsrecht ein, das in sein freies Belieben gestellt ist[443]. Dadurch steht ihm die Möglichkeit offen, sich dagegen zu wehren.

Ob und mit welcher Intensität hingegen durch die Nutzung der Körpersubstanz ideelle Beziehungen betroffen sind, richtet sich *nicht* nach einer Güter- und Interessenabwägung, die auf die *subjektiven* Belange des früheren Inhabers abstellt, wenn er beispielsweise meint, jede von ihm stammende Körpersubstanz sei beseelt und dürfe daher nicht weiter genutzt werden. Vielmehr wird die Güter- und Interessenabwägung bei der in Frage stehenden Verletzung des allgemeinen Persönlichkeitsrechts rein *objektiv* vorgenommen[444]. Gelangt man bei objektiver Abwägung zum Ergebnis, der frühere Inhaber der Körpersubstanz habe keine ideellen Beziehungen mehr zur entnommenen Körpersubstanz, so bleibt dem Patienten als früherem Inhaber nicht die Entscheidung vorbehalten, ob eine Nutzung in der vom Arzt beabsichtigten Weise erfolgen darf. Sein auf Vernichtung gerichteter Wille ist in diesem Zusammenhang unerheblich.

Die Bestimmung, ob in das allgemeine Persönlichkeitsrecht eingriffen worden ist, richtet sich also ausschließlich danach, ob nach Art und Nutzung der Körpersubstanz objektiv eine Verletzung ideeller Interessen des Patienten vorliegt. Insofern kommt der Mißachtung des *Willens* des Patienten auf Vernichtung, losgelöst von einem persönlichen Bezug, keine besondere Bedeutung zu. Nicht selten dürfte sogar die Abscheu zu der Körpersubstanz überwiegen, ganz im Gegensatz zu „gewöhnlichen" Sachen, bei denen eine starke emotionale Bindung vorherrschen kann und die dem Menschen weit mehr vertraut sind als entnommene Körpersubstanzen, die er zuvor nicht einmal zu Gesicht bekommen hat und die er nicht ohne weiteres als die „seine" identifizieren könnte. Daher ist der Standpunkt von *Taupitz* zu relativieren, wenn er die Auffassung vertritt, daß zu einer Körpersubstanz die ideelle Bindung und damit, bei ihrer Nutzung, die Persönlichkeitsverletzung näher liegt als bei der Nutzung einer „gewöhnlichen" Sache, weil die Substanz einmal physischer Bestandteil des Persönlichkeitsinhabers selbst war[445].

---

442 So zieht *Taupitz,* AcP 191 (1991), 201 (210 f.), anschaulich diesen Vergleich zur Begründung heran, warum das Persönlichkeitsrecht auch nach Trennung der Körpersubstanz vom Körper bei deren Weiterverwendung zu berücksichtigen ist. Siehe hierzu schon oben S. 38 ff.

443 Vgl. *Erman/Ehmann,* 9. Aufl., § 12 Rdnr. 215.

444 Vgl. *Erman/Ehmann,* 9. Aufl., § 12 Rdnr. 215, ferner *Hubmann,* Persönlichkeitsrecht, 2. Aufl., S. 148, der darauf hinweist, daß die Abwägung nach objektiven Werten zu erfolgen hat. Angenommen der Glaube des Beseeltseins der getrennten Körpersubstanzen wäre allgemein anerkannte Kulturauffassung, so böte sie eine objektive Grenze in dem Abwägungsvorgang.

445 *Taupitz,* AcP 191 (1991), 201 (210 f.); *ders.,* JZ 1992, 1089 (1093).

3.2.3 Eingriff in das Persönlichkeitsrecht durch die konkrete Nutzungsform

Erst die gesonderte Untersuchung der Nutzungsalternativen, durch die der Persönlichkeitsschutz näher konkretisiert wird, hilft bei Beantwortung der Frage, ob eine Persönlichkeitsverletzung des Patienten durch das konkrete Verhalten des Arztes vorliegt. Ist der absolut geschützte Kern der Persönlichkeit des Patienten betroffen (Intimsphäre), so liegt bereits durch die Nutzung an sich eine Persönlichkeitsrechtsverletzung vor. Bei Eingriffen des Arztes außerhalb der Intimsphäre muß jeweils eine Einzelfallabwägung vorgenommen werden, ohne daß von einer Indizwirkung der Rechtswidrigkeit ausgegangen werden kann.

Jedoch bereitet die Frage Schwierigkeiten, welche Sphäre durch das konkrete Verhalten des Arztes betroffen ist, da die Sphären fließend ineinander übergehen[446].

Da die strenge Trennung zwischen Tatbestand und Rechtswidrigkeit nicht durchgeführt werden kann, fließen bereits bei der Schutzbereichsbestimmung eventuell vorhandene Rechtfertigungsgründe in die rechtliche Bewertung mit ein. Als Rechtfertigungsgründe kommen die Einwilligung des Patienten in die Weiterverwendung von Körpersubstanzen, gesetzliche Vorschriften, die Interessen und Rechte des Arztes, Notstandsregeln und die Sozialadäquanz in Betracht.

a) Nutzung durch Analyse der entnommenen Körpersubstanz am Beispiel des Aids-Tests

aa) Persönlichkeitsbeeinträchtigung?

Bei den in letzter Zeit immer wieder bekannt gewordenen heimlichen Untersuchungen von Patientenblut auf Aids[447] stand zwar weniger der kommerzielle Aspekt als vielmehr die Furcht der Ärzteschaft vor Ansteckung im Vordergrund. Dennoch handelt es sich um eine Weiterverwendung von Körpersubstanzen, die dem Patienten im Rahmen einer ärztlichen Behandlung entnommen

---

[446] Bei der Bestimmung des Schutzbereichs handelt es sich daher ebenfalls um eine Güterabwägung, zwar nicht auf der Rechtswidrigkeitsebene, sondern auf der Tatbestandsebene.

[447] Angaben bei *Eberbach*, NJW 1987, 1470 in Fn. 1; *Brandes*, VersR 1987, 747 f.

worden waren, obwohl für diese Nutzungsart keine medizinische Indikation vorlag[448].

Ende der achtziger Jahre hatte sich an der Freien Universität Berlin ein Fall ereignet, der Anlaß zur rechtlichen Diskussion gab[449]:

> Ein Patient hatte sich im Oktober 1986 wegen Paradontose in die Zahnklinik der bezeichneten Universität eingefunden. Da sein Schleimhautbefund den Verdacht auf Aids zuließ, wurde dem Patienten vom behandelnden Arzt eröffnet, er müsse sich einer Blutuntersuchung unterziehen, allerdings ohne den Patienten über den beabsichtigten Aids-Test zu informieren. Tatsächlich befanden sich HIV-Antikörper im Blut des Patienten, was ihm auch mitgeteilt wurde.
>
> Der Patient erstattete Strafanzeige wegen gefährlicher Körperverletzung. Die Staatsanwaltschaft stellte allerdings die Ermittlungen Mitte Dezember 1986 ein, weil der Patient seine Einwilligung zur Blutentnahme grundsätzlich erteilt habe. Diese Einwilligung habe auch die Untersuchung des Blutes auf HIV-Antikörper gedeckt.

Ähnlich gelagerte Vorkommnisse - hauptsächlich an Universitätskliniken - sind an die Öffentlichkeit geraten. Die anschließende rechtliche Auseinandersetzung betraf die Frage, ob der strafrechtliche Körperverletzungstatbestand erfüllt sei, nur am Rande spielte die Verletzung des allgemeinen Persönlichkeitsrechts eine Rolle[450]. Im Rahmen der Diskussion wurde als Anknüpfungspunkt sowohl die Einwirkung des Arztes auf die entnommene Körpersubstanz als auch die Einwirkung des Arztes auf den Körper des Patienten gewählt.

Durch die *Einwirkung auf die getrennte Körpersubstanz* verletzt der Arzt jedoch nicht die körperliche Integrität und die körperliche Unversehrtheit des Patienten als früherer Inhaber des Körpermaterials im Sinne der §§ 223 ff. StGB bzw. § 823 Abs. 1 BGB[451], deren Schutzgut (auch) das körperliche Wohl

---

[448] Zum Problem, ob trotz medizinischer Indikation die ausdrückliche Zustimmung des Patienten zum Aids-Test erforderlich ist, *Schröder/Taupitz*, Menschliches Blut: verwendbar nach Belieben des Arztes?, S. 26 ff. m.w.N. Die ausdrückliche Zustimmung wird wohl eher zu verneinen sein: Bei objektiver Betrachtungsweise stellt der Patient sich vor, das vereinbarte Handlungsziel durch alle erforderlichen Untersuchungen zu erreichen, d. h. wenn eine medizinische Indikation für einen Aids-Test gegeben ist, so deckt seine Einwilligung den Test auch ohne ausdrückliche Zustimmung, siehe hierzu *Michel*, JuS 1988, 8 (10); *Eberbach*, NJW 1987, 1470; *Laufs/Laufs*, NJW 1987, 2257 (2263); *Laufs*, Arztrecht, 5. Aufl., Rdnr. 229; *Uhlenbruck*, MedR 1996, 206; a. A. *StA Mainz*, NJW 1987, 2947 u. Darstellung bei *Laufs*, Arztrecht, 5. Aufl., Rdnr. 229 m.w.N.; ferner *LG Köln*, NJW 1995, 1621 (1622) = MedR 1995, 409 (410).

[449] Siehe zu diesem Fall *Brandes*, VersR 1987, 747 ff.

[450] Siehe etwa *Michel*, JuS 1988, 8 ff.; *Janker*, NJW 1987, 2897 ff.; *Bruns*, MDR 1987, 353 (355); *Eberbach*, NJW 1987, 1470 ff.

[451] *Janker*, NJW 1987, 2897 (2898) m.N.; dies gilt ebenfalls für den zivilrechtlichen Körperverletzungstatbestand, unter Ablehnung der differenzierten Betrachtungsweise *Schünemanns* u. des *BGH*, siehe hierzu oben S. 19 ff., S. 26 ff.; siehe ferner *Voß*, Vernichtung tiefgefrorenen Spermas als Körperverletzung, S. 191 m.w.N., der darauf hinweist, daß sich das Recht der unerlaubten Handlungen durch eine besondere Nähe zum Strafrecht auszeichnet; allerdings ergeben sich dennoch Unterschiede bei der Bejahung sämtlicher Haftungsvoraussetzungen, da der zivilrechtliche Fahrlässigkeitsbegriff weitreichender ist als der strafrechtliche, hierzu *Voß*, a.a.O., S. 192.

des Menschen ist; denn das Blut ist als Sache strafrechtlich nur gem. § 303 StGB geschützt[452]. Beim Blut handelt es sich um keine dem Arzt fremde, sondern um eine an ihn vom Patienten übereignete Sache[453]. Die Einwirkung auf das bereits getrennte Blut erfüllt mithin nicht einmal den Tatbestand der Sachbeschädigung.

Sofern schon auf den *Zeitpunkt der körperlichen Einwirkung* des Arztes auf den Patienten, also die Blutentnahme, abgestellt wird, welche die körperliche Integrität berührt, ist der Tatbestand einer Körperverletzung erfüllt, unabhängig davon, ob der Eingriff der Heilung oder der Diagnose dient[454]. Als objektive Körperverletzung bedarf die Blutentnahme daher der rechtfertigenden Einwilligung[455] des Patienten.

Im Zusammenhang mit einer Blutentnahme genügt regelmäßig lediglich der Hinweis des Arztes, daß die Blutentnahme vorgenommen werden wird. Denn der Betroffene weiß zumeist um die allgemeinen Risiken wie Entzündungen oder Bildung von Hämatomen. Darüber hinaus bedarf es keiner Aufkärung[456], die den Verwendungszweck der Blutprobe im Laborbereich zum Inhalt hat. Derartige Informationen sind für den Patienten, der sich nur für oder gegen die Blutentnahme aussprechen soll, nicht entscheidungsrelevant und in der Praxis unüblich[457]. Die Aufklärung soll dem Patienten die Möglichkeit eröffnen, zwischen den Gefahren des körperlichen Eingriffs einerseits und dem Nutzen der zu gewinnenden Erkenntnisse für die Behandlung und mittelbar die Gesundheit des Patienten andererseits abzuwägen[458]. Der Patient soll Wesen, Bedeutung und Tragweite des Eingriffs ermessen und eine Abwägung des Für und Wider der Venenpunktion vornehmen können[459]. Abzugrenzen ist hiervon die Frage der Aufklärungs- und Informationspflichten hinsichtlich der Mitteilung des Untersuchungsbefundes in Verbindung mit dem weiteren Verlauf der Behandlung[460].

Wenn der Arzt Analyseergebnisse erheben will, ist indessen nicht der Körper des Patienten Angriffsobjekt des Arztes, sofern wenigstens *eine* medizinische Analyse angezeigt war. Vielmehr ist die Entscheidungsfreiheit des Patienten beeinträchtigt, ob und welche personenbezogenen Informationen erhoben und verwendet werden dürfen und wer Kenntnis von ihnen erhalten darf. Schutz-

452 *Janker,* NJW 1987, 2897 (2898 in Fn. 20.)

453 Siehe hierzu Ausführungen S. 50 ff.; a. A. allerdings ohne hinreichende Begründung *Michel,* JuS 1988, 8 (12), der jedoch ebenfalls eine Sachbeschädigung ablehnt, weil der Patient in die Aufbereitung des Blutes wirksam eingewilligt habe.

454 So die ständige Rechtsprechung seit *RGSt* 25, 375 (377 ff.); siehe auch *BGHSt* 11, 111 (112); ferner *BGHZ* 29, 176 = VersR 1959, 312.

455 Zur Einwilligung in die Abtrennung von Körpersubstanzen aus zivilrechtlicher Sicht: *Müller,* Die kommerzielle Nutzung menschlicher Körpersubstanzen, S. 79 f., der die Einwilligung als geschäftsähnliche Handlung mit stark höchstpersönlichem Einschlag qualifiziert.

456 Zur Aufklärung allgemein *Uhlenbruck,* NJW 1981, 1294 (1295).

457 Ausführlich *Janker,* NJW 1987, 2897 (2900) m. N., insbes. aus der Rechtsprechung; ferner *Solbach/Solbach,* JA 1987, 298 (300).

458 Vgl. *BGH,* NJW 1974, 604; ebenso *Schröder/Taupitz,* Menschliches Blut: verwendbar nach Belieben des Arztes?, S. 32.

459 *Janker,* NJW 1987, 2897 (2901) m.N.

460 Hierzu etwa *Laufs/Laufs,* NJW 1987, 2257 (2264).

möglichkeit hierfür bietet ihm das *informationelle Selbstbestimmungsrecht*, das den Betroffenen berechtigt, selbst über die Erhebung, die Preisgabe und die Verwendung seiner personenbezogenen Daten zu bestimmen[461]. Das informationelle Selbstbestimmungsrecht ist aber nicht vom Schutz des Körperverletzungstatbestands erfaßt[462]. Durch § 223 StGB wird nur das körperbezogene Selbstbestimmungsrecht geschützt.

Erörterungsgegenstand bei einer nicht konsentierten Aids-Untersuchung neben anderen medizinisch indizierten Maßnahmen ist also nicht die Frage einer Körperverletzung, sondern die Frage, ob der Arzt patientenbezogene Analysen an dem bereits getrennten Körpermaterial durchführen darf, was mit der Problematik der Zulässigkeit einer Datenerhebung in Vergleich gesetzt werden kann.

Daran ändert sich auch nichts, sofern man bei der rechtlichen Beurteilung der inneren Willensrichtung des Arztes Bedeutung zumißt, da der Arzt bereits *bei* der Blutentnahme die Absicht verfolgen kann, später neben der medizinisch angezeigten Analyse einen nicht medizinisch indizierten Aids-Test vorzunehmen.

Abgesehen von Beweisschwierigkeiten und dem Widerspruch zu dem strafrechtlichen Grundverständnis, nicht allein wegen eines „bösen Willens" bestraft zu werden, ergibt sich bei dieser Vorgehensweise folgendes Problem: Läßt man die anfängliche Absicht des Arztes bei der Blutentnahme genügen, um zur Strafbarkeit der Blutentnahme zu gelangen[463], so ist die Frage irrelevant, ob der Arzt neben der medizinisch indizierten Untersuchung die beabsichtigte Untersuchung nach der Blutentnahme tatsächlich vornimmt oder nicht.

Unterzieht der Arzt die Blutprobe aufgrund eines *nach* der Entnahme gefassten Entschlußes einer Aids-Untersuchung und gewinnt er hieraus Erkenntnisse über den Patienten, so bliebe er in dieser Alternative straflos[464]. Hat er jedoch im Zeitpunkt der Entnahme die Absicht der heimlichen Aids-Untersuchung,

---

461 *BVerfGE* 65, 1 = NJW 1984, 419 - Volkszählung; *BGH*, UFITA 52 (1969), 208 ff.

462 Als Bestandteil des allgemeinen Persönlichkeitsrechts ist es strafrechtlich nur teilweise in anderen Tatbeständen als dem des § 223 StGB geschützt. Siehe hierzu *Michel*, JuS 1988, 8 (12); *Janker*, NJW 1987, 2897 (2898); allgemein *SK/Horn*, StGB, § 223 Rdnr. 35; ferner *Deutsch*, VersR 1988, 533, der von einer „Umwidmung" der Körperverletzung zum Schutz der Persönlichkeit spricht.

463 So die Ansicht von *Eberbach*, NJW 1987, 1470 (1471); *Perels/Teyssen*, MMW 129 (1987), 376 (378 f.); *Teichner*, DMW 112 (1987), 113 (114); *Brandes*, VersR 1987, 747 (748).

464 Hat der Arzt erst *nach* der Blutentnahme den Entschluß gefaßt, neben den medizinisch indizierten Untersuchungen einen medizinisch nicht indizierten Aids-Test durchzuführen, so hat der erst später gefaßte Entschluß auf die durch die Einwilligung des Patienten bereits gerechtfertigte Handlung keine Auswirkungen mehr und führt daher nicht zur Strafbarkeit, *Janker*, NJW 1987, 2897 (2899) m.w.N. Die wirksam erteilte Einwilligung kann nicht nachträglich nichtig werden, vgl. *Michel*, JuS 1988, 8 (9).

läßt er aber davon ab, so hätte der Arzt dennoch mit strafrechtlichen Konsequenzen zu rechnen, ausgelöst durch die heimliche Absicht einer Aids-Untersuchung im Zeitpunkt der Entnahme[465].

Obwohl es nur im ersteren Fall zur Nutzung gekommen ist und sich dagegen die Mißbilligung des Patienten richtet, weil der Arzt keine Erkenntnisse über den Patienten gewinnen soll, die der Patient dem Arzt oder vielleicht sogar sich selbst gegenüber verheimlichen will, würde nur letzterer Fall strafrechtliche Sanktionen begründen. Der Nutzung per se, die dem Willen des Patienten zuwiderläuft, kommt auf diese Weise keinerlei strafrechtliche Relevanz zu.

Besonders deutlich tritt das Problem bei folgendem Beispiel hervor: Angenommen, die Entnahme der Körpersubstanz ist lebensnotwendig, worüber sich der Patient völlig im klaren ist, so soll lediglich der gleichzeitige Wille des behandelnden Arztes zu einer nachfolgenden Aids-Untersuchung die Entnahme, mit welcher der Patient auch noch im Nachhinein einverstanden ist und die erforderlich war, um sein Leben zu retten, als Körperverletzung erscheinen lassen? Der Patient ist lediglich nicht mit der späteren Nutzungsweise der Körpersubstanz durch den Arzt einverstanden. Dagegen will sich der Patient wehren.

Die Schutzrichtung der verschiedenen Tatbestände - körperliche Integrität und Unversehrtheit einerseits, informationelle Selbstbestimmung als Bestandteil des allgemeinen Persönlichkeitsrechts andererseits - verbietet, Inhalte des letzteren in den ersteren Tatbestand zu zwängen[466].

Die Durchführung eines Aids-Tests greift daher weder in das von den §§ 223 ff. StGB geschützte Rechtsgut noch in den Körperverletzungstatbestand des § 823 Abs. 1 BGB ein, falls wenigstens eine Analyseart Auslöser war, den körperlichen Eingriff überhaupt zuzulassen.

Hat der Arzt den Patienten jedoch zur Blutentnahme veranlaßt, *ohne daß eine medizinische Indikation objektiv vorlag*, so erfüllt er den Tatbestand des § 223

---

465 Zu diesem unbilligen Ergebnis müßten kommen: *Eberbach*, NJW 1987, 1470 (1471); *Perels/Teyssen*, MMW 129 (1987), 376 (378 f.); *Teichner*, DMW 112 (1987), 113 (114); *Brandes*, VersR 1987, 747 (748).

466 Anders aber das *OLG Stuttgart*, VersR 1981, 342 (343), wenn es eine weite Aufklärungspflicht fordert: Verfolge der Arzt neben einer Vorsorgeuntersuchung wissenschaftlich-statistische Zwecke, so sei der Patient auch über diesen Beweggrund aufzuklären, um wirksam in die Vorsorgeuntersuchung einwilligen zu können. Die im Urteil erörtete Verletzung betrifft jedoch das informationelle Selbstbestimmungsrecht und nicht die körperbezogene Vorsorgeuntersuchung. Es werden daher in unzulässiger Weise zwei unterschiedliche Eingriffsobjekte miteinander vermengt. Abzulehnen ist die Auffassung von *Eberbach*, NJW 1987, 1470 (1471), der auf das Urteil Bezug nimmt; dagegen *Janker*, NJW 1987, 2897 (2900).

StGB[467] im Zeitpunkt der Entnahme. Hier war der Aids-Test überhaupt erst die Ursache für den Eingriff in die körperliche Integrität des Patienten. Der Arzt hat einerseits über die Erforderlichkeit eines Eingriffs in die körperliche Integrität getäuscht, welche aber genau Schutzgut des Körperverletzungstatbestands darstellt. Hierfür muß er die strafrechtlichen Konsequenzen tragen, da die durch die Täuschung erwirkte Einwilligung des Patienten nicht die Tathandlung des Arztes rechtfertigt[468]. An dieser rechtlichen Beurteilung ändert die Berücksichtigung des rechtfertigenden Notstands gem. § 34 StGB nichts, weil bei der Einhaltung der üblichen Schutzmaßnahmen nach heutiger medizinischer Erkenntnis eine Infektionsgefahr bei der Behandlung eines Aids-Kranken nahezu ausgeschlossen ist[469].

Nutzt der Arzt später tatsächlich die Körpersubstanz in der beabsichtigten Weise, so tätigt er einen neuen Eingriff, allerdings nicht mehr in den Körper, sondern in das informationelle Selbstbestimmungsrecht des Patienten. Nicht die *Nutzung* und die damit verbundene neue Beeinträchtigung der bereits entnommenen Körpersubstanz begründet eine Körperverletzung. Vielmehr zieht allein die *Entnahme* strafrechtliche Konsequenzen nach sich, unerheblich, ob die Substanz genutzt wurde oder nicht[470].

Das Ausforschen des Arztes, ob sein Patient möglicherweise HIV-Antikörper im Blut trägt, betrifft den *Gesundheitszustand* des Patienten. Der Gesundheitszustand des einzelnen ist von seiner Persönlichkeitssphäre erfaßt. Daher bleibt es dem Patienten vorbehalten, Entscheidungen hierüber zu treffen, insbesondere wer Kenntnis über seine Gesundheitsverfassung erhält, um so von seinem Selbstbestimmungsrecht Gebrauch machen zu können.

Mit der Durchführung eines heimlichen Aids-Tests maßt sich der Arzt Informationen über den Gesundheitszustand des Patienten an, über deren Erhebung und Verwendung nur der Patient als Betroffener bestimmen darf. Ein Eingriff des Arztes in das informationelle Selbstbestimmungsrecht liegt daher vor[471].

Fraglich ist allerdings, mit welcher Intensität das informationelle Selbstbestimmungsrecht den Patienten vor dem Eingriff des Arztes schützt. Der Patient ist nur dann absolut gegen Eingriffe des Arztes in sein informationelles Selbst-

---

[467] Eine gefährliche Körperverletzung kann hingegen nicht angenommen werden, da die benutzten Instrumente nicht wie eine Waffe zu Angriffs- oder Verteidigungszwecken benutzt werden, siehe nur *BGH,* NJW 1978, 1206.

[468] So auch *Eberbach,* NJW 1987, 1470 (1471); *Janker,* NJW 1987, 2897 (2902); ferner *Michel,* JuS 1988, 8 (12).

[469] Siehe nur *Janker,* NJW 1987, 2897 (2902).

[470] Hierauf weist zu Recht *Michel,* JuS 1988, 8 (12), hin; ferner *ders.,* NJW 1988, 2271 (2272).

[471] So auch *AG Mölln,* NJW 1989, 775 (776);*LG Köln,* NJW 1995, 1621 (1622) = MedR 1995, 409 (410); *Michels,* NJW 1988, 2271 (2272); *Eberbach,* NJW 1987, 1470 (1471); *Voß,* Vernichtung tiefgefrorenen Spermas als Körperverletzung?, S. 61; offengelassen von *AG Göttingen,* NJW 1989, 776 (777).

bestimmungsrecht geschützt, wenn der Gesundheitszustand, auf den sich die Selbstbestimmung bezieht, der Intimsphäre zuzuordnen ist. Der Gesundheitszustand kann aber auch der weniger geschützten Privatsphäre angehören.

Eine generelle Aussage über seine Zuordnung kann nicht getroffen werden, besonders wenn man die vielen Varianten der Gesundheitsverfassung bedenkt: Das Wissen um eine einfache Erkältung, die für jeden erkennbar nach außen tritt, mag anders zu bewerten sein als das Wissen um HIV-Antikörper im Blut, die noch nicht mit einer nach außen erkennbaren Immunschwäche einhergehen. Auch die unterschiedliche Akzeptanz der Krankheiten bei den Mitmenschen dürfte zu berücksichtigen sein.

Ähnlich dem Gesundheitszustand betrifft das *Charakterbild* die innere Struktur und Eigenschaft des Menschen. Bei der vergleichbaren Problematik, welcher Sphäre das *Charakterbild* des Menschen zuzuordnen ist[472], berücksichtigte *Hubmann* folgendes: Einzelne Charakterzüge, die sich den Mitmenschen fast von selbst darstellten, seien zur Privatsphäre zu rechnen[473]. Auch die leichte Zugänglichkeit zum Charakterbild spreche für eine derartige Einordnung. Die Intimsphäre sei nur in seltenen Fällen betroffen[474].

Anhand von Beispielen aus der Rechtsprechung und Literatur lassen sich zumindest richtungsweisende Kriterien herausarbeiten, welche die schwierige Zuordnung erleichtern sollen. So können die Erkennbarkeit des betreffenden Untersuchungsgegenstandes, sein Sozialbezug und die leichte Zugänglichkeit wichtige Anhaltspunkte hierzu liefern.

Nach Auffassung des *BVerfG* ist bei der Beschlagnahme von ärztlichen Karteikarten (Krankenblättern) lediglich die *Privatsphäre* des Patienten betroffen[475]. *Lamprecht* nimmt bei der Beschlagnahme von ärztlichen Karteikarten, die inhaltlich Abtreibungen, also intime Vorgänge, zum Gegenstand haben, einen Angriff auf die Privatsphäre der Betroffenen an, jedoch bewertet er grundsätzlich bei der Güterabwägung die Interessen der Patienten höher[476]. Allerdings ist nicht schlechthin die Privatsphäre betroffen, wenn ein Arzt Erkenntnisse über seinen Patienten erlangt. So weist *Laufs* auf die vielen Erkenntnisse hin, die der Arztes während einer Behandlung gewinnt und die mit dem Zweck der ärztlichen Behandlung keineswegs zusammenhängen müssen. Es könne durchaus vorkommen, daß Beobachtungen solcher Art gelegent-

---

472 Vgl. hierzu *Wiese*, ZfA 1971, 273 (291 f.); *ders.*, Festschrift für Duden, S. 719 (726).

473 Möglicherweise sei dann sogar nur die Öffentlichkeitsphäre betroffen, siehe hierzu *Wiese*, Festschrift für Duden, S. 719 (728).

474 *Hubmann*, Persönlichkeitsrecht, 2. Aufl., S. 307 f.

475 *BVerfG* 32, 373 (378) = NJW 1972, 1123 (1124); in der Literatur wird diese Auffassng gebilligt: *Michel*, NJW 1988, 2271 (2272); *Lamprecht*, ZRP 1989, 290 (292); ferner *Keller*, NJW 1989, 2289 (2293); *Laufs*, NJW 1975, 1433 (1434).

476 *Lamprecht*, ZRP 1989, 290 (292).

lich in die unantastbare Intimsphäre hineinreichen könnten[477]. Ebenfalls verdeutlicht *Keller,* daß die Genomanalyse[478] die Intimsphäre des Betroffenen beschneiden kann[479].

Anders als beim Aufdecken von Tagebüchern oder aber einer heimlichen Tonbandaufnahme, die immer fixierte Äußerungen der Betroffenen darstellen und ihn für die Zukunft nicht binden, werden durch die Genomanalyse dauerhaft wirkende Faktoren aufgedeckt, die zwar überlagert oder umgelenkt werden können, sie bleiben aber relativ wirksam und zukunftsbindend[480]. Manifeste Krankheiten dagegen sind Teil der gegenwärtigen Realität, für andere meist erkennbar, und sie bestimmen das Leben des Betroffenen. Daher reichen sie in dessen Privatsphäre. Handelt es sich allerdings um eine unheilbare Krankheit, so hat sie für den Betroffenen - wie sein genetischer Code - auch für die Zukunft Konsequenzen. Aber dennoch wirkt die Genomanalyse intensiver als etwa ein Aids-Test, da durch sie nicht lediglich eine einzelne Krankheit, sondern potentiell das gesamte genetische Programm des jeweils Betroffenen aufgedeckt wird[481]. Auch sind Krankheiten im Verhältnis zu den Genen leichter analysierbar. Daher reicht die Genomanalyse in die Intimsphäre, das nicht konsentierte Auskundschaften des Arztes über mögliche HIV-Antikörper im Blut oder andere Beeinträchtigungen, die den Gesundheitszustand einer Person betreffen, jedoch in die Privatsphäre des Betroffenen, wobei die Privatsphäre je nach Einzelfall in unterschiedlicher Intensität tangiert sein kann.

Desgleichen kann der Arzt, wenn er andere Personen über den Gesundheitszustand seines Patienten informiert, sei er heimlich oder mit Wissen des Patienten diagnostiziert worden, gegen die *ärztliche Schweigepflicht* im Sinne von § 203 Abs. 1 Nr. 1 StGB verstoßen, die auch gegenüber den medizinischen Kollegen einzuhalten ist, sofern diese nicht mit dem Krankheitsfall betraut sind[482]. Diese Vor-

---

477 Vgl. *Laufs,* NJW 1975, 1433 (1434).

478 Zur Genomanalyse sei noch folgendes angemerkt: Die Genomanalyse ermöglicht die Untersuchung der Funktionsfähigkeit oder der Struktur der Gene. Auf Grundlage der Genomanalyse gelangt man zu Informationen über Erbkrankheiten, Empfindlichkeiten für bestimmte Umwelteinflüsse und andere genetisch bedingte Besonderheiten über die Konstitution des Menschen. An der Entschlüsselung genetisch bedingter Depressionen oder der Schizophrenie wird derzeit geforscht. Möglicherweise wird es gelingen, alle genetisch bedingten Eigenschaften zu diagnostizieren. Zu beachten ist dabei allerdings, daß sich die genetisch festgeschriebenen Eigenschaften nicht in den Verhaltensweisen des Menschen manifestieren müssen, da Begebenheiten in der Umwelt und die autonome Willenssteuerung die Verhaltensweisen des Menschen gleichermaßen beeinflussen können. Siehe zum Ganzen den *Bericht der Enquête-Kommission,* Chancen und Risiken der Gentechnologie, BT-Dr 10/6775, S. 144 ff., insbes. S. 152, 157; *Keller,* NJW 1989, 2289 (2291) im Zusammenhang mit der Genomanalyse im Strafverfahren m. N.

479 *Keller,* NJW 1989, 2289 (2293).

480 *Keller,* NJW 1989, 2289 (2293). Die Analyse des *nicht codierenden* Teils des Genoms rechnet *Keller* zum Bereich der Privatsphäre, da die dadurch gewonnenen körperlichen Besonderheiten für sich genommen nichts bewirken oder auf nichts verweisen.

481 Vgl. *Keller,* NJW 1989, 2289 (2293).

482 *Laufs,* Arztrecht, 5. Aufl., Rdnr. 436.

schrift schützt strafrechtlich einen Teilbereich des informationellen Selbstbestimmungsrechts. Damit verbundene Probleme werden hier nicht weiter verfolgt.

Allein schon durch die Aids-Untersuchung *ohne Wissen des Patienten* hat der Arzt in den Privatbereich des Patienten eingegriffen. Denn bereits mit der *Beschaffung* personenbezogener Informationen nimmt der Arzt dem Patienten die Freiheit, sich gegen die Aids-Untersuchung zu entscheiden, bzw. er mißachtet die Entscheidung des Patienten, der nur die erforderlichen Untersuchungen vornehmen lassen will und daher seine Einwilligung in die Entnahme darauf beschränkt. *Verwendet* der Arzt die Informationen, indem er sie beispielsweise Dritten zugänglich macht, so tätigt er erneut einen Eingriff in die Privatsphäre des Patienten[483].

Wenn die Informationsbeschaffung des Arztes einen Eingriff in die Privatsphäre des Patienten darstellt, so fragt sich, ob der unbeabsichtigten, quasi als Nebenfolge einer anderen Untersuchung erlangten Information gleichfalls Eingriffscharakter zukommt, wie der gezielten heimlichen Untersuchung.

Keller unterscheidet nicht zwischen der Kenntnis von Informationen, die bei einer (konsentierten) Analyse als Nebenfolge angefallen oder die gezielt aufgedeckt worden sind[484]. Hiergegen lassen sich jedoch Bedenken äußern. Falls der Arzt Informationen nur zufällig, aber dennoch zwingend bei einer konsentierten Analyse erlangt, die auf andere Erkenntnisse ausgerichtet war, so hat er sich kein Wissen über Informationen angemaßt, deren Beschaffung ihm nicht zustand. Obwohl er hierüber keine Kenntnis haben wollte, bleibt ihm regelmäßig nichts anderes übrig, als die zufällig angefallenen Erkenntnisse über den Patienten wahrzunehmen. Auch wenn man nicht auf finale Elemente des Eingriffsbegriffs abstellt, sondern bereits persönlichkeitsrechtsbeeinträchtigenden Wirkungen Eingriffsqualität beimißt, wird trotzdem eine Persönlichkeitsverletzung durch den Arzt zu verneinen sein: Hat der Patient in die Analyse eingewilligt, so ist davon auszugehen, daß auch die unbeabsichtigten, aber unvermeidbar erlangten Informationen jedenfalls von dessen Einwilligung gedeckt sind. Verwendet der Arzt aber diese Informationen, sei es, indem er sie verbreitet, oder sei es, indem er sie verarbeitet, so verfügt er hierüber, da er dem Berechtigten die Entscheidung über die Verbreitung oder Verarbeitung vorent-

---

483 Anderes gilt dagegen, wenn die unrechtmäßig beschafften Informationen anonymisiert weiterverwendet werden, (z. B. zwecks Statistik), da dann der individuelle Bezug zur Persönlichkeit fehlt. Siehe zur Wahrung der Anonymität einer Bildveröffentlichung *BGH,* DB 1974, 1860. Zur Fixierung und Verwertung unrechtmäßig erlangter, aber anonymisierter Daten im Zusammenhang mit sozialpsychologischen Experimenten: *Wiese,* Festschrift für Duden, S. 719 (731).

484 *Keller,* NJW 1989, 2289 (2292 f.).

hält. Erst zu diesem Zeitpunkt greift der Arzt in das Persönlichkeitsrecht des Patienten ein[485].

bb) Eingreifen eines Rechtfertigungsgrundes?

Kommt man zur Annahme einer Persönlichkeitsbeeinträchtigung, so könnte diese dennoch durch das Eingreifen eines Rechtfertigungsgrundes unbeachtlich sein.

Zunächst kommt die *Einwilligung* des Patienten in Betracht, die er zuvor, nämlich vor der Blutentnahme, erklärt hat. Die genaue Fragestellung lautet, ob die vor Entnahme der Körpersubstanz abgegebene Einwilligungserklärung die heimliche Nutzung der Körpersubstanz, also den Eingriff in die informationelle Selbstbestimmung, abdeckt[486]. Die Einwilligung würde sich somit auf zwei unterschiedliche Rechtsgüter, zum einen die körperliche Integrität, zum anderen die Entscheidungsfreiheit des Patienten, selbst über personenbezogene Belange bestimmen zu dürfen, erstrecken.

Neben dem Eingriff in die körperliche Unversehrtheit erfaßt die Einwilligung konkludent jedoch lediglich solche Nutzungen, für die eine medizinische Indikation gegeben ist, die also der Behandlung zugute kommen[487]. Solange keine medizinische Indikation vorliegt, kann die konkludente Einwilligung des Patienten nicht auf die Aids-Untersuchung erstreckt werden.

Falls eine medizinische Indikation gegeben ist, könnte der Rechtfertigungsgrund im Sinne einer mutmaßlichen Einwilligung in Betracht kommen; denn das Wissen um eine Aids-Erkrankung kann auch im Interesse des Patienten liegen, weil er Hinweise erhält, wie er sich weiterhin verhalten soll, um durch die Immunschwäche zusätzlich begünstigten Krankheiten zu entgehen. Vergleichbar mit den rechtlichen Problemen beim aufgedrängten Heileingriff, der allerdings die körperbezogene und nicht die informationelle Selbstbestimmung betrifft, muß jedoch dem Patienten die Entscheidung vorbehalten bleiben, ob er den Eingriff in sein Rechtsgut zu seinem Vorteil zulassen will oder nicht[488]. Die Rechtfertigung unter dem Aspekt der Einwilligung scheidet daher aus.

---

485 *Keller,* NJW 1989, 2289 (2292 f.), versucht zwar seine gegenteilige Auffassung mit Hilfe der Entscheidung des *BGHSt* 31, 269 (299 f.) = NJW 1983, 1569, zu stützen, bei der die Persönlichkeitsverletzung bereits durch die unbeabsichtigte Enthüllung eines Gesprächs erfolgt sei. Die Enthüllung fand aber durch die technische Aufzeichnung des Gesprächs statt. Im Moment der Aufzeichnung wurde die zufällige Kenntnis der Information schon beabsichtigt verwertet und stellt daher auch nach der hier vertretenen Auffassung eine Persönlichkeitsverletzung dar. Die Besonderheit dieses Falles liegt darin, daß die Kenntnisgewinnung und die Verarbeitung der Information in einem Akt zusammenfallen.

486 So auch *Michel,* NJW 1988, 2271 (2272).

487 Siehe hierzu schon oben in Fn. 448.

488 Vgl. *Michel,* NJW 1988, 2271 (2273 f.).

Gesetzliche Vorschriften, die das Verhalten des Arztes expressis verbis rechtfertigen, sind nicht ersichtlich.

Im Rahmen einer *umfassenden Güter- und Interessenabwägung* kann auch nicht der Schutz der körperlichen Unversehrtheit der behandelnden Ärzte sowie des übrigen medizinischen Personals rechtfertigende Bedeutung für eine medizinisch indizierte Aids-Untersuchung erlangen. Nach medizinisch-wissenschaftlichen Erkenntnissen besteht kein behandlungsspezifisches Übertragungsrisiko von Aids-Erregern, wenn die Hygienevorschriften zur Vermeidung von Hepatitis B eingehalten werden[489].

Als Rechtfertigungsgrund wäre noch die *Sozialadäquanz* in Betracht zu ziehen. Sozialadäquat sind Beeinträchtigungen dann, wenn sie nach der geschichtlich gewordenen sozialethischen Ordnung des Zusammenlebens hingenommen werden müssen[490]. Abgesehen davon, daß der Begriff zu unbestimmt ist[491], fehlen Anhaltspunkte, die sich aufgrund einer allgemein geübten sozialethischen Ordnung für heimliche Aids-Tests ins Feld führen ließen. Vielmehr steht die Allgemeinheit heimlich durchgeführten Tests eher mißtrauisch gegenüber.

Der Eingriff des Arztes in die Privatsphäre des Patienten läßt sich daher nicht rechtfertigen[492].

cc) Schlußfolgerungen

Anhand der konkreten Untersuchung der Zulässigkeit nicht konsentierter Aids-Tests lassen sich nachstehende abstrakte Aussagen treffen:

Die erste Aussage betrifft die Verneinung einer Körperverletzung durch die Einwirkung des Arztes auf die bereits entnommene Körpersubstanz: Nutzt ein Arzt Körpersubstanzen nicht nur in der medizinisch indizierten Weise, so begeht er weder eine strafrechtliche noch eine zivilrechtliche Körperverletzung, weil der Körperverletzungstatbestand gerade nicht die Nutzung - also auch nicht eine konkrete Nutzung getrennter Körpersubstanzen - erfaßt[493].

Daran schließt sich die zweite Aussage an: Der Arzt nimmt bereits durch die zielgerichtete Beschaffung von Informationen einen unzulässigen Eingriff in das informationelle Selbstbestimmungsrecht des Patienten vor. Ebenfalls liegt ein (neuer) Eingriff vor, wenn die gewonnenen Informationen über den

---

489 *Laufs/Laufs*, NJW 1987, 2257 (2269).

490 Vgl. *Hubmann*, Persönlichkeitsrecht, 2. Aufl., S. 145.

491 So *Larenz*, NJW 1955, 521 (523).

492 So auch *Michel*, NJW 1988, 2271 (2274); im Ergebnis auch *Rieger*, DMW 112 (1987), 736 (737).

493 So äußert *Keller*, NJW 1989, 2289 (2295), im Zusammenhang mit der Genomanalyse, daß ein körperlicher Eingriff, welcher der Genomanalyse vorausging, nichts über die Bedeutung der Genomanalyse selber, d. h. über eine Informationserhebung, besagt.

Gesundheitszustand des Patienten in individualisierbarer Weise weiterverwendet werden.

Bisher wurden aber nur Nutzungen behandelt, durch die der Arzt *Ausforschungen über den Gesundheitszustand* des Patienten vornimmt. Neben der Ausforschung über den Gesundheitszustand anhand von entnommenem Körpermaterial gibt es jedoch zahlreiche weitere Nutzungsmöglichkeiten. Es stellt sich die Frage, ob der Arzt bei der Anwendung anderer Nutzungsarten entnommenen Körpermaterials gleichfalls in das Persönlichkeitsrecht des Patienten ohne Rechtfertigung eingreift.

b) Weitere Nutzungsmöglichkeiten

aa) Nutzungen als Grundlage medizinisch-biologischer Forschung

(1) Persönlichkeitsbeeinträchtigung?

Insbesondere gentechnologische Verfahren bilden eine wichtige Grundlage zur medizinwissenschaftlichen Forschung. Anhand der Isolierung von Genen aus entnommenem Körpermaterial ist die Züchtung wichtiger Zellinien möglich. Andere Laborversuche zwecks Krebs- und Tumorforschung werden durch die Übertragung menschlicher Gene in Tiere unterstützt. Außerdem begünstigt entnommenes Körpermaterial Versuche zur Herstellung pharmazeutischer Produkte, die zur Heilung vieler Menschen führen.

Die Freiheit des Patienten, hierüber zu entscheiden, kommt dem Patienten aber nur dann zu, wenn diese Variante der Weiterverwendung seine persönlichen Interessen berührt.

Bei der Nutzung aus Forschungsgründen ist weniger die Person des Patienten, Erkenntnisse über ihn zu gewinnen, bedeutsam. Vielmehr wurde dem Patienten aus therapeutischen und/oder diagnostischen Gründen eine Körpersubstanz entnommen, die sich zufällig für die medizinwissenschaftliche Forschung eignet. Statt als Träger patientenbezogener Informationen dient die Körpersubstanz hier als Baustein oder als Auslöser für Laborversuche oder für pharmazeutische Industrieprodukte.

Sofern die Person des Patienten keine Relevanz für die Medizinwissenschaftler hat, sondern nur die Materie per se im Mittelpunkt der Interessen steht, erscheint eine Persönlichkeitsbeeinträchtigung des Patienten fernliegend. Denn der Bezug des Patienten zu seiner Körpersubstanz soll gerade abgebrochen, und sie soll einer „gewöhnlichen“ Sache gleich genutzt werden[494].

Obwohl zumeist die Person, von der das Körpermaterial stammt, keine Relevanz bei der Verwendung des Materials zu Forschungszwecken erlangt, gibt es zahlreiche Forschungen, die den Kontakt zum früheren Inhaber der Körpersubstanz nicht abbrechen lassen. Zum einen, weil beim wissenschaftlichen Umgang mit dem Material der Abbruch persönlicher Beziehungen des früheren Inhabers nicht durchführbar ist, zum anderen weil die Forscher den Kontakt zum früheren Inhaber aufrecht erhalten, um ihre Forschungsergebnisse vervollkommnen zu können. Befaßt sich die Forschung mit Hilfe der Genomanalyse gerade mit den Informationen, welche die Körpersubstanzen als Träger in sich bergen, so bleiben personenbezogene Erkenntnisse Forschungsgegenstand. Im Unterschied zur Ausforschung über den Gesundheitszustand sollen die Informationen aber nicht Aufschluß über den früheren Inhaber geben, sondern diese Informationen fallen losgelöst von der Person, aber dennoch personenbezogen an. Denn im Mittelpunkt steht das „Lesen“ der Informationen, welche die Körpersubstanz beinhaltet, wie beispielsweise die Aufschlüsselung von Genen, die wiederum die Möglichkeit eröffnen soll, genetisch bedingte Krankheiten zu heilen.

Da bereits die Beschaffung von personenbezogenen Informationen an sich in das Persönlichkeitsrecht des Betroffenen eingreift, könnte die Genomanalyse zwecks Forschung unzulässig sein.

Abhilfe schafft jedoch die Anonymisierung von Körpersubstanzen. Zwar stehen die absichtlich erlangten Informationen immer in Beziehung zum früheren Inhaber. Die Anonymisierung verhindert aber, ihn als Bezugsobjekt aufzuspüren und auf diese Weise die absichtlich gewonnenen Informationen diesem zuzuordnen. Ist die Anonymisierung der personenbezogenen Erkenntnisse gewährleistet, so fehlt es bereits an einem Persönlichkeitseingriff[495]. Kann dagegen ein anonymisiertes Verfahren nicht durchgeführt werden, so liegt durch die Aufschlüsselung von Informationen anhand der Körpersubstanzen eine Persönlichkeitsbeeinträchtigung vor[496].

Nimmt der *behandelnde* Arzt allerdings nicht konsentierte genanalytische Verfahren an Körpersubstanzen seiner Patienten vor, so läßt sich die Zuord-

494 Ähnlich *Müller,* Die kommerzielle Nutzung menschlicher Körpersubstanzen, S. 226, wenn er der Auffassung ist, daß allein in der Vornahme von Konservierungstätigkeiten keine Persönlichkeitsverletzung gesehen werden kann, denn dies sei eine Konsequenz der Gleichstellung von Körpersubstanzen mit anderen Sachen.

495 So auch, trotz vorsichtiger Formulierung, *Taupitz,* JZ 1992, 1089 (1099).

496 So auch *Schröder/Taupitz,* Menschliches Blut: verwendbar nach Belieben des Arztes?, S. 69, 82. Hier wird aber auf das Dilemma hingewiesen, daß ein Wissenschaftler, der beim Forschen Aufschluß über eine unheilbare Krankheit erhält, dem früheren Inhaber bei einem anonomiesirten Verfahren keine Mitteilung hierüber liefern kann (a.a.O., S. 64 m.w.N.), obwohl dies möglicherweise geboten ist.

nung heimlich gewonnener Erkenntnisse kaum verhindern. Häufig vermag er wohl seinen Patienten bereits anhand der Körpersubstanz zu identifizieren, zumindest aber nach der Analyse. Seine genanalytische Forschung zieht eine Persönlichkeitsverletzung nach sich, die, soweit sie codierende Gene betrifft, sogar den absolut geschützten Intimbereich beeinträchtigt[497].

Klonierungsversuche, Versuche zwecks Genmanipulation oder die Austauschversuche eines (befruchteten) Eizellkerns mit dem einer somatischen Zelle lassen ebenfalls den Kontakt zu der Person, aus der die entsprechenden Körperteile stammen, nicht abbrechen. Das gleiche gilt für die In-vitro-Fertilisation, durch die der natürliche Zeugungsvorgang biotechnisch in einem Reagenzglas ersetzt wird[498]. Die Durchführung der künstlichen Befruchtung zielt auf die Sterilitätsbehandlung[499]. Um den Erfolg zu optimieren, werden mehrere (in der Regel drei) Zygoten hergestellt. Denn wie bei der natürlichen Befruchtung zerfallen mehr als zwei Drittel der Zygoten bereits nach wenigen Zellteilungen. Die als Nebenprodukt bei der Sterilitätsbehandlung ohne Überlebenschance angefallenen Zygoten dienen manchen Wissenschaftlern als Grundlage zur Gewinnung neuer Erkenntnisse über den menschlichen Wachstums-prozeß, über Krebs-, Immun-, und Erbkrankheiten und deren Behandlung[500]. Denkbar ist zusätzlich die Herstellung befruchteter menschlicher Keimzellen, die überhaupt nur die Forschung der Wissenschaftler unterstützen soll.

Bei diesen Nutzungsarten besteht die Gefahr, das Erbgut oder die genetische Konstitution zu vervielfältigen oder zu verändern, was dem Betroffenen von der Natur zugeordnet wurde. Da andere sich durch derartige Forschungsweisen die Entscheidung anmaßen, ob und wem das Erbgut weitergegeben wird[501], in welcher Veränderung oder wie vielen neuen Individuen es in völlig identischer Weise zukommen soll, greifen sie in die höchstpersönliche Stellung, genauer in das Selbstbestimmungsrecht des Betroffenen ein, der als einziger hierüber bestimmen darf und soll[502]. Dadurch dürfte sogar der absolut geschützte Intim-

---

497 Hierzu schon oben S. 92 f.

498 Die In-vitro-Fertilisation gilt als erlaubt, weil sie nicht ausdrücklich verboten ist, siehe *Laufs*, Arztrecht, 5. Aufl., Rdnr. 389.

499 Die Qualifizierung der künstlichen Befruchtung als therapeutische Maßnahme ist umstritten, siehe *Laufs*, JZ 1986, 769 (773) m.w.N.

500 *Hofmann*, JZ 1986, 253 (258) m.N.

501 Man denke auch an den Gen-Transfer in Tiere.

502 Ähnlich *Benda*, NJW 1985, 1730 (1733); ferner *Britting*, Die postmortale Insemination, S. 104 ff; *Coester-Waltjen*, Verhandlungen des 56. Deutschen Juristentages 1986, S. B 32 (B 37); *Deutsch*, VersR 1985, 1002 (1004); *Laufs*, JZ 1986, 769 (772); *Püttner/Brühl*, JZ 1987, 529 (532); *Starck*, Verhandlungen des 56. Deutschen Juristentages 1986, S. A 38; *Zierl*, DRiZ 1986, 302 (303); ferner *Schröder/Taupitz*, Menschliches Blut: verwendbar nach Belieben des Arztes?, S. 69, 82; *Taupitz*, VersR 1991, 369 (375); *ders.*, AcP 191 (1991), 201 (212 f.). Zum Verbot des Klonens und entsprechender Versuche siehe § 6 ESchG: „Niemand darf künstlich bewirken, daß ein menschlicher Embryo mit der gleichen Erbinformation wie ein anderer Embryo, ein Foetus, ein Mensch oder ein Verstorbener entsteht." Siehe auch § 7 ESchG zum Verbot der Chimären- und Hybridbildung.

bereich betroffen sein[503]. Der einzelne hat keinerlei sozialen Bezug zu seiner Umwelt hergestellt. Er hat sich nicht seines absoluten Intimbereichs begeben, sondern die Forscher dringen darin ein und stellen einen sozialen Bezug her[504].

Forscht der Arzt zwar mit einer Körpersubstanz in der Weise, daß durch die Forschung per se kein Rückschluß auf den Patienten möglich ist, will er sich aber die Zuordnung zum jeweiligen früheren Inhaber weiterhin vorbehalten, indem er beispielsweise Aufzeichnungen über die Herkunft der Körpersubstanz tätigt, weil er Anomalien bis zur Krankheitsgeschichte des Patienten zurückverfolgen oder die Wiederholbarkeit der Versuche sicherstellen will[505], so beeinträchtigt er dadurch ebenfalls die Privatsphäre, vielleicht sogar die Intimsphäre des Patienten[506].

(2) Eingreifen eines Rechtfertigungsgrundes?

Greift der Arzt durch die Forschung nicht in die absolut geschützte Intimsphäre, sondern in die Privatsphäre ein, so fragt sich, ob sich ein Rechtfertigungsgrund hierfür findet.

In Betracht kommt die durch Art. 5 Abs. 3 S. 1 GG geschützte Freiheit von Wissenschaft und Forschung[507], die hier möglicherweise mit dem allgemeinen Persönlichkeitsrecht des Patienten in Kollision geraten kann.

Die besondere Schwierigkeit im Rahmen des - auch bei der Rechtfertigungsprüfung vorzunehmenden - Abwägungsvorgangs[508] besteht darin, daß keine der beiden Rechtspositionen als Verfassungswerte einen grundsätzlichen Vorrang beanspruchen kann[509]. Denn die vorbehaltlose Garantie der Wissenschaftsfreiheit in Art. 5 Abs. 3 S. 1 GG führt nicht zu ihrer schrankenlosen Gewährlei-

---

503 Zu beachten ist, daß hier nicht erörtert wird, ob Versuche an überschüssigen Zygoten überhaupt, also auch *mit Einvernehmen* des Patienten, zulässig, insbesondere mit dem GG vereinbar sind.

504 *Hofmann*, JZ 1986, 253 (254), weist im Zusammenhang mit der In-vitro-Fertilisation auf den weit verbreiteten Horror des Menschen vor derartigen Versuchen, insbes. mit der Furcht vor Menschenzüchtung, hin.

505 Siehe die Beispiele bei *Taupitz*, AcP 191 (1991), 201 (223).

506 Hierbei ist zu berücksichtigen, daß bereits der Umstand der Kontaktaufnahme einer Person zu einem Arzt, also die *Patienten-Eigenschaft* selbst, unter den Geheimschutz fällt, die daher keinen anderen, als die mit dem Krankheitsfall befaßten Personen, auch nicht anderen Medizinern, mitgeteilt werden darf, vgl. *Lamprecht*, ZRP 1989, 290 (291).

507 Die Wahrnehmung von Grundrechten kann ein Rechtfertigungsgrund bilden, *MünchKomm/Schwerdtner*, 3. Aufl., § 12 Rdnr. 203. Zum Schutzbereich des Art. 5 Abs. 3 GG siehe nur *BVerfG* 35, 79 (112 f.).

508 Eine strenge Trennung zwischen Tatbestandsmäßigkeit und Rechtswidrigkeit des Eingriffs ist beim Persönlichkeitsrecht als „offener“ Haftungstatbestand nicht möglich, *Leßmann*, JA 1988, 409; *BGHZ* 24, 72 (80) - Gesundheitszeugnis.

509 *MünchKomm/Schwerdtner*, 3. Aufl., § 12 Rdnr. 205; siehe auch *Taupitz*, JZ 1992, 1089 (1095).

stung. Gesichtspunkte der praktischen Konkordanz gebieten die Berücksichtigung immanenter Schranken[510].

Da dem zivilrechtlichen Persönlichkeitsrecht kein Verfassungsrang zukommt[511], muß der Konflikt zwischen Persönlichkeitsschutz und Wissenschaftsfreiheit auf einfachgesetzlicher Ebene ausgetragen werden[512]. Einfachgesetzlich kann sich der Forscher auf ein eigenes *Persönlichkeitsrecht auf Wissenschaftsfreiheit* gem. § 823 Abs. 1 BGB berufen[513]. Auf diese Weise wird ohne unmittelbare Anwendung des Art. 5 Abs. 3 S. 1 GG dessen Ausstrahlung ins Privatrecht Genüge getan. Die inhaltliche Bedeutung des Grundrechts wird privatrechtskonform modifiziert[514].

Bei Kollisionen zwischen dem allgemeinen Persönlichkeitsrecht des Patienten und der Wissenschaftsfreiheit des Forschers intensiviert sich der Schutz der Persönlichkeit je stärker der Forscher in die Privatsphäre eingreift[515].

Allerdings stellt sich das Problem, ob die Geltendmachung des Selbstbestimmungsrechts des Patienten das Persönlichkeitsrecht des Forschers auf Freiheit der Wissenschaft und Forschung überhaupt beschränkt. Bei Verneinung eines Eingriffs in das Persönlichkeitsrecht des Forschers auf Wissenschaftsfreiheit muß keine Güter- und Interessenabwägung mehr getroffen werden, ob dessen Recht Vorrang gegenüber der Privatsphäre des Patienten genießt. Nur wenn die Entscheidung über die Nutzung von Körpersubstanzen wegen persönlicher Interessen daran weiterhin dem Patienten vorbehalten bleiben muß, wird in das Persönlichkeitsrecht des Forschers auf Wissenschaftsfreiheit eingegriffen, sofern das Wissen um die Nutzung der Körpersubstanz die Forschung behindert. Im Rahmen sozialpsychologischer Experimente beispielsweise kann die Unkenntnis der Versuchsperson über das Experiment geradezu Voraussetzung für deren Durchführung sein[516], so daß hier eine Abwägung beider Rechte erfolgen müßte.

---

510 Siehe nur *Hesse,* Grundzüge des Verfassungsrechts in der Bundesrepublik Deutschland, 20. Aufl., Rdnr. 20, 71 f.; ferner *BVerfGE* 47, 327 (369), bzgl. der ebenfalls in Art. 5 Abs. 3 GG geschützen Kunstfreiheit.

511 *MünchKomm/Schwerdtner,* 3. Aufl., § 12 Rdnr. 156, 213.

512 *MünchKomm/Schwerdtner,* 3. Aufl., § 12 Rdnr. 213, bzgl. der Kunstfreiheit; siehe ferner *Fischötter,* Anm. zu *BGH,* GRUR 1976, 210 (213) - Der Geist von Oberzell.

513 Zum Persönlichkeitsrecht auf Wissenschaftsfreiheit als Konkretisierung des allgemeinen Persönlichkeitsrechts: *Wiese,* Festschrift für Duden, S. 719 (742); ferner *Voß,* Vernichtung tiefgefrorenen Spermas als Körperverletzung?, S. 78 f. m.w.N.

514 Vgl. *Wiese,* Festschrift für Duden, S. 719 (741 f.), wobei unerheblich ist, ob sich ein Hochschulangehöriger auf die Freiheit der Wissenschaft und Forschung beruft, da er nicht als Hoheitsträger auftritt und somit nicht den Schutzwirkungen des Grundrechts oder seiner Auswirkungen entzogen ist. Siehe ferner *ders.,* Genetische Analysen und Wissenschaft, S. 101.

515 *BVerfG,* NJW 1990, 1980 - Opus Dei, bzgl. der Kollisionsgüter Presse- und Kunstfreiheit.

516 Vgl. *Wiese,* Festschrift für Duden, S. 719 (732).

Die Forschung mit getrennten Körpersubstanzen setzt hingegen nicht die Unkenntnis des früheren Inhabers der Körpersubstanz voraus, um sie überhaupt durchführen zu können. Allerdings wird in der Wissenschaft die heimliche Vorgehensweise der Forschung an Körpersubstanzen aus praktischen Erwägungen befürwortet. Andernfalls trete eine Behinderung der Forschung ein, da der Patient durch die vorherige Aufklärung erst darauf aufmerksam gemacht werde, bestimmte Nutzungsformen zu verbieten oder gar von einer Geldzahlung abhängig zu machen[517].

Abgesehen davon, daß es nicht einsichtig ist, die Beteiligung des Patienten an möglichen wirtschaftlichen Gewinnen als Hinderungsgrund für Forschungstätigkeiten sehen zu wollen, falls diesem ein Recht darauf zustehen sollte[518], kann zudem die Befürchtung, der Patient werde bestimmte Nutzungsformen verbieten, nicht überzeugen. Der Patient steht eher der Forschung an der Körpersubstanz mißtrauisch gegenüber, wenn er übergangen wird und in Unkenntnis darüber bleibt, wie mit Erkenntnissen über ihn umgegangen wird. Findet aber über die Weiterverwendung seines entnommenen Körpermaterials eine hinreichende Aufklärung statt, vor allem auch im Hinblick auf den Nutzen, den die wissenschaftliche Weiterverwendung der Menschheit bringt, kann von einer Ausschließung des Patienten, mit der er andernfalls rechnen müßte, nicht mehr die Rede sein[519] und er wird der Forschung an „seinen" Körpersubstanzen offener gegenüberstehen. Ohne großes Zutun kann er zu einem Helfer der Menschheit werden, denn die Körpersubstanz als fragliches Forschungsobjekt mußte ohnehin entnommen werden.

Zu Recht macht *Simitis* darauf aufmerksam, daß sich der Patient nicht gegen die medizinische Forschung stellt. Nicht die Berechtigung medizinischer Forschung wird angezweifelt, sondern die Legitimität und Legalität einer bislang widerspruchslos hingenommenen Vorgehensweise, bei der eine Mitwirkung des Betroffenen nicht gewollt ist[520]. Mit Problemen hinsichtlich der Einwilligung des Betroffenen muß im Bereich der Forschung aber immer gerechnet werden[521]. Insofern wird die Freiheit des Forschers bei nicht heimlicher Vorgehensweise keineswegs beeinträchtigt, sondern in der üblichen Weise verlangsamt. Sollte man bereits durch die übliche Verzögerung einen Eingriff in das Persönlichkeitsrecht des Forschers auf Wissenschaftsfreiheit erblicken, so kann dennoch das wissenschaftliche Interesse nicht über den Schutz der Privatsphäre des Patienten gestellt werden. Denn die bloße Verzögerung der Forschung stellt eine weitaus geringere Behinderung dar als der Eingriff des Forschers in die Privatsphäre des Patienten.

---

517 Siehe Darstellung bei *Taupitz,* AcP 191 (1991), 201 (220).

518 *Taupitz,* AcP 191 (1991), 201 (221), der auf *Moore v. Regents of University of California,* (1988) 249 Cal. Rptr. 494 (509) verweist.

519 In diesem Sinne auch *Hollmann,* MedR 1992, 177 (180 f.), in bezug auf die Speicherung von Daten; ferner *Simitis,* MedR 1985, 195 (196 ff.).

520 *Simitis,* MedR 1985, 195 (197).

521 Ebenso *Simitis,* MedR 1985, 195 (197).

Bei überzeugender Aufklärung des Arztes ist daher davon auszugehen, daß der Betroffene in der Regel zustimmt. Es ist unerheblich, ob für den Patienten auch wirtschaftliche Aspekte mit eine Rolle spielen mögen, die bei den Forschern gleichermaßen einen nicht unerheblichen Stellenwert einnehmen[522].

Häufig wird außerdem von den Forschern vorgebracht, eine nicht heimliche Vorgehensweise im Hinblick auf den Patienten rufe Dokumentationsprobleme hervor[523]. Die Dokumentation über den Umfang der Zustimmung des Patienten mag zwar die Forschung verlangsamen, aber nicht erheblich behindern, zumal der Arzt auch sonst im Rahmen der Behandlung zur Dokumentation verpflichtet ist.

Wiese verdeutlicht das grundsätzliche Zurücktreten der wissenschaftlichen Interessen mit den negativen Erfahrungen aus der NS-Zeit[524]. Gegen die Rechtsgüterabwägung zugunsten von Wissenschaft und Forschung hatte sich auch der *Deutsche Ärztetag* 1982 ausgesprochen[525]. Diese Grundaussage wurde in späteren Jahren weiterhin aufrechterhalten[526]. Zudem kann nicht mit dem Hinweis auf berechtigte Interessen der *Allgemeinheit* den wissenschaftlichen Interessen der Vorrang eingeräumt werden[527]. Denn dann wäre nicht die Wissenschaftsfreiheit des Forschers als Rechtsgut betroffen, dessentwegen ein Eingriff in die Privatsphäre gerechtfertigt wäre, sondern ein anderes, die Allgemeinheit betreffendes Rechtsgut (z. B. die Volksgesundheit)[528], auf das sich der Forscher nicht stützen kann.

Auch der *Notstand* im Sinne von § 34 StGB[529] erweist sich nicht als Rechtfertigungsgrund, da es im Rahmen medizinischer Forschung stets an der hierfür erforderlichen Notstandslage, d. h. dem Bestehen einer gegenwärtigen Gefahr für ein Rechtsgut[530], fehlt[531].

---

522 Siehe hierzu *Taupitz,* AcP 191 (1991), 201 (221) m.w.N.

523 Darstellung bei *Taupitz,* AcP 191 (1991), 201 (221 f.).

524 *Wiese,* Festschrift für Duden, S. 719 (743).

525 Siehe ferner *Voß,* Vernichtung tiefgefrorenen Spermas als Körperverletzung?, S. 79, der im Konfliktfalle dem Recht des Patienten den Vorrang gewähren will.

526 Vgl. hierzu die Darstellung bei *Hollmann,* MedR 1992, 177 (179).

527 *Wiese,* Festschrift für Duden, S. 719 (743); ferner *Schröder/Taupitz,* Menschliches Blut: verwendbar nach Belieben des Arztes?, S. 68 m.N.; zur grundsätzlichen Ablehnung des Vorrangs der Wissenschaftsfreiheit gegenüber dem Selbstbestimmungsrecht des Patienten siehe auch *Taupitz,* Kommerzialisierung menschlicher Körpersubstanzen, S. 51 (69) m.w.N.

528 Zutreffend *Wiese,* Festschrift für Duden, S. 719 (743).

529 Die Rechtfertigungsgründe sind der gesamten Rechtsordnung zu entnehmen, vgl. *Jauernig/Teichmann,* 7. Aufl., § 823 Zif. IV 2; ferner *MünchKomm/Mertens,* 2. Aufl., § 823 Rdnr. 30.

530 *SK/Samson,* StGB, 6. Aufl., § 34 Rdnr. 8.

531 So auch in bezug auf den Aids-Test: *Michel,* JuS 1988, 8 (12); *Eberbach,* NJW 1987, 1472.

Auch kann die Ansteckungsgefahr für die übrigen Patienten, das medizinische Personal und die Allgemeinheit keine Rechtfertigung begründen. Ein behandlungsspezifisches Übertragungsrisiko ist bereits bei Beachtung der bestehenden Hygienevorschriften mit an Sicherheit grenzender Wahrscheinlichkeit ausgeschlossen[532].

Zusammengefaßt ergibt sich folgendes:

Steht die Materie per se im Vordergrund, lassen aber die Forschungsmethoden den Abbruch persönlicher Beziehungen des Betroffenen zum Körpermaterial nicht zu, so verletzt der Arzt das *Selbstbestimmungsrecht* des Patienten, falls dem Arzt nicht ausnahmsweise die Zuordnung zum Patienten durch Anonymisierung unmöglich gemacht wird. Forscht der *behandelnde* Arzt an dem Körpermaterial seines Patienten, so liegt dann eine Persönlichkeitsverletzung hinsichtlich seines Patienten vor, wenn ihm die Identifizierung seines Patienten möglich ist.

Trotz Anonymität greift der Forscher sogar in den *absolut geschützten Intimbereich* ein, wenn er Klonierungsversuche, Versuche zwecks Genmanipulation oder Forschungen vornimmt, indem er Eizellkerne durch somatische Zellkerne zu ersetzen versucht, Gene in Tiere transferiert oder an Zygoten Forschungen durchführt[533].

Ebenfalls ist eine Persönlichkeitsverletzung zu bejahen, wenn der Arzt die Verbindung zum Patienten heimlich aufrechterhält und so seine *Identifizierung* ermöglicht, obwohl die Forschung an sich einen Abbruch der Bindungen zulassen würde.

bb) Nutzung durch Implantationen in menschliche Körper

Entfernt der Arzt seinem Patienten bei einer Hüftoperation die Knochen, die zermahlen oder gehobelt in flüssiger Form Unfallopfern implantiert werden[534], so findet sich in der Rechtsliteratur der Hinweis, daß der Patient über diesen Verwendungszweck in Kenntnis gesetzt werden müßte[535]. Im Wertungsvergleich mit einer ungewollten Körperspende, die persönlichkeitsrechtliche Inter-

---

532 *Michel,* NJW 1988, 2271 (2273) m.w.N.

533 *Schröder/Taupitz,* Menschliches Blut: verwendbar nach Belieben des Arztes?, S. 69, S. 82, sehen bei Forschungen das Persönlichkeitsrecht auch dann berührt, „wenn es Forschungen zugeführt wird, über deren rechtliche oder ethische Zulässigkeit oder Vertretbarkeit unter Ärzten und/oder in der Öffentlichkeit keine Übereinstimmung herrscht". Die umstrittenen Forschungen betreffen jedoch gerade Klonierungsversuche, Versuche zwecks Genmanipulation oder Versuche, Eizellkerne durch somatische Zellkerne zu ersetzen, die, wie dargestellt, ohnehin eine Persönlichkeitsverletzung darstellen. Gerade weil von einer Persönlichkeitsverletzung bei diesen Forschungsalternativen ausgegangen wird, sind sie umstritten, nicht aber weil sie umstritten sind, bilden sie eine Persönlichkeitsrechtsverletzung.

534 Bei Trümmerbrüchen wird dadurch die Kallusbildung angeregt.

535 So insbes. *Deutsch,* Arztrecht und Arzneimittelrecht, 2. Aufl., S. 256; ferner *Schröder/Taupitz,* Menschliches Blut: verwendbar nach Belieben des Arztes?, S. 63 m.w.N.; *Taupitz,* Sonderdruck des DÄBl. vom 16. April 1993, S. 4; *Lippert,* MedR 1997, 457.

essen verletzen könne, sei die Mitteilung des Arztes über diese Verwendungsform der entnommenen Knochen angebracht[536].

Indessen erscheint dieser generalisierende Standpunkt als zu weitgehend. Allein die Möglichkeit einer Persönlichkeitsrechtsverletzung durch die Vorgehensweise des Arztes spricht zwar dafür, dem Arzt die Mitteilung des Patienten über die weitere Nutzung anzuraten. Jedoch hilft diese generalisierende Aussage nicht bei der Beantwortung der Frage weiter, wann konkret eine Mitteilungspflicht besteht. Der Arzt ist dann zur Mitteilung verpflichtet, wenn er durch seine Vorgehensweise tatsächlich das allgemeine Persönlichkeitsrecht seines Patienten verletzen würde.

Bei der Implantation menschlicher Körpersubstanzen in menschliche Körper steht weniger die Person des Betroffenen als die Materie der entnommenen Substanz im Vordergrund. Daher erscheint die Annahme einer Persönlichkeitsbeeinträchtigung fraglich.

Da die Implantation anonym erfolgt, so daß der Dritte, dem die Körpersubstanz eingepflanzt wird, keinerlei Kenntnis erhält, von wem die Körpersubstanz stammt und bei welcher Gelegenheit sie von einer anderen Person gewonnen wurde, liegt keine Gefährdung des Geheimschutzes des früheren Inhabers des Körpermaterials vor, insbesondere die Offenbarung seiner Patienten-Eigenschaft.

Erfolgt die medizinische Nutzung allerdings mit dem Nebeneffekt, daß Kenntnisse über den früheren Inhaber aufgedeckt werden, was sich eher selten ereignen wird, etwa bei der Gewinnung von Genen[537], die aus dem entnommenen Material stammen und Dritten zugeführt werden sollen, so liegt hierin eine Persönlichkeitsbeeinträchtigung. Die vorhergehende nähere Befassung mit der Zulässigkeit der Weiterverwendung getrennter Körpersubstanzen zwecks medizinisch-biologischer Nutzung vermag dieser Nutzungsalternative (Nutzung durch Implantation) wichtige Orientierungshilfen zu geben[538]. Ein Eingriff in die Persönlichkeit ist ebenfalls zu bejahen, wenn Erbmaterial anderen Personen zugeführt wird[539] und so genetische Veranlagungen des früheren Inhabers ohne dessen Wissen weitergegeben werden. Derartiges hat sich bisher in der Praxis offenbar noch nicht ereignet oder läßt sich noch nicht durchführen[540].

---

536 *Schröder/Taupitz,* Menschliches Blut: verwendbar nach Belieben des Arztes?, S. 63.

537 Bisher wurden nur Fälle bekannt, bei denen Dritten *bakterielle* Gene zugeführt worden war, siehe hierzu Nachweise bei *Schröder/Taupitz,* Menschliches Blut: verwendbar nach Belieben des Arztes?, S. 66.

538 Siehe insbes. oben S. 95 ff.

539 So auch *Schröder/Taupitz,* Menschliches Blut: verwendbar nach Belieben des Arztes?, S. 66, 70; ferner oben S. 99 f.

540 Bei diesen wissenschaftlichen Versuchen ohne Kenntnis des Betroffenen handelt es sich bereits um einen Persönlichkeitseingriff; siehe oben S. 98.

Daher fehlt es, von einigen wenigen Ausnahmen abgesehen, schon an einer Persönlichkeitsbeeinträchtigung. Insofern bedarf es zumeist keiner rechtfertigenden Einwilligung mehr, welche die Nutzung des Körpermaterials zwecks Implantation erlaubt[541].

Das Erfordernis einer Einwilligung, die einen Eingriff in die Persönlichkeit voraussetzt, kann nicht mit dem Argument befürwortet werden, die Entnahme von Transplantaten, die eigens der Spende Dritter dienen sollen, deren Entnahme also nicht aus therapeutischen und/oder diagnostischen Gründen erforderlich war, bedürfe ebenfalls der Einwilligung der Betroffenen[542]. Denn auf diese Weise wird der Unterschied von Entnahme und Nutzung verwischt. Entnahme und Nutzung müssen aber einer gesonderten Betrachtungsweise bei der Erörterung einer Persönlichkeitsrechtsverletzung unterzogen werden[543]. Bei der Entnahme zwecks Körperspende ist die Einwilligung deshalb notwendig, um den bei der Entnahme vorliegenden Eingriff in die körperliche Integrität zu rechtfertigen.

Nur wenn die *Nutzung* von gespendeten Transplantaten ebenfalls einer Einwilligung bedarf, kann dies möglicherweise bei der Nutzung des aus medizinisch indizierten Gründen entnommenen Körpermaterials vergleichsweise herangezogen werden.

Im Zusammenhang mit einer Persönlichkeitsbeeinträchtigung des Spenders durch die medizinische Nutzung des Transplantats dreht sich die rechtliche Diskussion hauptsächlich darum, ob das Persönlichkeitsrecht verletzt ist, sofern das Transplantat einem anderen als dem vorgesehenen Dritten implantiert wird. Die überwiegende Ansicht sieht hierin die Verletzung des Selbstbestimmungsrechts des Spenders[544]. Im Gegensatz zu der Weiterverwendung von Körpersubstanzen, deren Entnahme objektiv erforderlich war, geschieht die Entnahme der Transplantate häufig mit dem Zweck, sie nicht irgendeiner, sondern einer bestimmten Person zu übertragen. Gerade deswegen hat sich der Betroffene dem medizinischen Eingriff überhaupt unterzogen. Abgesehen davon, daß hier schon die Eigentumsübertragung an den Arzt durchaus fraglich erscheint, bestehen zu seiner getrennten, nicht als „Abfallprodukt" zu qualifizierenden Körpersubstanz bei objektiver Betrachtungsweise weiterhin persönliche Interessen, auf deren Durchsetzung es ihm in hohem Maße ankommt. Beachtet der Arzt bei der Implantation nicht den Willen des Spenders, der das Körpermaterial einer anderen Person zugedacht hat, so verletzt er daher, falls keine Recht-

---

541 Auch auf den rechtfertigenden Notstand braucht hier deshalb nicht weiter eingegangen zu werden.

542 So aber *Schröder/Taupitz,* Menschliches Blut: verwendbar nach Belieben des Arztes?, S. 63, 70.

543 Siehe hierzu oben S. 86 ff.

544 *Jansen,* Die Blutspende aus zivilrechtlicher Sicht, S. 95; ferner *Carstens,* Das Recht der Organtransplantation, S. 66 f.; *Müller,* Die kommerzielle Nutzung menschlicher Körpersubstanzen, S. 234.

fertigungsgründe vorliegen, nach zutreffender Auffassung das allgemeine Persönlichkeitsrecht des Spenders.

Ansonsten handelt die allgemeine Diskussion nicht so sehr von Problemen der Nutzung als von Problemen, welche die *Entnahme* von Transplantaten betreffen. Die Nutzung von Transplantaten, die ohne medizinische Indikation entnommen werden, ruft weniger das Mißtrauen hervor als die hiervon abzugrenzende Entnahme. Die Bedenken bei der Nutzung richten sich vornehmlich gegen die praktische Durchführung von Transplantationen und deren Auswirkungen. Mögliche körperliche Abstoßreaktionen nach der Transplantation in den Körper eines Dritten oder dessen psychische Folgen führen zu Vorbehalten gegen eine derartige Nutzung. Diese Probeme betreffen aber den Rechtskreis desjenigen, der das Transplantat empfängt.

Außerdem beziehen sich diese Schwierigkeiten zumeist auf Körpermaterial, das nicht mit dem bei einer Operation oder Diagnose angefallenen und womöglich erst noch umzugestalteten Körpermaterial deckungsgleich ist. Ausnahmen bilden Knochenmarkspenden, Blutspenden, kleinere Mengen von Hautspenden und ähnlichen Gewebsspenden, die jedoch der Körper selbständig regeneriert.

Demzufolge trägt der als Vergleich dienende Verweis auf die rechtliche Situation bei gespendeten Transplantaten *nicht* dazu bei, die Implantation getrennter Körperteile, die aus therapeutischen und/oder diagnostischen Gründen entnommen worden sind, grundsätzlich als Persönlichkeitsbeeinträchtigung des früheren Inhabers des Körpermaterials zu werten.

cc) Nutzung durch die Weitergabe des Körpermaterials unter dem Gesichtspunkt der Entgeltlichkeit

Im Grunde behandelt schon die Nutzung durch Implantation in menschliche Körper die Weitergabe von Körpermaterial durch den Arzt an Dritte. Im folgenden soll jedoch im besonderen auf den Aspekt der Entgeltlichkeit eingegangen werden.

(1) Die mit einer Aufwandsentschädigung verbundene Weitergabe

Die Weitergabe entnommener Körpermaterialien findet in der Praxis meist nicht kostenfrei statt, sondern sie erfolgt gegen eine Zahlung, die Aufwand und Mühen abdecken soll. Denn die Weitergabe von Körpermaterial an Dritte ist in der Regel mit Verpackungs-, Portokosten und einigem Arbeitsaufwand verbunden[545]. Die Zahlungen fallen üblicherweise so niedrig aus, daß nicht davon aus-

545 Siehe oben S. 10 in bezug auf Blut.

gegangen werden kann, die Weitergabe solle neben einer Aufwandsentschädigung zusätzlich wirtschaftliche Vorteile bringen[546].

Die heimliche Weitergabe von Körpersubstanzen an Dritte stellt als solche, von einigen Extremfällen abgesehen, keinen Persönlichkeitseingriff des früheren Inhabers dar[547]. Die Tatsache, daß die heimliche Weitergabe häufig mit einer Aufwandsentschädigung verbunden ist, ändert nichts an dieser rechtlichen Wertung, da durch ihre Erhebung ebenfalls keine persönlichen Interessen des früheren Inhabers der Körpersubstanz berührt werden. Vielmehr dienen die gezahlten Beträge der praktischen Durchsetzung, um die Weitergabe der Körpersubstanzen zu ermöglichen.

(2) Die mit wirtschaftlichen Vorteilen verbundene Weitergabe

Da Körpersubstanzen die Herstellung pharmazeutischer oder kosmetischer Produkte begünstigen und in der Forschung und Heilung eine entscheidende Rolle spielen, münden diese Vorgänge in die *Vermarktung von Körpersubstanzen*. Die hohe Nachfrage verleitet den Arzt dazu, die Überlassung der Körpersubstanzen von einem Entgelt abhängig zu machen, das die übliche Aufwandsentschädigung übersteigt. Häufig fließen die gezahlten Beträge in sog. Kaffeekassen oder sie kommen Drittmittelkonten der Universitätskliniken zugute. Dadurch beispielsweise werden gemeinsame Essen der Mitarbeiter finanziert[548].

Nur sofern die mit wirtschaftlichen Vorteilen einhergehende Überlassung entnommener Körpersubstanzen an Dritte persönliche Interessen des früheren Inhabers verletzt, kann dieser sich durch die Berufung auf sein Persönlichkeitsrecht gegen die Vermarktung des ihm entnommenen Körpermaterials wenden. Die Vermarktung an sich müßte also eine Beeinträchtigung seiner persönlichen Interessen darstellen.

Allein die Tatsache der Vermarktung einer bereits getrennten Körpersubstanz, d. h. das Abhängigmachen der Weitergabe von einer Geldzahlung, die nicht nur eine Aufwandsentschädigung darstellt, kann jedoch keine ideellen Interessen des früheren Inhabers berühren. Denn solange die Weitergabe als solche, also auch die unentgeltliche, im Hinblick auf persönliche Interessen des Patienten zulässig ist, ist nicht ersichtlich, warum gerade die Kommerzialisierung personenbezogene Belange berühren soll. Regelmäßig wird die persönliche Beziehung des Patienten zur Körpersubstanz durch die Nutzung in Form

[546] Die Beträge liegen für wenige ml Blut bei ca. 2 DM; die Beträge für Leichenteile wie Hypophysen bei 8 DM, Hirnhäute bei 15 DM und Gehörknöchelchen bei 11 DM. Auch menschliche Zellinien haben ihren „Preis", der zwischen 35 DM und 130 DM ebenfalls als Entschädigung gewertet werden kann, wenn man den hohen Aufwand für die Isolierung des Materials und für das Anwachsen der Zellkulturen berücksichtigt. Siehe zum Ganzen *Schröder/Taupitz*, Menschliches Blut: verwendbar nach Belieben des Arztes?, S. 75 f., 78 f. m.w.N.; ferner *Taupitz*, Sonderdruck des DÄBl. vom 16. April 1993, S. 4.

[547] Siehe oben S. 103 ff.

[548] *Rieger*, DMW 103 (1978), 290.

ihrer Weitergabe durch den Arzt nicht angetastet oder offengelegt. Insoweit kann die Kommerzialisierung der Körpersubstanz durch die entgeltliche Weitergabe ebenfalls keine persönlichen Belange des Patienten berühren. Vielmehr steht das rein materielle, zu wirtschaftlichen Vorteilen führende Interesse des Dritten an der Körpersubstanz im Vordergrund, ohne daß persönliche Belange mit einer Geldzahlung in Abhängigkeit gebracht werden[549].

Die Vermarktung als solche berührt folglich keine persönlichen Interessen des Patienten. Daran ändert sich auch dann nichts, falls die Vermarktung nicht der Weitergebende vornimmt, sondern dieser den gewinnbringenden Entwicklungsprozeß nur einleitet. Denn häufig wird für den Erhalt der Körpersubstanz zwar nicht mehr als die übliche Aufwandsentschädigung gezahlt, jedoch rückt für den *Dritten* der wirtschaftliche Vorteil in das Zentrum des Interesses, weil er im Zusammenhang mit der Verarbeitung des Körpermaterials zu Arzneimitteln oder Schönheitspräparaten auf große Gewinne hofft[550]. Diese Wertung ergibt sich zudem aus dem Verbot des Handels mit menschlichen Organen (§§ 17 ff. Transplantationsgesetz - TPG)[551]. Danach soll nicht schlichtweg jeder Handel mit menschlichen Körpersubstanzen rechtliche Sanktionen für den Handeltreibenden auslösen. Durch den § 17 Abs. 1 Nr. 2 des Gesetzes fällt unter anderem der Handel mit Arzneimitteln, die aus oder unter Verwendung von Organen hergestellt sind und von den Vorschriften des Arzneimittelgesetzes über die Zulassung oder Registrierung unterliegen oder durch Rechtsverordnung von der Zulassung oder Registrierung freigestellt sind, nicht unter das Strafverbot.

Wenn allerdings bereits die Weitergabe als solche persönliche Interessen des früheren Inhabers beeinträchtigt, was die Ausnahme darstellt[552], kann der Gesichtspunkt der Entgeltlichkeit den Eingriff in die Persönlichkeit zusätzlich als noch verwerflicher erscheinen lassen[553].

Wie sich gezeigt hat, taugt der Aspekt der Vermarktung ideeller Güter anderer nicht dafür, eine Persönlichkeitsverletzung zu begründen. Hingegen trägt die Berücksichtigung der Verletzung des Persönlichkeitsrechts des Patienten aus kommerziellen Gründen dazu bei, im Rahmen der Rechtsfolge eher zur Gewährung des immateriellen Schadensersatzes zu tendieren, da in die rechtli-

549 Im Ergebnis ebenso *Müller,* Die kommerzielle Nutzung menschlicher Körpersubstanzen, S. 50 f., 161 f., der darauf hinweist, daß die Anwendung des schuld- oder sachenrechtlichen Regelungsinstrumentariums auf die abgetrennten Körpersubstanzen ohne hinzutreten weiterer Umstände nicht als Verletzung des allgemeinen Persönlichkeitsrechts des Substanzträgers anzusehen ist.

550 Hierzu *Schröder/Taupitz,* Menschliches Blut: verwendbar nach Belieben des Arztes?, S. 77.

551 BGBl. 1997, 2631 ff.; siehe hierzu auch unten S. 130 ff.

552 Hierzu oben S. 103 ff.

553 Anders *Tress,* Die Organtransplantation aus zivilrechtlicher Sicht, S. 43, der beim Verkauf von Körpersubstanzen - abgesehen von äußeren Bestandteilen wie Haare - stets davon ausgeht, daß sich dies „mit den Grundprinzipien unseres Rechts“ nicht vereinbaren lasse.

che Bewertung Anlaß und Beweggrund des Eingreifenden mit einzubeziehen sind[554].

dd) Sonstige Nutzung

In den Bereich sonstiger Nutzung fallen die laborinternen Qualitätskontrollen unter heimlicher Zuhilfenahme von Patientenblut[555]. Durch diese Form der Weiterverwendung wird nicht in die Persönlichkeit des Patienten eingegriffen, da hierbei nur die Materie der Körpersubstanz interessiert. Weder werden heimlich Erkenntnisse über den Patienten ausgeforscht[556], noch besteht am Blut ein besonderes Affektionsinteresse, das höher als das Eigentumsinteresse des Arztes einzustufen wäre, insbesondere da es sich hier um keine ethisch umstrittenen Praktiken handelt[557].

3.3 Persönlichkeitsverletzung im Fall *John Moore*?

3.3.1 Auffassung des kalifornischen Supreme Court

Im Fall *John Moore* sieht der kalifornische Supreme Court eine Persönlichkeitsverletzung, vergleichbar mit der Verletzung des Rechts am eigenen Bild, nicht für gegeben an. Zwar könne man zu der Auffassung gelangen, daß das genetische Material mehr noch als ein Name oder ein Gesicht die Grundlage der menschlichen Einzigartigkeit darstelle[558]. Jedoch hätten Lymphokine, um deren Herstellung es im vorliegenden Fall ging, anders als ein Name oder ein Gesicht bei jedem Menschen die gleiche molekulare Struktur und die gleiche wichtige Funktion im Immunsystem. Ebenso sei das von *John Moore* stammende genetische Material bei jedem Menschen das gleiche, da das Gen, einschließlich seiner Proteinproduktion, bei den Individuen übereinstimme. Gerade deshalb könne überhaupt das Produkt des genetischen Materials von *Moore* zwecks Therapie anderen Personen zugeführt werden, das in keiner Weise ein „Abbild" *Moores* darstelle[559]. Ohnehin sei die Überproduktion des

554 *MünchKomm/Schwerdtner,* 3. Aufl., § 123 Rdnr. 295, 298; ferner im Rahmen der Rechtsfolgen S. 179 ff. Zu ungenau *Taupitz,* Kommerzialisierung menschlicher Körpersubstanzen, S. 51 (66 f.), wenn er „in seltenen Fällen" durch den Verkauf von Körpermaterial eine Verletzung des Persönlichkeitsrechts annimmt. Später jedoch weist er darauf hin, daß wirtschaftliche Interessen nur ein zusätzlich zur Persönlichkeitsrechtsverletzung hinzukommendes Moment seien, ohne allerdings auf die genaue Bedeutung im Hinblick auf die Gewährung immateriellen Schadensersatzes einzugehen.

555 Gibt der behandelnde Arzt die Blutsersa zwecks Laborkontrolle weiter, so findet die Nutzung des Arztes bereits durch diese Weitergabe statt.

556 Ähnlich *Schröder/Taupitz,* Menschliches Blut: verwendbar nach Belieben des Arztes?, S. 61, 81.

557 Siehe hierzu *Schröder/Taupitz,* Menschliches Blut: verwendbar nach Belieben des Arztes?, S. 81.

558 Diese Auffassung vertritt der Court of Appeal, *Moore v. Regents of University of California,* (1988) 249 Cal. Rptr. 494, 508, in Übereinstimmung mit der Auffassung der Kläger, Darstellung bei *Taupitz,* VersR 1991, 369 (377).

559 *Moore v. Regents of University of California,* (1990) 51 Cal. 3d 120, 138 f.

Lymphokins bei *John Moore* lediglich auf einen Virus zurückzuführen, der jedes normale T-Lymphozyt zur Überproduktion anrege.

3.3.2 Beurteilung nach deutschem Recht

Im deutschen Recht soll zunächst die von *Taupitz* vertretene Auffassung beschrieben werden.

Ursprünglich ging *Taupitz* von einer Persönlichkeitsverletzung durch die heimliche Weiterkultivierung der von *John Moore* entnommenen Zellinien aus, da er eine physische Perpetuierung individualpersönlicher Substanzen des ursprünglichen Trägers angenommen hatte[560]. Jedoch modifizierte *Taupitz* seine Ansicht, als die biologischen und chemischen Besonderheiten des Falles im Urteil des Supreme Court dargestellt wurden[561]. Da gerade nicht eine bestimmte individuelle Konstellation der Gene des *John Moore* perpetuiert worden sei, sondern *Moores* Zellen ein Protein in ungewöhnlichem Maße nur deshalb produzierten, weil ein Virus diese Überproduktion veranlaßt hatte, sei eine Persönlichkeitsverletzung zu verneinen, da der Virus kein Abbild des *John Moore* sei[562].

Bezüglich der sog. „Nachschubuntersuchungen" stellt *Taupitz* bereits auf die Entnahme ab, da die Körpersubstanz durch Täuschung erlangt worden sei. Daher sieht er den Tatbestand der rechtswidrigen Körperverletzung als erfüllt an[563]. Auf eine Persönlichkeitsverletzung hinsichtlich der späteren Nutzung der durch Täuschung entnommenen Körpersubstanz geht *Taupitz* nicht näher ein.

Nach der hier vertretenen Auffassung gelangt man zu folgendem Ergebnis:

Zwar stand für die Forscher weniger die Person des *John Moore* im Mittelpunkt ihres Interesses als die Tatsache, daß das ihm entnommene Körpermaterial möglicherweise die Herstellung eines bestimmten Proteins zu bewirken vermochte. Jedoch bedurfte die konkrete Art der Nutzung der Aufrechterhaltung der Beziehung zum Inhaber des entnommenen Körpermaterials, um notfalls auf weitere Körpersubstanzen zurückgreifen zu können. Jedem der Medizinwissenschaftler war bekannt, von wem das Körpermaterial stammte. Anfangs hatten sie sich sogar - der Praxis entsprechend - der ersten zwei Buchstaben des Nachnamens („Mo") bedient, um der gezüchteten Zellkultur einen Namen zu geben. Insofern kann von einer anonymisierten Vorgehensweise bei

560 Vgl. *Schröder/Taupitz,* Menschliches Blut: verwendbar nach Belieben des Arztes?, S. 66 f.

561 *Taupitz,* AcP 191 (1991), 201 (214 in Fn. 45).

562 Vgl. *Taupitz,* VersR 1991, 369 (375); *ders.,* AcP 191 (1991), 201 (213 f.); *ders.,* Sonderdruck des DÄBl. vom 16. April 1993, S. 4.

563 *Taupitz,* Kommerzialisierung menschlicher Körpersubstanzen, S. 51 (63); ferner *ders.,* VersR 1991, 369 (375); unklar *ders.,* AcP 191 (1991), 201 (228).

der Nutzung zwecks Forschung keine Rede sein[564]. Vielmehr erlangten eine unbestimmte Anzahl von Personen, die nicht mit der Behandlung *Moores* betraut waren, jedoch in irgendeiner Weise mit den Forschungsarbeiten in Kontakt gerieten, patientenbezogene Informationen folgenden Inhalts: Sie erfuhren zunächst von der Patienten-Eigenschaft des *John Moore* an sich, außerdem von der erfolgten Milzentnahme, die Rückschlüsse auf die Krebserkrankung *Moores* zuläßt und von dessen Virusbefall, durch den die Überproduktion des entscheidenden Gens veranlaßt worden war. Bei letzterer Information, dem Virusbefall, könnte man sich sogar fragen, ob sie, als personenbezogene Information, selbst den behandelnden Ärzten hätte verborgen bleiben müssen, falls sie in keinem Zusammenhang mit der Behandlung stand.

Da aber aufgrund des Selbstbestimmungsrechts *John Moore* vorbehalten ist, „ob", „wie" und „wem" diese persönlichen Belange, die zwar nicht die absolut geschützte Intimsphäre, jedoch die Privatsphäre betreffen, offenbart werden, liegt ein Persönlichkeitseingriff seitens der Ärzte durch die Nutzung der entnommenen Milz vor. Weder die in die Behandlung abgegebene Einwilligung, noch Gründe der Sozialadäquanz, noch das Persönlichkeitsrecht des Forschers auf Wissenschaftsfreiheit rechtfertigen den Eingriff in die Persönlichkeit des Patienten.

Sind die Körpersubstanzen eigens für die Nutzung entnommen worden, wobei der Patient jedoch davon ausging, die Entnahmen dienten der Nachuntersuchung, liegt neben der späteren Verletzung des Selbstbestimmungsrechts des Patienten durch die *Nutzung* zusätzlich bereits durch die *Entnahme* eine spezielle Persönlichkeitsverletzung in Form einer Körperverletzung vor. War hingegen die Nachuntersuchung objektiv erforderlich, so ist mangels Erfüllung des Tatbestands der Körperverletzung keine spezielle Persönlichkeitsbeeinträchtigung schon im Zeitpunkt der Entnahme anzunehmen. Lediglich im Zeitpunkt der Nutzung liegt in Form der Verletzung des Selbstbestimmungsrechts eine allgemeine Persönlichkeitsrechtsverletzung vor. Die gewinnbringende Vermarktung der auf Grundlage *Moores* entnommener Zellen gezüchteten Zellinie *begründet* allerdings keine Persönlichkeitsverletzung.

4. Rechte des Patienten aus Behandlungsvertrag?

Ob dem Arzt die Befugnis zur Weiterverwendung der entnommenen Körpersubstanz zusteht oder nicht, läßt sich möglicherweise aus dem Vertrag[565] zwischen Arzt und Patienten ableiten. Dazu bedarf es entweder einer ausdrückli-

[564] Zu Recht weist *Taupitz,* Sonderdruck des DÄBl. vom 16. April 1993, S. 3, im Hinblick darauf auf datenschutzrechtliche Bedenken hin.

[565] In der Regel wird der Behandlungsvertrag als „Dienstvertrag höherer Ordnung" eingestuft und unterliegt den §§ 611 ff. BGB, vgl. *Bappert,* Arzt und Patient als Rechtsuchende, S. 28; ferner *Laufs,* Arztrecht, 5. Aufl., Rdnr. 100 f.

chen Vereinbarung der Parteien hierüber oder aber eines Verhaltens der Parteien, das im Wege der Auslegung als konkludente Vereinbarung hierüber gewertet werden kann. Schließlich, wenn konkrete Anhaltspunkte fehlen, kann die ergänzende Vertragsauslegung herangezogen werden, durch die Regelungen, welche die Parteien nicht bedacht haben, mit Blick auf den hypothetischen Willen der Parteien ergänzt werden[566].

4.1 Vertragliche Vereinbarung über die Nutzung entnommener Körpersubstanzen?

Ausdrücklich findet sich regelmäßig keine Vereinbarung der Parteien über ein Verbot oder die Erlaubnis der Nutzung des entnommenen Körpermaterials. Jedoch schließt sich hier die Frage an, ob dem Verhalten der Parteien eine derartige Bedeutung beigemessen werden kann, um dennoch zur Annahme einer Vereinbarung der Parteien hierüber zu gelangen.

Ob dem Verhalten der Parteien Erklärungswert zukommt, was die vorherige Feststellung des Erklärungstatbestands erfordert, und welchen Inhalt dieser Erklärungswert hat, ist nach den §§ 133, 157 BGB zu beurteilen[567].

4.1.1 Befugnis des Arztes zur diagnostischen Untersuchung

Bei der Entnahme von Körpermaterial zwecks Diagnose konzentriert sich das Verhalten der Parteien gewöhnlich auf die - sogar ausdrückliche - Erklärung seitens des Arztes, daß eine bestimmte Körpersubstanz aus diagnostischen Gründen entnommen werden müsse, und auf die konkludent abgegebene Zustimmung zur Nutzung der Körpersubstanz zwecks Diagnose seitens des Patienten. Indem der Patient seine Bereitschaft zur Entnahme der Körpersubstanz zeigt, stimmt er einerseits dem Eingriff in die körperliche Unversehrtheit zu. Daneben läßt sich das Verhalten des Patienten für den Arzt, aus dessen Sicht die empfangsbedürftige Erklärung des Patienten ausgelegt werden muß, als Zustimmung zur sich anschließenden diagnostischen Untersuchung deuten. Der Patient muß damit rechnen, daß sein äußeres Verhalten von seinem Gegenüber als Willenserklärung mit dem dargestellten Inhalt verstanden wird, da die gesamten Umstände, insbesondere die Interessenlage, keine andere Deutung zulassen[568]. Der Arzt, der seinen Heilauftrag verfolgt, benötigt die Hilfe des Patienten, das zur Diagnose erforderliche Material nicht nur zur Verfügung zu stellen, sondern ihm daneben die Freiheiten für die notwendigen (d. h. medizinisch indizierten) diagnostischen Maßnahmen zu überantworten. Auf der anderen Seite liegt es im Interesse des Patienten, daß das Material so untersucht wird, um die diagnostischen Erkenntnisse in der Heilbehandlung zu verwerten.

566 *Soergel/Wolf*, 12. Aufl., Rdnr. 3 zu § 157.

567 *Soergel/Hefermehl*, 12. Aufl., § 133 Rdnr. 9 m.w.N.; *RGRK/Krüger-Nieland*, 12 Aufl., Vor § 116 Rdnr. 14; *Kellmann*, JuS 1971, 609.

568 Zur Maßgeblichkeit der Interessenlage siehe nur *Soergel/Hefermehl*, 12. Aufl., § 133 Rdnr. 27 u. *RGRK/Piper*, 12. Aufl., § 157 Rdnr. 19.

Der Patient will die diagnostische Untersuchung durch den Arzt, da andernfalls der Arzt seiner Pflicht, die fachgerechte Behandlung seines Patienten anzustreben, nicht genügen könnte[569]. Insofern fallen Wille des Patienten und Verständnis seines Gegenübers nicht auseinander, sondern Wille und Verständnis der Parteien lassen sich eindeutig im Wege der sog. *empirischen Auslegung* feststellen. Bei der empirischen Auslegung wird danach gefragt, wie der Erklärende und der Erklärungsempfänger die Erklärung tatsächlich verstanden haben. Sofern die Beteiligten der Erklärung den gleichen Sinn beimessen, hat die Erklärung diesen ihr übereinstimmend beigelegten Sinn[570]. Mangels unklarer Vorstellungen der Parteien bedarf es hier nicht einmal der Heranziehung der *normativen Auslegung*, die nur Anwendung findet, sofern der Wille der erklärenden Partei nicht eindeutig feststellbar ist[571].

Somit ergibt sich aus dem Behandlungsvertrag die Befugnis, mehr noch, sogar die Pflicht des Arztes, die vom Patienten entnommene Körpersubstanz allen erforderlichen diagnostischen Untersuchungen zuzuführen[572]. Hierfür übereignet der Patient dem Arzt die Körpersubstanz[573].

Liegt zwischen Arzt und Patienten kein Behandlungsvertrag vor, weil es sich um die Heilung eines von Anfang an Bewußtlosen handelt, so ergibt sich die Befugnis und die Pflicht zur erforderlichen diagnostischen Untersuchung an einer ihm entnommenen Körpersubstanz aus den Vorschriften über die Geschäftsführung ohne Auftrag, insbesondere aus § 677 BGB, demgemäß das Geschäft im Interesse des Geschäftsherrn, also des Bewußtlosen, zu führen ist. Bei der objektiv erforderlichen diagnostischen Untersuchung von Körpermaterial kann der Arzt davon ausgehen, daß er zumindest im mutmaßlichen Interesse seines bewußtlosen Patienten handelt.

4.1.2 Weitere Befugnisse des Arztes hinsichtlich der Nutzung von Körpersubstanzen?

Ob sich neben der Befugnis zur diagnostischen Untersuchung weitere Befugnisse des Arztes hinsichtlich der Nutzung von Körpersubstanzen aus vertraglicher Übereinkunft herleiten lassen, soll Gegenstand der folgenden Ausführungen sein.

---

569 Im Ergebnis wohl ebenso *Lippert*, MedR 1997, 457.

570 Vgl. *Wieser*, JZ 1985, 407 f.

571 Hierzu *Soergel/Wolf*, 12. Aufl., § 157 Rdnr. 1 f.; ferner *BGH*, NJW 1984, 721; *Wieser*, JZ 1985, 407 f.

572 Ebenso *Müller*, Die kommerzielle Nutzung menschlicher Körpersubstanzen, S.176; ähnlich *Schröder/Taupitz*, Menschliches Blut: verwendbar nach Belieben des Arztes?, S. 51 f. Die Befugnis zu diagnostischen Untersuchung ermitteln *Schröder/Taupitz*, a.a.O., allerdings nicht bereits im Wege der sog. empirischen Auslegung, sondern im Rahmen der normativen Auslegung, obwohl die Beteiligten keine unklaren Vorstellungen über die diagnostische Verwendung des Körpermaterials haben.

573 Ausführlich zur dinglichen Einigung siehe oben S. 51 ff.

Eine Befugnis, die über die diagnostische Untersuchung hinausgeht, müßte dem Willen der Parteien entsprechen, der sich mangels Ausdrücklichkeit aus dem Verhalten der Parteien konkludent erschließen kann. Äußert sich der Arzt hinsichtlich des Erfordernisses einer diagnostischen Untersuchung oft noch ausdrücklich seinem Patienten gegenüber, so fehlt hingegen ein Hinweis, wie nach den durchgeführten diagnostischen Untersuchungen mit der Körpersubstanz verfahren wird. Das gleiche gilt im Falle einer lediglich aus therapeutischen Gründen erfolgten Entnahme. Über das weitere Schicksal der Körpersubstanz treffen Arzt und Patient keine ausdrückliche vertragliche Regelung[574].

Nach *Schröder/Taupitz* liefe es auf eine Fiktion hinaus, dem Verhalten des Patienten seinem Arzt gegenüber einen konkludent erklärten Willen abgewinnen zu wollen, der die weiteren Befugnisse nach einer zweckentsprechenden Verwendung und die Grenzen der Nutzung betrifft[575]. Da sich der Patient bei lebensnaher Betrachtung über den Verbleib der entnommenen Körpersubstanz keine Gedanken mache[576], nehmen *Schröder/Taupitz* eine Vertragslücke an und ermitteln nach den Grundsätzen der *ergänzenden Vertragsauslegung*[577] den hypothetischen Willen der Parteien[578].

Der Vorwurf der Fiktion, also die Verneinung eines anknüpfungsfähigen Verhaltens, findet nur dann seine Berechtigung, wenn sich kein Verhalten der Parteien finden läßt, das reale Anhaltspunkte für eine Auslegung bestimmten Inhalts liefert[579], aber dennoch eine Auslegung auf Grundlage einer Handlung der Parteien vorgenommen wird. Die Charakterisierung dieser Handlung als Willenserklärung wäre dann unzulässig, da sie nicht zwanglos in eine bestimmte rechtsgeschäftliche Entscheidung übersetzt werden könnte[580].

Als maßgebliches Verhalten mit rechtsgeschäftlicher Aussagekraft könnte man die wortlose Bereitschaft zur Entnahme nennen, indem der Patient etwa seinen Arm zur Verfügung stellt, sich regungslos verhält, um die Entnahme zu erleichtern, oder sich narkotisieren läßt. Denn schon zu diesem Zeitpunkt besteht die Möglichkeit, daß er sich mit seinem Verhalten nicht nur vorübergehend zur zweckentsprechenden Verwendung, der diagnostischen Untersuchung,

[574] *Lippert*, MedR 1997, 457 (459 f.), geht dagegen ohne nähere Begründung von einer jedenfalls stillschweigenden Einwilligung des Patienten in die Vernichtung des Körpermaterials aus.

[575] *Schröder/Taupitz*, Menschliches Blut: verwendbar nach Belieben des Arztes?, S. 51 f.

[576] Vgl. *Schröder/Taupitz*, Menschliches Blut: verwendbar nach Belieben des Arztes?, S. 52, hinsichtlich der Überlassung entnommenen Blutes.

[577] Im Gegensatz zur ergänzenden Ausglegung, die eine lückenschließende Funktion hat, da eine Erklärung der Parteien, deren Sinn zu ermitteln ist, gerade nicht vorliegt, wird durch die erläuternde Auslegung der Sinn des wirklich Erklärten ermittelt, hierzu *Soergel/Wolf*, 12. Aufl., Rdnr. 105, 107 zu § 157.

[578] *Schröder/Taupitz*, Menschliches Blut: verwendbar nach Belieben des Arztes?, S. 53 ff.; ebenso *Müller*, Die kommerzielle Nutzung menschlicher Körpersubstanzen, S. 176.

[579] Zur Fiktion *Soergel/Wolf*, 12. Aufl., § 157 Rdnr. 31.

[580] Vgl. *Soergel/Wolf*, 12. Aufl., § 157 Rdnr. 39.

sondern endgültig seines Körpermaterials begeben will. Jedenfalls aber das wortlose Zurücklassen der Körpersubstanz beim Arzt läßt möglicherweise die Annahme zu, der Patient wolle zugleich mit der nach außen zutage tretenden endgültigen Besitzaufgabe[581] rechtsgeschäftlich dem Arzt Befugnisse einräumen, die über eine bloße diagnostische Untersuchung hinausgehen. Dann fielen schuldrechtliche Vereinbarung und dingliche Einigung[582] in einem Akt äußerlich zusammen, da für beide dasselbe Verhalten der Parteien von Bedeutung wäre.

Hier bildet das genannte Verhalten des Patienten, ebenso wie für das Verfügungsgeschäft[583], für eine schuldrechtliche Vereinbarung einen auslegungsfähigen Anknüpfungspunkt, wobei es entgegen der Auffassung von *Schröder/Taupitz* gerade nicht darauf ankommt, daß dem typischen Patienten neben der Verwendung des Körpermaterials zur diagnostischen Untersuchung tatsächlich andere Verwendungsformen wie beispielsweise die Vernichtung der Körpersubstanz bewußt und daher von seinem Willen erfaßt sind[584]. Denn dieser Umstand besagt nichts darüber, ob nicht gleichwohl dem Verhalten des Patienten gegenüber seinem Arzt Erklärungswert beizumessen ist. Auch schlüssiges Verhalten ohne Geschäftswillen kann durch Auslegung als Willenserklärung qualifiziert werden, wenn der Erklärende durch sein Verhalten den Eindruck erweckt, er habe einen Geschäftswillen verfolgt, was sich aus Treu und Glauben mit Rücksicht auf die Verkehrssitte ergibt[585]. Das äußere Verhalten muß objektiv auf die Verwirklichung eines Rechtsfolgewillens schließen lassen, sofern der Handelnde mit einer solchen Deutung nach den Umständen rechnen konnte und mußte[586].

Mit seinem Verhalten zeigt der Patient kein Interesse mehr an der Körpersubstanz, sondern es scheint so, als wolle er sie dem Arzt überantwortet wissen. So zumindest kann der Arzt, aus dessen Sicht die Erklärung auszulegen ist, das Verhalten des Patienten verstehen und damit als schuldrechtliches Angebot zur endgültigen Überlassung der Körpersubstanz werten, das bei Annahme des Angebots neben der diagnostischen Untersuchung weitere Maßnahmen zuließe. Jedenfalls wenn der Patient die Körpersubstanz beim Arzt kommentarlos zurückläßt, hätte er damit rechnen können und sogar müssen, daß der Arzt davon ausgeht, er dürfe nunmehr Maßnahmen über den weiteren Verbleib der

[581] Hierzu oben S. 51 ff.

[582] Siehe hierzu oben S. 51 ff.

[583] Gemeint ist Übertragung der Körpersubstanz des Patienten an den Arzt gem. § 929 BGB. Siehe hierzu oben S. 51 ff.

[584] So aber *Schröder/Taupitz,* Menschliches Blut: verwendbar nach Belieben des Arztes?, S. 52.

[585] *RGRK/Krüger-Nieland,* 12 Aufl., Vor § 116 Rdnr. 14 u. § 133 Rdnr. 27; ähnlich *Soergel/Hefermehl,* 12. Aufl., Vor § 116 Rdnr. 31, wonach aufgrund eines bestimmten Verhaltens, das keinen unmittelbaren Erklärungswert besitzt, die Willenserklärung unter Berücksichtigung der Begleitumstände mittelbar zu erschließen ist; siehe auch, a.a.O., Rdnr. 39: „Jeder muß seine Handlung so gegen sich gelten lassen, wie sie aufgefaßt werden durfte".

[586] *Soergel/Hefermehl,* 12. Aufl., Vor § 116 Rdnr. 31.

Körpersubstanz treffen, wobei damit noch nichts über die Rechtweite der weiteren Befugnisse ausgesagt ist.

Auch widerspricht der Deutung des Verhaltens des Patienten als konkludent abgegebene Willenserklärung nicht die Vorstellung des Arztes darüber, daß der typische Patient keine gedankliche Auseinandersetzung hinsichtlich des Verbleibs der entnommenen Körpersubstanz vornimmt. Im Gegenteil gibt das Verhalten des Patienten überhaupt erst Anlaß zu einer derartigen Annahme des Arztes[587], was aus dem Blickwinkel eines vernünftigen Beobachters zu beurteilen ist: Indem der Patient die Körpersubstanz gewöhnlich beim Arzt kommentarlos zurückläßt, darf oder muß der Arzt diese Erklärung in dem Sinne verstehen, daß die offene gedankliche Auseinandersetzung des Patienten deshalb fehlt, weil für den Patienten die Überantwortung der Körpersubstanz an den Arzt zweifelsfrei feststeht. Der Arzt kann sogar noch weiter gehen und die Erklärung des Patienten dahingehend auslegen, daß der Patient hinsichtlich des Verbleibs der Körpersubstanz gar keine weiteren Gedanken verschwenden will und sich statt dessen auf den Arzt verläßt[588]. Es bietet sich geradezu an, das Verhalten des Patienten als Indiz für ein geringes oder nicht vorhandenes Interesse an der Körpersubstanz zu deuten, da er sich andernfalls sicherlich selbst um den weiteren Verbleib der Körpersubstanz kümmern würde[589].

Allerdings kann der Arzt lediglich davon ausgehen, daß der Patient eine Vereinbarung treffen will, die mit der Rechtsordnung übereinstimmt[590]: So verlangen öffentlich-rechtliche Vorschriften die ordnungsgemäße Vernichtung von interfektiösem Material, das im Rahmen einer Behandlung anfällt. Die Befolgung dieser Vorschrift setzt aber überhaupt erst eine *Befugnis zur Vernichtung* voraus. Diese räumt der Patient dem Arzt ein[591]. Würde man den Patienten auf den rechtlichen Sinn seines Verhaltens, auf das Zurücklassen der Körpersubstanz beim Arzt, ansprechen, würde er wohl im allgemeinen nicht bezweifeln, dadurch dem Arzt die Befugnis zur Vernichtung der Körpersubstanz eingeräumt zu haben. Aufgrund der Selbstverständlichkeit haben die Parteien über diesen Punkt nicht ausdrücklich gesprochen. Die Befugnis zur Vernichtung ist sozusagen als gedankliches Mitbewußtsein bei den Parteien vorhanden. Der Vertrag ist hier nicht lückenhaft. Vielmehr werden auf den (konkludent) erklärten Vertragsinhalt Erfahrungssätze angewendet: Es wird gefragt, was üblicherweise mit dem (auch konkludent) Ausgesprochenen als mitgedacht angesehen werden kann. Anknüpfungspunkt der Auslegung ist die Erklärung.

---

587 *Schröder/Taupitz* dagegen beschreiben nicht, woher der Arzt dieses Wissen nimmt.

588 Möglicherweise würde in einigen Fällen die Konfrontation des Patienten mit der Körpersubstanz seiner Genesung sogar schaden.

589 Siehe auch schon S. 48.

590 Zur rechtskonformen Interpretation bei der Auslegung, *MünchKomm/Mayer-Maly*, 3. Aufl., § 157 Rdnr. 13; *Soergel/Wolf*, 12. Aufl., § 157 Rdnr. 34; ferner im Zusammenhang mit der Verneinung der Dereliktion oben S. 45 ff. m.w.N.

591 Hierzu oben S. 51 ff.

Sie ist das Material, aus dem mit der eigentlichen Auslegung der Vertragsinhalt erschlossen wird[592].

Auch *Schröder/Taupitz* räumen ein, daß der Patient die Notwendigkeit einer späteren Vernichtung hätte bedenken können. Jedoch spiele dieser Umstand solange keine Rolle, wie der Empfänger der Erklärung nicht davon ausgehen könne, daß der Handelnde den Umstand tatsächlich bedacht habe und deshalb die Befugnis zur Vernichtung erteilen wolle[593]. *Schröder/Taupitz* wollen also dem Arzt die Deutung des Verhaltens des Patienten als konkludent erklärte Bestimmung über den Verbleib der Körpersubstanz deshalb versagen, weil der Arzt genau wisse, daß sich der Patient mit dem weiteren Verbleib der Körpersubstanz nicht wirklich auseinandersetze.

Ob neben der Befugnis zur Vernichtung weitere Befugnisse erlaubt sind, kann - in Übereinstimmung mit der Auffassung von *Schröder/Taupitz* - nicht im Wege der einfachen Vertragsauslegung ermittelt werden. Der Arzt kann nicht davon ausgehen, daß andere Verwendungsformen durch die (konkludente) Erklärung der Patienten gedeckt sind[594]. Mangels Kenntnis der Vielzahl der Verwendungsmöglichkeiten von Körpersubstanzen würde es tatsächlich auf eine Fiktion hinauslaufen, aus dem Verhalten des Patienten weitere Befugnisse ableiten zu wollen.

Schröder/Taupitz ermitteln die weiteren Befugnisse des Arztes im Wege der ergänzenden Vertragsauslegung, d. h. aus dem Zweck und dem Wesen des Arztvertrags, aus den Interessen des Patienten, aus allgemeinen Erwartungen an die medizinische Behandlung, aus der Notwendigkeit der Forschung oder aus ähnlichen Kriterien[595].

Indessen lassen sich die weiteren Befugnisse des Arztes auch in anderer Weise ermitteln: Ob dem Arzt andere Verwendungsformen versagt sind, kann sich als Nebenpflicht aus dispositiven Rechtsvorschriften, hier aus § 242 BGB als eine von jedem Vertragsteil zu beachtende Verhaltensnorm, ergeben[596]: Diese von den Parteien neben den primären Leistungspflichten zu beachtenden *Verhaltenspflichten* richten sich an den Erwartungshaltungen der Parteien zueinander aus[597]. Insbesondere sind diese Verhaltenspflichten als Schutzpflichten zu begreifen, um so den Vertragspartner vor Schäden zu bewahren, die bei der Durchführung des Schuldverhältnisses entstehen können, sowie als Loyalitätspflichten, um bei länger andauernden Schuldverhältnissen die Erhaltung eines unentbehrlichen Vertrauensverhältnisses zu gewährleisten[598].

---

592 Vgl. *Henckel*, AcP 159 (1960), 106 (118).

593 Vgl. *Schröder/Taupitz*, Menschliches Blut: verwendbar nach Belieben des Arztes?, S. 53.

594 Wohl ebenso *Lippert*, MedR 1997, 457.

595 *Schröder/Taupitz*, Menschliches Blut: verwendbar nach Belieben des Arztes?, S. 55.

596 *Henckel*, AcP 159 (1960), 106 (112); ferner *Larenz*, NJW 1963, 737 ff.

597 Hierzu allgemein *Larenz*, Schuldrecht, Bd. I, 14. Aufl., S. 8 f.

598 *Larenz*, Schuldrecht, Bd. I, 14. Aufl., S. 9 ff. Im voraus kann die Erfüllung der Verhaltenspflicht nicht eingeklagt werden (a.a.O., S. 12).

Uneinigkeit besteht nun, welcher der beiden Möglichkeiten bei der Ausfüllung einer Vertragslücke der Vorrang gewährt werden soll[599]. Grundsätzlich greifen die dispositiven Rechtsvorschriften erst dann ein, wenn der Vertrag selbst keine entsprechende oder abweichende Regelung enthält[600]. Da aber im Falle der ergänzenden Vertragsauslegung ebenfalls eine Vertragslücke vorliegt, könnte die Anwendung des Grundsatzes problematisch sein. Es wird deshalb die Auffassung vertreten[601], daß sich hinter der ergänzenden Vertragsauslegung neben der Ergänzung des Vertrags durch Anwendung der gesetzlichen Generalklauseln die Ausfüllung von Lücken des Gesetzes verberge und in Wahrheit nicht zwei, sondern nur ein Weg zur Verfügung stehe: Die Vertragslücke werde aus den gesetzlichen Dipositivnormen und in Ermangelung einer speziellen Norm aus § 242 BGB ergänzt[602]. Dem tritt *Larenz* entgegen, indem er darauf hinweist, daß die Privatautonomie die Möglichkeit zu einer individuellen Vertragsgestaltung enthält, die sich mit dem vom Gesetzgeber zugrunde gelegten Vertragsbild nicht durchweg zu decken braucht[603]. Die ergänzende Vertragsauslegung sei das Zuendedenken des Vertrags aus seinem eigenen Zweckzusammenhang, weshalb die ergänzende Vertragsauslegung ihrem Wesen nach noch Auslegung des Vertrags sei[604].

Sofern der Gesetzgeber ein Vertragsverhältnis konkret regelt, er also dem Vertragsbild eine bestimmte Vorstellung zugrunde legt, können die Vorstellungen der Parteien denen des Gesetzgebers durchaus widersprechen. Einerseits jedoch dürften bei Vorliegen einer Vertragslücke meist Anhaltspunkte darüber fehlen, wie die Parteien individuell den Vertrag bei Kenntnis der Lücke gestaltet hätten, so daß auch bei Anwendung der ergänzenden Vertragsauslegung eine Interessenabwägung nach objektiver Interessenlage erfolgt. Bei der ergänzenden Vertragsauslegung handelt es sich daher in Wahrheit um keine Auslegung. Andererseits werden die von den Parteien zu beachtenden Verhaltensnormen aus § 242 BGB[605] entnommen, wenn der Gesetzgeber einen bestimmten Bereich nicht geregelt hat, so daß die Vorstellungen des Gesetzgebers unklar bleiben bzw. keine Vorstellungen hierüber getroffen wurden und mithin Abweichungen zu den Vorstellungen der Parteien nicht möglich sind. Die Bestimmung der Nebenpflichten erfolgt anhand des konkreten Vertragsverhältnisses nach objektiver Interessenlage[606]. In diesem Falle also unterscheiden sich entgegen der Auffassung von *Larenz* beide Wege nicht[607]. Allerdings verdient der Weg über die Nebenpflichten den Vorrang, da bei Anwendung der ergän-

---

599 Hierzu *Larenz*, NJW 1963, 737 ff. m.w.N.
600 *Henckel*, AcP 159 (1960), 106 (112).
601 *Henckel*, AcP 159 (1960), 106 ff.
602 *Mangold*, NJW 1961, 2284.
603 *Larenz*, NJW 1963, 737 (741).
604 *Larenz*, NJW 1963, 737 (740).
605 Hierzu oben S. 118.
606 *Henckel*, AcP 159 (1960), 106 (124).
607 Siehe hierzu *Henckel*, AcP 159 (1960), 106 (122 ff).

zenden Vertragsauslegung auf den Zeitpunkt des Vertragsschlusses abgestellt werden müßte[608], während bei der Anwendung dispositiven Rechts nachträgliche Veränderungen der tatsächlichen Verhältnisse und damit oft auch veränderter Rechtsanschauungen berücksichtigt werden können[609].

Fraglich ist, wie sich die Nebenpflichten im vorliegenden Falle inhaltlich gestalten, um die weiteren Befugnisses des Arztes hinsichtlich der Körpersubstanz zu ermitteln. Da über die Nebenpflichten das allgemeine Persönlichkeitsrecht in das Vertragsrecht transformiert wird und zwar in seiner deliktsrechtlichen Ausgestaltung[610], kann festgestellt werden, daß der Arzt (nur) keine Verwendungsformen vornehmen darf, die eine Verletzung des allgemeinen Persönlichkeitsrechts darstellen[611].

Im Vergleich zum deliktsrechtlichen Schutzbereich könnten nach *Weise* Inhalt und Umfang der Schutzpflichten im vertraglichen Bereich sogar weitergehen, wenn aufgrund des rechtsgeschäftlichen Kontakts ein wesentlich höheres Risiko für die Rechtsgüter einer Person gegeben sei[612]. Im Gegensatz zum deliktsrechtlichen Persönlichkeitsschutz passe sich der weitergehende Persönlichkeitsschutz den tatsächlichen Gefährdungsmöglichkeiten in einer starken Vertrauensbeziehung an[613]. Die konkreten schützenswerten Interessen, d. h. die Rechte und Pflichten der Parteien, ließen sich in der Regel aus dem Vertrag oder dem rechtsgeschäftlichen Kontakt herleiten[614]. Das vertragliche Verhältnis bestimme auf der anderen Seite auch deren Grenzen[615]. Bedeutsam sei hierbei, daß durch die aus dem Vertrag abgeleiteten Rechte und Pflichten auf neue „persönlichkeitsgefährdende" Situationen eingegangen werden könne[616].

---

608 Der *BGH* hat jedoch ohne Begründung auf die Rechtsanschauung zur Zeit der Entscheidung abgehoben, siehe hierzu *Henckel,* AcP 159 (1960), 106 (124) m.N.

609 *Henckel,* AcP 159 (1960), 106 (124 ff.), der daneben auf weitere Vorteile hinweist.

610 *Weise,* Persönlichkeitsschutz durch Nebenpflichten, S. 110 f., S. 136. In der Rechtsliteratur und Rechtsprechung erfolgt eine unterschiedliche Herleitung der Berücksichtigung des Persönlichkeitsrechts im Vertragsrecht. Insoweit sei auf die ausführliche Darstellung bei *Weise,* a.a.O., S. 51 ff., verwiesen. Siehe hierzu auch *Schröder/Taupitz,* Menschliches Blut: verwendbar nach Belieben des Arztes?, S. 54 u. *Taupitz,* AcP 191 (1991), 201 (211): „Mit allen Vorbehalten kann man sagen, daß der Schutz, den das allgemeine Persönlichkeitsrecht gegenüber jedermann gewährt, auch und erst recht gegenüber dem Vertragspartner wirkt." Siehe ferner *RGZ* 88, 433 ff.

611 A. A. ist wohl *Lippert,* MedR 1997, 457 ff., der bei Verwendung der Materialien zu wissenschaftlichen Zwecken und bei Weitergabe des Materials an Dritte eine gesonderte Aufklärung bzw. die Einwilligung des Patienten fordert und deshalb generell Verwendungen, die nicht die Diagnose oder die Vernichtung betreffen, als unzulässig erachtet.

612 *Weise,* Persönlichkeitsschutz durch Nebenpflichten, S. 109. Ein vergleichbares Vertragsverhältnis bildet neben dem Arztvertrag der Arbeitsvertrag, a.a.O., S. 157.

613 *Weise,* Persönlichkeitsschutz durch Nebenpflichten, S. 137.

614 *Weise,* Persönlichkeitsschutz durch Nebenpflichten, S. 147.

615 *Weise,* Persönlichkeitsschutz durch Nebenpflichten, S. 157.

616 *Weise,* Persönlichkeitsschutz durch Nebenpflichten, S. 221.

Indes fehlt es an einem Bedürfnis zur Ausweitung des Schutzbereiches, der über den Inhalt des deliktsrechtlichen Persönlichkeitsschutzes hinausgeht. Denn der deliktsrechtliche Persönlichkeitsschutz erfordert jeweils eine Einzelfallbetrachtung unter Einbeziehung einer umfassenden Güter- und Interessenabwägung[617]. Besteht ein besonderes Vertrauensverhältnis zwischen den Parteien, so wirkt sich dieser Umstand auf die Schwere des Eingriffs und die Verwerflichkeit der eingreifenden Handlung aus. Zudem vermag sich der generalklauselartige Charakter der persönlichkeitsschützenden Vorschrift neuen persönlichkeitsgefährdenden Situationen anzupassen. Durch die Transformation in das Vertragsrecht bietet der deliktsrechtliche Persönlichkeitsschutz als zu beachtende vertragliche Vereinbarung daher einen angemessenen Schutz, der den gesteigerten Anforderungen eines besonderen Vertrauensverhältnisses durchaus gerecht wird, ohne den Schutzbereich des Persönlichkeitsrechts im vertraglichen Bereich erweitern zu müssen. Im Hinblick auf die in § 823 Abs. 1 BGB geschützten Rechtsgüter, zu denen auch das allgemeine Persönlichkeitsrecht gehört, ist es im übrigen sehr zweifelhaft, ob der Umstand des Vertragsschlusses überhaupt eine pflichtenverschärfende Wirkung auf die Haftung des Rechtsgutsverletzers haben kann.

Für die Reichweite der vertraglich eingeräumten Befugnisse hinsichtlich der Nutzung von Körpersubstanzen durch den Arzt ergibt sich daher bei Berücksichtigung der dargelegten Grundsätze folgendes:

Der Patient erlaubt dem Arzt mit Überlassung der Körpersubstanz keine Nutzungen, die eine deliktische Persönlichkeitsrechtsverletzung darstellen würden[618]. Insofern sind auch vertragsrechtlich die Nutzungen dem Arzt verboten, die deliktsrechtlich eine Persönlichkeitsverletzung hervorrufen[619].

Der Arzt hat zudem die „nachvertraglichen Pflichten" zu beachten, durch die verhindert werden soll, daß dem Vertragspartner Nachteile für die Zeit nach der Beendigung des Vertragsverhältnisses entstehen[620]. Die Einhaltung dieser Pflichten gebietet dem Arzt, keine Nutzungen vorzunehmen, die dem Patienten auch nach Beendigung des Behandlungsvertrags Schaden zufügen können[621].

---

617 Siehe schon oben S. 80.

618 So auch *Taupitz*, AcP 191 (1991), 201 (211 ff.) u. *Schröder/Taupitz*, Menschliches Blut: verwendbar nach Belieben des Arztes?, S. 57 f.; ferner allgemein zum persönlichkeitsrechtlichen Schutzbedürfnis des Patienten *Laufs*, Arztrecht, 5. Aufl., Rdnr. 43; *ders.*, VersR 1972, 1 ff.

619 Zum deliktsrechtlichen Persönlichkeitsschutz siehe Ausführungen oben S. 75, insbes. S. 80 ff.

620 Diese nachvertraglichen Pflichten ergeben sich aus Treu und Glauben, zum Ganzen *Larenz*, Schuldrecht, Bd. I, 14. Aufl., S. 117 f.

621 Allgemeine Beispiele zur Beachtung nachvertraglicher Pflichten geben *RGZ* 111, 298 (303); *RGZ* 113, 70 (72); *RGZ* 161, 330 (338); *BGHZ* 16, 4 (10); *BGH* LM Nr. 2 zu § 362; *BGH*, JZ 1956, 95; zur nachwirkenden Fürsorgepflicht aus einem Arbeitsverhältnis *Monjau*, BB 1962, 1439 ff.

4.2 Rechte aus Behandlungsvertrag im Fall *John Moore*?

4.2.1 Auffassung des kalifornischen Supreme Court

Der kalifornische Supreme Court nimmt mangels ausdrücklicher Vereinbarung über den weiteren Verbleib der entnommenen Körpersubstanzen ebenfalls eine Auslegung des Verhaltens der Parteien vor, die sich an objektiven Kriterien orientiert, wie an abfallrechtlichen Vorschriften und praktischen Konsequenzen. Sie führt zur Bejahung des Eigentumsübergangs der Körpersubstanz vom Patienten auf den Arzt[622]. Allerdings habe der Arzt den Patienten darüber zu informieren, ob er eigene wissenschaftliche und kommerzielle Interessen an der Körpersubstanz hat, die entnommen werden soll. Aus den Ausführungen des kalifornischen Supreme Court[623] kann geschlossen werden, daß dem Arzt mit Erwerb des Eigentums zugleich die Befugnisse zustehen sollen, die gewöhnlich dem Eigentümer zustehen. Insofern geht der kalifornische Supreme Court nicht von einer vertraglichen Beschränkung der Nutzung der entnommenen Körpersubstanz durch den Arzt aus. Vielmehr darf der Arzt Nutzungen der Körpersubstanz in der Regel vornehmen.

4.2.2 Beurteilung nach deutschem Recht

Im deutschen Recht vermag sich *John Moore* aufgrund des Behandlungsvertrags auf den Schutz seiner persönlichkeitsrechtlichen Interessen zu berufen, die durch die vertraglichen Nebenpflichten in das Vertragsverhältnis transformiert werden und daher von seinem behandelnden Arzt beachtet werden müssen. Indem der Arzt gegen das deliktsrechtliche Persönlichkeitsrecht verstößt[624], verletzt er zugleich seine vertraglichen Pflichten *John Moore* gegenüber.

---

[622] Siehe oben S. 63.

[623] Siehe hierzu Ausführungen oben S. 63.

[624] Zum Inhalt der Persönlichkeitsverletzung siehe oben S. 110 ff.

2. Teil: Rechtliche Konsequenzen bei unberechtigter Nutzung von Körpersubstanzen durch den Arzt

I. Rechtsfolgen bei Geltendmachung des Anfechtungsrechts des Patienten

Wie bereits dargestellt, kann der Patient - obgleich nur selten - seine gegenüber dem Arzt konkludent abgegebene Übereignungsofferte gem. § 119 Abs. 2 BGB oder gem. § 123 Abs. 1 BGB anfechten[625]. Hierzu bedarf es der Anfechtungserklärung des Patienten gegenüber dem Arzt als dessen Vertragspartner (§ 143 Abs. 1 und Abs. 2 BGB) innerhalb der gesetzlich vorgeschriebenen Frist (§§ 121, 124 BGB). Das angefochtene Rechtsgeschäft ist von Anfang an als nichtig anzusehen (§ 142 Abs. 1 BGB). Die durch das später angefochtene Rechtsgeschäft bereits eingetretenen Rechtsfolgen werden durch die Anfechtung rückwirkend beseitigt[626]. Daher hat der Arzt bei Anfechtung des dinglichen Rechtsgeschäfts das Eigentum vom Patienten gar nicht erst durch Übereignung erlangt, sondern das Eigentum ist nach wie vor dem Patienten zugeordnet.

1. Anspruch des Patienten auf Herausgabe der Körpersubstanz

Gem. *§ 985 BGB* steht dem Patienten ein Herausgabeanspruch zu, sofern sich die Körpersubstanz noch im Besitz des Arztes befindet und dieser kein Recht zum Besitz hat (§ 986 Abs. 1 S. 1, 1. HS BGB). Solange der Patient allerdings nur das dingliche Rechtsgeschäft anficht, steht dem Arzt aufgrund der schuldrechtlichen Überlassungsabrede weiterhin das Besitzrecht an der Körpersubstanz zu. Deshalb muß der Patient auch diesen schuldrechtlichen Vertrag anfechten. Falls der Arzt wegen des Behandlungsvertrags zu diagnostischen Untersuchungen verpflichtet ist, hat er bis zum Abschluß dieser Untersuchungen ein Recht zum Besitz. Danach wird er jedoch zum unrechtmäßigen Besitzer. Ist der Arzt aufgrund öffentlich-rechtlicher Abfallvorschriften zur ordnungsgemäßen Entsorgung verpflichtet, so können diese Vorschriften ebenfalls der Herausgabe der Körpersubstanz an den Patienten entgegenstehen.

Außerdem kann der Patient die Körpersubstanz nach den Grundsätzen der ungerechtfertigten Bereicherung (*§ 812 Abs. 1 BGB*) zurückverlangen[627].

---

[625] Siehe zu den Voraussetzungen oben S. 65 ff.

[626] *Larenz,* Allgemeiner Teil, 7. Aufl., S. 481; *Medicus,* Bürgerliches Recht, 17. Aufl., Rdnr. 144.

[627] *Soergel/Hefermehl,* 12. Aufl., § 142 Rdnr. 10. Dies kann er insbes. auch dann, wenn er lediglich die schuldrechtliche Überlassungsabrede ohne das Erfüllungsgeschäft anficht.

Ebenfalls kommt die Herausgabe der Körpersubstanz nach den *§§ 823 Abs. 1, 249 BGB* in Betracht, da die Vorenthaltung der Sache den Patienten in seinem Eigentumsrecht beeinträchtigt. Allerdings fragt sich, ob sich der Arzt ein in diesem Falle erforderliches Verschulden vorwerfen lassen muß. Denn bei der Vorenthaltung des Eigentums ging er womöglich von einer eigenen Eigentümerstellung hinsichtlich der Körpersubstanz aus. Insoweit wäre er einem Irrtum unterlegen, der Vorsatz ausschließt, die Möglichkeit fahrlässiger Begehung aber offenläßt[628].

Bei Vermeidbarkeit des Irrtums wird der Arzt dem Fahrlässigkeitsvorwurf ausgesetzt[629]. Die Unvermeidbarkeit seines Irrtums hingegen stellt sich als Entschuldigungsgrund dar[630]. Ob es sich um einen vermeidbaren Irrtum des Arztes handelt, läßt sich mit Hilfe der Wertung aus § 142 Abs. 2 BGB beantworten, der auf die Kenntnis oder das Kennenmüssen der Anfechtbarkeit des Rechtsgeschäfts abstellt. Denn dann muß der Arzt jederzeit damit rechnen, daß der Patient tatsächlich von seinem Anfechtungsrecht Gebrauch machen wird.

Falls im Rahmen des § 119 Abs. 2 BGB der Irrtum des Patienten über eine verkehrswesentliche Eigenschaft den Anfechtungsgrund darstellt[631] und der Arzt diesen Eigenschaftsirrtum des Patienten hätte erkennen müssen, wäre die Annahme des Arztes über die Innehabung seines Eigentumsrechts hinsichtlich der Körpersubstanz vermeidbar gewesen. Insoweit handelte er fahrlässig.

War die Anfechtbarkeit überhaupt nur deswegen bejaht worden, weil eine für den Arzt erkennbare rechtliche Pflicht zur Aufklärung in bezug auf die Weiterverwendung der Körpersubstanz bestanden hatte[632], liegt nicht nur die Annahme der Vermeidbarkeit nahe[633]. Sofern der Arzt den Patienten durch seine Pflichtverletzung gem. § 123 Abs. 1 BGB arglistig täuschte, ist hinsichtlich der Eigentumsverletzung sogar Vorsätzlichkeit gegeben.

Daher kommt man zu dem Ergebnis, daß der Arzt bei der Eigentumsverletzung schuldhaft handelte. Ein Herausgabeanspruch der Körpersubstanz ist nach den §§ 823 Abs. 1, 249 BGB gegeben.

---

628 Vgl. *Soergel/Wolf,* 12. Aufl., § 276 Rdnr. 47; ferner *Erman/Battes,* 9. Aufl., § 276 Rdnr. 18 m.w. N.; zum Ganzen auch *Deutsch,* Allgemeines Haftungsrecht, 2. Aufl., Rdnr. 348 ff.

629 Siehe nur *Jauernig/Vollkommer,* 7. Aufl., § 276 Zif. II 2a, III 2c.

630 *BGHZ* 36, 344 (346); *BGHZ* 101, 290 (292 f.).

631 Hierzu oben S. 65 ff.

632 Hierzu oben S. 71 ff.

633 Siehe auch *Soergel/Wolf,* 12. Aufl., § 276 Rdnr. 58, wonach bei vertraglichen Pflichtverletzungen von der Vermeidbarkeit des Irrtums ausgegangen werden kann, sofern mit Bestehen der verletzten Pflicht gerechnet werden mußte.

Zusätzlich kommen die *§§ 826, 823 Abs. 2 BGB i. V. m. § 263 StGB* auf Rückgewähr der vom Patienten übertragenen Körpersubstanz in Betracht[634]. Allerdings muß im Rahmen des § 263 StGB das betreffende Gut, über das der Patient durch die Täuschung des Arztes verfügt hat, nach h. M. einen *wirtschaftlichen Wert* besitzen[635]. Ob der Körpersubstanz ein wirtschaftlicher Wert zugestanden wird, erscheint indessen fraglich[636].

Die Möglichkeit des Patienten, die Herausgabe der Körpersubstanz zu verlangen, dürfte indes praktisch daran scheitern, daß der Arzt die Körpersubstanz bereits wissenschaftlichen Nutzungen zugeführt, verarbeitet, einer anderen Person implantiert oder an Dritte, wie pharmazeutischen oder kosmetischen Firmen, veräußert hat[637].

Übereignet der Arzt die Körpersubstanz gegen ein Entgelt einem Dritten, so hat er nach erfolgter Anfechtung als Nichtberechtigter verfügt. Bei Bösgläubigkeit des Dritten hinsichtlich der Anfechtbarkeit ist der gutgläubige Erwerb ausgeschlossen (§§ 142 Abs. 2, 932 Abs. 2 BGB). Von Bösgläubigkeit ist dann auszugehen, wenn der Dritte die die Anfechtbarkeit begründeten Tatsachen und damit irgendeine Mangelhaftigkeit des Geschäfts kennt oder kennen mußte[638]. Der Patient kann daher die Körpersubstanz vom Dritten dann herausverlangen, wenn der Dritte, der die Körpersubstanz vom Arzt erworben hat, bösgläubig im Sinne von § 142 Abs. 2 BGB war.

Wie zuvor im Verhältnis zum Arzt wird sich im Verhältnis zum Dritten das Problem der bereits getätigten Weiterverwendung der Körpersubstanz nicht zuletzt deswegen stellen, weil die Körpersubstanz nur begrenzt haltbar ist. Und damit gelangt man zu einem weiteren Problem: Selbst wenn der Patient theoretisch die Körpersubstanz zurückverlangen kann, so erscheint das Herausgabeverlangen wegen der Kurzlebigkeit der Körpersubstanz, insbesondere bei unfachgerechter Behandlung und wegen der von ihr ausgehenden Infektionsgefahr, aus rein tatsächlichen Gründen als wenig sinnvoll. Auch ist fraglich, ob der Patient vor ihrem Verderb Dritte findet, denen er die Körpersubstanz weiterverkaufen kann oder ob er sie überhaupt weiterverkaufen darf. Die herausgegebene Körpersubstanz nützt dem Betroffenen reichlich wenig, im Gegenteil, dürfte sie ihn nur belasten, vornehmlich im Hinblick auf ihre fachgerechte Entsorgung.

Für den Patienten bleibt die Körpersubstanz daher in der Regel weiterhin belastender Abfall. Nur sofern sie noch nicht in irgendeiner Weise weiterverwendet worden ist, vermag der Patient ihre Nutzung durch Ausübung seines

634 Siehe allgemein *Soergel/Hefermehl,* 12. Aufl., § 142 Rdnr. 10.

635 *Lackner/Kühl,* StGB, 21. Aufl., § 263 Rdnr. 34 m.w.N.

636 Hierzu unten S. 126 ff.

637 Hierzu oben S. 86 ff.

638 Vgl. *Larenz,* Allgemeiner Teil, 7. Aufl., S. 481; *Flume,* Das Rechtsgeschäft, 3. Aufl., S. 558.

Anfechtungsrechts zwecks ihrer Herausgabe zu verhindern. Oder aber er kann weitere Verwendungen untersagen. Dieses Ziel erreicht er aber günstiger, wie etwa durch die Unterlassungsklage (§ 1004 BGB).

2. *Anspruch auf Schadensersatz?*

Von weitaus größerer Bedeutung dürfte sich weniger die Frage der Herausgabe der Körpersubstanz als vielmehr die Frage einer Geldzahlung an den Patienten - die Gewinnabschöpfung[639] - stellen. Da infolge der Weiterverwendung der Körpersubstanz durch den Arzt wie ihre Verarbeitung (§ 950 BGB), ihre Implantation in eine andere Person oder aber infolge des gutgläubigen Erwerbs eines Dritten die Herausgabe der Körpersubstanz an den Patienten nach Ausübung seines Anfechtungsrechts zumeist unmöglich bleibt, stellt sich die Frage, ob der Patient vom Arzt hierfür Schadensersatz verlangen kann. Voraussetzung ist, daß es sich bei der Körpersubstanz um ein vermögenswertes Gut handelt.

2.1 Körpersubstanz als vermögenswertes Gut?

Nach der Rechtsprechung zeichnet sich ein vermögenswertes Gut dadurch aus, daß es im wirtschaftlichen Verkehr für Geld erworben werden kann, was einen bestehenden Markt für dieses Gut voraussetzt (sog. *Kommerzialisierungsgedanke*)[640]. Die wirtschaftliche Beurteilung orientiert sich an der Verkehrsauffassung[641]. Auch im Schrifttum hat die Kommerzialisierungsthese zahlreiche Anhänger gefunden[642], die schon zu Beginn dieses Jahrhunderts vertreten wurde[643].

Kommen einem Gut Eigenschaften zu, die nicht nur der Besitzer, sondern auch andere wertschätzen und können sich diese Eigenschaften auch in den Händen der anderen entfalten, so besteht die Möglichkeit einer Preisbildung auf dem Markt. Auf diese Weise bemüht man sich um die Einbringung eines objektiven Maßstabes. Das Gut muß nicht konkret, sondern nur seiner Gattung nach veräußerlich sein. Die Handelbarkeit des Guts kommt darin zum Ausdruck, ob „Geld zu zahlen gepflegt wird", nicht darin, ob tatsächlich Geld hierfür gezahlt wurde[644].

---

639 Siehe oben in der Einleitung S. 2.

640 Siehe z. B. *BGHZ* 40, 346 (347); *BGHZ* 76, 179 (180 f.); *BGHZ* 63, 98 (102) = NJW 1975, 40 (41). Allerdings wird die Kommerzialisierungsthese in der Rechtsprechung inkonsequent gebraucht, hierzu *MünchKomm/Grunsky*, 3. Aufl., § 989 Rdnr. 12c m.w.N.

641 *BGH*, NJW 1975, 40 (42); *BGH*, NJW 1979, 1494 m.w.N.

642 *Grunsky*, Aktuelle Probleme zum Begriff des Vermögensschadens, S. 36; *Wiese*, Der Ersatz des immateriellen Schadens, S. 21; *Köndgen*, AcP 177 (1977), 1 (16); *AK/Rüßmann*, Vor §§ 249-253 Rdnr. 26 ff.; *Busl*, JuS 1987, 108.

643 Hierzu *Küppers*, VersR 1976, 604 (605) m.w.N.

644 Siehe die Darstellung der Kommerzialisierungsthese bei *Küppers*, VersR 1976, 604 (605 f.).

Freilich erfuhr die Kommerzialisierungsthese auch Kritik[645]. Die Marktbezogenheit des fraglichen Guts sei kein taugliches Kriterium[646]. Besonders wurde auf die Gefahr hingewiesen, die Abgrenzung zwischen immateriellen Schäden und Vermögensschäden nicht mehr durchführen zu können, da nahezu jeder Genuß kommerzialisiert, also erkauft werden könne[647]. Die durch die Kommerzialisierungsthese hervorgerufene Verwischung zwischen Vermögensschäden und immateriellen Nachteilen sei mit dem Gesetz unvereinbar[648].

Dem kann jedoch nicht ohne weiteres gefolgt werden. So weist *Grunsky* zu Recht darauf hin, daß zwar der Bereich der Nichtvermögensschäden erheblich eingeschränkt wird, aber nicht etwa wegfällt[649]. Außerdem wurde ein geeigneteres Kriterium als Geld zur Differenzierung von Vermögens- und Nichtvermögensschäden noch nicht gefunden[650]. Auch *Lange*, der die kritischen Bedenken im Schrifttum teilt, vermag nicht zu leugnen, daß ohne eine gewisse Kommerzialisierung ein Vermögensgut nicht denkbar ist[651].

Bei Anwendung des Kommerzialisierungsgedankens liegt ein ersatzfähiger Schaden des Patienten nur vor, wenn die Einbuße des Patienten, also der Verlust der Körpersubstanz, in Geld meßbar ist. Dies bestimmt sich danach, ob der entzogene Vorteil des Patienten mit Geld erworben werden kann. Die Einordnung der Körpersubstanz als vermögenswertes Gut richtet sich nach der Verkehrsauffassung. Diese ist jedoch nicht einfach zu ermitteln:

Das *BPatG* nimmt ohne weiteres an, nach der herrschenden zivilistischen Rechtsauffassung hätten die vom menschlichen Körper abgetrennten Teile Vermögenswert, sofern sie für eine künftige Verwendung aufbewahrt würden[652]. Begründet wird diese Auffassung dadurch, daß Körpersubstanzen Sachqualität

---

645 *Ströfer*, Schadensersatz und Kommerzialisierung, S. 61 ff.; *Schulte*, Schadensersatz in Geld für Entbehrungen, S. 48 ff.; *Tolk*, Der Frustrierungsgedanke und die Kommerzialisierung immaterieller Schäden, S. 94 ff.; *Brinker*, Die Dogmatik zum Vermögensschadensersatz, S. 215 ff.

646 *Küppers*, Verdorbene Genüsse und vereitelte Aufwendungen im Schadensersatz, S. 95 ff., S. 135; *Zeitz*, Schadensersatz bei Nutzungsentgang an Gebrauchsgegenständen, S. 76, 168; *Ströfer*, Schadensersatz und Kommerzialisierung, S. 62.

647 *Ströfer*, Schadensersatz und Kommerzialisierung, S. 62 f.; *Baur*, Festschrift für Raiser, S. 126; *Diedrichsen*, Festschrift für Klingmüller, S. 73; *Löwe*, VersR 1963, 307; *Böhmer*, MDR 1964, 453 ff.; *Schulte*, Schadensersatz in Geld für Entbehrungen, S. 52.

648 *Diedrichsen*, Festschrift für Klingmüller, S. 73 f.; *Zeitz*, Schadensersatz bei Nutzungsentgang an Gebrauchsgegenständen, S. 88; *Ströfer*, Schadensersatz und Kommerzialisierung, S. 63.

649 *MünchKomm/Grunsky*, 3. Aufl., Vor § 249 Rdnr. 12b.

650 Zutreffend *AK/Rüßmann*, Vor §§ 249-253 Rdnr. 27; *MünchKomm/Grunsky*, 3. Aufl., Vor § 249 Rdnr. 12b f.; *Busl*, JuS 1987, 108.

651 *Lange*, Schadensersatz, 2. Aufl., S. 253. Was er allerdings unter einer „gewissen Kommerzialisierung“ versteht, enthält er dem Leser vor.

652 So auch *Staudinger/Dilcher*, 12. Aufl., § 90 Rdnr. 16.

haben[653]. Die Sachqualität sagt jedoch, entgegen dieser Auffassung, nichts über die Kommerzialisierbarkeit aus.

Demgegenüber wird zum Teil geäußert, der Vertrag, der den Kauf eines Organs zum Inhalt habe, sei nach § 138 BGB wegen *Sittenverstoßes*[654] nichtig, da Teile des menschlichen Körpers zum Gegenstand von Rechtsgeschäften gemacht würden[655]. Hier wird demnach nicht von der Kommerzialisierbarkeit von Körpersubstanzen ausgegangen.

Das *SG Lüneburg* ist der Ansicht, daß es gegen die Menschenwürde verstoße, wenn ein Handel mit Körperteilen stattfinde. Dies müsse insbesondere bei nicht regenerierbaren Organen, wie Nieren oder Augen, gelten. Insofern sei eine noch strengere Beurteilung am Platze als bei Blut-, Knochenmark oder Lebersegmentspenden[656].

Taupitz indessen bejaht ausdrücklich die Kommerzialisierbarkeit jedenfalls regenerierbarer menschlicher Körpersubstanzen[657]. Als Grund hierfür weist er darauf hin, daß viele Menschen ihr Blut gerade wegen des Entgelts zur Verfügung stellten.

Auch *Deutsch* nimmt eine differenzierte Betrachtungsweise, allerdings in anderer Weise, vor, wenn er gespendete Organe als „res extra commercium", dagegen beim Friseur abgetrennte Haare als gehandelte Sachen ansieht[658].

---

653 *BPatG,* GRUR 1985, 276 (277) - Schichtkoratoplastiktransplantat.

654 Sittenwidrikeit liegt dann vor, wenn ein billig und gerecht denkender Durchschnittsmensch Kaufverträge über menschliche Körpersubstanzen sittlich mißbilligt, vgl. *Müller,* Die kommerzielle Nutzung menschlicher Körpersubstanzen, S. 108 m.w.N.

655 Vgl. *Laufs,* Arztrecht, 5. Aufl., Rdnr. 286; ferner *MünchKomm/Holch,* 3. Aufl., § 90 Rdnr. 21; *Maier,* Der Verkauf von Körperorganen, S. 14 ff.; *Schäfer,* Verpflanzung von Körper- und Leichenteilen, S. 61; *Kolhaas,* NJW 1971, 1870 (1872); differenzierend *Müller,* Die kommerzielle Nutzung menschlicher Körpersubstanzen, S. 104 ff.; *Taupitz,* Kommerziealisierung menschlicher Körpersubstanzen, S. 51 (68), sieht die kommerziellen Geschäfte mit rechtmäßig erlangten Körpersubstanzen nicht als sittenwidrig im Sinne von § 138 BGB, mit der Folge ihrer Nichtigkeit, an. *Heitmann,* Der Schutz der materiellen Interessen an der eigenen Persönlichkeitssphäre durch subjektiv-private Rechte, S. 8 f., hält es für die Anerkennung wirtschaftlicher Interessen an einem Gegenstand für bedeutungslos, ob dieser aus Gründen der Sittlichkeit oder des Rechts nicht gegen Geld veräußert werden dürfe.

656 Vgl. *SG Lüneburg,* NJW 1994, 1614 (1615); das Gericht hatte darüber zu entscheiden, ob die Krankenkasse eine Pflicht zur Kostenübernahme bei entgeltlicher Organspende im Ausland hat und diese Frage im Ergebnis verneint. Die Revision gegen das Urteil hatte keinen Erfolg, siehe *BSG,* Urt. v. 15.4.1997 -1 RK 25/95; siehe ferner einen vergleichbaren Fall des *BSG,* MDR 1997, 176.

657 *Taupitz,* AcP 191 (1991), 201 (231 f.). Ähnlich schon *Heitmann,* Der Schutz der materiellen Interessen an der eigenen Persönlichkeitssphäre durch subjektiv-private Rechte, S. 2, 14, der von bestehenden Vermögensinteressen bei regenerierbaren Körpersubstanzen, insbesondere bei Blut, ausgeht und ihre Veräußerung und wirtschaftliche Verwertung für möglich hält.

658 *Deutsch,* Arztrecht und Arzneimittelrecht, 2. Aufl., S. 254.

Um die Verkehrsauffassung zu ermitteln, sollte berücksichtigt werden, warum für Körpersubstanzen gewöhnlich nur eine „Entschädigung“ gezahlt wird. Gerade durch diese vorsichtige Bezeichnung kommt die Scheu der meisten Personen zum Ausdruck, die Körpersubstanzen, soweit sie nicht wenigstens in einem Produkt verarbeitet sind, der Kommerzialisierung zu unterwerfen[659]. So erhält der Arzt bei Weitergabe der Körpersubstanz statt eines reellen Gegenwertes für die Körpersubstanz regelmäßig lediglich eine angemessene Aufwandsentschädigung in Geld für Verpackungskosten und dergleichen[660]. Selbst wenn der Betrag die Aufwandsentschädigung übersteigt, wie öfter geschehen, verschwindet der erhaltene Betrag in aller Regel nicht in die eigene Tasche des „Verkäufers“, sondern fließt in eine Gemeinschaftskasse[661]. Hier ist erkennbar, daß der „Verkäufer“ den Betrag nicht verdienen will. Vielmehr steht er der erhaltenen Geldsumme eher unsicher gegenüber. Falls die Körpersubstanz tatsächlich gegen Geld, das keine Aufwandsentschädigung darstellt, weggegeben wird[662], so geschieht dies zudem in der Regel heimlich, gerade weil man die kritische und abweisende Haltung des Großteils der Bevölkerung fürchtet[663].

Ferner ist das Transfusionsgesetz (TFG)[664] zu berücksichtigen: § 10 TFG regelt, daß die Blutspende unentgeltlich erfolgen soll, allerdings eine Aufwandsentschädigung möglich sei. Zum einen soll dadurch verhindert werden, daß unerwünschte Spendewillige angelockt werden. Zum anderen ergibt sich aus der Begründung der Bundesregierung[665], daß dem ethischen Grundsatz des Europarates und der Europäischen Union[666] gefolgt werde, wonach sich der menschliche Körper und seine Bestandteile nicht als Handelsobjekte eignen. Ausdrücklich wird der Charakter eines Entgelts hinsichtlich einer Aufwandsentschädigung verneint[667].

---

659 Auch ist der „verräterische“ Sprachgebrauch zu berücksichtigen, wenn es um Organe geht: So werden Organe nicht verkauft oder geschenkt, sondern sie werden gespendet. Sie werden nicht erworben, sondern empfangen, vgl. *Deutsch*, ZRP 1982, 174; *ders.*, ZRP 1994, 179 (180).

660 Siehe oben S. 107 ff.

661 Siehe oben S. 107 ff.

662 Man denke an unentgeltlich erlangte Blutspenden, die an Krankenhäuser entgeltlich weitergegeben worden sind.

663 Siehe auch *SG Lüneburg*, NJW 1994, 1614 (1616), wo darauf hingewiesen wird, daß gerade die aktuelle Diskussion zeige, wie umstritten jedwede Geldzahlung, selbst bei Spendern von regenerierbaren Körperteilen, sei.

664 Transfusionsgesetz (TFG) vom 1.7.1998, BGBl. I, 1752. Zum TFG siehe *Bender*, ZRP 1997, 353 ff.; *Deutsch*, NJW 1998, 3377 ff.

665 BT-Dr 13/9594.

666 Hierzu sogleich S. 130 f.

667 *Müller*, Die kommerzielle Nutzung menschlicher Körpersubstanzen, S. 106 f., ist dagegen der Auffassung, daß die sog. Aufwandsentschädigung nichts anderes als ein Entgelt sei.

Auch deuten die gesetzgeberischen Bemühungen, die das Verbot des Handels mit menschlichen Organen[668] betreffen und das nunmehr im Transplantationsgesetz (TPG) geregelt ist, auf eine allgemein abweisende Haltung gegenüber der Kommerzialisierung[669] menschlicher Körpersubstanzen hin.

Durch das Verbot soll der Handel mit menschlichen Organen, Organteilen und Geweben pönalisiert werden, unabhängig, ob diese von lebenden Spendern oder Verstorbenen stammen. Die Körpersubstanzen sind nur taugliche Tatobjekte, soweit sie einer Heilbehandlung zu dienen bestimmt sind. Tathandlung ist das „Handeltreiben" mit allen Organen, Organteilen und Geweben, außer denen, die nach § 1 Abs. 2 des Gesetzes ausgenommen sind[670]. Unter Handeltreiben ist jede eigennützige, auf Güterumsatz gerichtete Tätigkeit zu verstehen, selbst wenn es sich nur um eine gelegentliche, einmalige und vermittelnde Tätigkeit handelt. Die Tätigkeit muß nicht zum Erfolg führen, also Körpersubstanzen in die Hand eines anderen bringen; vielmehr reicht der Abschluß eines schuldrechtlichen Verpflichtungsgeschäfts bereits aus[671]. Die Forderung von Aufwandsentschädigungen für hingegebene Körpersubstanzen fällt hingegen schon begifflich nicht unter das Tatbestandsmerkmal des Handeltreibens.

Ein Verbot des Handels mit Organen steht mit der supranationalen Strömung im Einklang:

Nach der Entschließung (78) 29 des Europarates vom 11. Mai 1978 muß die Überlassung menschlicher Organe kostenlos erfolgen und darf keinen gewinnbringenden Zwecken dienen.

Die Weltgesundheitsorganisation stellte gleichfalls auf ihrer 44. Versammlung am 13. Mai 1991 in der Resolution 25 Leitsätze auf, wonach der menschliche Körper nicht zum Gegenstand kommerzieller Transaktionen gemacht werden darf. Sie beinhalten zudem ein Verbot jeglicher Form von Bezahlung für menschliche Organe oder deren Vermittlung.

---

668 Das Verbot des Handels mit menschlichen Organen sollte ursprünglich in das StGB als § 298 eingeführt werden, hierzu *Deutsch,* ZRP 1994, 179 ff.

Die Strafvorschrift, die nunmehr in § 17 TPG geregelt ist, lautet folgendermaßen: „(1) Es ist verboten, mit Organen, die einer Heilbehandlung zu dienen bestimmt sind, Handel zu treiben. Satz 1 gilt nicht für 1. die Gewährung oder Annahme eines angemessenen Entgelts für die zur Erreichung des Ziels der Heilbehandlung gebotenen Maßnahmen, insbesondere für die Entnahme, die Konservierung, die weitere Aufbereitung einschließlich der Maßnahmen zum Infektionsschutz, die Aufbewahrung und die Beförderung der Organe, sowie 2. Arzneimittel, die aus oder unter Verwendung von Organen hergestellt sind und den Vorschriften des Arzneimittelgesetzes über die Zulassung oder Registrierung unterliegen oder durch Rechtsverordnung von der Zulassung oder Registrierung freigestellt sind. (2) Ebenso ist verboten, Organe, die nach Absatz 1 Satz 1 Gegenstand verbotenen Handeltreibens sind, zu entnehmen, auf einen anderen Menschen zu übertragen oder sich übertragen zu lassen." Der § 18 des TPG lautet: „Wer entgegen § 17 Abs. 1 Satz 1 mit einem Organ Handel treibt oder entgegen § 17 Abs. 2 ein Organ entnimmt oder überträgt, wird mit Freiheitsstrafe bis zu fünf Jahren oder mit Geldstrafe bestraft. (2) Handelt der Täter in den Fällen des Absatzes 1 gewerbsmäßig, ist die Strafe Freiheitsstrafe von einem Jahr bis zu fünf Jahren. (3) Der Versuch ist strafbar. (4) Das Gericht kann bei Organspendern, deren Organe Gegenstand verbotenen Handeltreibens waren, und bei Organempfängern von einer Bestrafung nach Absatz 1 absehen oder die Strafe nach seinem Ermessen mildern (§ 49 Abs. 2 des Strafgesetzbuchs)." Siehe hierzu BT-Dr 13/4355 und *Taupitz,* JuS 1997, 203 (207).

669 Aufschlußreich zum Begriff „Kommerzialisierung": *Taupitz,* Kommerzialisierung menschlicher Körpersubstanzen, S. 51 f.

670 Ausgenommen sind danach Blut und Knochenmark, ferner embryonale und ferale Organe, Organteile und Gewebe.

671 Zum Ganzen BT-Dr 13/4355.

Das Europäische Parlament liegt auf derselben Linie, wenn es in seiner Entschließung vom 14. September 1993 gewinnorientierten Handel mit Transplantaten in der gesamten europäischen Gemeinschaft durch geeignete Maßnahmen des Rates zu unterbinden sucht.

Sodann stellte der Europarat am 30. Juni 1994 einen Entwurf einer Konvention über Bioethik vor[672], der die Mitgliedstaaten verpflichtet, den kommerziellen Umgang mit Teilen des menschlichen Körpers mit angemessenen Sanktionen zu belegen[673]. Diese ist in überarbeiteter Form am 19. November 1996 als „Menschenrechtskonvention zur Biomedizin" verabschiedet worden[674]. Dort wird geregelt, daß weder über den menschlichen Körper (von Organen bis zum Zellengenom) verfügt werden noch eine Patentierung erfolgen darf[675].

Verdeutlicht man sich den Schutzzweck der dargestellten Vorschriften, so ergibt sich folgendes: Es soll der wucherischen Ausbeutung gesundheitlicher Notlagen von potentiellen Organempfängern entgegengewirkt werden. Dabei soll insbesondere verhindert werden, daß nur Reiche „Ersatzteile" bekommen. Gleichzeitig sollen finanzielle Anreize für potentielle Spender, ihre Gesundheit um wirtschaftlicher Vorteile willen zu beeinträchtigen, unterbunden werden[676]. Hier kommen die Vorbehalte gegen Entnahmen von Körpermaterial zum Ausdruck, die überhaupt erst zwecks Kommerzialisierung vollzogen werden. Aber anders als bei diesen Rechtsgeschäften, die nicht nur den Erwerb, sondern zudem die Entnahme der Körpersubstanz zum Inhalt haben und daher auf gesteigerte Ablehnung stoßen[677], liegt bei Rechtsgeschäften mit bereits abgetrennten Körperteilen der Vorwurf der Gefahr einer „Herabwürdigung des Menschen zum Handelsobjekt" fern: Bei Geldzahlungen für Körpermaterial, das zuvor noch der Trennung vom Körper bedarf, sind persönliche Belange des früheren Inhabers wie die körperliche Integrität und Unversehrtheit, insbesondere die Gefahr vor Selbstverstümmelung, betroffen. Diese persönlichen Güter werden mit Gewinnvorteilen in Abhängigkeit gebracht.

Das TPG erfaßt neben der Organspende Lebender auch den Handel mit Körpersubstanzen Verstorbener. Hier kann sich zwar die soeben genannte Befürchtung nicht realisieren. Die Entnahme der Körpersubstanz bei Verstorbenen soll vielmehr deshalb unterbunden werden, um das Pietätsgefühl der Allgemeinheit

---

672 BT-Dr 117/95.

673 In den europäischen Staaten wie England, Dänemark und Italien lagen bereits entsprechende Strafvorschriften vor.

674 Hierzu *Kienle,* ZRP 1996, 253 ff. m.w.N.

675 Die Bundesrepublik Deutschland will der Konvention allerdings zunächst nicht beitreten. In der Presseerklärung des Bundesministeriums der Justiz vom 19.11.1996 wird dies damit begründet, daß erst nach Abschluß der öffentlichen Debatte über den Beitritt zum Abkommen entschieden werden könne.

676 Vgl. BT-Dr 13/4355, S. 29.

677 Aufschlußreich zu den Vorbehalten, welche die Entnahme betreffen, *Schünemann,* Die Rechte am menschlichen Körper, S. 189 ff. m.w.N.; siehe auch *Schröder/Taupitz,* Menschliches Blut: verwendbar nach Belieben des Arztes?, S. 78; *Taupitz,* Kommerzialisierung menschlicher Körpersubstanzen, S. 51 (74).

zu wahren[678]. Bei dem Handel mit Körpersubstanzen, die aus medizinisch indizierten Gründen entnommen worden sind, entfällt jedoch auch dieses ohnehin unbestimmte Schutzbedürfnis[679].

Das strafrechtliche Verbot trifft, ebenso wie das TFG[680], keine Aussage über den Handel mit aus medizinisch indizierten Gründen entnommenen Körpersubstanzen, sondern wendet sich nur gegen den Handel mit Körpersubstanzen, deren Entnahme aus kommerziellen Interessen erfolgte. Insofern sind diese Gesetze im Zusammenhang mit der Frage der Kommerzialisierbarkeit von Körpersubstanzen, die wegen einer medizinischen Indikation entnommen wurden, nicht als Verbotsgesetze im Sinne des § 134 BGB zu qualifizieren. Zwar wird mit dem strafrechtlichen Verbot ein weiterer Schutzzweck verfolgt, der nicht aus den Augen verloren werden sollte: Zugleich will man der wirtschaftlichen Ausbeutung skrupelloser Organhändler begegnen. Besitzt jemand eine Körpersubstanz, die aus medizinisch indizierten Gründen entnommen worden ist, kann er sie genauso dem Meistbietenden verkaufen und so die Lage dessen, der ihrer bedarf, ausnutzen. Aus welchem Grund die Körpersubstanz überhaupt entnommen worden ist, ist dabei belanglos. Bei einer einheitlichen Betrachtungsweise, d. h. bei Außerachtlassung des Grundes für die Entnahme, würden sich zudem Unsicherheiten im Rechtsverkehr vermeiden lassen; dort ist nicht unbedingt ersichtlich, ob die Körpersubstanz aus kommerziellen Gründen oder aber aus medizinisch indizierten Gründen entnommen worden war.

Indessen ist eine einheitliche Betrachtungsweise nicht angezeigt, sofern das TPG nur solche Organe erfaßt, die bei einer Heilbehandlung entweder schon gar nicht entnommen werden, oder zwar entnommen werden, aber wegen ihres Defekts nicht weiterverwendet werden können[681]. Dies dürfte bei Organen wie Herz, Lunge, Niere, Leber und Augen der Fall sein. Die Gesetzgebung ist der wohl überwiegend vertretenen Auffassung gefolgt, daß der Handel mit diesen Körpersubstanzen sittenwidrig sei[682] und das Risiko einer ungerechten Verteilung besonders groß ist, sofern hierfür eine Bezahlung möglich wäre[683]. Nur

---

678 BT-Dr 13/4355, S. 29.

679 Offen bleibt, was genau unter dem „Pietätsgefühl der Allgemeinheit" zu verstehen ist. Zwar ist ein nach dem Tode fortwirkendes Persönlichkeitsrecht allgemein anerkannt, hierzu *Müller,* Die kommerzielle Nutzung menschlicher Körpersubstanzen, S. 56 ff., jedoch bedarf es eines Bezugsobjektes. Hierfür kommen nur die Angehörigen und nicht die Allgemeinheit in Frage, a.a.O., S. 58.

680 Hierzu oben S. 129.

681 Sollte sich dies allerdings ändern, wäre eine einheitliche Betrachtungsweise vorzugswürdiger.

682 Insbesondere wird dies damit begründet, daß der Betroffene einen mit seiner Persönlichkeit untrennbar verbundenen Teil verkaufe, *Schünemann,* Die Rechte am menschlichen Körper, S. 197; *Tress,* Die Organtransplantation aus zivilrechtlicher Sicht, S. 39 ff.; *Schäfer,* Verpflanzung von Körper- und Leichenteilen, S. 61; *Carstens,* Das Recht der Organtransplantation, S. 79.

683 *Carstens,* Das Recht der Organtransplantation, S. 72; *Schünemann,* Die Rechte am menschlichen Körper, S. 197.

sofern solche Organe auch im Rahmen einer medizinischen Behandlung entnommen werden müßten und weiterverwendet werden könnten, was wohl in der Regel nicht der Fall sein dürfte, wäre aus Gründen der Rechtssicherheit keine Kommerzialisierung möglich. Dagegen schließt das Verbot des Handels mit menschlichen Organen in § 1 Abs. 2 TPG Körpersubstanzen wie Blut, Knochenmark und daneben embryonale und fetale Organe, Organteile und Gewebe aus. Die genannten Körpersubstanzen, bei denen eine einheitliche Betrachtungsweise erforderlich wäre, da nach deren Entnahme nicht unbedingt ersichtlich wäre, aus welchem Grund die Entnahme erfolgte, sind damit ohnehin nicht vom TPG erfaßt. Bei Blut ergibt sich allerdings die Besonderheit, daß § 10 TFG den Grundsatz der Unentgeltlichkeit der Spendeentnahme regelt[684]. Hier dürfte mit Blick auf eine einheitliche Betrachtungsweise und auf die amtliche Begründung der Bundesregierung[685], in der die Verkehrsauffassung widergespiegelt ist, davon auszugehen sein, daß Blut nicht kommerzialierbar ist.

Wegen der sehr unterschiedlichen Arten menschlicher Körpersubstanzen werden ferner folgende Differenzierungen hinsichtlich deren Kommerzialisierung vorgeschlagen: *Taupitz* und *Deutsch* nehmen eine unterschiedliche Einordnung vor, wobei ersterer zwischen regenerierbaren und nicht regenerierbaren Körpersubstanzen trennt[686] und letzterer Haare anders als gespendete Organe behandelt. Die Differenzierung von regenerierbarem und nicht regenerierbarem bzw. reproduzierbarem und nicht reproduzierbarem[687] Körpermaterial ist deshalb sachgerecht, da - gleichgültig, ob die regenerierbaren Körpersubstanzen aus medizinisch indizierten Gründen oder ohne medizinische Indikation entnommen werden - die Gefahr einer Beeinträchtigung der Gesundheit um wirtschaftlicher Vorteile willen ausgeschlossen ist. Hier wird in der Regel kein irreversibler Eingriff in die Gesundheit des Betroffenen vorgenommen und die Entnahme dieser Körpersubstanzen ist nicht mit großen Risiken verbunden bzw. ist sogar für den Heilerfolg erforderlich[688]. Soweit es sich indessen um die reproduzierbare Körpersubstanz „Blut" handelt, ist, wie soeben erläutert, eine andere Betrachtungsweise angezeigt.

Neben der Einordnung der Körpersubstanzen in regenerierbare und nicht regenerierbare werden noch andere Einordnungen vorgeschlagen. So nimmt *Müller* im Zusammenhang mit der Sittenwidrigkeit von Kaufverträgen über

---

684 Hierzu S. 130.

685 BT-Dr 13/9594 und oben S. 130.

686 Ähnlich *Schünemann,* Die Rechte am menschlichen Körper, S. 175; *Tress,* Die Organtransplantation aus zivilrechtlicher Sicht, S. 42; *Schäfer,* Verpflanzung von Körper- und Leichenteilen, S. 61.

687 So *Müller,* Die kommerzielle Nutzung menschlicher Körpersubstanzen, S. 113.

688 Im Hinblick auf die Entnahme von Körpersubstanzen bei Verstorbenen ist diese Differenzierung jedoch nicht einsichtig; das „Pietätsgefühl" wird in jedem Falle, unabhängig davon, welche Körpersubstanz entnommen wird, verletzt. Andererseits besteht die Gefahr einer Gesundheitsbeeinträchtigung nicht mehr. Indessen ist auch hier aus Erwägungen der Rechtssicherheit eine einheitliche Betrachtungsweise angebracht.

Körpersubstanzen eine umfassende Differenzierung hinsichtlich der jeweils konkret betroffenen Arten der Körpersubstanzen vor[689].

Da der Verkauf von Haaren und Fingernägel weit verbreitet und in keiner Weise als anstößig problematisiert wird, verneint er bei diesen Körpersubstanzen zu Recht die Sittenwidrigkeit[690]. Gleichzeitig ist die Kommerzialisierbarkeit zu bejahen, weil Geld hierfür zu zahlen gepflegt wird. Zudem handelt es sich um regenerierbare Körpersubstanzen. Ferner sind diese Körpersubstanzen nach dem Wortlaut nicht vom Verbot des TPG erfaßt, was andernfalls gegen deren Kommerzialisierung sprechen würde. Denn diese Körpersubstanzen dürften schon gar nicht unter den Organbegriff im Sinne des § 1 Abs. 1 TPG fallen[691]. Ohnehin ergibt es keinen Sinn, diese Körpersubstanzen vom strafrechtlichen Verbot zu erfassen, da die geschützten Rechtsgüter offensichtlich nicht betroffen sind[692].

Weiterhin wird darauf abgestellt, ob es sich bei den Körpersubstanzen um Abfallprodukte wie Kot, Urin, Speichel oder Plazenta handelt[693]. Diese Körpersubstanzen sind vom TPG nicht erfaßt, da deren Entnahme keine Risiken in sich birgt, eine Absonderung vom Körper vielmehr erfolgen muß. Ferner sind diese Körpersubstanzen mit den regenerierbaren Körpersubstanzen vergleichbar, da sie immer wieder anfallen. Daher ist ebenfalls von deren Kommerzialisierbarkeit auszugehen. *Müller* weist zudem darauf hin, daß die auf natürliche Art und Weise vom Körper getrennten Substanzen eine weniger intensive Beziehung zum Betroffenen aufwiesen[694]. Wie indessen schon bei der Untersuchung einer Persönlichkeitsverletzung zum Ausdruck gekommen ist, kann zu diesen Körpersubstanzen sehr wohl eine enge Beziehung möglich sein, die allerdings nicht vom Patienten zur Körpersubstanz in Form eines Affektionsinteresses zu werten ist, sondern ein Arzt oder Wissenschaftler kann anhand dieser - und im übrigen wohl aller - Körpersubstanzen bei entsprechender Untersuchung Erkenntnisse über den Gesundheitszustand und die körperliche Disposition des Betroffenen gewinnen. Doch allein die Möglichkeit einer Persönlichkeitsverletzung hindert nicht daran, diese Körpersubstanzen der Kommerzialisierung zu unterwerfen. Denn hier ist nicht das mißbilligte Verhalten dergestalt, daß die Körpersubstanzen dem Handel unterworfen werden, sondern das angreifbare Verhalten ist das des Arztes oder Wissenschaftlers, seine Möglichkeiten auszuschöpfen und in das Selbstbestimmungsrecht des Patienten einzu-

---

689 *Müller,* Die kommerzielle Nutzung menschlicher Körpersubstanzen, S. 104 ff.

690 *Müller,* Die kommerzielle Nutzung menschlicher Körpersubstanzen, S. 104.

691 In der Rechtsliteratur wird bereits zutreffend kritisiert, daß das TPG nicht hinreichend differenziert und sich einige Änderungen schon abzeichnen würden, so *Deutsch,* NJW 1998, 777 (782); kritisch auch *Schroth,* JZ, 1997, 1149 ff.

692 Zu den Schutzgütern siehe oben S. 131 f. und *Schroth,* JZ, 1997, 1149 (1150 f.).

693 *Müller,* Die kommerzielle Nutzung menschlicher Körpersubstanzen, S. 105, 112; *Deutsch,* Arzt- und Arzneimittelrecht, 2. Aufl., S. 256.

694 *Müller,* Die kommerzielle Nutzung menschlicher Körpersubstanzen, S. 112.

greifen. Wie schon erläutert, bleibt es ihm nicht versagt, derartige Untersuchungen nach Anonymisierung durchzuführen.

Hinsichlich der Körpersubstanzen wie Sperma und Haut ist deren Kommerzialisierung umstritten[695]. Zwar regenerieren bzw. reproduzieren sich Sperma und Haut in der Regel. Auch steht nicht von vornherein fest, ob es sich um Abfallprodukte handelt. Jedoch sind diese Körpersubstanzen dem Wortlaut nach vom TPG erfaßt. Da bei den bereits getrennten Substanzen nicht ersichtlich ist, ob sie aus medizinisch indizierten Gründen oder aber zwecks Spende entnommen worden sind, ist hier ausnahmsweise aus Gründen der Rechtssicherheit eine einheitliche Betrachtungsweise erforderlich, unabhängig davon, ob sich ein Markt herausgebildet haben mag[696]. Für Knochen dürfte dasselbe gelten, d. h. sie sind nicht kommerzialisierbar, da nicht unbedingt ersichtlich ist, weshalb sie vom Körper getrennt wurden.

Schließlich fragt sich, ob die menschliche Zelle kommerzialisierbar ist. Zwar sind vom Geltungsbereich des TPG Gene oder andere DNA-Teile nicht erfaßt[697]. Ob menschliche Zellen, also nicht nur deren Zellkernbestandteile, ebenso wie die Ei- oder Samenzelle (d. h. Keimzellen), von der Kommerzialisierung ausgeschlossen sind, läßt sich dem Gesetz nicht entnehmen[698]. Indessen wird auch hier zu differenzieren sein, da der Schutzzweck des Gesetzes nicht auf diese Körpersubstanzen zugeschnitten ist: Soll erst ein Körperteil entnommen werden, um aus diesem die Zelle zu isolieren, so richtet sich die Kommerzialisierbarkeit des Körperteils und damit indirekt der Zelle nach den eben genannten Kriterien. Ist die Zelle aber isoliert und wird sie kommerzialisiert, so kann sich die Angst vor skrupellosen Organhändlern nicht realisieren. Eine Gesundheitsbeeinträchtigung des „Spenders" kommt ebenfalls nicht in Betracht, da nicht eine einzelne Zelle entnommen wird, sondern eine Körpersubstanz, d. h. es kommt auf deren Kommerzialisierung an. Die menschliche Zelle kann daher nur kommerzialisiert werden, wenn sie bereits entnommen ist. Die Kommerzialisierung der Zelle ist möglich, soweit Geld zu zahlen gepflegt wird. Bei Zellen, mit Ausnahme der Keimzellen, dürfte von deren Kommerzialisierung auszugehen sein[699]. Dabei ist zu berücksichtigen, daß die Ursprungszelle ohnedies abstirbt, wenn Zellinien gezüchtet werden. Bei den weitergezüchteten Zellen handelt es sich aber nicht mehr um eine dem Körper entnommene Körper-

695 *Müller,* Die kommerzielle Nutzung menschlicher Körpersubstanzen, S. 106.

696 A.A. *Müller,* Die kommerzielle Nutzung menschlicher Körpersubstanzen, S. 107, der die Samenspende mit der Blutspende für vergleichbar hält und auf die Regenerierbarkeit hinweist.

697 BT-Dr 13/4355, S. 16.

698 Zu beachten ist in diesem Zusammenhang § 2 Abs. 1 ESchG, der den An- und Verkauf von Embryonen und alle weiteren Verfügungen darüber, die nicht der Erhaltung des Embryos dienen, verbietet. Als Embryo gilt die befruchtete, d. h. bei Konjugation von Ei- und Samenzelle, und entwicklungsfähige menschliche Eizelle (§ 8 ESchG).

699 Grundsätzlich von der Kommerzialisierung der einzelnen Zelle ausgehend: *Müller,* Die kommerzielle Nutzung menschlicher Körpersubstanzen, S. 111, 122.

substanz, sondern um eine neue Sache im Sinne von § 950 Abs. 1 BGB[700]. Daher ist das Problem, ob die einzelne Zelle kommerzialisierbar ist, rein theoretischer Natur.

Zusammenfassend ist festzuhalten, daß Körpersubstanzen, deren Kommerzialisierung nach dem Wortlaut eines Gesetzes (TFG, TPG) abgelehnt wird, regelmäßig der Kommerzialisierung nicht zugänglich sind, während Körpersubstanzen, die entweder ausdrücklich ausgeschlossen oder ganz eindeutig nicht von dessen Schutzbereich erfaßt sind, kommerzialisierbar sind.

2.2 Schadensersatz gem. §§ 989, 990 Abs. 1 BGB?

Als Rechtsgrundlage für die Gewährung von Schadensersatz könnten sich die Vorschriften über das Eigentümer-Besitzer-Verhältnis eignen. Weil die wirksame Anfechtung die rückwirkende Nichtigkeit der dinglichen Übereignungserklärung hervorruft (§ 142 Abs. 1 BGB), finden die §§ 987 ff. BGB von Anfang an Anwendung[701].

2.2.1 Anspruchsvoraussetzungen

Nach den §§ 989, 990 BGB besteht ein Schadensersatzanspruch des Patienten als Eigentümer der Körpersubstanz, sofern die sich im Besitz des Arztes befindliche Körpersubstanz infolge seines Verschuldens verschlechtert wird, untergeht oder er sich zur Herausgabe der Sache aus anderem Grunde außerstande sieht und der Arzt bösgläubig im Sinne von § 990 Abs. 1 BGB ist.

Forschte der Arzt mit der Körpersubstanz, wobei sie verändert wird oder untergeht, implantierte oder veräußerte er sie, so liegt entweder objektive Unmöglichkeit[702] oder subjektive Unmöglichkeit[703] der Herausgabe der Körpersubstanz an den Patienten vor[704]. Verliert die Körpersubstanz wegen der §§ 946 ff. BGB ihre Eigenschaft als selbständiges Rechtsobjekt, liegt ebenfalls Sachuntergang im Sinne des § 989 BGB vor[705]. Verwendete der Arzt lediglich

---

[700] Ausführlich hierzu oben S. 56 ff. In diesem Zusammenhang ist auch § 17 Abs. 1 Nr. 2 TPG zu nennen, der Arzneimittel, die aus oder unter Verwendung von Organen hergestellt sind, unter bestimmten Voraussetzungen vom Verbot des Organhandels ausschließt.

[701] *RGRK/Pikart,* 12. Aufl., § 987 Rdnr. 5; *MünchKomm/Medicus,* 2. Aufl., Vor §§ 987-1003 Rdnr. 17.

[702] So z. B. bei Untergang oder Verbrauch der Sache oder wenn die Sache nach den §§ 946 ff. BGB ihre Eigenschaft als selbständiges Rechtsobjekt verliert (zu letzterem vgl. *MünchKomm/Medicus,* 2. Aufl., § 989 Rdnr. 5).

[703] So z. B. bei Veräußerung der Sache.

[704] Sowohl die subjektive als auch die objektive Unmöglichkeit ist von § 989 BGB erfaßt, siehe nur *Jauernig,* 7. Aufl., § 989 Zif. 1c.

[705] Allgemein *MünchKomm/Medicus,* 2. Aufl., § 989 Rdnr. 5.

Teilmengen der Körpersubstanz, so ist eventuell von einer Verschlechterung der Körpersubstanz durch Verringerung oder Beschädigung auszugehen[706].

Bereits der Weitergebrauch ebenso wie die freiwillige Veräußerung der Sache durch den unrechtmäßigen, bösgläubigen Besitzer führt zum Schuldvorwurf[707]. Gebrauchte oder veräußerte der Arzt die Körpersubstanz, ist ihm schuldhaftes Verhalten im Sinne von § 989 BGB vorzuwerfen, sofern er als unrechtmäßiger und bösgläubiger Besitzer handelte. Der Arzt ist in der Regel unrechtmäßiger Besitzer[708]. Fraglich ist, ob beim Arzt Bösgläubigkeit im Sinne des 990 Abs. 1 BGB vorliegt.

Die Redlichkeit des Besitzers hinsichtlich seines Besitzrechts beurteilt sich, sofern das Besitzrecht rückwirkend wegen Anfechtung gem. § 142 Abs. 1 BGB weggefallen ist, nach der Vorschrift des § 142 Abs. 2 BGB[709]. Kannte der Arzt die Anfechtbarkeit, oder hätte er sie kennen müssen, so handelte er als unredlicher, bösgläubiger Besitzer, wobei die Kenntnis oder das Kennenmüssen der die Anfechtbarkeit begründeten Tatsachen bereits genügt[710].

Wie schon bei der Prüfung der §§ 823, 249 BGB im Zusammenhang mit der Vermeidbarkeit des Irrtums über die Eigentümerstellung festgestellt, die gleichermaßen der Heranziehung der Wertung des § 142 Abs. 2 BGB bedurfte[711], führte die Verletzung der Aufklärungspflicht des Arztes im Hinblick auf die Weiterverwendung der Körpersubstanz überhaupt erst zur Anfechtbarkeit nach § 123 Abs. 1 BGB. Daher vollzog der Arzt die Nutzung der Körpersubstanz als unredlicher Besitzer.

Falls der Irrtum des Patienten über eine verkehrswesentliche Eigenschaft den Anfechtungsgrund darstellt[712] und der Arzt von diesem Irrtum seines Patienten wußte oder ihn zumindest hätte kennen müssen (letzteres wird wohl immer zu bejahen sein), verbietet sich ebenfalls die Annahme seiner Redlichkeit.

Die Anspruchsvoraussetzungen der §§ 989, 990 Abs. 1 BGB sind daher erfüllt.

---

706 Zur Verschlechterung siehe *Soergel/Mühl*, 12. Aufl., § 989 Rdnr. 5.

707 Zum Weitergebrauch der Sache siehe *RGZ* 145, 79 (83); zur freiwilligen Veräußerung siehe *RGZ* 56, 313 (316 f.).

708 Zu dieser Voraussetzung oben S. 124.

709 *MünchKomm/Medicus*, 2. Aufl., Vor §§ 987-1003 Rdnr. 17.

710 *Larenz*, Allgemeiner Teil, 7. Aufl., S. 481; *Flume*, Das Rechtsgeschäft, 3. Aufl., S. 588; siehe schon S. 128.

711 Siehe oben S. 125.

712 Siehe oben S. 64 ff.

2.2.2 Art und Umfang des Schadensersatzanspruchs

Der Anspruch aus § 989 BGB ist auf Ersatz des Schadens gerichtet, der durch Verschlechterung oder Unmöglichkeit der Herausgabe und deren Folgen eintritt, also auch auf den entgangenen Gewinn[713].

a) Wertersatz?

Bei einer Sache, die in Natur nicht herausgegeben werden kann, zielt der Anspruch auf Ersatz ihres Wertes (§ 251 Abs. 1 BGB)[714]. Infolgedessen müßte der Patient den Wert seiner entnommenen Körpersubstanz erstattet erhalten, die der Arzt weiterverwendet hat[715].

Sollte man das Vorliegen eines Vermögenswertes hinsichtlich der Körpersubstanz verneinen, fehlt es an einem Vermögensschaden. Für Nichtvermögensschäden kann aber gem. § 253 BGB grundsätzlich kein Ersatz verlangt werden. Nach hier vertretener Auffassung ist zu differenzieren, ob eine Körpersubstanz kommerzialisierbar ist[716], so daß der Patient Wertersatz verlangen kann, falls die Körpersubstanz ihrer Art nach dem Handel zugänglich ist.

b) Einwendungen des Arztes?

Da der Arzt, um die Körpersubstanz zu erhalten und aufzubewahren, im Augenblick der Vindikationslage Kosten aufgewandt hat, die möglicherweise erheblich höher liegen als der Preis, der für die Körpersubstanz gezahlt worden wäre, ist zu prüfen, ob der Arzt seinerseits gem. §§ 994 Abs. 2, 683, 684 BGB als bösgläubiger Besitzer die *notwendigen Verwendungen* vom Patienten als Eigentümer ersetzt verlangen kann[717]. Wegen Gleichartigkeit des Anspruchs des Patienten und des Anspruchs des Arztes käme eine *Aufrechnung* gem. § 387 BGB in Betracht, die der Arzt als anspruchsvernichtende Einwendung geltend machen könnte.

---

[713] *BGH,* NJW 1982, 1750; *RGRK/Pikart,* 12. Aufl., § 989 Rdnr. 18, *MünchKomm/Medicus,* 2. Aufl., § 989 Rdnr. 11; *Soergel/Mühl,* 12. Aufl., § 989 Rdnr. 9; *Staudinger/Grunsky,* 12. Aufl., § 989 Rdnr. 11; *Palandt/Bassenge,* 56. Aufl., § 989 Rdnr. 2; *Erman/Hefermehl,* 9 Aufl., § 989 Rdnr. 7; a. A. *Westermann,* Sachenrecht, Bd. I, 6. Aufl., S. 216; *Jauernig,* 7. Aufl., § 989 Zif. 2. Fällt der entgangene Gewinn allerdings unter den Vorenthaltungsschaden, kann dieser nur nach § 990 Abs. 2 BGB gefordert werden.

[714] Auf den Schadensersatzanspruch aus § 989 BGB sind die §§ 249-254 BGB in der Regel anwendbar, vgl. *MünchKomm/Medicus,* 2. Aufl., § 989 Rdnr. 12.

[715] Ebenso *Müller,* Die kommerzielle Nutzung menschlicher Körpersubstanzen, S. 189.

[716] Siehe hierzu oben S. 126 ff.

[717] Ansprüche des Arztes gegen den Patienten aus ungerechtfertigter Bereicherung sind wegen des § 994 Abs. 2 BGB nicht anwendbar, da dieser für den am schlechtesten qualifizierten Besitzer ohnehin auf Bereicherungsrecht verweist, vgl. *MünchKomm/Medicus,* 2. Aufl., § 994 Rdnr. 30.

Zu untersuchen ist daher die Frage, ob der Arzt notwendige Verwendungen getätigt hat. Nach § 994 Abs. 2 BGB sind solche Verwendungen notwendig, die „objektiv erforderlich sind, um die Sache in ihrem wirtschaftlichen Bestand einschließlich ihrer Nutzungsfähigkeit zu erhalten"[718]. Die Notwendigkeit soll nicht vom Erfolg der Verwendung abhängig gemacht werden, sondern nur von den Umständen, die zur Zeit der Vornahme erkennbar waren[719]. Um die Nutzungsfähigkeit der Körpersubstanz wenigstens kurzzeitig zu erhalten, waren die Verwendungen des Arztes objektiv notwendig und vorhersehbar.

Allerdings müssen nach § 683 BGB, auf den § 994 Abs. 2 BGB im Wege einer Rechtsfolgenverweisung Bezug nimmt, die Verwendungen dem Interesse und dem wirklichen oder dem mutmaßlichen Willen des Patienten entsprechen. Der Arzt muß also die Einstellung des Patienten berücksichtigen. Da der Arzt nicht ohne weiteres davon ausgehen konnte, daß die Erhaltung der Nutzfähigkeit der Körpersubstanz dem Willen des Patienten entspricht, dem Patienten im allgemeinen sogar mißfallen dürfte, liegt diese Voraussetzung nicht vor. Insofern kann der Arzt vom Patienten den Ersatz der notwendigen Verwendungen nicht verlangen und daher nicht mit dem Anspruch des Patienten aufrechnen.

Sollte der Patient mit der Aufrechterhaltung der Nutzfähigkeit der Körpersubstanz dennoch im Nachhinein einverstanden sein, ermöglicht ihm § 684 S. 2 BGB, die getätigten Verwendungen zu genehmigen. Denn danach kann der Geschäftsführer (Arzt) die Verwendungen verlangen, wenn der Geschäftsherr (Patient) diese genehmigt. Die Genehmigung kann auch stillschweigend erfolgen[720], besonders dann, wenn der Patient das durch die Verwendung Erlangte herausverlangt[721]: Indem der Patient den Wertersatz der Körpersubstanz fordert, verlangt er zugleich die vom Arzt getätigten Verwendungen heraus, was deshalb als stillschweigende Genehmigung im Sinne von § 684 S. 2 BGB zu qualifizieren ist. Gem. §§ 683 S. 1, 670 BGB, auf die § 684 S. 2 BGB verweist, kann der Arzt vom Patienten den Ersatz der vollen Kosten, also den Betrag der vollen Verwendungen[722], beanspruchen.

Allerdings ist fraglich, ob sich der Arzt im Wege der Aufrechnung gem. § 387 BGB gegen den Patienten wenden kann. Zwar sind Arzt und Patient zugleich Schuldner und Gläubiger des anderen. Da Geld gegen Geld geschuldet wird, handelt es sich auch um gleichartige Forderungen. Im Zeitpunkt der Genehmigung der Verwendungen des Arztes durch den Patienten (§ 684 S. 2

718 Vgl. *Westermann*, Sachenrecht, Bd. I, 6. Aufl., S. 226.

719 *MünchKomm/Medicus*, 2. Aufl., § 994 Rdnr. 17.

720 *Staudinger/Wittmann*, 13. Aufl., § 684 Rdnr. 8.

721 Zur stillschweigenden Genehmigung, die in der Herausgabe des durch die Geschäftsbesorgung Erlangten liegen kann: *Mot.*, Bd. II, S. 859; *BGH*, NJW 1979, 812; *MünchKomm/Seiler*, 2. Aufl., § 684 Rdnr. 14; *Erman/Ehmann*, 9. Aufl., § 684 Rdnr. 4.

722 *Medicus*, Bürgerliches Recht, 17. Aufl., Rdnr. 884. Die eigene Arbeitsleistung darf der Arzt hingegen nicht in Rechnung stellen.

BGB) ist die Forderung, mit der aufgerechnet werden soll, auch fällig. Die Voraussetzungen des § 387 BGB liegen daher vor.

Jedoch könnte § 393 BGB ein Aufrechnungsverbot des Arztes bewirken. Dies ist dann der Fall, wenn die Forderung des Patienten, gegen die der Arzt aufrechnen würde, aufgrund einer vorsätzlich unerlaubten Handlung entstanden wäre. Bei dem Schadensersatzanspruch nach § 989 BGB handelt es sich aber um keinen deliktischen Anspruch, was Voraussetzung für die Anwendung des § 393 BGB wäre[723]. Vielmehr ist die Anwendung des Deliktsrechts wegen der Sperrwirkung der §§ 987 ff. BGB gerade ausgeschlossen[724].

Mithin bleibt dem Arzt die Aufrechnung möglich. Die Wirkung der Aufrechnung tritt ein, wenn der Arzt diese gegenüber dem Patienten erklärt (§ 388 S. 1 BGB). Rechnet er gegen den Patienten mit seinem Anspruch auf Ersatz der Kosten auf, die erheblich höher liegen dürften, als die Geldzahlung, die er an den Patienten entrichten muß, gilt die Forderung des Patienten gegen den Arzt gem. § 389 BGB als erloschen.

Lediglich wenn sich der Arzt den Besitz der Körpersubstanz durch eine Straftat wie Betrug verschafft hat, finden gem. § 992 BGB die Vorschriften der §§ 823 ff. BGB Anwendung. Der Arzt kann dann mit seinem Anspruch nicht aufrechnen, hat aber dennoch einen Verwendungsersatzanspruch gegen den Patienten.

Folgendes ist festzuhalten: Selbst wenn man dem Patienten einerseits den Anspruch auf Wertersatz für die weiterverwendete Körpersubstanz zugesteht, kann ihm andererseits der Anspruch auf Verwendungsersatz entgegengehalten werden, mit dem der Arzt in der Regel aufzurechnen vermag. Insofern erhält der Patient keinen Wertersatz, im Gegenteil würden sogar Kosten auf ihn zukommen.

Liegt im Verlust der bei Anfechtung dem Patienten eigentumsrechtlich zugeordneten Körpersubstanz ein nichtvermögensrechtlicher Nachteil, d. h. die Körpersubstanz ist nicht kommerzialisierbar[725], muß der Arzt den Nachteil nicht ausgleichen, außer das Gesetz sähe etwas anderes ausdrücklich vor[726]. Ein Anspruch des Patienten auf Wertersatz gem. §§ 989, 990 BGB kann damit bereits am fehlenden Vermögenswert der Körpersubstanz scheitern.

---

723 Siehe nur *MünchKomm/v. Feldmann*, 3. Aufl., § 393 Rdnr. 1.

724 So die h. L., siehe nur *Staudinger/Gursky*, 13. Aufl., Vor §§ 987-993 Rdnr. 49 m.w.N.

725 Hierzu S. 126 ff.

726 Allgemein *MünchKomm/Grunsky*, 3. Aufl., Vor § 249 Rdnr. 9 f. m.w.N.

c) Entgangener Gewinn?

Da der Schadensersatzanspruch gem. § 989 BGB den entgangenen Gewinn umfaßt (§ 252 BGB), stellt sich die Frage, ob der Patient diesen für sich beanspruchen kann.

Unter entgangenem Gewinn versteht man alle Vermögensvorteile, die der Geschädigte im Zeitpunkt des schädigenden Ereignisses zwar noch nicht gehabt hat, die ohne dieses Ereignis inzwischen aber angefallen wären[727]. Der Vorhersehbarkeit der Gewinnchance im Zeitpunkt des schädigenden Ereignisses kommt keine Bedeutung zu[728]. Die Ersatzfähigkeit des entgangenen Gewinns kann unabhängig davon bestehen, ob der Eingriff in ein Vermögensrecht erfolgt ist oder nicht[729]. Die Verneinung des Vermögenswertes der Körpersubstanz steht dem Ersatz wegen entgangenen Gewinns deshalb nicht von vornherein entgegen.

Dem Patienten könnte Gewinn entgangen sein, wenn er durch den Verlust des Eigentums an der eigenen Verwertung gehindert worden wäre. Da in diesem Falle der Entzug der eigenen Nutzungsmöglichkeit die Realisierung eines Vermögenszuwachses vereitelte, würde es sich dabei um einen entgangenen Gewinn im Sinne von § 252 BGB handeln[730].

Allerdings kann die Rechtsordnung dem Geschädigten keine Vorteile zusprechen, die er gegen ihren Willen erlangt hätte[731]. Verbietet die Rechtsordnung nicht nur die Vornahme, sondern mißbilligt sie auch die zivilrechtliche Wirkung eines Rechtsgeschäfts, kann sich der Betroffene nicht auf den Entgang eines Gewinns berufen[732].

Hätte der Patient eine Körpersubstanz kommerzialisiert, die jedoch der (gebilligten) Kommerzialisierung entzogen ist[733], kann er bereits deshalb nicht einen entgangenen Gewinn fordern.

Aber auch bei kommerzialisierbaren Körpersubstanzen mag man aus folgendem Grunde dem Patienten den Ersatz eines entgangenen Gewinns versagen: § 252 S. 2 BGB verlangt für die Schadensberechnung die schlüssige Darlegung und den Beweis von konkreten Ausgangs- und Anknüpfungstatsachen, die eine

---

727 Vgl. *MünchKomm/Grunsky,* 3. Aufl., Vor § 252 Rdnr. 3.
728 *Lange,* Schadensersatz, 2. Aufl., S. 342.
729 *MünchKomm/Grunsky,* 3. Aufl., Vor § 252 Rdnr. 3.
730 *AK/Rüßmann,* Vor §§ 249-253 Rdnr. 32.
731 Vgl. *Lange,* Schadensersatz, 2. Aufl., S. 350.
732 *Lange,* Schadensersatz, 2. Aufl., S. 350.
733 Hierzu oben S. 126 ff.

Gewinnerwartung wahrscheinlich machen[734]. Entsprechend seinem Rechtsgedanken soll der Richter keine zu strengen Anforderungen an Darlegung und Beweis der die Erzielung eines Gewinns wahrscheinlich machenden Umstände stellen[735]. Selbst bei nur geringfügigen Anhaltspunkten soll ein entgangener Gewinn ermittelt werden, und zwar wenigstens in Form eines Mindestschadens[736]. Die widerlegliche Vermutung des § 252 S. 2 BGB wird durch die ernsthafte Möglichkeit, daß der Gewinn nicht gemacht worden wäre, noch nicht entkräftet[737].

Obwohl die Auslegung des § 252 S. 2 BGB in dieser Weise dem Patienten bei der Darlegung der Gewinnerwartung durch die Nutzung der entnommenen Körpersubstanz sehr entgegenkommt, darf dennoch die Schadensschätzung nicht völlig in der Luft hängen. Vielmehr müssen konkrete oder allgemein der Sachlage entsprechende Indizien hierfür sprechen[738]. Der Arzt wird deshalb darzulegen versuchen, daß der Patient im konkreten Fall keinen Gewinn erzielt hätte.

Die Rechtsprechung war des öfteren mit der Frage befaßt, ob ein *privater* Verkäufer entgangenen Gewinn nach § 252 BGB verlangen kann[739]. Die dazu herausgearbeiteten Ergebnisse führen bei dem hier zu erörternden Problem weiter: Im Gegensatz zu einem Kaufmann wies die Rechtsprechung die Gewinnerwartung beim privaten Verkäufer zurück, da diese von vornherein nicht ohne weiteres wahrscheinlich sei[740]. Beim Kaufmann hingegen sei mit einer

---

[734] So jedenfalls die h. M., die § 252 S. 2 BGB als *Beweiserleichterung* ansieht und nach der § 287 ZPO im Rahmen der Beweiserleichterung des § 252 S. 2 BGB liegt, *BGHZ* 54, 45 (53 ff.); ferner *BGH*, NJW 1988, 3016 (3017) = NZV 1988, 134 f.; *Soergel/Mertens*, 12. Aufl., § 252 Rdnr. 12; *BGHZ* 29, 393 (397 f.) = NJW 1959, 1079; *BGH*, NJW 1979, 865 (866); *BGH*, DB 1988, 2402 (2403); *Lange*, Schadensersatz, 2. Aufl., S. 341 f.; *Staudinger/Medicus*, 12. Aufl., § 252 Rdnr. 4 f.; *Steffen*, VersR 1985, 605 (608). Ablehnend demgegenüber *Steindorff*, AcP 158 (1959/60), 431 (462); *Giesen*, VersR 1979, 389 (392 f.), welche die Vorschrift als materiellrechtliche Beschränkung des Schadensersatzes verstehen.

[735] *BGH*, WM 1987, 319 (320); *Soergel/Mertens*, 12. Aufl., § 252 Rdnr. 12.

[736] *BGH*, WM 1987, 319 (320); *Soergel/Mertens*, 12. Aufl., § 252 Rdnr. 12.

[737] *BGH*, WM 1987, 319 (320); *Soergel/Mertens*, 12. Aufl., § 252 Rdnr. 12; *Lange*, Schadensersatz, 2. Aufl., S. 343 f.; *MünchKomm/Grunsky*, 3. Aufl., § 252 Rdnr. 9; *Staudinger/Medicus*, 12 Aufl., § 252 Rdnr. 20.

[738] *Gottwald*, Schadenszurechnung und Schadensschätzung, S. 138 f., der bei der Feststellung des entgangenen Gewinns die Verbindung von materiellem Recht und richterlicher Schadensschätzung hervorhebt (a.a.O., S. 135); siehe auch *BGHZ* 91, 243 (256 f.); *BGHZ* 54, 45 (55); *Soergel/Mertens*, 12. Aufl., § 252 Rdnr. 12; *Knobbe-Keuk*, VersR 1976, 401 (404).

[739] Hierzu *Knobbe-Keuk*, VersR 1976, 401 (404).

[740] *BGHZ* 62, 103 (105) = NJW 1974, 895; *BGH*, NJW 1980, 1742 (1743).

Weiterveräußerung immer zu rechnen[741]. Die h. M. stellt daher nicht auf die bloße *Verkaufsmöglichkeit*, sondern auf die *Verkaufsabsicht* ab, um zur Wahrscheinlichkeit einer Gewinnerwartung beim Kaufmann zu gelangen.

Bei entsprechender Anwendung dieser Ergebnisse auf den hier zu erörternden Fall, ergibt sich folgendes: Da beim Patienten von vornherein nicht mit der *Nutzungsabsicht* seiner entnommenen Körpersubstanz zu rechnen ist, die bloße *Nutzungsmöglichkeit* aber nicht ausreicht, ist ein ihm entgangener Gewinn unwahrscheinlich. Sogar bereits die *Nutzungsmöglichkeit* des Patienten in gewinnträchtiger Weise dürfte sehr zweifelhaft sein. Denn im Vergleich zum Arzt fehlt ihm in der Regel das nötige Fachwissen, um die Vorteile der getrennten Körpersubstanz ausnützen zu können[742].

Insofern wird es trotz der erheblichen Beweiserleichterung des § 252 S. 2 BGB dem Patienten nicht gelingen, die Wahrscheinlichkeit einer Gewinnerwartung darzutun. Er kann daher nicht vom Arzt den Ersatz eines entgangenen Gewinns verlangen.

2.3 Weitere Anspruchsgrundlagen?

Neben den §§ 989, 990 BGB sind noch weitere Anspruchsgrundlagen denkbar, die auf Schadensersatz zielen. So kommen insbesondere die §§ 687 Abs. 2 i. V. m. 678 BGB und § 823 Abs. 1 BGB in Betracht.

Die Sperrwirkung der §§ 987 ff. BGB verhindert jedoch die Anwendung des *§ 823 Abs. 1 BGB*[743]. Zwar wird zunehmend die Ansicht vertreten, für den bösgläubigen Besitzer gelte der Ausschluß des Deliktsrechts nicht[744]. Diese An-

---

[741] So z. B. *RGZ* 101, 217 ff.; *RGZ* 105, 293 (294); *RG,* JW 1921, 1313; *RG,* JW 1926, 2676; *OLG München,* JW 1923, 1050; *OLG Düsseldorf,* BB 1953, 129. Dies gelte selbst dann, wenn er im konkreten Falle den Eigenverbrauch der Ware geplant habe. Zu Recht gegen die Zubilligung des entgangenen Gewinns, soweit der Gewinn beim Kaufmann konkret nicht eingetreten wäre: *Knobbe-Keuk,* VersR 1976, 401 (404); *Jauernig/Teichmann,* 7. Aufl., Vor §§ 249-253 Zif. VII 1b bb; *RGRK/Alff,* 12. Aufl., § 252 Rdnr. 11; siehe auch *BGHZ* 62, 103 (106), wo die Schadenseinschätzung beim Kaufmann auf typische Geschäfte begrenzt wird. In ihrer Kritik noch weitergehender *Staudinger/Medicus,* 12 Aufl., § 252 Rdnr. 25 u. *MünchKomm/Grunsky,* 3. Aufl., § 252 Rdnr. 13 m.w.N.

[742] Daher käme auch die Meinung, die allein auf die Verkaufsmöglichkeit eines privaten Verkäufers abstellt (*MünchKomm/Grunsky,* 3. Aufl., § 252 Rdnr. 13), um eine wahrscheinliche Gewinnerwartung zu bejahen, bei Ablehnung der Möglichkeit der gewinnbringenden Nutzung zum selben Ergebnis.

[743] So die h. L., siehe nur *Staudinger/Gursky,* 13. Aufl., Vor §§ 987-993 Rdnr. 49 m.w.N.

[744] So etwa *Erman/Hefermehl,* 9. Aufl., Vor § 987-993 Rdnr. 36; *Berg,* JuS 1971, 310 (312); offengelassen von *BGHZ* 39, 186 (188); *Müller,* JuS 1983, 516 (519).

sicht ist aber vornehmlich im Hinblick auf § 992 BGB und § 993 Abs. 1, 2. HS BGB abzulehnen[745].

Demgegenüber stehen dem Eigentümer die Rechte aus § 687 Abs. 2 BGB und aus den §§ 987 ff. BGB gleichzeitig zu[746]. Da allerdings weder Wertersatz noch entgangener Gewinn dem Patienten als Schadensersatz gewährt werden kann[747], der Anspruch auf Wertersatz in seltenen Fällen zwar möglich, aber wegen Aufrechnungsmöglichkeit des Arztes als erloschen gilt, der Arzt zumindest einen Gegenanspruch gegen den Patienten geltend machen kann[748], soll an dieser Stelle auf die Prüfung der Voraussetzungen der *§§ 687 Abs. 2 i. V. m. 678 BGB* verzichtet werden[749].

2.4 Anspruch auf Schadensersatz im Fall *John Moore*?

Nach der hier vertretenen Auffassung kommt man im Fall *Moore* zu folgender Lösung:

Ficht *Moore* die Übereignung der Milz an den Arzt an, so hat der Arzt nie Eigentum an ihr und den daraus entnommenen Zellen erworben. Einem Herausgabeanspruch gem. § 985 BGB steht aber der Untergang der wahrscheinlich bereits zerfallenen oder vernichteten Milz entgegen. Die Zellen sind bei der Weiterkultivierung ebenfalls abgestorben und damit nicht herauszugeben.

Ferner vermag *Moore* den Wert der Milz nicht gem. §§ 989, 990 Abs. 1, 251 Abs. 1 BGB vom Arzt als bösgläubigen Besitzer ersetzt zu verlangen, da es sich hierbei um kein vermögenswertes Gut handeln dürfte. Die der Züchtung dienende Ursprungszelle ist zwar der Kommerzialisierung nicht entzogen und kann daher Vermögenswert besitzen. Macht *Moore* aber Wertersatz hierfür geltend, wird der Arzt seinerseits mit seinem Anspruch auf Verwendungsersatz für den (wenigstens kurzzeitigen) Nutzungs- und Substanzerhalt der Zelle gem. §§ 994 Abs. 2, 684 S. 2, 683 S.1, 670 BGB dem Patienten gegenüber aufrechnen. Mit Aufrechnung erlischt die Forderung *Moores* gegen den Arzt (§ 389 BGB).

Mangels konkreter oder allgemein der Sachlage entsprechender Indizien, die auf Erzielung eines eigenen Gewinns hindeuten, bleibt es *Moore* außerdem ver-

---

745 Hierzu *Soergel/Mühl,* 12. Aufl., § 992 Rdnr. 2 u. § 993 Rdnr. 1; *Palandt/Bassenge,* 56. Aufl., Vor §§ 987-993 Rdnr. 14; *Jauernig,* 7. Aufl., Vor §§ 987-993 Zif. IV 2b; *Richard/Junker,* JuS 1988, 686 (690); *Staudinger/Gursky,* 13. Aufl., Vor §§ 987-993 Rdnr. 51 ff.

746 *Staudinger/Gursky,* 13. Aufl., Vor §§ 987-993 Rdnr. 56; ferner *Jauernig,* 7. Aufl., Vor §§ 987-993 Zif. IV 2d; *Erman/Hefermehl,* 9. Aufl., Vor § 987-993 Rdnr. 36; *Berg,* JuS 1971, 310 (312); a. A. *MünchKomm/Seiler,* 2. Aufl., Vor § 677 Rdnr. 18.

747 Siehe hierzu oben S. 138 ff.

748 Siehe hierzu oben S. 138 ff.

749 Siehe hierzu unten S. 163 ff.

sagt, sich auf entgangenen Gewinn gem. §§ 989, 990 Abs. 1, 252 BGB zu berufen. Denn *Moore* verfolgte nicht die Absicht, seine entnommene Körpersubstanz gewinnbringend zu nutzen, es dürfte ihm bereits sogar die Nutzungsmöglichkeit fehlen. Daher hat *Moore* keinen Anspruch gegen den Arzt.

3. Anspruch auf Herausgabe der Nutzungen und des Erlangten?

3.1 Herausgabe der Nutzungen gem. §§ 987 Abs. 1, 990 Abs. 1 BGB ?

Möglicherweise kann der Patient vom Arzt Herausgabe der Nutzungen gem. §§ 987 Abs. 1, 990 Abs. 1 BGB verlangen[750]. Als Voraussetzung hierfür muß der Arzt als unredlicher Besitzer[751] Nutzungen gezogen haben. Nach der Definition des § 100 BGB fallen unter den Begriff der Nutzungen neben den Früchten der Sache auch die Vorteile, die der Gebrauch der Sache gewährt. Dem Kontext zufolge muß es um unmittelbare (§ 99 Abs. 1 BGB) und mittelbare (§ 99 Abs. 3 BGB) Sachfrüchte oder um Vorteile aus dem Sachgebrauch handeln[752].

Verwendet der Arzt die getrennte Körpersubstanz weiter, so steht ihm eine Vielzahl von verschiedenen Verwendungsarten offen, die ihm möglicherweise Nutzungen im Sinne von § 100 BGB einbringen.

3.1.1 Gewinnerzielung durch die Körpersubstanz

Erzielt der Arzt durch die Weiterverwendung der Körpersubstanz Gewinne, indem er etwa, wie im Fall *Moore,* als Berater für die Entwicklung von Medikamenten tätig wird, die auf den von *Moore* stammenden Zellen basiert, oder schließt er wegen eines Patentrechts an den gezüchteten Zellen gewinnträchtige Verträge ab, fragt sich, ob diese möglicherweise Nutzungen gem. § 987 Abs. 1 BGB darstellen. Nutzungen sind nach § 100 BGB auch die Gebrauchsvorteile der Sache.

---

[750] § 988 BGB kommt nicht in Betracht. Zwar hat der Arzt den Besitz der Körpersubstanz unentgeltlich erlangt, jedoch übt er seinen Besitz unredlich aus. § 988 BGB behandelt aber den Nutzungsersatz des redlichen Besitzers vor Rechtshängigkeit, der im Gegensatz zum bösgläubigen Besitzer oder nach Rechtshängigkeit (§§ 987 Abs. 1, 990 Abs. 1 BGB) nicht schlechthin alle von ihm gezogenen Nutzungen herauszugeben hat, sondern nur nach Bereicherungsgrundsätzen zu Nutzungsersatz verpflichtet ist. Siehe hierzu *Staudinger/Gursky,* 13. Aufl., Vor §§ 987-993 Rdnr. 3.

[751] Siehe hierzu S. 137.

[752] *Staudinger/Gursky,* 13. Aufl.,§ 987 Rdnr. 10; *BGHZ* 63, 365 (368); *Bassenge,* JR 1975, 326; *MünchKomm/Medicus,* 2. Aufl., § 987 Rdnr. 5; a. A. *Soergel/Mühl,* 12. Aufl., § 987 Rdnr. 2. Nur sofern eine Sache bestimmungsgemäß ausgebeutet wird (§ 99 Abs. 1 BGB), können Minderungen der sich selbst nicht reproduzierenden Sachsubstanz eine Fruchtziehung darstellen.

Die Vorteile des Gebrauchs einer Sache bestimmen sich grundsätzlich aus der Natur der Sache[753]. Zwar wird der Gewinn als Gebrauchsvorteil im Sinne von § 100 BGB gefaßt[754]. Allerdings muß der Gewinn gerade auf die Benutzung der Sache zurückzuführen sein[755]. Im Falle der Beratertätigkeit verbietet sich daher von vornherein eine derartige Annahme.

Hat der Arzt an der gezüchteten Zellinie ein Patentrecht erworben, das er gegen Entgelt auf Firmen überträgt oder aufgrund dessen er Lizenzen gegen Entgelt vergibt, ist hingegen nicht ohne weiteres das Vorliegen eines Gebrauchsvorteils ausgeschlossen. Sowohl das Patentrecht selbst als auch das Entgelt, das der Arzt bei Nutzung des Patentrechts erlangt, könnten als Gebrauchsvorteile im Sinne von § 100 BGB zu qualifizieren und dem Patienten herauszugeben sein.

Jedoch kann nicht angenommen werden, das vom Arzt erworbene Patentrecht stelle eine Nutzung der vom Patienten beim Arzt hinterlassenen Körpersubstanz im Sinne von § 100 BGB dar. Vergleichbar dem aus einem Gewerbebetrieb gezogenen Gewinn, der nicht zu den Nutzungen zählt, soweit er auf den persönlichen Leistungen und Fähigkeiten desjenigen beruht, der die gewinnbringenden Einnahmen erzielt[756], erwirbt der Arzt das Patent an der Zellinie durch seine persönliche Leistung. Der Patient lieferte nur das - wenn auch nicht hinwegzudenkende - „Ausgangsmaterial“ hierzu. Insofern besteht erst recht keine Herausgabepflicht des Arztes hinsichtlich des Entgelts, das er als Lizenzgebühr von einem Dritten erhält.

3.1.2 Verbrauch und Verarbeitung der Körpersubstanz[757]

Verbraucht der Arzt die Körpersubstanz, muß der Patient auf Schadensersatzansprüche[758] oder Bereicherungsansprüche[759] verwiesen werden. Denn

---

753 *MünchKomm/Holch,* 3. Aufl., § 100 Rdnr. 2.

754 Teilweise wird aber auch die analoge Anwendung des § 99 Abs. 2 BGB bevorzugt, siehe Darstellung bei *Staudinger/Dilcher,* 13. Aufl., § 99 Rdnr. 11. Jedoch kann die Frage der Einordnung des Gewinns dahinstehen, wenn es, wie hier, nur darauf ankommt, ob der Gewinn zu den Nutzungen im Sinne des § 100 BGB gehört, vgl. *MünchKomm/Holch,* 3. Aufl., § 99 Rdnr. 9.

755 *Staudinger/Dilcher,* 13. Aufl., § 100 Rdnr. 5.

756 Vgl. *MünchKomm/Holch,* 3. Aufl., § 100 Rdnr. 11. Unerheblich ist dabei, ob der zur Herausgabe verpflichtete den Gewerbebetrieb nicht selbst eingerichtet, sondern nur übernommen hat oder ob der Besitzer den Gewerbebetrieb selbst eingerichtet hat, *BGHZ* 109, 179 (191) = NJW 1990, 447 (450).

757 Hier und bei den folgenden Verwendungsarten ist darauf hinzuweisen, daß der Patient in der Regel nicht wegen des Irrtums über diese Verwendungsmöglichkeiten anfechten kann (siehe hierzu oben S. 64 ff.). Allerdings ist nicht auszuschließen, daß der Arzt diese Verwendungsarten vornimmt, die wegen der Anfechtung des Patienten aus anderem Grunde gleichwohl rückabgewickelt werden müssen.

758 Hierzu S. 126 ff.

759 Hierzu S. 149 ff.

Vorteile, die nicht durch den „Gebrauch“, sondern nur „mittels“ der Sache, insbesondere durch den „Verbrauch“ gewonnen werden, sind keine Nutzungen im Sinne von § 100 BGB[760].

Aus demselben Grunde kann auch die Verarbeitung der Körpersubstanz (§ 950 Abs. 1 BGB) nicht als Gebrauchsvorteil im Sinne von § 100 BGB angesehen werden. Zudem ist die Verarbeitung keine Ausbeute gem. § 99 Abs. 1, 2. Alt. BGB, weil dabei dem Erfordernis der Sacherhaltung nicht Rechnung getragen wird, sondern eine neue Sache entsteht[761].

3.1.3 Veräußerung oder sonstige rechtsgeschäftliche Verwertung der Körpersubstanz

Veräußert der Arzt die entnommene Körpersubstanz oder nimmt er eine sonstige rechtsgeschäftliche Verwertung vor, so fallen die Resultate dieser Verwertungsarten ebenfalls nicht unter den Begriff der Gebrauchsvorteile[762].

3.1.4 Sonstiger Gebrauch der Körpersubstanz

Der Gebrauchsvorteil, der nach § 987 Abs. 1 BGB herauszugeben ist, muß nicht notwendig in einem vermögenswerten Vorteil bestehen. Vielmehr ist die objektive Möglichkeit der Nutzung entscheidend[763]. Die bloße Nutzungsmöglichkeit, die dem Arzt durch die Besitzerlangung der Körpersubstanz zugute kommt, stellt daher, auch wenn er keine *vermögenswerten* Vorteile daraus zieht, einen Gebrauchsvorteil im Sinne von § 100 BGB dar.

Allerdings kann dieser Vorteil, der durch die Körpersubstanz gewährt wird, vom Arzt nicht unmittelbar herausgegeben werden. Deshalb tritt an dessen Stelle der Wertersatz für die genossenen Gebrauchsvorteile im Sinne einer angemessenen Nutzungsentschädigung in Geld[764]. Für die Bewertung der Gebrauchsvorteile ist der objektive Wert maßgebend, d. h. der Wert, den der Gebrauchsvorteil allgemein für Nutzende der betreffenden Art hat[765]. Da mangels Kommerzialisierung bereits kein Substanzwert und erst recht kein Preis für die Anschaffung der Körpersubstanz festgesetzt werden kann, dieser aber nichts anderes als den auf einmal aufzubringenden Gegenwert sämtlicher Nut-

---

760 Vgl. *RGRK/Kregel,* 12. Aufl., § 100 Rdnr. 4.

761 Siehe *Staudinger/Dilcher,* 13. Aufl., § 99 Rdnr. 8 mit Beispielen.

762 Vgl. allgemein *BGH,* MDR 1954, 470 (471).

763 *MünchKomm/Holch,* 3. Aufl., § 100 Rdnr. 3 f.

764 Allgemein *BGHZ* 39, 186 (187) = NJW 1963, 1249.

765 *BGH,* JR 1954, 460.

zungen darstellt[766], kann der Gebrauchsvorteil des Arztes auch nicht mittelbar in Geld herausgegeben werden[767].

Selbst wenn die Körpersubstanz ausnahmsweise einen Gebrauchswert hat, den der Patient nach § 987 Abs. 1 BGB herausverlangt, könnte sich der Arzt auf die notwendigen Verwendungen gem. §§ 994 Abs. 2, 684 S. 2, 683, 670 BGB berufen, die er tätigen muß, um die Gebrauchsmöglichkeit der Körpersubstanz überhaupt wahrnehmen zu können[768].

Durch das Herausgabeverlangen der Nutzungen genehmigt der Patient stillschweigend die Verwendung auf die Körpersubstanz. Danach muß der Patient seinerseits die vollen Kosten der Verwendungen des Arztes ersetzen. Auch hier kann der Arzt mit dem Verwendungsanspruch aufrechnen, so daß die Forderung des Patienten erlischt[769]. Insofern bringt die Geltendmachung dieses Anspruchs den Patienten nicht weiter.

3.2 Weitere Anspruchsgrundlagen?

Bei Anwendung der §§ 987 ff. BGB betont die Rechtsprechung den Grundsatz der ausschließlichen Sonderregelung[770], den sie dennoch in einer Reihe von Entscheidungen durchbrochen hat[771]. Im Rahmen der vorliegenden Untersuchung ist insbesondere eine Ausnahme von Bedeutung: Verbindet, vermischt, verarbeitet, veräußert oder verbraucht der unrechtmäßige Besitzer die Sache, so gelten die §§ 812, 816, 951 BGB *neben* den §§ 987 ff. BGB, da die §§ 987 ff. BGB nur die Nebenfolgen, also die Nutzungen und den Schadensersatz, nicht dagegen den Sachwert der Sache selbst betreffen[772]. Die Zuweisung des Substanzwertes an den Eigentümer wird durch die Vorschriften der §§ 812, 816, 951 BGB nicht aufgehoben[773].

---

766 *Köndgen,* AcP 177 (1977), 1 (20, 22).

767 So bewirkt der fehlende Anschaffungspreis beispielsweise, daß der Eigentümer der Körpersubstanz keine Miete für die Nutzungsmöglichkeit verlangen kann.

768 Zu den notwendigen Verwendungskosten siehe schon oben S. 138 f. u. unten S. 151 f.

769 Siehe schon bzgl. des Wertersatzes S. 138 f.

770 Siehe schon *RG,* JW 1912, 690 (691).

771 Siehe hierzu nur *Soergel/Mühl,* 12. Aufl., Vor § 987 Rdnr. 1, 14 f.

772 *RGZ* 163, 348 (353); *BGHZ* 14, 7 (8); *BGH,* NJW 1953, 58 (59); ferner *Soergel/Mühl,* 12. Aufl., Vor § 987 Rdnr. 1, 14 f.; *Erman/Hefermehl,* 9. Aufl., Vor. §§ 987-993 Rdnr. 29; implizit *MünchKomm/Medicus,* 2. Aufl., Vor §§ 987-1003 Rdnr. 18; *Palandt/Bassenge,* 56. Aufl., Vor § 987 Rdnr. 12.

773 *Staudinger/Gursky,* 13. Aufl., Vor §§ 987-993, Rdnr. 34.

3.2.1 Herausgabe des Erlangten gem. § 812 Abs. 1 S. 1, 2. Alt. BGB bei Ge- und Verbrauch der Körpersubstanz?

Nach § 812 Abs. 1 S. 1 BGB ist das erlangte „etwas" vom Bereicherungsschuldner herauszugeben. Ge- oder verbraucht der Arzt die vom Patienten entnommene Körpersubstanz, könnte er „etwas" vom Patienten erlangt haben.

Die Rechtsprechung und ein Teil der Literatur erfassen in den Fällen unbefugten Ge- und Verbrauchs fremder Sachen die *Ersparung* der sonst dazu erforderlichen *Aufwendungen* als das Erlangte[774]. Diese Auffassung läßt den Einwand des Bereicherungsschuldners zu, in concreto nichts erspart zu haben, etwa da man sich eine solche Aufwendung nicht habe leisten können[775].

Vorzuziehen ist aber die sich im Vordringen befindliche Ansicht, die das primär Erlangte im Sinne von § 812 Abs. 1 S. 1 BGB im „nicht-gegenständlichen" Vorteil selbst sieht, nicht hingegen in der dadurch ermöglichten Ausgabenersparnis[776]. Denn auf diese Weise gelingt eine bessere Abgrenzung zur Problematik des § 818 Abs. 3 BGB: Wegen der Unmöglichkeit, das Erlangte herausgeben zu können, findet § 818 Abs. 2 BGB Anwendung, der die Festsetzung des objektiven Wertes des Erlangten normiert. Erst dann gelangt man wegen § 819 Abs. 1 BGB nur beim *gutgläubigen* Empfänger zu § 818 Abs. 3, der diesem den Einwand der Entreicherung ermöglicht, wo die Ersparung von Aufwendungen zu berücksichtigen ist[777]. Deshalb wird das Problem, ob der Bereicherungsgegenstand einen Vermögenswert hat, erst im Rahmen des Wertersatzes bei Unmöglichkeit der Herausgabe der erlangten Position (§ 818 Abs. 2 BGB) relevant[778]. Der Arzt hat daher nicht die Ersparnis von Aufwendungen, sondern die Ge- und Verbrauchsmöglichkeit der vom Patienten entnommenen Körpersubstanz erlangt.

---

[774] Siehe z. B. *RGZ* 97, 310 (312); *BGHZ* 20, 270 (275); *BGHZ* 22, 395 (400).

[775] *Staudinger/W. Lorenz,* 13. Aufl., § 818 Rdnr. 28 m.w.N.

[776] *Canaris,* JZ 1971, 560 (561); *Koppensteiner,* NJW 1971, 1769 (1774); *Gursky,* JR 1972, 279 (281 ff.); kritisch *Jakobs,* Eingriffserwerb und Vermögensverschiebung in der Lehre der ungerechtfertigten Bereicherung, S. 37.

[777] Zutreffend *Staudinger/W. Lorenz,* 13. Aufl., § 812 Rdnr. 72; ferner *MünchKomm/Lieb,* 2. Aufl., § 812 Rdnr. 305 m.w.N., der darauf hinweist, daß unter § 818 Abs. 1 BGB nur diejenigen Nutzungen fallen, „die aus einem Gegenstand gezogen wurden, der dem Kondiktionsschuldner wirksam, aber rechtsgrundlos übereignet wurde und infolgedessen von diesem herauszugeben ist, während bei nichtiger Gebrauchsüberlassung bereicherungsrechtlich die Nutzungsmöglichkeit selbst im Vordergrund steht und infolgedessen gem. § 818 Abs. 2 zu vergüten ist." - Hier aber nutzt der Arzt einen ihm fremden Gegenstand, sofern der Patient auch die dingliche Übereignung anficht, so daß dementsprechend § 818 Abs. 1 BGB keine Anwendung findet.

[778] *Erman/Westermann,* 9. Aufl., § 812 Rdnr. 6.

Allerdings könnten Bedenken bestehen, ob die Ge- und Verbrauchsmöglichkeit überhaupt aus dem Gläubigervermögen stammt[779]. Denn immerhin wäre denkbar, die Ge- und Verbrauchsmöglichkeit erst durch das Schaffen des Arztes als erlangt anzuerkennen[780]. Dem ist jedoch entgegenzuhalten, daß der Arzt von den Vorteilen überhaupt nur deshalb partizipieren kann, weil ihm die Körpersubstanz des Patienten hierzu verhalf[781].

Gem. § 812 Abs. 1 S. 1 BGB hat der Arzt die Ge- und Verbrauchsmöglichkeit an den Patienten herauszugeben. Da die Herausgabe aber nicht möglich ist, muß er gem. § 818 Abs. 2 BGB Wertersatz leisten.

Im Rahmen des § 818 Abs. 2 BGB kommt es nicht darauf an, ob die Unmöglichkeit der Herausgabe auf Zufall oder Verschulden des Empfängers beruht[782]. Der Kondiktionsschuldner hat den objektiven Wert des Erlangten zu ersetzen, d. h. den wirklichen Wert im Sinne des gemeinen Verkehrswertes, wobei persönliche Umstände unerheblich sind, da sich die zu beurteilende Frage der Bereicherung nur auf rein gegenständliche Tatsachen bezieht[783].

Ge- oder verbraucht der Arzt die Körpersubstanz, müßte er Wertersatz, also Ersatz des objektiven Nutzungswertes, leisten. Dabei vermag sich der Arzt nicht darauf zu berufen, daß der Patient die Körpersubstanz nicht hätte nutzen wollen oder können, weil nicht die Entreicherung oder Schädigung des Patienten, sondern der rechtsgrundlose Vermögenszuwachs des Arztes von wesentlicher Bedeutung für den Kondiktionsanspruch des Patienten ist[784].

Nach *Canaris* kann der Arzt allerdings dartun, er hätte den Vorteil aus in seiner Person liegenden Gründen günstiger oder sogar gratis beziehen können[785]. Es müßte also gefragt werden, ob der Arzt die Leistung (auch) beim Patienten unter dem Marktpreis hätte erlangen können. Hierbei handele es sich nicht um ein Problem des § 818 Abs. 3 BGB, sondern um ein Problem des § 818 Abs. 2

---

779 Allgemein *Jakobs,* Eingriffserwerb und Vermögensverschiebung in der Lehre der ungerechtfertigten Bereicherung, S. 33 ff.; *Batsch,* Vermögensverschiebung und Bereicherungsrecht, S. 31 ff.; *MünchKomm/Lieb,* 2. Aufl., § 812 Rdnr. 15.

780 Allgemein *MünchKomm/Lieb,* 2. Aufl., § 812 Rdnr. 155; *Bötticher,* AcP 158 (1959/1960), 385 (405).

781 Allgemein *MünchKomm/Lieb,* 2. Aufl., § 812 Rdnr. 15; *Bötticher,* AcP 158 (1959/1960), 385 (405).

782 *Staudinger/W. Lorenz,* 13. Aufl., § 818 Rdnr. 24.

783 *RGZ* 147, 369 (398); *BGHZ* 5, 197 (200 f); *BGHZ* 10, 171 (180); *BGHZ* 17, 236 (240); *BGH,* WM 1967, 1250 (1251). Beim Ge- und Verbrauch fremder Sachen bestimmt die Rechtsprechung die herauszugebende Bereicherung danach, was bei ordnungsmäßigem Vorgehen für die Benutzung an angemessener Entschädigung hätte gezahlt werden müssen, d. h. die Ersparnis von Aufwendungen.

784 *Prot.,* Bd. II, S. 685; *BGHZ* 17, 236 (239); *BGHZ* 20, 345 (355) - Paul Dahlke; *BGHZ* 36, 232 (233) jeweils m.w.N.

785 Vgl. allgemein *Canaris,* JZ 1971, 560 (561).

BGB, so daß die Bösgläubigkeit des Arztes insoweit für diesen Einwand unerheblich wäre[786].

Würde der Arzt offenlegen, daß ihm der Patient die Nutzung der Körpersubstanz kostenlos zur Verfügung gestellt hätte, müßte er ihren Gebrauchswert nach dieser Auffassung nicht ersetzen. Dies erschiene nicht unwahrscheinlich, da sehr viele Menschen Blut und andere Körpersubstanzen ohne Gegenleistung als Spende zur Verfügung stellen. Gerade im Bereich der Forschung erachten viele Menschen die unentgeltliche Hingabe von Körpersubstanzen als wichtig, wenn sie die Körpersubstanz selbst nicht nutzen können[787]. Außerdem dürfte von Belang sein, ob der *behandelnde* Arzt die Forschung durchführt; von diesem Geld zu fordern mag beim Patienten möglicherweise Skrupel hervorrufen, so daß er es wahrscheinlich vorzieht, keine Geldforderungen an seinen Arzt zu stellen. Die Auffassung von *Canaris* ist jedoch abzulehnen, da § 818 Abs. 2 BGB keinerlei Anhaltspunkte dafür gibt, den Wertersatz des Erlangten aus in der Person des Bereicherungsschuldners liegenden Gründen je nach Sachlage unterschiedlich zu fassen.

Sollte man der Ansicht von *Canaris* nicht folgen, muß der Arzt gleichwohl keinen Wertersatz leisten, sofern die Körpersubstanz keinen Gebrauchswert hat[788]. Die Rechtsprechung käme zum selben Ergebnis, da der Arzt keine Aufwendungen erspart, um die Körpersubstanz ge- oder verbrauchen zu können.

Lediglich wenige Körpersubstanzen sind der Kommerzialisierung zugänglich[789]. Ihre Nutzung kann der frühere Inhaber der Körpersubstanz von einem Entgelt abhängig machen, da die Körpersubstanz ausnahmsweise einen Gebrauchswert innehat. Dann aber muß gem. § 818 Abs. 3 BGB, der wegen § 819 Abs. 1 BGB nur beim gutgläubigen Arzt Anwendung findet, geprüft werden, ob der Arzt auf den Ver- oder Gebrauch der Körpersubstanz möglicherweise verzichtet hätte, weil er sich die Kosten hierfür nicht geleistet hätte, die fraglichen Aufwendungen also erspart hätte[790]. Kam es dem Arzt indessen gerade auf eine bestimmte Körpersubstanz an, etwa weil sie sich für ein wissenschaftliches Experiment besonders eignet, wird sein Einwand wenig hilfreich sein. Außerdem wird in diesen sog. Nutzungsfällen die Wertersatzpflicht dann bejaht, wenn die Verwendung des Erlangten zu einem entsprechenden Verwendungserfolg im Vermögen des Bereicherungsschuldners geführt hat[791].

Ist der Arzt deshalb noch bereichert oder aber bösgläubig, so daß er sich nicht auf den Entreicherungseinwand berufen kann, bleibt ihm seinerseits

786 Allgemein *Canaris,* JZ 1971, 560 (561).

787 Siehe hierzu *Taupitz,* AcP 191 (1991), 201 (235).

788 Siehe schon S. 138.

789 Siehe hierzu oben S. 126 ff.

790 Hierzu *Canaris,* JZ 1971, 560 (561).

791 *MünchKomm/Lieb,* § 818 Rdnr. 71 m.w.N.

jedenfalls die Möglichkeit, Ersatz für die Verwendungen zu verlangen[792]. Allerdings dienen die §§ 994 Abs. 2, 684 S. 2 BGB, die über die §§ 819 Abs. 1, 818 Abs. 4, 292 Abs. 2 BGB Anwendung finden, nur dann als Anspruchsgrundlage, wenn der Arzt positive Kenntnis vom Anfechtungsgrund hatte[793], also im Falle der arglistigen Täuschung des Patienten durch den Arzt bei Übertragung der Körpersubstanz. Unterliegt der Arzt lediglich dem Fahrlässigkeitsvorwurf, vermag er die aufgewandten Kosten direkt auf §§ 812 Abs. 1 S. 1, 2. Alt., 818 Abs. 2 BGB zu stützen. In den Rechtsfolgen ergäbe sich daher kein Unterschied.

3.2.2 Herausgabe des Erlangten gem. § 816 Abs. 1 S. 1 BGB bei Veräußerung der Körpersubstanz?

Möglicherweise steht dem Patienten gegen den Arzt ein Anspruch aus § 816 Abs. 1 S. 1 BGB zu. Danach ist zur Herausgabe des durch die Verfügung Erlangten verpflichtet, wer über einen Gegenstand als Nichtberechtigter eine Verfügung trifft, die dem Berechtigten gegenüber wirksam ist. Hat der Arzt als Nichtberechtigter über die Körpersubstanz des Patienten wirksam gem. §§ 932 ff. BGB verfügt, indem er sie an Dritte weiterveräußert, so muß er das Erlangte, also den Erlös, an den Patienten herausgeben.

Darüber, was konkret als Erlös herauszugeben ist, besteht allerdings Uneinigkeit. Bei Beantwortung dieser Frage kommt der Theorie der Werthaftung und der Theorie der Gewinnhaftung große Bedeutung zu.

Nach der *Theorie der Werthaftung*[794] hat der Kondiktionsschuldner nur den objektiven Sachwert des Verfügungsgegenstandes als pretium ex re herauszugeben. Ein den objektiven Wert der Sache übersteigender Erlös verbleibt bei dem Kondiktionsschuldner[795]. Die Anhänger dieser Theorie weisen insbesondere darauf hin, daß dem Rechtsinhaber nur das Rechtsgut selbst zugewiesen sei, nicht der vom anderen mit dem Rechtsgut erzielte Gewinn, der vom Substanzwert deutlich zu unterscheiden sei. Der Zuweisungsgehalt eines Rechtsguts beinhalte zwar auch eine allgemeine Gewinnerzielungschance, die sich aber bereits in dem zu erstattenden objektiven Rechtswert mit ausdrücke. Außerdem hafte nach der klaren Anordnung der §§ 687 Abs. 2, 681 S. 2, 667 BGB nur

---

792 Hier gilt das gleiche wie im Rahmen des § 987 BGB Gesagte.

793 Allgemein *MünchKomm/Lieb*, 2. Aufl., § 819 Rdnr. 3 f.

794 Vertreter dieser Lehre sind z. B.: *v. Caemmerer*, Festschrift für Rabel, Bd. I, S. 333 (357 ff.); *Fikentscher*, Schuldrecht, 8. Aufl., Rdnr. 1121; *Kunkel*, JW 1933, 42 (43); *v. Lütow*, Beiträge zur Lehre von der condictio nach römischem und geltendem Recht, S. 29 f.; *Römer*, AcP 119 (1921), 293 (354); *Medicus*, Bürgerliches Recht, 17. Aufl., Rdnr. 722; *Larenz*, Schuldrecht, Bd. II, 12. Aufl., S. 564 f.; *Staudinger/W. Lorenz*, 13. Aufl., § 816 Rdnr. 25.

795 Liegt die erlangte Gegenleistung *unter* dem Verkehrswert, so hat der Bereicherte nur diesen Wert herauszugeben, da der Bereicherte nicht über den Umfang seiner Bereicherung hinaus in Anspruch genommen werden darf, h. M.; a. A. *Reuter/Martinek*, Ungerechtfertigte Bereicherung, S. 325 ff.

der bösgläubig Verfügende auf die Herausgabe einschließlich des erlangten Gewinns. Bei fahrlässigem und schuldlosem Eingriff ergebe sich daher im Wege des argumentum ex contrario, daß der erzielte Gewinn nicht vom Herausgabeanspruch des § 816 Abs. 1 S. 1 BGB erfaßt sei[796].

Nach der *Theorie der Gewinnhaftung* hat der Kondiktionsschuldner den gesamten tatsächlich für die Veräußerung erhaltenen Gegenwert einschließlich eines erzielten Gewinns, der den objektiven Wert der Sache übersteigt, als commodum ex negotiatione cum re herauszugeben[797]. Im Zentrum dieser Theorie steht der Gedanke, daß die Gewinnerzielung allein dem Inhaber des Rechtsguts zustehe, ja wesentlicher Inhalt der Zuweisung des Rechtsguts sei[798].

Im Gegensatz zur Rechtsprechung, welche die Theorie der Gewinnhaftung nahezu uneingeschränkt vertritt[799], hält die Literatur zu Recht erhebliche Einschränkungen bei der Gewinnherausgabe für geboten. So wird der Verwertungsertrag nach seinem Zuweisungsgehalt unterschieden. Denn der Zuweisungsgehalt läßt sich nach verschiedenen Faktoren differenzieren, die den Erlös in der konkreten Höhe konstituieren: Hätte der Eigentümer bei Verkauf der Sache keinen Gewinn erzielt und hätte der Verfügende hingegen gewinnerhöhende Aufwendungen auf die Sache gemacht oder durch besonderen Arbeitseinsatz wie Geschäftstüchtigkeit einen Gewinn erlangt, so soll der entsprechende Teilerlös dem Verfügenden verbleiben[800]. Nur der Gewinn, der auch ohne diese besonderen Bemühungen erzielt worden wäre, soll vom Verfügenden an den Bereicherungsgläubiger voll abgeführt werden[801].

W. Lorenz will eine Stufenfolge vornehmen: Beim fahrlässigen Eingriff des Verfügenden verfährt er in der soeben dargestellten Weise. Beim vorsätzlich Eingreifenden hingegen soll der Gewinn der vollen Abschöpfung unterlie-

---

796 Siehe Darstellung bei *Reuter/Martinek,* Ungerechtfertigte Bereicherung, S. 316 f., mit weiteren Argumenten, auf die hier nicht näher eingegangen werden soll; siehe ferner deren Kritik, a.a.O., S. 321 ff.

797 So insbes. auch die Rechtsprechung, z. B. *RGZ* 88, 351 (359); *RGZ* 138, 45 (47 f.); *BGH,* NJW 1953, 58 (59); *BGHZ* 29, 157 (159 ff.); *BGH,* NJW 1980, 178. In der Literatur dürfte diese Theorie ebenfalls vorherrschend sein, so z. B. *Heck,* Grundriß des Schuldrechts, S. 421; *Willburg,* Die Lehre von der ungerechtfertigten Bereicherung nach österreichischem und deutschem Recht, S. 126 ff.; *ders.,* AcP 163 (1963), 346 (350); *Gursky,* JR 1972, 279 (283 f); *Haines,* Bereicherungsansprüche bei Warenzeichenverletzungen und unlauterem Wettbewerb, S. 118 ff., insbes. 121; *Harder,* JuS 1972, 395 (398); *Jakobs,* Eingriffserwerb und Vermögensverschiebung in der Lehre der ungerechtfertigten Bereicherung, S. 57 ff.; *Lange,* NJW 1951, 685 (687); *Schulz,* AcP 105 (1909), 1 (119); *Kellmann,* Grundsätze der Gewinnhaftung, S. 140 f.

798 Vgl. Darstellung bei *Reuter/Martinek,* Ungerechtfertigte Bereicherung, S. 318.

799 Nur bei grob unbilligen Ergebnissen nimmt die Rechtsprechung eine Korrektur mit Hilfe von § 242 BGB vor, *BGHZ* 29, 157 (161).

800 Insoweit stimmt die Literaturauffassung mit der Theorie der Werthaftung überein.

801 Siehe hierzu Darstellungen bei *Reuter/Martinek,* Ungerechtfertigte Bereicherung, S. 320, und bei *Staudinger/W. Lorenz,* 13. Aufl., § 816 Rdnr. 25 mit umfassenden Nachweisen.

gen[802]. Die Differenzierung von *W. Lorenz* läßt sich jedoch mit dem Gesetzeswortlaut des § 816 Abs. 1 BGB nicht vereinbaren. Außerdem würde dem § 816 Abs. 1 BGB deliktischer Charakter verliehen, was aber seiner Intention als Ausgleichsvorschrift von Vermögensverschiebungen widerspricht.

Im Hinblick auf den Verkauf von Körpersubstanzen durch den Arzt stellt sich insbesondere die Frage, ob der Patient den Verkaufserlös vom Arzt herausverlangen kann, wenn die betroffene Körpersubstanz nicht kommerzialisierbar ist.

Die Rechtsprechung, welche die uneingeschränkte Theorie der Gewinnhaftung vertritt, müßte, falls sie nicht mit § 242 BGB operiert, dem Patienten den vollen Erlös zubilligen, obgleich die Körpersubstanz möglicherweise der Kommerzialisierung entzogen ist.

Wer der Ansicht von *W. Lorenz* folgt, wonach der vorsätzlich Eingreifende den Gewinn voll herauszugeben hat[803], wird in casu ebenfalls die volle Gewinnabschöpfung des Patienten bejahen, sofern der bösgläubige Arzt beim Verkauf der Körpersubstanz zumindest mit bedingtem Vorsatz handelt. Er sieht dann als möglich voraus, mit dem Verkauf der Körpersubstanz in die Rechtssphäre (in das Eigentumsrecht) des Patienten einzugreifen und nimmt den Eingriff billigend in Kauf.

Die Anwendung sowohl der Theorie der eingeschränkten Gewinnhaftung als auch der Theorie der Werthaftung führt hingegen dazu, einen Teilerlös, den der Arzt durch den Verkauf der Körpersubstanz erlangt hat, dem Patienten zu verwehren, sofern die der Kommerzialisierung entzogene Körpersubstanz keinen Vermögenswert besitzt[804].

Dieses Ergebnis erscheint auf den ersten Blick wenig interessengerecht: Der Arzt, der die mißbilligte Kommerzialisierung eingeleitet hat, vermag den vollen Verkaufserlös gerade deshalb zu behalten, weil die Körpersubstanz der Kommerzialisierung entzogen ist. Andernfalls, ohne die Vorbehalte gegen die Kommerzialisierung von Körpersubstanzen, würde der Kommerzialisierung und damit der Festsetzung eines Vermögenswertes nichts entgegenstehen. Der Patient könnte dann zumindest einen Teil des Erlöses herausverlangen.

Die geäußerten Bedenken kommen allerdings nicht wirklich zum Tragen. Da der Arzt, falls er eine aus diagnostischen und/oder therapeutischen Gründen entnommene Körpersubstanz veräußern sollte, oftmals erhebliche Aufwendungen für ihre Aufarbeitung tätigen muß, wie beispielsweise der Einsatz seiner Arbeitsleistung, erhält der Patient nach den soeben dargestellten Theorien kei-

---

802 *Staudinger/W. Lorenz*, 13. Aufl., § 816 Rdnr. 25.

803 Also auch dann, wenn der Arzt Verwendungen getätigt haben sollte.

804 Zum Vermögenswert der Körpersubstanzen siehe oben S. 126 ff.

nen entsprechenden Teilerlös. Vielmehr darf diesen der Arzt behalten. Der Restbetrag, der nicht der Arbeitsleistung des Arztes gilt, dürfte in der Regel verschwindend gering sein, da zumeist gerade die aus diagnostischen und/oder therapeutischen Gründen entnommenen Körpersubstanzen erst nach einer arbeitsintensiven Aufbereitung das Interesse der Käufer gewinnen. Vorher sind sie, selbst wenn die Körpersubstanz ausnahmsweise einen Vermögenswert hat, praktisch wertlos und Abfall.

Auch wenn die Körpersubstanz zum Weitergebrauch keiner Aufbereitung bedarf, so erlangt der Arzt dennoch den Erlös nicht allein aus der Tatsache des Verkaufs dieser Körpersubstanz. Vielmehr bewirkt seine besondere - dem Käufer bewußte - Kenntnis, die sich auf die Eignung zum Weitergebrauch und damit zum Verkauf der Körpersubstanz erstreckt, den Verkauf der Körpersubstanz. Der Patient hingegen hätte keinen Erlös für die Körpersubstanz erzielt, ihm wäre schon der Verkauf an sich nahezu unmöglich.

Da erst der Arbeitseinsatz des Arztes zwecks Aufbereitung oder sein besonderes Fachwissen die Körpersubstanz für Käufer attraktiv macht, wird der Patient, der selbst gewöhnlich zum Verkauf außerstande wäre, nach der Theorie der Werthaftung und der eingeschränkten Theorie der Gewinnhaftung nichts herausverlangen können. Die Gewinnabschöpfung nach § 816 Abs. 1 S. 1 BGB bleibt ihm versagt[805].

3.2.3 Herausgabe einer Vergütung in Geld gem. §§ 951 Abs. 1, 812 ff. BGB bei Verarbeitung und Verbindung der Körpersubstanz?

Die Vorschrift des § 951 BGB enthält keine eigenständige Anspruchsgrundlage, sondern eine Gesamtverweisung auf das allgemeine Bereicherungsrecht (sog. Rechtsgrundverweisung)[806]. § 951 BGB ist ein Unterfall der Bereicherung „in sonstiger Weise" und betrifft daher die sog. Eingriffskondiktion[807].

Soweit der Arzt die im Eigentum des Patienten stehende Körpersubstanz verbindet oder verarbeitet (§§ 947 Abs. 2, 950 Abs. 1 BGB) und so Eigentümer an der Körpersubstanz als Ausgangsstoff wird, zu seinen Gunsten also die Rechtsänderung eintritt (vgl. § 951 Abs. 1 S. 1 BGB), kann der Patient möglicherweise eine Vergütung in Geld fordern. Die Verpflichtung umfaßt bei Ver-

---

805 Anders *Müller,* Die kommerzielle Nutzung menschlicher Körpersubstanzen, S. 200, der wohl uneingeschränkt der Rechtsprechung folgt, so daß der Patient nach seiner Auffassung den erlangten Gewinn des Arztes herausverlangen kann.

806 So die h. M.; siehe nur *Staudinger/W. Lorenz,* 13. Aufl., Vor § 812 ff. Rdnr. 34 und *BGHZ* 17, 236 (238 f.) = NJW 1955, 1106.

807 *MünchKomm/Quack,* 2. Aufl., § 951 Rdnr. 3, 5 f.

arbeitung den Verkehrswert des verarbeitenden Stoffes, bei Verbindung die dadurch erlangte Wertsteigerung[808].

Verbindet der Arzt eine Sache mit der Körpersubstanz, so kann der Patient die dadurch erlangte Wertsteigerung der Sache herausverlangen. Hier spielt der Umstand, ob die Körpersubstanz an sich Vermögenswert hat, keine Rolle. Entscheidend ist vielmehr, ob die mit ihr verbundene Sache einen erhöhten Vermögenswert besitzt.

Verarbeitet der Arzt eine Körpersubstanz, die keine Vermögensqualität hat, so kann der Patient keinen Anspruch aus §§ 951 Abs. 1, 812 ff. BGB gegen den Arzt geltend machen. Verarbeitet er aber Körpersubstanzen, die ausnahmsweise Vermögenswert haben[809], besteht für den Patienten gem. § 951 Abs. 1 BGB die Möglichkeit, den Verkehrswert der Körpersubstanz herauszuverlangen. Für den Vergütungsanspruch ist der Zeitpunkt des Eintritts der Rechtsänderung maßgebend[810].

Jedoch könnte der Arzt seinerseits einen Anspruch gegen den Patienten geltend machen. Immerhin hatte der Arzt Verwendungen auf die Körpersubstanz getätigt und sie so vor ihrem Zerfall bewahrt, bevor er sie verarbeitet hat und dadurch Eigentümer der Körpersubstanz geworden ist. Ohne die Verwendungen des Arztes auf die zu diesem Zeitpunkt dem Patienten gehörende Körpersubstanz wäre sie entweder sogleich untergegangen oder aber ihr Verkehrswert wäre nicht gestiegen. Die Körpersubstanz hätte dann im Zeitpunkt der Verarbeitung einen geringen Verkehrswert gehabt, was bewirkt hätte, daß der Patient ohne die Verwendungen des Arztes nur diesen geringen Verkehrswert hätte herausverlangen können.

Da im Zeitpunkt der Verwendungen der Patient noch Eigentümer der Körpersubstanz war und die Vindikationslage bestand, finden die §§ 994 ff. BGB Anwendung. Danach kann der Arzt bei Vorliegen der Voraussetzungen seine Verwendungen, die er als bösgläubiger Besitzer getätigt hat, über diese Vorschriften vom Patienten herausverlangen.

Wegen der Sonderregeln der §§ 994 ff. BGB findet die allgemeinere Vorschrift des § 812 Abs. 1 S. 1, 2. Alt. BGB keine Anwendung, die ebenfalls auf Ersatz der Verwendungen abzielt[811].

---

808 *MünchKomm/Quack,* 2. Aufl., § 951 Rdnr. 17; *Jauernig,* 7. Aufl., § 951 Zif. 5c, *Staudinger/Gursky,* 13. Aufl., § 951 Rdnr. 27.

809 Siehe S. 127 ff.

810 *Staudinger/Gursky,* 13. Aufl., § 951 Rdnr. 31.

811 Siehe hierzu insbesondere *Fikentscher,* Schuldrecht, 8. Aufl., Rdnr. 1145; a.A. *Medicus,* Bürgerliches Recht, 17. Aufl., Rdnr. 897.

Da die Voraussetzungen des Verwendungsersatzanspruchs gem. § 994 Abs. 2 BGB vorliegen[812], kann der Arzt die Verwendungen herausverlangen. In der Regel dürften die Verwendungen des Arztes auf die Körpersubstanz sogar höher zu beziffern sein als der Vermögenswert der Körpersubstanz unmittelbar nach ihrer Entnahme. Dem Arzt steht daher die Möglichkeit offen, mit seinem Verwendungsersatzanspruch gegen den Vergütungsanspruch des Patienten nach § 387 BGB aufzurechnen, so daß der Anspruch des Patienten als erloschen gilt.

3.2.4 Ansprüche aus angemaßter Geschäftsführung gem. § 687 Abs. 2 BGB?

a) Anspruchsvoraussetzungen

Ansprüche aus angemaßter Geschäftsführung gem. § 687 Abs. 2 BGB können neben den §§ 987 ff. BGB[813] geltend gemacht werden.

Der Tatbestand des § 687 Abs. 2 BGB ist dann erfüllt, wenn in eigennütziger Absicht und Kenntnis der Nichtberechtigung ein Eingriff in ein absolutes Recht im Sinne des § 823 Abs. 1 BGB vorliegt, das zugleich ein Vermögensrecht oder ein Persönlichkeitsrecht mit wirtschaftlichem Zuweisungsgehalt darstellt[814].

Zwar ist das Eigentumsrecht des Patienten an der Körpersubstanz als absolutes Recht zu qualifizieren. Jedoch kommt dem Eigentumsrecht nur dann zugleich vermögenswerter Charakter zu, wenn es kommerzialisierbar ist. Das ist jeweils nach der Art der Körpersubstanz zu beurteilen.

Durch die Nutzung kommerzialisierbarer Körpersubstanzen hat der Arzt ein fremdes Geschäft besorgt.

Sollte es sich bei der fraglichen Körpersubstanz um ein vermögenswertes Gut handeln, bestehen dennoch Zweifel, ob der Arzt wissentlich die fremde Geschäftsbesorgung (seine tatsächlichen oder rechtsgeschäftlichen Handlungen an der Körpersubstanz) als eigene ausführte.

Die fremde Geschäftsführung ist dann wissentlich erfolgt, wenn der Arzt den Mangel über die Berechtigung zur Besorgung des Geschäfts kannte. Auch wenn der Arzt zunächst, vor der wirksamen Anfechtung des Patienten, ein objektiv eigenes Geschäft vornimmt, schließt dies die wissentliche fremde Geschäftsführung nicht aus. Vielmehr wird in diesem Falle darauf abgestellt, ob der Arzt

---

[812] Hierzu oben S. 138 f.

[813] *Jauernig*, 7. Aufl., Vor §§ 987-993 Zif. IV 2d.

[814] So etwa die Veräußerung oder Vermietung fremder Sachen, vgl. *Staudinger/Wittmann*, 13. Aufl., § 687 Rdnr. 6.

die Anfechtbarkeit kannte, die zur Nichtigkeit des Rechtsgeschäfts zwischen Arzt und Patienten führte (§ 142 Abs. 2 BGB). Ein Kennenmüssen reicht hingegen nicht aus[815].

Bei (grob)fahrlässiger Unkenntnis des Anfechtungsgrunds des Arztes fehlt es daher an der Wissentlichkeit der fremden Geschäftsführung. Insofern sind schon die Tatbestandsvoraussetzungen des § 687 Abs. 2 BGB nicht erfüllt. Ein Anspruch des Patienten aus angemaßter Geschäftsführung muß in diesem Falle verneint werden[816].

War jedoch der Patient arglistig getäuscht worden, wie beispielsweise bei der Verletzung der Aufklärungspflichten[817], und war deshalb die (später angefochtene) Übereignung der Körpersubstanz an den Arzt erfolgt, muß davon ausgegangen werden, daß der Arzt die Anfechtbarkeit der Übereignung kannte und bei Geschäftsbesorgung von seiner Nichtberechtigung wußte[818].

Um den Tatbestand des § 687 Abs. 2 vollständig zu erfüllen, muß der Arzt das fremde Geschäft eigennützig, d. h. für sich, geführt haben[819]. Dies vorliegend der Fall.

Mithin hat der Patient Anspruch auf Herausgabe des durch die Geschäftsbesorgung Erlangten (§§ 687 Abs. 2, 681 S. 2, 667 BGB). Die Höhe des Herauszugebenden umfaßt alle Gegenstände (Sachen, Rechte, Geld), die der Arzt im Zusammenhang mit der Nutzung der Körpersubstanz tatsächlich erhält, einschließlich der Nutzungen und der Ansprüche gegen Dritte[820]. Unerheblich ist, ob der Patient dies selbst erzielt hätte[821]. § 687 Abs. 2 BGB ermöglicht daher die volle Gewinnabschöpfung[822]. Dabei ist zu beachten, daß Kausalität zwischen Geschäftsbesorgung und Erlangtem gegeben sein muß[823]. Beruht der Gewinn nicht auf der fremden Geschäftsbesorgung, kann der Geschäftsherr diesen nicht

---

815 Zum Ganzen *Staudinger/Wittmann,* 13. Aufl., § 687 Rdnr. 8, 12.

816 Zwar wird der § 687 Abs. 2 BGB z. T. auch auf fahrlässige Eingriffe erstreckt. Dies geschieht aber nur dann, wenn Ausschließlichkeitsrechte, d. h. gewerbliche Schutzrechte, das Urheberrecht oder das Persönlichkeitsrecht, betroffen sind. Der Grund hierfür liegt in der besonderen Verletzlichkeit dieser Rechte, hierzu *Staudinger/Wittmann,* 13. Aufl., Vor §§ 677 ff. Rdnr. 13 a. E. u. § 687 Rdnr. 21; ferner später S. 169 ff.

817 Siehe hierzu oben S. 70 ff.

818 Bei den sog. „Nachschubuntersuchungen" ist die Übereignung schon wegen § 138 BGB nichtig. Auch dort muß davon ausgegangen werden, daß der Arzt zumindest in Kauf nahm, die durch Täuschung erlangten Körpersubstanzen nicht als Eigentümer zu besitzen.

819 *Staudinger/Wittmann,* 13. Aufl., § 687 Rdnr. 13.

820 *Jauernig/Vollkommer,* 7. Aufl., § 667 Zif. 2b, 3.

821 *Staudinger/Wittmann,* 13. Aufl., § 687 Rdnr. 20.

822 Im Ergebnis ebenso *Müller,* Die kommerzielle Nutzung menschlicher Körpersubstanzen, S. 188, der jedoch nicht auf etwaige Einwendungen des Geschaftsherren eingeht, die hier nachfolgend problematisiert werden.

823 *BGH,* GRUR 1974, 53 (54) - Nebelscheinwerfer; *RGRK/Steffen,* 12. Aufl., § 687 Rdnr. 27.

verlangen. Deshalb vermag der Patient nicht das Entgelt für Beratertätigkeit herauszuverlangen. Das Patent an gezüchteten Zellinien und die Gewinne, die aufgrund des Patentrechts erzielt worden sind, unterliegen hingegen der Gewinnabschöpfung des Patienten.

b) Einwendungen des Arztes?

Jedoch stellt sich das Problem, ob gem. § 687 Abs. 2 BGB, der auf § 684 S. 1 BGB verweist, die vom Arzt getätigten Verwendungen zu berücksichtigen sind.

> Die Geltendmachung des Anspruchs aus angemaßter Geschäftsführung führt nicht zur stillschweigenden Genehmigung der Eigengeschäftsführung des Arztes, mit der Folge, daß § 684 S. 2 BGB Anwendung fände. Andernfalls wäre die Verweisung des § 687 Abs. 2 BGB auf § 684 *S. 1* BGB sinnlos[824].

Nach § 684 S. 1 BGB hat der Patient dem Arzt alles, was er durch die Geschäftsführung erlangt hat, nach den Vorschriften über die Herausgabe einer ungerechtfertigten Bereicherung herauszugeben. Jedoch ist in diesem Zusammenhang folgendes zu bedenken: Wenn der Patient als Geschäftsherr das aus der Geschäftsbesorgung Erlangte gem. §§ 687 Abs. 2 S. 1, 681 S. 1, 667 BGB herausverlangt, müßte er bei vorbehaltloser Anwendung der §§ 687 Abs. 2, 684 S. 1 BGB dem Arzt als Geschäftsführer eben dieses Erlangte nach Bereicherungsrecht zurückerstatten. Die §§ 687 Abs. 2 S. 1 und 687 Abs. 2 S. 2 BGB würden sich daher gegenseitig aufheben[825]. Deshalb ist der § 687 Abs. 2 S. 2 BGB einschränkend dahingehend auszulegen, daß, sofern der Geschäftsherr das durch die Geschäftsbesorgung Erlangte herausverlangt, dieser die dabei entstandenen Aufwendungen des Geschäftsführers bis zur Höhe seiner Bereicherung erstatten muß[826]. Mithin kann der Arzt nur Ersatz seiner Aufwendungen verlangen, sofern der Patient hierdurch bereichert ist[827].

Unter Aufwendungen sind alle Vermögensopfer, also nicht nur Geldaufwendungen zu verstehen[828]. Die eigene Arbeitsleistung des Geschäftsführers ist in der Regel nicht ersatzfähig[829]. Jedoch steht dem Geschäftsführer dann eine

---

824 Im Ergebnis ebenso *Staudinger/Wittmann,* 13. Aufl., § 687 Rdnr. 15.

825 Vgl. *Fikentscher,* Schuldrecht, 8. Aufl., Rdnr. 946 a.E.; ferner *Medicus,* Bürgerliches Recht, 17. Aufl., Rdnr. 419; *Staudinger/Wittmann,* 13. Aufl., § 687 Rdnr. 20; *MünchKomm/Seiler,* 2. Aufl., § 687 Rdnr. 10.

826 *Fikentscher,* Schuldrecht, 8. Aufl., Rdnr. 946 a.E.; *Medicus,* Bürgerliches Recht, 17. Aufl., Rdnr. 419.

827 Im Gegensatz zum Aufwendungsersatzanspruch gem. §§ 684 S. 2, 683 S. 1, 670 BGB muß dort keine Bereicherung vorliegen, *MünchKomm/Seiler,* 2. Aufl., § 684 Rdnr. 6.

828 *Staudinger/Wittmann,* 13. Aufl., § 670 Rdnr. 6.

829 *MünchKomm/Seiler,* 2. Aufl., § 670 Rdnr. 7; *Staudinger/Wittmann,* 13. Aufl., § 670 Rdnr. 7.

angemessene Vergütung zu, wenn die Übernahme der Geschäftsführung nach den Umständen nur gegen eine Vergütung zu erwarten war[830].

Da davon ausgegangen werden kann, daß der Arzt seine Arbeitsleistung hinsichlich der Nutzung von Körpersubstanzen nicht unentgeltlich erbracht hätte, darf er eine angemessene Vergütung hierfür fordern. Weiterhin darf er die Aufwendungen verlangen, die er für erforderlich halten durfte, um die Körpersubstanz überhaupt weiterverwenden zu können. Des weiteren muß der Patient gem. § 256 BGB den vom Arzt aufgewandten Betrag von der Zeit der Aufwendung an verzinsen[831].

Der Arzt darf daher die Aufwendungen, einschließlich der eigenen Arbeitsleistung, vom Patienten ersetzt verlangen, wenn letzterer im Falle der arglistigen Täuschung einen Anspruch auf Gewinnabschöpfung gegen den Arzt innehat. Obwohl sich der Aufwendungsersatzanspruch des Arztes als sehr hoch erweisen dürfte, kann dem Patienten, dem *ausnahmsweise* die volle Gewinnabschöpfung zusteht, dennoch ein beträchlicher Gewinn verbleiben.

3.3 Anspruch auf Herausgabe der Nutzungen und des Erlangten im Fall *John Moore*?

Die Gewinne, die *Moores* Arzt durch den Abschluß von Verträgen mit Pharmafirmen über die Vergabe von Lizenzen an den Zellinien erzielte und die *Moore* im Rahmen der §§ 987 Abs. 1, 990 Abs. 1 BGB herausverlangen könnte, beruhten auf den persönlichen Leistungen und Fähigkeiten des Arztes. Nur durch seine besondere Schaffenskraft gelang ihm die Weiterkultivierung der Zellen. Die daraus resultierenden Gewinne stellen daher keine Nutzungen im Sinne von § 100 BGB dar.

Ebenfalls vermag *Moore* keinen Ersatz für den Gebrauchswert seiner Zellen gem. §§ 987 Abs. 1, 990 Abs. 1 BGB oder gem. § 812 Abs. 1 S. 1, 2. Alt. BGB zu fordern, da die Nutzung des Blutes und auch der Blutzellen bisher noch keinen Gebrauchswert besitzt. Sollte sie dennoch einen Gebrauchswert besitzen, so bleibt dem Arzt die Möglichkeit, sich auf die §§ 994 Abs. 2, 684 S. 2, 683 S. 1, 670 BGB bzw. auf die §§ 819 Abs. 1, 818 Abs. 4, 292 Abs. 2, 994 Abs. 2, 684 S. 2 BGB zu berufen: Um die Zelle überhaupt nutzen zu können, tätigte der Arzt notwendige Verwendungen. Den Ersatz für die notwendigen Verwendungen kann er nach den genannten Vorschriften von *Moore,* der mit Geltendmachung seines Anspruchs auf Ersatz des Gebrauchswertes die Verwendungen des Arztes stillschweigend genehmigt, herausverlangen. Da beide Ansprüche auf Geldersatz gerichtet sind, wird der Arzt mit seinem

[830] *Mot.,* Bd. II, S. 863; *MünchKomm/Seiler,* 2. Aufl., § 683 Rdnr. 25 m.w.N; *RGRK/Steffen,* 12. Aufl., § 670 Rdnr. 11.

[831] *Staudinger/Wittmann,* 13. Aufl., § 670 Rdnr. 22.

Anspruch gegen den des *John Moore* aufrechnen (§ 397 BGB), mit der Folge, daß *Moores* Anspruch in der entsprechenden Höhe erlischt (§ 389 BGB).

Hat der Arzt die weitergezüchtete Zelle aus Körpermaterial entnommen, das *Moore* ihm als arglistig Getäuschter übereignet hatte, findet § 687 Abs. 2 BGB Anwendung, was die volle Gewinnabschöpfung *Moores* zur Folge hat. Dies gilt insbesondere für die sog. „Nachschubuntersuchungen", wobei dort allerdings die Übereignung ohne Anfechtung bereits wegen § 138 BGB unwirksam ist[832].

Zwar steht dem Arzt über § 687 Abs. 2 S. 2, 684 S. 1 BGB ein Aufwendungsersatzanspruch insoweit zu, als *Moore* durch die Aufwendungen bereichert ist. Der Aufwendungsersatzanspruch des Arztes schließt eine Vergütung für seine eigene Arbeitsleistung mit ein. Jedoch kann *Moore* über § 687 Abs. 2 BGB das an der gezüchteten Zellinie erlangte Patentrecht herausverlangen.

---

832 Zur arglisigen Täuschung siehe oben S. 71 f.

II. Rechtsfolgen bei deliktischer Persönlichkeitsverletzung durch den Arzt

Nach Geltendmachung des Anfechtungsrechts ist zwar der Patient wieder als Eigentümer der Körpersubstanz anzusehen, weshalb er die Herausgabe der Körpersubstanz verlangen kann. Zur Gewährung von Schadensersatz und zur Beteiligung am Verletzergewinn verhilft ihm seine Eigentümerstellung indessen in den meisten Fällen nicht weiter[833]. Jedoch besteht die Möglichkeit, dem Patienten Schadensersatz zu gewähren, indem er die Verletzung seines Persönlichkeitsrechts geltend macht.

1. Vermögensrechtlicher Ausgleich?

Zunächst stellt sich die Frage, wie ein etwaiger materieller Schaden, der durch eine Persönlichkeitsverletzung hervorgerufen worden ist, ausgeglichen werden kann. Im Bereich rechtswidriger Immaterialgüterrechtsverletzungen geht die Rechtsprechung nach der sog. dreifachen Schadensberechnung vor, die im Anschluß näher erörtert werden soll. Es bedarf der Klärung, ob die dreifache Schadensberechnung auch bei Verletzungen des allgemeinen Persönlichkeitsrechts Anwendung findet.

1.1 Die dreifache Schadensberechnung zur Begründung eines materiellen Schadens?

Bei Eingriffen in gewerbliche Schutzrechte können nach mittlerweile im Ergebnis unangefochtener Praxis der Rechtsprechung[834] drei Formen der Schadensberechnung herangezogen werden[835], die auf dem Deliktsanspruch beruhen: Entweder kann der Schaden als konkreter Schaden nach den §§ 249 ff. BGB einschließlich des entgangenen Gewinns (§ 252 BGB) und einer Geldentschädigung, soweit die Herstellung des früheren Zustandes unmöglich ist (§ 251 Abs. 1), berechnet werden. Als zweite Möglichkeit vermag der Betroffene eine angemessene Lizenzgebühr zu verlangen[836]. Schließlich kommt als

[833] In seltenen Fällen kann unter Umständen ein Anspruch des Patienten gem. § 687 Abs. 2 BGB bestehen, hierzu oben S. 157 ff.

[834] Siehe z. B. *BGHZ* 119, 20 (22 ff.) = NJW 1992, 2753 (2754 ff.); *BGH,* NJW 1993, 1989. Die dreifache Schadensberechnung geht auf *RGZ* 35, 63 (67 f., 72 f.) - Ariston-Fall - und *RGZ* 43, 56 (58 f.) zurück.

[835] Darstellungen z. B. bei *Gottwald,* Schadenszurechnung und Schadensschätzung, S. 170 ff.; *Leisse/Traub,* GRUR 1980, 1 (2 ff.); *Lange,* Schadensersatz, 2. Aufl., S. 357 ff.; *Loewenheim,* ZHR 135 (1971), 97 ff.

[836] So beispielsweise *BGHZ* 44, 372 (374 f.) - Meßmer-Tee II; *BGHZ* 77, 16 (23 ff.) - Tolbutamid; *BGHZ* 82, 310 (313 ff.) - Fersenabstützvorrichtung; *BGHZ* 97, 37 (41 ff.) - Filmmusik; *BGH,* GRUR 1983, 565 (566) - Tarifüberprüfung II; die Rechtsprechung fingiert also einen Lizenzvertrag, siehe auch *BGH,* GRUR 1975, 323 (325) - Geflügelte Melodien; *BGH,* GRUR 1990, 1008 (1009); ferner *Larenz,* Schuldrecht, Bd. I, 14. Aufl., S. 515; *Preu,* GRUR 1979, 753 (758).

Schadensersatz die Herausgabe des tatsächlich erzielten Gewinns an den Geschädigten in Betracht[837].

Die Anwendung der dreifachen Schadensberechnung wird insbesondere damit begründet, daß dadurch der leichten Verletzlichkeit von Immaterialgütern entsprochen werde[838]. Da der tatsächlich bei dem Verletzten entstandene Schaden oft nur sehr schwer bezifferbar und die Schadensmöglichkeiten äußerst zahlreich seien[839], sollen die von der Rechtsprechung entwickelten Grundsätze die Bezifferung des Schadens erleichtern[840]. Auch würden so pönalisierende und präventive Gedanken in die Schadensberechnung mit einfließen[841]. Beim Anspruch auf Ersatz der angemessenen Lizenzgebühr komme ferner das Gebot der Billigkeit zum Tragen, daß niemand durch den rechtswidrigen Eingriff in ein fremdes Recht besser stehen soll, als wenn er um eine ordnungsgemäße Erlaubnis nachgesucht und diese erhalten hätte[842].

Da Persönlichkeitsrechte ebenso leicht verletzbar sein können wie die Immaterialgüterrechte, bedürfen sie eines vergleichbaren Schutzes[843]. Als zu ersetzender Schaden findet bei Persönlichkeitsrechtsverletzungen insbesondere die Ermittlung einer fiktiven Lizenzgebühr Anwendung[844]. Hätte der Verletzte den Eingriff in die Persönlichkeit nur gegen ein Entgelt gestattet, kann er diesen Betrag als Schadensersatzanspruch geltend machen[845]. Zwar wendet die Rechtsprechung die Schadensberechnungsmethode auch dann an, wenn der Geschädigte keine Lizenz erteilt hätte[846]. Indessen weist der *BGH* audrücklich darauf hin, daß der Gedanke an eine Lizenzerteilung in diesesn Fällen aus „besonderen Gründen" ausscheide[847].

---

[837] Siehe z. B. *BGHZ* 119, 20 (22 ff.) = NJW 1992, 2753 (2754 ff.); *BGH*, NJW 1993, 1989.

[838] *BGHZ* 57, 116 (118, 121) = *BGH*, GRUR 1972, 189 (190) - Wandsteckdose II; *BGHZ* 60, 206 (209) - Miss Petite; *BGH*, GRUR 1977, 539 (541) - Prozeßrechner; *BayObLG*, NJW 1965, 973 (975 f.) = JuS 1965, 322 Nr. 2.

[839] *Heil/Roos*, GRUR 1994, 26 m.w.N.

[840] *BGH*, GRUR 1993, 55 (59) - Tchibo/Rolex II.

[841] *Hefermehl*, GRUR 1972, 191 (192); *Schmidt-Salzer*, JR 1969, 81 (87 f.); *Pietzner*, GRUR 1972, 151 (160).

[842] Vgl. *BGHZ* 20, 345 (353) - Paul Dahlke; *BGHZ* 26, 349 (352 f.) - Herrenreiter; *BGHZ* 44, 372 (379 f.) - Meßmer-Tee II; *BGHZ* 57, 116 (118 f.) - Wandsteckdose II; *BGHZ* 60, 206 (209) - Miss Petite; *BGHZ* 81, 75 (82) - Carrera; *BGH*, GRUR 1990, 1008 (1009).

[843] Hierzu *Taupitz*, AcP 191 (1991), 201 (230 f.).

[844] *BGHZ* 20, 345 (353) - Paul Dahlke; *BGHZ* 30, 7 (17) - Caterina Valente; *BGHZ* 81, 75 (81 f.) - Carrera.

[845] *BGHZ* 20, 345 (353) - Paul Dahlke; *BGHZ* 44, 372 (374 f.) - Meßmer-Tee II; *BGHZ* 57, 116 (119) - Wandsteckdose II; *BGHZ* 60, 206 (211) - Miss Petite; *BGH*, GRUR 1990, 1008 (1009).

[846] *BGH*, GRUR 1993, 55 (59) - Tchibo/Rolex II; *BGHZ* 44, 372 (379 f.) - Meßmer-Tee II; ferner *Heil/Roos*, GRUR 1994, 26 (27).

[847] Vgl. *BGHZ* 60, 206 (211) - Miss Petite (Hervorhebung durch die Verf.).

Beachtenswert ist, daß bisher die Gewährung der üblichen Lizenzgebühr als Schadensersatz in der Rechtsprechung regelmäßig nur bei Verletzung *spezieller* Persönlichkeitsrechte Anerkennung fand: Sofern es sich bei einer Persönlichkeitsverletzung um ein *vermögenswertes Ausschließlichkeitsrecht* handelt, wie beim Recht am eigenen Bild, bejaht die Rechtsprechung einen Anspruch auf eine angemessene Lizenzgebühr[848]. Der Anspruch wird nur gewährt, wenn der Berechtigte die Zustimmung für die Verwendung seines Bildes erteilt hätte[849].

Das Abstellen der Rechtsprechung auf den subjektiven Parteiwillen wird mit Recht als zu eng erachtet. Gerade schwerste Eingriffe, in die der Berechtigte nie eingewilligt hätte, würden ohne Sanktion bleiben und wären für den Verletzer daher relativ gefahrlos[850]. Im Herausgabeverlangen der üblichen Lizenzgebühr kann keine Genehmigung des Eingriffs und daher auch keine Widersprüchlichkeit des Verhaltens des Betroffenen erblickt werden[851]. Auch wenn der Betroffene sein Persönlichkeitsrecht selbst nicht nutzen wollte oder dies praktisch nicht hätte tun können, soll er aus diesem Grunde gleichfalls einen Anspruch auf Herausgabe der üblichen Lizenzgebühr, und zwar in Form eines Mindestschadens, haben[852].

Ob die Grundsätze der dreifachen Schadensberechnung auf allgemeine Persönlichkeitsrechtsverletzungen ausgedehnt werden können[853], hat die Rechtsprechung noch nicht abschließend geklärt. Im Grunde genommen ist hier das bereicherungsrechtliche Problem des Zuweisungsgehalts des allgemeinen Persönlichkeitsrechts betroffen, das sich mit der Anerkennung des allgemeinen Persönlichkeitsrechs als Nutzungsrecht befaßt. Sofern ein vermögensrechtlicher Zuweisungsgehalt bejaht werden kann, müßte die Rechtsprechung auch bei Verletzungen des allgemeinen Persönlichkeitsrechts zu einem Anspruch des Betroffenen auf eine angemessene Lizenzgebühr gelangen[854].

Die Höhe der Lizenzgebühr richtet sich danach, „was bei vertraglicher Einräumung ein vernünftiger Lizenzgeber gefordert und ein vernünftiger Lizenz-

848 *BGHZ* 20, 345 (353) - Paul Dahlke; *BGHZ* 30, 7 (17) - Caterina Valente; *OLG Hamburg,* GRUR 1961, 138 ff. - Familie Schölermann; *OLG Frankfurt,* NJW 1966, 254 ff.; ferner *BGH,* NJW 1994, 1950 (1953).

849 Im Ergebnis zustimmend *Steindorff,* AcP 158 (1958/1960), 431 (454).

850 Zutreffend *Däubler,* JuS 1969, 49 (51).

851 *MünchKomm/Schwerdtner,* 3. Aufl., § 12 Rdnr. 279; *Däubler,* JuS 1969, 49 (51 f.); anders aber *BGHZ* 26, 349 (353) - Herrenreiter.

852 *MünchKomm/Schwerdtner,* 3. Aufl., § 12 Rdnr. 279, mit dem Hinweis auf die so gehandhabte Rechtsprechung im Patentrecht, vgl. *BGH,* DB 1980, 2505 (2506), und im Bereich der Bildveröffentlichung.

853 Hierzu *Schlechtriem,* DRiZ 1975, 65 (69); *Kleinheyer,* JZ 1970, 471; *Jakobs,* Eingriffserwerb und Vermögensverschiebung in der Lehre der ungerechtfertigten Bereicherung, S. 103 ff.; *Kellmann,* Grundsätze der Gewinnhaftung, S. 53 ff.

854 *MünchKomm/Grunsky,* 3. Aufl., § 252 in Fn. 77; siehe auch *Taupitz,* AcP 191 (1991), 201 (230 f.), der im Grundsatz eine Kommerzialisierung von Eingriffsbefugnissen in das allgemeine Persönlichkeitsrecht bejaht.

nehmer gewährt hätte, wenn beide die im Zeitpunkt der Entscheidung gegebene Sachlage gekannt hätten"[855].

Die Rechtsprechung zur dreifachen Schadensberechnung unterliegt in der Literatur indes erheblichen Bedenken[856]. Zutreffend werden weniger die damit erzielten Ergebnisse als vielmehr die schadensrechtliche Einkleidung der Problematik beanstandet.

Gerade die Billigkeitserwägung der Rechtsprechung zeigt dies besonders deutlich, wonach der rechtswidrig Eingreifende nicht besser als der rechtmäßig Handelnde stehen soll: Gegen den *rechtmäßig* Eingreifenden vermag sich der Inhaber des betroffenen Rechts auf den verschuldensunabhängigen Bereicherungsanspruch zu stützen. Der Deliktsanspruch gegen den *rechtswidrig* Handelnden müßte im Vergleich dazu ein Mehr sein, um die Schlechterstellung des Eingreifenden zu bewirken. Der Eingreifende steht jedoch bei der deliktischen Haftung nicht schlechter. Eine Schlechterstellung ergibt sich auch nicht aus den Verjährungsvorschriften. Die Vorschrift des § 852 BGB läßt Deliktsansprüche immerhin schon nach drei Jahren verjähren, während Bereicherungsansprüche gem. § 195 BGB der 30-jährigen Verjährungsfrist unterfallen. Außerdem kann der Verletzte gegen den rechtswidrig - wie gegen den rechtmäßig - Eingreifenden ohnehin bereits den Bereicherungsanspruch geltend machen. Es besteht daher kein Bedürfnis nach einer deliktsrechtlichen Haftung des rechtswidrig Eingreifenden[857]. Ferner wird bei widerrechtlicher Nutzung einer *Sache* dem Eigentümer nur dann eine Geldentschädigung in Form von Schadensersatz zugestanden, wenn durch den Eingriff die Nutzung unmöglich gemacht wird, wohingegen über Bereicherungsansprüche eine Lizenzgebühr schon zuerkannt wird, wenn der Betroffene konkret hätte zustimmen können[858]. Demzufolge müßte die Rechtsprechung ebenfalls die Lizenzgebühr über die Schadensanalogie für unzulässig halten, sofern durch die Immaterialgüterrechtsverletzung dem Betroffenen die Nutzung nicht unmöglich gemacht wird. Jedoch weicht die Rechtsprechung im Immaterialgüterrecht aus rechtspolitischen Wertungen heraus von ihren Grundsätzen ab[859]. Die Lösung über Bereicherungsrecht macht

---

[855] Siehe *BGH,* GRUR 1962, 401 (404) - Kreuzbodenventilsäcke III; *BGHZ* 44, 372 (380 f.) - Meßmer Tee II.

[856] *Däubler,* JuS 1969, 49 (50 f.); *Joerges,* Bereicherungsrecht als Wirtschaftsrecht, S. 57 ff., 69 ff.; *Staudinger/Medicus,* 12. Aufl., § 249 Rdnr. 180; *MünchKomm/Grunsky,* 3. Aufl., § 252 Rdnr. 16; *Jakobs,* Eingriffserwerb und Vermögensverschiebung in der Lehre der ungerechtfertigten Bereicherung, S. 81 ff.; *Lange,* Schadensersatz, 2. Aufl., S. 363 f.; *Sack,* Festschrift für Hubmann, S. 373 ff.; *ders.,* WRP 1984, 521 (527 f.); *Taupitz,* AcP 191 (1991), 203 (236 ff.); *v. Caemmerer,* Festschrift für Rabel, Bd. I, S. 360; *Wilburg,* AcP, 163 (1964), 346 ff.; zustimmend hingegen z. B. *Schmidt-Salzer,* JR 1969, 81 (85 ff.).

[857] So zu Recht die Argumentation bei *Däubler,* JuS 1969, 49 (50 f.), der allerdings schadensrechtliche Aspekte beim Bereicherungsanspruch einfließen lassen will, a.a.O., S. 53 f.; zum letzteren siehe auch *Lange,* Schadensersatz, 2. Aufl., S. 364.

[858] *RGZ* 97, 310 (311); *RGZ* 105, 408; ferner *Steindorff,* AcP, 158 (1959/1960), 431 (457).

[859] Zustimmend *Steindorff,* AcP, 158 (1959/1960), 431 (457).

hingegen keine Abweichungen aus derartig unbestimmten Erwägungen erforderlich, sondern man kommt systemgerechter zu einem vergleichbaren Ergebnis[860].

In einigen Entscheidungen stellt die Rechtsprechung selbst die Rechtsähnlichkeit der Berechnung nach einer angemessenen Lizenzgebühr zu dem Bereicherungsanspruch, genauer der Eingriffskondiktion, heraus[861]. In einer weiteren Entscheidung[862] mußte ein deliktischer Schadensersatzanspruch, der zur dreifachen Schadensberechnung geführt hätte, mangels Verschuldens scheitern. Dennoch kam das Gericht über Bereicherungsrecht zu einem Anspruch auf angemessene Lizenzgebühr, weil „die Befugnis des Kl., über die (werbemäßige) Verwertung seines Bildes selbst zu entscheiden, ein vermögenswertes Ausschließlichkeitsrecht darstellt, dessen Verletzung auch ohne Verschulden Ansprüche aus ungerechtfertigter Bereicherung auslösen kann“[863].

Die Forderung nach Herausgabe des tatsächlichen Verletzergewinns wird im Gegensatz zur Rechtsprechung von der Literatur aus vergleichbaren Überlegungen wie zur Lizenzanalogie direkt auf die Vorschrift des § 687 Abs. 2 BGB gestützt[864], deren Regeln die Rechtsprechung bei ihrer Schadensberechnungsmethode zum Teil ohnehin heranzieht[865]. Neben den schon geäußerten Bedenken verstößt die Einkleidung dieses Anspruchs in die Schadensberechnungsmethode zudem gegen den Grundsatz des schadensersatzrechtlichen Bereicherungsverbots. Danach darf ein Schadensersatzanspruch den Verletzten nicht besser stellen, als dieser ohne die Rechtsverletzung stünde[866]. Die Herausgabe des Verletzergewinns führt demgegenüber zur Vermehrung des Vermögens des Verletzten[867].

---

860 Wohl in diesem Sinne *MünchKomm/Grunsky,* 3. Aufl., § 252 Rdnr. 16.

861 *BGHZ* 77, 16 (25); *BGHZ* 82, 310 (322) - Fersenabstützvorrichtung. Schon das *RG*, *RGZ* 35, 63 (66 ff.) - Ariston-Fall, verwendete die Begriffe Bereicherungsanspruch und Schadensersatzanspruch nebeneinander.

862 *BGH,* NJW 1992, 2084 - Joachim Fuchsberger.

863 *BGH,* NJW 1992, 2084 (2085) - Joachim Fuchsberger.

864 *Staudinge/Medicus,* 12. Aufl., § 249 Rdnr. 180; *Deutsch,* Allgemeines Haftungsrecht, 2. Aufl., Rdnr. 825; *v. Caemmerer,* Festschrift für Rabel Bd. I, S. 333 (354 f.).

865 *BGHZ* 34, 320 (321) - Vitasulfal; *BGH,* GRUR 1962, 401 (402) - Kreuzbodenventilsäcke III; siehe auch schon *RGZ* 70 , 249 (252); *RGZ* 130, 108 (110); *RGZ* 156, 65 (67).

866 *BGHZ* 40, 345 (348), *BGHZ* 42, 76 (78); *Deutsch,* Allgemeines Haftungsrecht, 2. Aufl., Rdnr. 842; *Lange,* Schadensersatz, 2. Aufl., S. 6; *Sack,* Festschrift für Hubmann, S. 373 (395 f.); ferner *Taupitz,* AcP 191 (1991), 201 (241) m.w.N.; ausführlich *Jakobs,* Eingriffserwerb und Vermögensverschiebung in der Lehre der ungerechtfertigten Bereicherung, S. 81 ff., der die schadensrechtliche Einkleidung als „Verlegenheitslösung“ der Rechtsprechung bezeichnet, a.a.O., S. 88.

867 *Schmidt-Salzer,* JR 1969, 81 (89), erkennt zwar den Verstoß gegen dieses Grundprinzip, falls man den Verletzergewinn schadensrechtlich zubilligt. Trotzdem will er von der schadensrechtlichen Einkleidung nicht abweichen, sondern sieht den Verletzergewinn als einen „Schadensersatzanspruch mit kondiktionsgleicher Wirkung“ bzw. als einen „Schadensersatzanspruch mit einem dem § 687 Abs. 2 BGB entsprechenden Inhalt“ an, der insofern atypisch sei.

Die Anwendung der Grundsätze der dreifachen Schadensberechnung verdient daher - jedenfalls soweit es um Persönlichkeitsbeeinträchtigungen geht - Ablehnung[868].

1.2 Anspruch auf eine angemessene Lizenzgebühr nach Bereicherungsrecht gem. § 812 Abs. 1 S. 1, 2. Alt. BGB?

1.2.1 Zu den Anspruchsvoraussetzungen

Ist jemandem ein Vermögenswert zugeflossen, der ihm nicht vom Bereicherungsgläubiger „geleistet" worden ist, kommt die Bereicherung „in sonstiger Weise" in Betracht. Dadurch wird die Herausgabe des Vermögenszuwachses, der nach der von der Rechtsordnung vorgenommenen Güterverletzung einem anderen gebührt, bezweckt[869]. Der Erwerb des Bereicherten muß nicht durch eine widerrechtliche Handlung erfolgt sein[870]. Andernfalls würden die rechtmäßig oder auf einem Naturvorgang beruhenden Eingriffe nicht vom Bereicherungsanspruch erfaßt[871]. Außerdem muß die Rechtswidrigkeit der Handlung nicht notwendig auch zur Rechtsgrundlosigkeit des Erwerbs führen[872]. Vielmehr kommt es darauf an, ob der Erwerb, der durch die Veräußerung oder Ausübung eines Rechts erzielt wird, einem anderen als dem Bereicherten zugewiesen ist[873]. Gebührt der Erwerb einem anderen, so hat der Bereicherte diesen grundsätzlich ohne Rechtsgrund erlangt[874]. Da es sich um einen *Be-* und nicht um einen *Ent*reicherungsanspruch handelt, muß der betroffene Rechtsgutsinhaber keinen Vermögensnachteil durch den Eingriff erlitten haben.

Nutzt der Arzt eine dem Patienten entnommene Körpersubstanz, so besteht die Möglichkeit, daß er dadurch in die persönlichen Beziehungen des Patienten zur Körpersubstanz, die durch das Persönlichkeitsrecht geschützt werden, ein-

868 Anders insoweit *Müller,* Die kommerzielle Nutzung menschlicher Körpersubstanzen, S. 192, der allerdings nicht auf das Problem eingeht, daß die Rechtsprechung bei Persönlichkeitsrechtsverletzungen darauf abstellt, ob der Betroffene seine Erlaubnis für den Persönlichkeitseingriff gegen Entgelt gewährt hätte. Insofern ist im Bereich von Persönlichkeitsrechtsverletzungen gerade kein Nebeneinander der Schadensberechnungsmethode und der Bereicherungs- bzw. Geschäftsführungsansprüche möglich.

869 Vgl. *Staudinger/W. Lorenz,* 13. Aufl., § 812 Rdnr. 23.

870 Anders aber *Schulz,* AcP 105 (1909), 1 ff., insbes. 433; ferner *Jakobs,* Eingriffserwerb und Vermögensverschiebung in der Lehre der ungerechtfertigten Bereicherung, S. 27 f., 64, 154 f., 122, der auf die Rechtswidrigkeit der Verwendung eines fremden Guts abstellt.

871 *Medicus,* BR, 17. Aufl., Rdnr. 711; *Reeb,* JuS 1972, 706 (708).

872 *Hüffer,* JuS 1981, 263.

873 So die heute h. M., siehe z. B. *v. Caemmerer,* Festschrift für Rabel, Bd. I, S. 333 (352 f.); *Mestmäcker,* JZ 1958, 521 (523 f.); *MünchKomm/Lieb,* 2. Aufl., § 812 Rdnr. 207 ff.; *Soergel/Mühl,* 11. Aufl., § 812 Rdnr. 132 ff.; *RGRK/Heimann/Trosien,* 12. Aufl., § 812 Rdnr. 41; *Staudinger/W. Lorenz,* 13. Aufl., § 812 Rdnr. 223; *Larenz,* Schuldrecht Besonderer Teil, Bd. II, 12. Aufl., S. 532; *Heck,* AcP 136 (1932), 112; *Wilburg,* Die Lehre von der ungerechtfertigten Bereicherung, S. 27.

874 *Hüffer,* JuS 1981, 263 (264).

greift. Im Falle eines Eingriffs führt dies zur Inanspruchnahme eines Rechts durch den Arzt, dessen Ausübung jedoch nur dem Patienten zusteht. Da der Arzt das in Anspruch genommene Recht nicht an den Patienten herausgeben kann, findet § 818 Abs. 2 BGB Anwendung, wonach der Arzt als Bereicherungsschuldner Wertersatz zu leisten hat. Nach ständiger Rechtsprechung ist der objektive Wert des Erlangten zu ersetzen.

Die Festlegung des objektiven Wertes richtet sich bei Eingriffen in die Persönlichkeit danach, ob der Patient bei ordnungsgemäßem Vorgehen des Arztes die Zustimmung des Eingriffs in den Schutzbereich seines Persönlichkeitsrechts von einer Geldzahlung abhängig machen durfte. Dabei kommt es nicht darauf an, ob der Patient den Eingriff in seine Persönlichkeit überhaupt gestattet hätte, weil keine Vermögensminderung ausgeglichen, sondern dem Verletzer die Bereicherung genommen werden soll[875]. Der Arzt kann auch nicht den Einwand erheben, er hätte auf die Eingriffshandlung bei Kenntnis einer Vergütungspflicht verzichtet, da er sich an der Sachlage, die er selbst geschaffen hat, festhalten lassen muß[876].

Sofern *die Zustimmung zum Eingriff in das allgemeine Persönlichkeitrecht* kommerzialisierbar ist, was davon abhängt, ob die Persönlichkeit einen vermögensrechtlichen Zuweisungsgehalt hat, kann der Patient die Zahlung des entsprechenden Wertes im Sinne einer angemessenen Lizenzgebühr verlangen.

1.2.2 Zuweisungsgehalt bei Persönlichkeitsrechten?

Ein Zuweisungsgehalt wird bei absoluten Rechten wie dem Eigentum, den beschränkt dinglichen Rechten, bei den Immaterialgüterrechten[877] wie dem Patent-, dem Gebrauchsmuster-, dem Geschmacksmuster-, und dem Urheberrecht bejaht. Bei anderen Rechten wie beim Recht am Gewerbebetrieb, beim Warenzeichenrecht und beim allgemeinen Persönlichkeitsrecht bereitet die Frage des Zuweisungsgehalts hingegen erhebliche Schwierigkeiten.

Im Hinblick auf das allgemeine Persönlichkeitsrecht werden folgende Ansichten vertreten: Die verneinende Auffassung will den Schutz des allgemeinen Persönlichkeitsrechts traditionell nur auf die Abwehr von Störungen gegen Dritte beschränkt wissen, da dem Inhaber keine bestimmte wirtschaftliche Nut-

---

[875] Siehe zutreffend *BGHZ* 20, 345 (355) - Paul Dahlke, anders aber seit *BGHZ* 26, 211 - Herrenreiter. Aus dieser Entscheidung folgt, daß nur dann ein Anspruch auf Zahlung einer angemessenen Lizenzgebühr besteht, wenn der Betroffene in die Zahlung eingewilligt hätte, siehe hierzu *Götting,* Persönlichkeitsrechte als Vermögensrechte, S. 50 f. mit weiteren Beispielen aus der Rechtsprechung. Schon in der Paul Dahlke-Entscheidung wird der dort aufgestellte Grundsatz nicht konsequent angewandt, hierzu *Götting,* Persönlichkeitsrechte als Vermögensrechte, S. 55.

[876] Siehe im Rahmen es Bildnisschutzes: *BGHZ* 20, 345 (355) - Paul Dahlke; *Bötticher,* AcP, 158 (1959/1960), 385 (404).

[877] Immaterialgüterrechte sind im Gegensatz zu Persönlichkeitsrechten übertragbar.

zung ausschließlich zugewiesen werde[878]. Die andere Ansicht erkennt indessen insgesamt oder bei einzelnen Ausgestaltungen des Persönlichkeitsrechts vermögensrechtliche Herrschaftspositionen des Inhabers an[879]. Insbesondere wird auf das Namensrecht und das Recht am eigenen Bild hingewiesen, bei denen eine kommerzielle Verwertung weithin üblich sei und insoweit auch ein Zuweisungsgehalt und damit Bereicherungsansprüche im Falle eines Eingriffs bestehen müßten[880]. Die Scheu solle überwunden werden, Rechtsgüter nur rein ideell zu qualifizieren und auf diese Weise deren Vermarktungsprozeß zu verhindern[881].

Solange wirtschaftliche Entwicklungen nicht gegen die Rechtsordnung verstoßen, in anderen Rechtsbereichen teilweise sogar anerkannt sind, ist kein Grund ersichtlich, diesen entgegenzuwirken[882]. Gerade im Hinblick auf die Überfrachtung der Schmerzensgeldansprüche[883] bei Persönlichkeitsrechtsverletzungen ist es rechtsdogmatisch vorzugswürdiger, vermögensrechtliche Aspekte dort auszuklammern und statt dessen dem allgemeinen Persönlichkeitsrecht wirtschaftlichen Zuweisungsgehalt zuzuerkennen[884], sofern es in bestimmten Ausformungen zum Gegenstand des Wirtschaftsverkehrs werden kann. Als Abgrenzungskriterium dient dann die von der Rechtsordnung gebilligte Marktfähigkeit der betreffenden Rechtsposition[885].

---

878 *Mestmäcker,* JZ 1958, 521 (525); *Raiser,* JZ 1961, 465 (471); *Kleine,* GRUR 1968, 654.

879 *MünchKomm/Lieb,* 2. Aufl., § 812 Rdnr. 218 f.; *v. Caemmerer,* Festschrift für Rabel, Bd. I, S. 333 (353); siehe ferner *MünchKomm/Grunsky,* 3. Aufl., § 252 in Fn. 77; *Däubler,* JuS 1969, 49 (51); *Wilburg,* Die Lehre von der ungerechtfertigten Bereicherung, S. 43 ff.; *Hubmann,* UFITA 39 (1963), 223 (230 f.); *Schlechtriem,* Festschrift für Hefermehl, S. 445 (455 ff.); *Bötticher,* AcP 158 (1959/1960), 385 (403 f.); *Dasch,* Die Einwilligung zum Eingriff in das Recht am eigenen Bild, S. 23; *Wenzel,* Das Recht der Wort und Bildberichterstattung, 3. Aufl., Rdnr. 14.12 f.; *Koppensteiner/Kramer,* Ungerechtfertigte Bereicherung, 2. Aufl., S. 90; *Haines,* Bereicherungsansprüche bei Warenzeichenverletzungen und unlauterem Wettbewerb, S. 46; *Kellmann,* Grundsätze der Gewinnhaftung, S. 81 ff.

880 Siehe hierzu auch *BGHZ* 20, 345 (355) - Paul Dahlke.

881 *Esser/Weyers,* Schuldrecht, Bd. II, 7. Aufl., S. 465 f.

882 Zutreffend *Loewenheim/Winckler,* JuS 1984, 116 (119), die in diesem Zusammenhang auf die Verwertungsverträge oder den deliktsrechtlichen Schutz hinweisen; ferner *Dasch,* Die Einwilligung zum Eingriff in das Recht am eigenen Bild, S. 22; *Schlechtriem,* Festschrift für Hefermehl, S. 445 (453); *MünchKomm/Lieb,* 2. Aufl., § 812 Rdnr. 219; *Reuter/Martinek,* Ungerechtfertigte Bereicherung, S. 267 f.

883 Diese setzen zudem ein Verschulden voraus, das oft nur schwer zu beweisen ist.

884 Ebenso *MünchKomm/Schwerdtner,* 3. Aufl., § 12 Rdnr. 281; ferner *Däubler,* JuS 1969, 49 (51).

885 *Reuter/Martinek,* Ungerechtfertigte Bereicherung, S. 256; siehe ferner *MünchKomm/Lieb,* 2. Aufl., § 812 Rdnr. 208 f., 218 f.; *Erman/Hauß,* 9. Aufl., § 687 Rdnr. 15; *Hüffer,* JuS 1981, 263 (265); *Jakobs,* Eingriffserwerb und Vermögensverschiebung in der Lehre der ungerechtfertigten Bereicherung, S. 104; *Kleinheyer,* JZ 1970, 471 (474); *Schlechtriem,* Festschrift für Hefermehl, S. 445 (449 ff.); *ders.,* DRiZ 1975, 65 (69); *Rümker,* Das Tatbestandsmerkmal „ohne rechtlichen Grund“ im Bereich der Eingriffskondiktion, S. 61; *Taupitz,* AcP 191 (1991), 201 (230 f.).

Immerhin stellt auch die Rechtsprechung beim allgemeinen Persönlichkeitsrecht, obgleich oft nur implizit, darauf ab, ob die Position des Begünstigten in einzelnen Ausprägungen eine marktfähige Verwertungsmöglichkeit bildet[886].

Die Kommerzialisierbarkeit einer Rechtsposition erweist sich damit als Grenze des wirtschaftlichen Zuweisungsgehalts. Eine Unterwerfung unter das Diktat des Markts soll dabei allerdings nicht erfolgen[887].

Die Lehre vom Zuweisungsgehalt hat unterschiedliche Ausprägungen oder Modifizierungen[888] erhalten, wobei versucht wird, die oft kritisierte Unbestimmtheit des Begriffs des Zuweisungsgehalts zu überwinden.

Nach *Kleinheyer* beispielsweise sollen gegen den Eingreifenden nur Ansprüche bestehen, wenn die Bereicherung durch die Inanspruchnahme eines dem Bereicherungsgläubiger vorbehaltenen Rechtsguts ermöglicht wurde. Für die Gewährung eines Bereicherungsanspruchs kommt es nach *Kleinheyer* daher auf die Nutzung eines fremden Rechtsguts an, über dessen Verwendung nur die Person bestimmen darf, der es die Rechtsordnung gestattet und die sich gegen Zugriffe auf dieses Gut zur Wehr setzen darf. Entscheidend ist also, ob dem Betroffenen ein Unterlassungsanspruch zusteht[889].
Lieb, der den Ansatz von *Kleinheyer* fortführt, stellt im Gegensatz dazu nicht auf das Bestehen von Unterlassungsansprüchen ab, sondern darauf, ob Nutzungs- und Verwertungsmöglichkeiten bestehen, über die der Berechtigte verfügen kann. Hätte der Betroffene die Möglichkeit gehabt, aufgrund der immateriellen Ausgestaltung seiner Rechtsgüter dem Eingreifenden den Vermögenserwerb entgeltlich zu gestatten, kann er sich auf Bereicherungsrecht stützen[890].
Statt eines Zuweisungsgehalts, der bei absoluten Rechten im Sinne des § 823 Abs. 1 BGB relativ sicher angenommen werden könne, will sich *W. Lorenz* bei gewerblichen Schutzrechten oder dem allgemeinen Persönlichkeitsrecht an dem flexiblen Gedanken der *Inanspruchnahme eines fremden, vermögenswerten Rechtsguts* orientieren[891].

Durch die Einbeziehung von Rechtswidrigkeitsmerkmalen soll der Begriff des Zuweisungsgehalts näher konkretisiert werden, der andernfalls die Begründung jedes gewünschten Ergebnisses erlaube[892]. Dem ist insofern beizupflichten, als das Abstellen auf den Zuweisungsgehalt bei so unbestimmten Rechtspositionen wie dem Gewerbebetrieb oder dem allgemeinen Persönlichkeitsrecht nicht formelhaft ein bestimmtes Ergebnis liefern kann[893]. Im Grunde kommen

---

886 Darauf weisen *Reuter/Martinek,* Ungerechtfertigte Bereicherung, S. 257, hin.

887 *Reuter/Martinek,* Ungerechtfertigte Bereicherung, S. 267.

888 Hierzu im einzelnen: *Wilhelm,* Rechtsverletzung und Vermögensentscheidung als Grundlagen und Grenzen des Anspruchs aus ungerechtfertigter Bereicherung, S. 79; *Kellmann,* Grundsätze der Gewinnhaftung, S. 110; *Haines,* Bereicherungsansprüche bei Warenzeichenverletzungen und unlauterem Wettbewerb, S. 102; *Loewenheim/Winckler,* JuS 1984, 116 (117).

889 *Kleinheyer,* JZ 1970, 471 (475).

890 *MünchKomm/Lieb,* 2. Aufl., § 812 Rdnr. 215; *ders.,* NJW 1971, 1289 (1291).

891 Vgl. *Staudinger/W. Lorenz,* 13. Aufl., § 812 Rdnr. 23 a.E.

892 *Kleinheyer,* JZ 1970, 471 (473).

893 Vgl. *Medicus,* Bürgerliches Recht, 17. Aufl., Rdnr. 709; ähnlich *Larenz/Canaris,* Besonderer Teil, Bd. II/2, 13. Aufl., S. 170.

aber alle vertretenen Theorien nicht ohne eine wertende Betrachtungsweise aus, zumindest dann, wenn es darum geht, ungereimte Ergebnisse zu vermeiden[894].

Rechtswidrigkeitsmerkmale in die Bestimmung des Zuweisungsgehalts mit einzubeziehen, erweist sich indessen als kein geeignetes Kriterium. So könnte etwa ein Bereicherungsausgleich bei rechtmäßigen oder auf Naturvorgängen beruhenden Eingriffen nicht durchgeführt werden[895]. Zudem bezweckt im Unterschied zum Deliktsrecht das Bereicherungsrecht nicht eine Korrektur rechtswidrigen Verhaltens, sondern es geht darum, ob eine bestimmte Güterverteilung rechtlichen Bestand haben soll oder nicht[896].

In die Frage des Zuweisungsgehalts eines Rechts die wirtschaftliche Verwertungsmöglichkeit einer geschützten Rechtsposition mit einzubeziehen, dessen Bestimmung aufgrund wertender Betrachtungsweise erfolgt, führt indessen zu einem angemessenen Ergebnis: An die Stelle der im Normalfall durch Vertrag eingeräumten geschützten Rechtsposition, welche die wirtschaftliche Nutzungsmöglichkeit erlaubt, tritt nun der Bereicherungsanspruch[897].

1.2.3 Kommerzialisierbarkeit der Zustimmung des Patienten zum Eingriff in das allgemeine Persönlichkeitsrecht durch den Arzt?

Ein Eingriff in die Persönlichkeit des Patienten war dann bejaht worden, wenn die Verwendung der Körpersubstanz zur Ausforschung des Gesundheitszustandes führt, die Vervielfältigung von Erbmaterial betrifft oder die Individualisierung des Patienten ermöglicht[898].

Erweist sich die Zustimmung zu den verschiedenen Eingriffen in das Persönlichkeitsrecht als kommerzialisierbar, kann der Patient vermögensrechtlichen Ausgleich vom Arzt verlangen. Unerheblich ist dabei, ob der Patient wirklich seine Zustimmung erteilt hätte, wenn der Arzt den Patienten darum gebeten hätte[899].

---

894 *Esser/Weyers,* Schuldrecht, Bd. II, 7. Aufl., S. 462 f.

895 Siehe schon oben S. 168 m.w.N.

896 *Esser/Weyers,* Schuldrecht, Bd. II, 7. Aufl., S. 421.

897 Hierzu *Esser/Weyers,* Schuldrecht, Bd. II, 7. Aufl., S. 463 f.; *MünchKomm/Lieb,* 2. Aufl., § 812 Rdnr. 219, 229; *Ermann/Westermann,* 9. Aufl., § 812 Rdnr. 69; ferner *Loewenheim/Winckler,* JuS 1984, 116 (120).

898 S. 86 ff.

899 Siehe hierzu S. 168 f.

a) Ausgangspunkt: Kommerzialisierung von Persönlichkeitsrechten

Bei Persönlichkeitsrechten wie dem Recht am eigenen Bild, dem Namensrecht ist eine Kommerzialisierung anerkannt. Im folgenden soll kurz auf die Ursachen und Gründe eingegangen werden, die zu einer Kommerzialisierung dieser und anderer Persönlichkeitsgüter geführt haben, um dann eine Entscheidung treffen zu können, ob die dargestellte Situation mit der Frage der Kommerzialisierbarkeit der Zustimmung des Patienten zum Eingriff in das allgemeine Persönlichkeitsrecht vergleichbar ist.

aa) Das Recht am eigenen Bild

Nutzt jemand ohne die Zustimmung des Abgebildeten dessen Bildnis, so hat er dem Abgebildeten einen vermögensrechtlichen Ausgleich in Form einer angemessenen Lizenzgebühr zu zahlen. Als spezielle Ausprägung des in Artt. 1 und 2 GG verfassungsrechtlich verankerten Selbstbestimmungsrechts kommt es dem Abgebildeten zu, über sein Bildnis frei zu disponieren, ob, wem und unter welchen Umständen das Bildnis der Öffentlichkeit unterbreitet werden darf[900]. Da das Recht am eigenen Bild zwingend an den Rechtsträger gebunden ist, kann er es nicht übertragen[901]. Nur insoweit vermag er sich von seinem Bildnis zu lösen, als er in Eingriffe des Rechts am eigenen Bild einwilligt und auf diese Weise darüber disponiert[902], was in der Vorschrift des § 22 S. 1 KUG ausdrücklich verankert ist. Danach steht es grundsätzlich dem Abgebildeten zu, über die Verbreitung und öffentliche Zurschaustellung seines Bildnisses zu entscheiden. Deshalb erschöpft sich der Bildnisschutz nicht als bloßes Abwehrrecht[903], sondern gesteht dem Abgebildeten ein umfassendes Kontrollrecht über sein Bildnis zu, das ihn insbesondere vor dem sog. Prangereffekt schützt[904]. § 22 S. 2 KUG läßt sogar darauf schließen, daß dem Gesetzgeber die kommerzielle Nutzung am eigenen Bild bewußt war, da danach die Erteilung der Einwilligung in die Verbreitung oder Zurschaustellung vermutet wird, sofern der Abgebildete für die Abbildung eine Entlohnung erhielt. Dadurch kommt zum Ausdruck, daß das Recht am eigenen Bild zum Gegenstand des Wirtschaftsver-

---

900 St. Rechtsprechung seit *BGHZ* 20, 345 - Paul Dahlke; zuletzt *BGH,* NJW 1992, 2084 - Joachim Fuchsberger; *Staudinger/Schäfer,* 12. Aufl., § 823 Rdnr. 212; *Wenzel,* Das Recht der Wort und Bildberichterstattung, 3. Aufl., Rdnr. 7.32.

901 H. M.; siehe Darstellung bei *Götting,* Persönlichkeitsrechte als Vermögensrechte, S. 38 m.w.N.

902 *Götting,* Persönlichkeitsrechte als Vermögensrechte, S. 38 f.

903 So aber *Kohler,* Das Eigenbild im Recht, S. 9.

904 *Helle,* Besondere Persönlichkeitsrechte im Privatrecht, S. 45 in Fn. 5; *Dasch,* Die Einwilligung zum Eingriff in das Recht am eigenen Bild, S. 9; ferner *Müller,* Die Verletzung des Persönlichkeitsrechts durch Bildnisveröffentlichung, S. 48; *Götting,* Persönlichkeitsrechte als Vermögensrechte, S. 23.

kehrs werden kann und nicht nur vor dem „Entzug“ der Selbstbestimmung schützt[905].

Bei der unbefugten werbemäßigen Verwertung der Bildnisse geht es allerdings in der Regel nicht um persönlichkeitsrechtliche Interessen, wie *Götting* in zutreffender Weise feststellt, sondern darum, aus der Vermarktung Kapital zu schlagen, weil die Betroffenen ihre kommerziellen Belange beeinträchtigt sehen[906]. Als marktgängiges Gut hat sich die Verselbständigung des Rechts am eigenen Bild vollzogen[907], die in der Literatur mit Begriffen wie „Entpersönlichung“, „Verdinglichung“, „Vergegenständlichung“ oder „Objektivierung“ gleichgesetzt[908] und auch bei anderen Persönlichkeitsrechten nicht ausgeschlossen wird[909].

Die Rechtsprechung stellt, wenn sie eine angemessene Lizenzgebühr bewilligt, darauf ab, ob der Abgebildete in den Vertrag eingewilligt hätte[910]. Nur wenn die abgebildete Person selbst oder Personen in vergleichbarer Stellung die wirtschaftliche Verwertung gewöhnlich gegen Entgelt gestatten, ist die Voraussetzung des Rechts am eigenen Bild als vermögensrechtliches Ausschließlichkeitsrecht erfüllt. Im Ergebnis beschränkt sich dies auf professionelle Darsteller oder aber auf Prominente, die sich üblicherweise gegen Entgelt abbilden lassen. Bei allen anderen Personen kommt es vielmehr maßgeblich darauf an, ob der Rechtsinhaber generell die Möglichkeit hatte, sein Bildnis kommerziell zu verwerten[911]. Das Recht muß also vor dem Eingriff kommerzialisiert, zumindest aber kommerzialisierbar sein[912].

Als weitere Voraussetzung muß hinzu kommen, daß die betroffene Person *in der konkreten Situation* die Zustimmung für die Verwendung des Bildnisses nur gegen ein Entgelt gegeben hätte[913]. Daher muß auch bei Prominenten geprüft werden, ob sie im konkreten Einzelfall in die Bildnisveröffentlichung nur gegen ein Entgelt eingewilligt hätten. Davon sind insbesondere die Abbildungen erfaßt, die durch die Umstände wie Inhalt, Art und Kontext geeignet sind, zu einer Entwürdigung der abgebildeten Person zu führen[914]. Den

905 Zutreffend *Götting,* Persönlichkeitsrechte als Vermögensrechte, S. 39, 43 ff., 54.

906 *Götting,* Persönlichkeitsrechte als Vermögensrechte, S. 42.

907 Die Verselbständigung kommt beispielhaft in der Nena-Entscheidung des *BGH,* GRUR 1987, 128, zum Ausdruck, wo die Sängerin Nena u. a. einer Verwertungsgesellschaft die kommerzielle Nutzung ihres Rechts am eigenen Bild übertragen hatte.

908 *Brehmer/Voegli,* JA 1978, 374 (377 ff.); *Schlechtriem,* Festschrift für Hefermehl, S. 445 (450); *Forkel,* GRUR 1988, 491 (498).

909 Man denke z. B. an das Namensrecht, das Urheberrecht, das Warenzeichenrecht, das heute Immaterialgüterrechten zugeordnet wird, oder auch das Firmenrecht.

910 Anders noch in *BGHZ* 20, 345 (355) - Paul Dahlke.

911 *Götting,* Persönlichkeitsrechte als Vermögensrechte, S. 51.

912 Hierzu *Bötticher,* AcP 158 (1959/1960), 385 (403).

913 Siehe hierzu Darstellung bei *Götting,* Persönlichkeitsrechte als Vermögensrechte, S. 51 f.

914 *Götting,* Persönlichkeitsrechte als Vermögensrechte, S. 52 in Fn. 191.

Betroffenen, die darin nicht eingewilligt hätten, verbleibt dann die Möglichkeit, sich auf den Schmerzensgeldanspruch zu stützen, der aber im Verhältnis zum Bereicherungsanspruch (oder der dreifachen Schadensberechnungsmethode) nur unter erschwerten Voraussetzungen gewährt wird.

Nach der Rechtsprechung vermag das Recht am eigenen Bild deshalb nur *entweder* zum vermögensrechtlichen Ausgleich *oder* zu einem Schmerzensgeldanspruch zu führen. Denn letzterer Anspruch setzt zwingend die Einverständnisverweigerung voraus. Der Anspruch auf eine angemessene Lizenzgebühr hingegen erfordert das „fiktive" Einverständnis zur kommerziellen Verwertung des Bildes[915].

Die Auffassung der Rechtsprechung[916], die im wesentlichen die Gewährung des Anspruchs nach einer angemessenen Lizenzgebühr auf Fotomodelle und Prominente beschränkt und darauf abstellt, ob der Betroffene im konkreten Fall eingewilligt hätte, stößt indes auf Bedenken.

Im Augenblick der Kommerzialisierung des Bildnisses für Werbezwecke wird dem Recht am eigenen Bild wirtschaftlicher Wert beigemessen[917]. Daraus ergibt sich die Verpflichtung, einen entsprechenden Wertersatz zu leisten, der sich danach richtet, was für eine vergleichbare Verwertungsart üblicherweise als Honorar gezahlt wird. Hingegen kommt es nicht darauf an, ob das Recht des Betroffenen am eigenen Bild bereits vorher kommerzialisiert oder kommerzialisierbar war und der Inhaber in die kommerzielle Verwertung eingewilligt hätte[918]. Andernfalls würde das Bereicherungsrecht eine Vermögensminderung voraussetzen, die aber seinem Wesen widerspricht, lediglich den grundlosen Vermögenszuwachs beim Rechtsverletzer auszugleichen[919]. Würde die angemessene Lizenzgebühr nur auf die Personen beschränkt, die nachträglich die kommerzielle Nutzung ihres Bildnisses genehmigen, so erreicht der Bildnisschutz gerade nicht die Personen vollständig, die darauf besonderen Wert legen.

Ob der Betroffene prominent ist, spielt nur im Zusammenhang der Bemessung der Lizenzgebühr eine Rolle, löst aber nicht den vermögensrechtlichen Charakter des Rechts am eigenen Bild und die Zuerkennung einer angemessenen Lizenzgebühr aus[920]. Da es nicht darauf ankommt, ob der Betroffene in die

915 *Götting,* Persönlichkeitsrechte als Vermögensrechte, S. 52; ferner *Wenzel,* Das Recht der Wort und Bildberichterstattung, 3. Aufl., Rdnr. 14.13.

916 Dieser Auffassung folgen in der Literatur: *Hubmann,* Das Persönlichkeitrecht, 2. Aufl., S. 365 f.; *ders.,* UFITA 39 (1963), 223 (233); *Bußmann,* GRUR 1958, 411 (Entscheidungsanmerkung zu Herrenreiter).

917 *Götting,* Persönlichkeitsrechte als Vermögensrechte, S. 55, der in Fn. 206 auf die h. M. der amerikanischen Rechtsprechung hinweist.

918 Zutreffend *Götting,* Persönlichkeitsrechte als Vermögensrechte, S. 55.

919 Hierzu schon S. 168 ff. m.w.N.

920 *Götting,* Persönlichkeitsrechte als Vermögensrechte, S. 57 f.

kommerzielle Verwertung des ihm zustehenden Rechts eingewilligt hätte, sondern er einen Anspruch auf angemessene Lizenzgebühr auch geltend machen kann, wenn ihm die Nutzung des ihm zustehenden Rechts durch einen anderen mißfällt, kann er sich entgegen der Auffassung der Rechtsprechung *daneben* auf einen Schmerzensgeldanspruch stützen.

Zusammenfassend ergibt sich daher folgendes: Die lang anhaltende tatsächliche Übung, die Einwilligung zu kommerzialisieren, führt zum Bedürfnis eines vermögensrechtlichen Ausgleichs bei deren Nichtbeachtung. Sowohl die Rechtsprechung als auch der überwiegende Teil der Literatur haben keine Bedenken gegen die Vermarktung des Rechts am eigenen Bild und schützen den Betroffenen durch einen Anspruch auf angemessene Lizenzgebühr. Neben der Anerkennung des Rechts am eigenen Bild als Vermögensrecht ist entgegen der Auffassung der Rechtsprechung die Geltendmachung eines Schmerzensgeldanspruchs bei Verletzung ideeller Interessen möglich.

bb) Das Namensrecht

Im Gegensatz zum äußeren Erscheinungsbild bleibt der Name ein der Person von außen zugeordnetes, von ihr trennbares, austauschbares Identitäts- und Unterscheidungskennzeichen. Dem Namen ist der Sozialbezug immanent, während das Recht am eigenen Bild durch den Sozialbezug begrenzt wird[921]. Der Name ist notwendige Voraussetzung, um das Denken und die Verständigung zwischenmenschlicher Beziehungen zu erleichtern. Der Name faßt komplexe Eigenschaften und die Merkmale des Benannten in einer Kurzformel gleichsam zusammen und stellt sich als dessen Symbol dar[922]. Mit dem Namen verbindet sich wirtschaftliche Leistungsfähigkeit und der gute Ruf, weshalb er einen bedeutsamen Vermögenswert erlangen kann[923]. Der gesetzliche Namensschutz tritt in § 12 BGB zutage.

Innerhalb des § 12 BGB, der - neben dem bürgerlichen Namen der natürlichen Person - die Firma, ihre Bestandteile, besondere Geschäftsbezeichnungen und in Ausnahmefällen auch Warenbezeichnungen erfaßt[924], nimmt die h. M. heute eine differenzierte Betrachtungsweise vor. Nur den bürgerlichen Namen der natürlichen Person faßt man unter das Persönlichkeitsrecht, während die anderen Schutzobjekte des § 12 BGB als Immaterialgüter qualifiziert werden[925]. Bei Immaterialgütern steht das Interesse an wirtschaftlicher Verwertung von

921 *Götting,* Persönlichkeitsrechte als Vermögensrechte, S. 98.

922 Zum Ganzen *Götting,* Persönlichkeitsrechte als Vermögensrechte, S. 70 f.; *Opet,* AcP 87 (1897), 313 (320), der vom „Zauberwort" des Namens spricht.

923 *Götting,* Persönlichkeitsrechte als Vermögensrechte, S. 71.

924 *Knaak,* Das Recht der Gleichnamigen, S. 18 ff.; *Fabricius,* JR 1972, 15 ff.

925 *Krüger-Nieland,* Festschrift für Fischer, S. 339 (345 ff.); *RGRK/Krüger-Nieland,* 12. Aufl., § 12 Rdnr. 4; *Erman/Westermann,* 9. Aufl., § 12 Rdnr. 2; *Staudinger/Coing/Habermann,* 13. Aufl., § 12 Rdnr. 30; a. A. *Soergel/Heinrich,* 12. Aufl., § 12 Rdnr. 21 f.

unkörperlichen, vermögenswerten Gütern im Vordergrund, und sie weisen daher einen geringen oder keinen personalen Bezug auf. Bei der Einzelperson wird demgegenüber nahezu einhellig auf das Identitätsinteresse als zentrales rechtliches Schutzgut abgestellt[926].

Der Namensschutz des § 12 BGB reicht soweit, als die Abwehr von Identitätstäuschungen oder Verwechslungen betroffen ist[927]. Bloße Namensnennungen werden statt dessen vom allgemeinen Persönlichkeitsrecht erfaßt, sofern dadurch die Privatsphäre, die Ehre oder das Ansehen beeinträchtigt wird[928]. Denn dann handelt es sich nicht um den Schutz namensspezifischer Interessen, da der Name nicht Gegenstand, sondern Mittel des Eingriffs ist[929].

Unter den Schutzbereich des § 12 BGB fallen zudem sog. „Zuordnungswirrungen“, d. h. wenn jemand den fremden Namen zu Werbezwecken oder als Warenbezeichnung mißbraucht[930]. Allerdings wird vorgebracht, daß es sich dabei nicht um einen „Namensgebrauch“ im eigentlichen Sinne handele. Vielmehr werde durch die Namensnennung der Eindruck erweckt, der richtige Namensträger stehe mit dem mit seinem Namen bezeichneten Unternehmen oder Erzeugnis in einer bestimmten Beziehung[931]. § 12 BGB richtet sich durch den erweiterten Schutzbereich indessen nicht gegen die Freiheit der Namensnennung, sondern gegen substantielle Eingriffe in die Zweckbestimmung des Namens als personales Kennzeichen, wenn der Name unbefugt zu einer Sachbezeichnung umfunktioniert wird[932]. Es liegt zwar kein „subjektsbezogener“, jedoch ein „objektsbezogener“ Namensgebrauch vor, zumindest wird die Person mit der Sache identifiziert[933].

---

926 *BGHZ* 91, 117 (120); *BGH*, NJW-RR 1991, 934 (935); *BGH*, NJW 1991, 1532; *MünchKomm/Schwerdtner*, 3. Aufl., § 12 Rdnr. 1; *Staudinger/Coing/Habermann*, 13. Aufl., § 12 Rdnr. 28.

927 H. M. siehe nur *BGHZ* 91, 117 (120); *Palandt/Heinrichs*, 56. Aufl., § 12 Rdnr. 20; *Staudinger/Coing/Habermann*, 13. Aufl., § 12 Rdnr. 129 jeweils m.w.N. ; a. A. *Sack*, WRP 1984, 521 (530 f.), der sich gegen die restriktive Auslegung wendet.

928 *MünchKomm/Schwerdtner*, 3. Aufl., § 12 Rdnr. 111; *Hubmann*, Das Persönlichkeitsrecht, 2. Aufl., S. 278 ff.; *Staudinger/Coing/Habermann*, 13. Aufl., § 112 Rdnr. 132; *Palandt/Heinrichs*, 56. Aufl., § 12 Rdnr. 23.

929 *Götting*, Persönlichkeitsrechte als Vermögensrechte, S. 96 f.

930 So bereits *RGZ* 74, 308 (310) - Graf Zeppelin; ferner *Prot.*, Bd. 6, S. 113.

931 Darstellungen bei *Kippel*, Der zivilrechtliche Schutz des Namens, S. 400; *Götting*, Persönlichkeitsrechte als Vermögensrechte, S. 86.

932 Vgl. *Götting*, Persönlichkeitsrechte als Vermögensrechte, S. 89, deshalb kann in diesem Fall die in Art. 5 Abs. 1 GG garantierte Meinungsfreiheit nicht entgegenstehen.

933 *Kippel*, Der zivilrechtliche Schutz des Namens, S. 403; *Götting*, Persönlichkeitsrechte als Vermögensrechte, S. 89 f.; weitergehender *Sack*, WRP 1984, 521 (532), der bereits jede Namenserwähnung in der Werbung als eine Namensrechtsverletzung im Sinne des § 12 BGB deutet, hierzu *Götting*, Persönlichkeitsrechte als Vermögensrechte, S. 91 f. in Fn. 105, 99 f. m.w.N.

§ 12 BGB erfaßt neben jeden ideellen oder vermögensrechtlichen Interessen auch das Affektionsinteresse des Namensträgers, sofern der bürgerliche Name betroffen ist[934].

Das Namensrecht ist unverzichtbar und daraus resultierend unübertragbar[935]. Allerdings ist die freie Verfügbarkeit durch den Namensträger nicht wegen der Höchstpersönlichkeit des Namens, sondern aus ordnungsrechtlichen Gründen begrenzt[936]. Durch die Einwilligung vermag der Namensträger anderen die Nutzung seines Namens einzuräumen, die zu einer Abspaltung und Verdinglichung des Namens führen kann, wenn sein Name als Warenzeichen, Firma oder Geschäftsbezeichnung dient. Hierin liegt aber keine Namensübertragung, vielmehr wird nur das Recht zum Namensgebrauch übertragen. Zum einen als „Subjektsbezeichnung", zum anderen als „Objektsbezeichnung" hat der Name sich nunmehr quasi verdoppelt und ist im zweiten Falle verkehrsfähiges Rechtsgut geworden[937]. Im ersten Falle kann der Namensträger lediglich einem anderen den Gebrauch seines Namens gestatten[938], d. h. er verzichtet auf die Geltendmachung seines Verbietungsrechts aus § 12 BGB bzw. aus dem allgemeinen Persönlichkeitsrecht[939].

Als „Objektsbezeichnung" ist der Name beispielsweise als Marke von der Person ablösbar und in vollem Umfang übertragbar[940]. Ähnlich wie bei der kommerziellen Verwendung von Bildnissen stellen viele Prominente gegen Entgelt ihren Namen als Warenzeichen für bestimmte Waren zur Verfügung[941]. Allerdings hat das Markenzeichen nur solange Bestand, wie der Namensträger darin einwilligt. Aus wichtigem Grunde vermag er jederzeit seine Einwilligung zurückzuziehen, auch wenn Unwiderruflichkeit vereinbart worden war oder das Markenrecht einem Dritten übertragen wird[942]. Ähnliches gilt nach umstrittener Auffassung im Firmenrecht: Der Insolvenzverwalter darf eine aus dem Familiennamen des einzelkaufmännischen Gemeinschuldners gebildete Firma nur mit dessen Einwilligung veräußern[943]. Bei Personengesellschaften ist die

---

934 *BGHZ* 8, 318 (322 f.) - Pazifist; *MünchKomm/Schwerdtner,* 3. Aufl., § 12 Rdnr. 151; *Palandt/Heinrichs,* 56. Aufl., § 12 Rdnr. 28; *Staudinger/Coing/Habermann,* 13. Aufl., § 12 Rdnr. 151.

935 Siehe nur *BGH,* GRUR 1960, 490 (493) - Vogeler; *MünchKomm/Schwerdtner,* 3. Aufl., § 12 Rdnr. 76.

936 *Götting,* Persönlichkeitsrechte als Vermögensrechte, S. 104.

937 *Götting,* Persönlichkeitsrechte als Vermögensrechte, S. 105.

938 *MünchKomm/Schwerdtner,* 3. Aufl., § 12 Rdnr. 77 ff.; *Palandt/Heinrichs,* 56. Aufl., § 12 Rdnr. 17; *Staudinger/Coing/Habermann,* 13. Aufl., § 12 Rdnr. 32 ff.

939 *Götting,* Persönlichkeitsrechte als Vermögensrechte, S. 105.

940 *Götting,* Persönlichkeitsrechte als Vermögensrechte, S. 108.

941 Beispiele bei *Götting,* Persönlichkeitsrechte als Vermögensrechte, S. 110 in Fn. 181.

942 *Götting,* Persönlichkeitsrechte als Vermögensrechte, S. 110 m.w.N.

943 *BGH,* GRUR 1960, 460 (462) - Vogler.

Zustimmung des Gesellschafters erforderlich, dessen Familiennamen in der Firma enthalten ist[944].

Parallel mit der Verwendung von Bildnissen Prominenter in der Werbung soll der Name berühmter Persönlichkeiten den Absatz eines bestimmten Produkts fördern, und er wird dementsprechend eingesetzt. Im Gegensatz zum Bild haben jedoch lediglich Namen Prominenter einen vermögensrechtlichen Zuweisungsgehalt, weil nur sie eindeutig durch die Namensverwendung, sei es durch eine Namensbeilegung oder bloße Namenserwähnung, identifizierbar sind[945].

Die Rechtsprechung hat bei Verwendung eines Namens zu Werbezwecken die gleichen Grundsätze aufgestellt, die bei der unbefugten Bildnisvermarktung Anwendung finden[946]. Deshalb kommt die Rechtsprechung nur zum vermögensrechtlichen Ausgleich, insbesondere zum Anspruch auf eine angemessene Lizenzgebühr, wenn der Betroffene seinen Namen zur Verfügung stellen konnte und dazu subjektiv auch bereit gewesen wäre[947]. Diese Auffassung ist jedoch nicht haltbar[948]: Ebenso wie beim Bildnisschutz kommt es nicht darauf an, ob der Namensträger seinen Namen kommerziell verwerten wollte oder nicht, um eine angemessene Lizenzgebühr für sich beanspruchen zu können[949]. Der Namensträger hat also die Befugnis, vergleichbar dem Recht am eigenen Bild, die Nutzung zu Werbezwecken zu gestatten und bei Zuwiderhandlung einen vermögensrechtlichen Ausgleich zu verlangen. Etwaige Schmerzensgeldansprüche bleiben davon unberührt.

cc) Kommerzialisierung anderer Persönlichkeitsrechte?

Neben dem Recht am eigenen Bild und dem Namensrecht findet eine Kommerzialisierung der menschlichen Stimme in der Werbung statt, wenn bekannte Erfolgsschlager eingearbeitet werden[950] oder wenn charakteristische Sprachelemente und der Stimmklang bekannter Schauspieler durch Sprachimitatoren täuschend ähnlich verwendet werden[951]. Die Stimme hat, vergleichbar dem Bildnis oder dem Namen, eine gemeinhin anerkannte Kommerzialisierung erfahren. Durch Tonträger oder Imitationen kann sie von der Person weitgehend gelöst werden.

---

944 *OLG Koblenz,* ZIP 1991, 1440. Kritisch hierzu *Götting,* Persönlichkeitsrechte als Vermögensrechte, S. 124 mit umfassenden Nachweisen, der auf die Pflicht zur wirtschaftlichen Selbstverantwortung des Namensgebers hinweist.

945 Zutreffend *Götting,* Persönlichkeitsrechte als Vermögensrechte, S. 127.

946 *BGH,* GRUR 1981, 846 (847) - Rennsportgemeinschaft.

947 *BGH,* GRUR 1959, 430 (433) - Caterina Valente.

948 Siehe hierzu oben S. 165.

949 *Götting,* Persönlichkeitsrechte als Vermögensrechte, S. 129.

950 *Götting,* Persönlichkeitsrechte als Vermögensrechte, S. 134.

951 So im Beschluß des *OLG Hamburg,* GRUR 1989, 666 - Heinz Erhardt.

Deshalb sprechen keine Bedenken dagegen, bei der Stimme in gleicher Weise zu verfahren und bei fehlender Zustimmung desjenigen, dem die Stimme „gehört“ oder dem sie durch Nachahmung entlehnt ist, einen Anspruch aus angemessener Lizenzgebühr zuzubilligen, sofern sie kommerziell, insbesondere zu Werbezwecken, verwertet wird. Da der Grund für die Verwendung von Stimmen in der Werbung einerseits die Identifizierung bekannter Personen mit dem Produkt vermittelt, andererseits aber auch die geeignete Stimmqualität einer unbekannten Person den gewünschten Werbeeffekt hervorrufen kann, haben nicht lediglich Namen Prominenter einen vermögensrechtlichen Zuweisungsgehalt. Die Höhe der Lizenzgebühr richtet sich allerdings nach dem Bekanntheitsgrad der jeweiligen Person.

Als weiters Beispiel kommerzialisierbarer Persönlichkeitsgüter weist *Götting* auf das Rennauto eines berühmten Rennfahrers hin, das mit ihm bekannt geworden ist und mit dem der Rennfahrer deshalb assoziiert wird[952].

Deutlich wird indessen, daß sich nur wenige andere kommerzialisierbare Persönlichkeitsgüter finden lassen. Im Mittelpunkt bleiben das Recht am eigenen Bild und das Namensrecht oder jedenfalls damit vergleichbare Persönlichkeitsgüter, die sich für *Werbezwecke* eignen und zumeist Persönlichkeitsgüter *prominenter* Persönlichkeiten darstellen. Wichtiges Merkmal für die Kommerzialisierung von Persönlichkeitsgütern stellt deren Verselbständigung dar. Außerdem wurden bei den genannten Persönlichkeitsgütern schon über eine lange Zeit hinweg vermögensrechtliche Aspekte in die Erwägungen des Rechtsschutzes mit einbezogen. Hinzu kommt, daß das Gesetz die Kommerzialisierbarkeit dieser Persönlichkeitsgüter nicht ausschließt. Die Rechtsprechung und weite Kreise in der Literatur erkennen anhand lang andauernder Praxis und Rechtsauffassung bei diesen Persönlichkeitsrechtsgütern einen Anspruch auf angemessene Lizenzgebühr an[953].

Die Kommerzialisierbarkeit eines Persönlichkeitsguts hängt entscheidend davon ab, ob die angeführten Kriterien, die dem Persönlichkeitsgut den wirtschaftlichen Gehalt zuweisen, erfüllt sind. Dabei sollte deutlich geworden sein, daß der Vermögenswert eines Persönlichkeitsrechts in erster Linie keine rechtliche, sondern eine faktische Frage ist, über die der Marktmechanismus entscheidet, da kein Recht an und für sich einen „abstrakten“ wirtschaftlichen Wert hat, sondern diesen erst zugewiesen bekommt[954]. Stehen der wirtschaftli-

---

[952] *Götting,* Persönlichkeitsrechte als Vermögensrechte, S. 136.

[953] Zur unterschiedlichen Rechtsgrundlage siehe oben S. 163 ff.

[954] Auf diese Weise die zutreffende Charakterisierung von *Götting,* Persönlichkeitsrechte als Vermögensrechte, S. 66; ferner *Heitmann,* Der Schutz der materiellen Interessen an der eigenen Persönlichkeitssphäre durch subjektiv-private Rechte, S. 7, der darauf hinweist, daß die Beziehung zum Interessensobjekt weder ideell, noch materiell ist, sondern ihm diese Eigenschaft erst aufgrund der Art der menschlichen Interessen zugeschrieben wird.

chen Verwertung höherrangige rechtliche oder ethische Prinzipien entgegen, darf dagegen eingeschritten werden[955].

Wird das Ansehen einer Person geschädigt und ist für den Betroffenen das soziale und seelische Wohlbefinden beeinträchtigt, spielen nicht wirtschaftliche, sondern ideelle Interessen die entscheidende Rolle. Dann steht dem Betroffenen der Schmerzensgeldanspruch zur Verfügung. Sind daneben wirtschaftliche Interessen berührt, kommt zusätzlich ein vermögensrechtlicher Ausgleich infrage[956].

Heitmann will den Rechtsschutz materieller Interessen, die sich an die eigene Persönlichkeitssphäre knüpfen, unter ein vermögensrechtliches Nutzungsrecht fassen, das sich als ein vom allgemeinen Persönlichkeitsrecht unabhängiges Recht zu gestalten habe[957]. Diesem sog. *Persönlichkeitsnutzungsrecht* sei eine Zuweisung materieller Werte immanent und rufe als Rechtsfolge Schadensersatz- und Bereicherungsansprüche hervor[958].

Ähnlich wird von *Fikentscher* gefordert, ein *wirtschaftliches Persönlichkeitsrecht* neben dem allgemeinen Persönlichkeitsrecht anzuerkennen, das insbesondere über das Namensrecht, dem Recht am eigenen Bild und die Urheberrechte hinaus den Schutz der Kunden, Verbraucher und Letztabnehmer in seinen Schutzbereich einbeziehen soll[959]. Das Bedürfnis bestehe deshalb, da nur eine Seite des Markts (die Unternehmerseite) von der bisherigen Rechtsprechung im allgemeinen Persönlichkeitsrecht erfaßt sei. Das wirtschaftliche Persönlichkeitsrecht sei mit der allgemeinen Marktfreiheit des europäischen Gemeinschaftsrechts vergleichbar[960]. Das allgemeine Persönlichkeitsrecht um den Schutzbereich des wirtschaftlichen Persönlichkeitsrechts zu erweitern, hält *Fikentscher* für verfehlt, da es sprachlich ungeschickt sei, das allgemeine und das wirtschaftliche Persönlichkeitsrecht zu einem noch allgemeineren allgemeinen Persönlichkeitsrecht zusammenzufassen[961].

Götting stimmt dieser Ansicht insoweit zu, als sich die Berücksichtigung wirtschaftlicher Interessen im Persönlichkeitsschutz bisher nachrangig gestalteten. Im Vordergrund stehe noch immer der Schutz ideeller Interessen[962]. Den-

---

955 *Götting,* Persönlichkeitsrechte als Vermögensrechte, S. 66.

956 *Götting,* Persönlichkeitsrechte als Vermögensrechte, S. 138.

957 *Heitmann,* Der Schutz der materiellen Interessen an der eigenen Persönlichkeitssphäre durch subjektiv-private Rechte, S. 77.

958 *Heitmann,* Der Schutz der materiellen Interessen an der eigenen Persönlichkeitssphäre durch subjektiv-private Rechte, S. 78.

959 *Fikentscher,* Wirtschaftsrecht, Bd. II, S. 112 f., insbes. S. 132 f.; ihm folgend *Lehmann,* Festschrift für Hubmann, S. 255 (259).

960 *Fikentscher,* Wirtschaftsrecht, Bd. II, S. 132.

961 Vgl. *Fikentscher,* Wirtschaftsrecht, Bd. II, S. 133.

962 *Götting,* Persönlichkeitsrechte als Vermögensrechte, S. 138.

noch zieht er es vor, die neben den ideellen in gleicher Weise schutzwürdigen materiellen Interessen dem Rechtsschutz des allgemeinen Persönlichkeitsrechts unterzuordnen. Er weist auf die nicht durchführbare Trennung beider Interessensrichtungen hin, die im Bereich des Urheberrechts ohnehin von der h. M. anerkannt werde[963].

Da sich die Rechtsfolgen der angeführten Auffassungen entsprechen, d. h. die materiellen Interessen, die mit dem Persönlichkeitsrecht in Zusammenhang stehen, gleichermaßen geschützt werden, lediglich die Einordnung dieser schützenswerten Interessen in unterschiedlicher Weise erfolgt, bedarf es keiner abschließenden Klärung dieser theoretischen Frage.

b) Anwendung der aufgestellten Grundsätze auf den konkreten Fall

Überträgt man die Kriterien, die zur Anerkennung eines vermögensrechtlichen Zuweisungsgehalts bei Persönlichkeitsrechten erforderlich sind, auf die hier infrage stehenden Persönlichkeitsrechte des Patienten, läßt sich folgende Feststellung treffen:

Die persönlichen Interessen des Patienten, welche die Ausforschung seines Gesundheitszustandes, sein Erbmaterial und die Möglichkeit seiner Individualisierung betreffen, werden sich nie so weitgehend von der Person des Patienten lösen, daß sie quasi „verselbständigt" vermarktet werden können. Anders als der Name und das Abbild des Persönlichkeitsträgers handelt es sich bei den Eingriffen in das Persönlichkeitsrecht des Patienten um höchstpersönliche Güter, bei denen der Abwehrgedanke im Vordergrund steht. Der wesentliche Grund des Rechtsschutzes liegt darin, andere von seinem Innenleben und seiner Gesundheit auszuschließen. Nicht umsonst hat die ärztliche Schweigepflicht in der Gesellschaft einen so hohen Stellenwert. Das Wissen um eine Krankheitsgeschichte, losgelöst von der Person des Patienten, stellt schon gar keinen Persönlichkeitseingriff dar, weil die Krankheit nicht mit der Person des Patienten in Verbindung gebracht werden kann. Dagegen sind Bild oder Name losgelöst von der Person nicht denkbar, wobei freilich bei Prominenten der Kreis derjenigen größer ist, die den Zusammenhang zwischen Bild bzw. Name und Mensch erkennen. Gerade weil Bild und Name so leicht mit Personen assoziiert werden, setzt der Kommerzialisierungsvorgang überhaupt erst ein, der dem Persönlichkeitsträger selbst offensteht.

Zu den einzelnen Eingriffen ist noch folgendes anzumerken: Viele Verfahren der *Vervielfältigung von Erbmaterial* (z. B. Klonen) sind ohnehin von der Rechtsordnung nicht anerkannt[964]. Insofern fehlt es schon an dem Ausnutzen

---

963 *Götting,* Persönlichkeitsrechte als Vermögensrechte, S. 138 f. mit umfassenden Nachweisen.

964 Siehe z. B. §§ 6, 7 ESchG.

einer fremden Befugnis[965]. Ermöglicht der Eingriff des Patienten seine *Identifizierung*, so wehrt er sich deshalb dagegen, weil er in der Öffentlichkeit mit einem körperlichen Gebrechen in Verbindung gebracht wird.

Als Vergleichsbeispiel können die Veröffentlichungen von Patientenfotos herangezogen werden. Dort wird nicht gefragt, was der Patient für die Einwilligung in die Veröffentlichung hätte verlangen können, sondern es geht um den Ausgleich immaterieller Interessen, also um Schmerzensgeld. Denn die Patientenfotos geben Aufschluß über die Gebrechen des Patienten, die er in der Öffentlichkeit zumeist gerade zu überspielen sucht[966]. Dagegen will er sich wehren.

Beim Eingriff, der die *Ausforschung des Gesundheitszustandes* des Patienten betrifft, mag sich indessen etwas anderes ergeben. Denn hier ließe sich für die Kommerzialisierung der Einwilligung in die gesundheitliche Forschung an der getrennten Körpersubstanz anführen, daß die Einwilligung zu medizinischen Versuchen am Menschen häufig gegen Entgelt erfolge[967]. Vergleichbar damit könnte der Patient für die Zustimmung in die gesundheitliche Ausforschung der getrennten Körpersubstanz ebenfalls ein Entgelt verlangen.

Taupitz, der diesen Vergleich im Zusammenhang mit der Einwilligung zur Kommerzialisierung von Blut heranzieht, sieht eine Kommerzialisierung getrennter Körpersubstanzen erst recht für gegeben an, wenn schon „die Zugriffsmöglichkeit bezogen auf den menschlichen Organismus und seine ungetrennten Teile real kommerzialisiert ist“[968]. Will man diesen Vergleich heranziehen, bedarf es der Untersuchung, warum ein Entgelt im Falle der medizinischen Forschung am Menschen gewährt wird.

Die Vergütung wird deshalb gezahlt, um denjenigen, die sich als Versuchspersonen zur Verfügung stellen, einen Anreiz zu verschaffen. Der Anreiz ist erforderlich, weil mit der Forschung Gefahren für die körperliche Gesundheit der Versuchspersonen verbunden sind[969]. Durch die Versuche am Menschen können sogar Leben und Freiheit in Gefahr gebracht werden[970]. Außerdem muß die Versuchsperson oft mehr als nur passiv mitwirken[971], sie muß Unbequemlichkeiten in Kauf nehmen und Zeit aufwenden. Deshalb spricht vieles

---

965 *v. Caemmerer,* Gesammelte Schriften, Bd. I, S. 235; *Koppernsteiner/Kramer,* Ungerechtfertigte Bereicherung, 2. Aufl., S. 83 f.

966 So beispielsweise im Fall des *LG Köln,* MedR 1984, 110 (111).

967 Zur üblichen Entgeltzahlung *Deutsch,* Das Recht der klinischen Forschung am Menschen, S. 62, 77 f., 110, 136 f.

968 *Taupitz,* AcP 191 (1991), 201 (232).

969 *Deutsch,* Das Recht der klinischen Forschung am Menschen, S. 43 f.

970 *Deutsch,* Das Recht der klinischen Forschung am Menschen, S. 78.

971 *Deutsch,* Das Recht der klinischen Forschung am Menschen, S. 46.

dafür, das Entgelt als Vergütung für die *bloße Teilnahme* zu qualifizieren[972], nicht jedoch als Nutzungsentgelt für die Forschung am Körper der Versuchsperson.

Im Gegensatz zur Forschung am Menschen bedarf die Forschung am getrennten Körperteil keiner aktiven Teilnahme des früheren Inhabers. Das wesentliche Argument für die Zahlung einer Vergütung, einen Anreiz für eine gefahrenträchtige Teilnahme zu bieten, entfällt hier. Hinzu kommt, daß dort der Gesundheitszustand zumeist auf eine bestimmte Wirkung hin, in der Regel die Auswirkung eines Medikaments, untersucht wird. Bei dem hier infrage stehenden Eingriff hingegen handelt es sich um keine am lebenden menschlichen Körper zu beurteilende Reaktion auf bestimmte Einwirkungen. Vielmehr geht es darum, die gesundheitliche Verfassung des Patienten durch den Arzt, der ihn behandelt und der seine Vertrauensperson ist, zu wahren. Dabei soll selbst der Arzt keinen Aufschluß über die körperliche und geistige Situation erlangen, die mit der Behandlung nicht in direktem Zusammenhang steht. Die Angst des Patienten vor Bloßstellung steht im Vordergrund, die Kontrolle, wer Kenntnis über ihn erlangt, soll ihm nicht aus den Händen gleiten. Daher kommt man auch nicht durch die Heranziehung des Vergleichs einer Vergütung bei der Forschung am Menschen zu dem Ergebnis, die Einwilligung in die Ausforschung des Gesundheitszustandes am Körpermaterial könne gegen Entgelt gewährt werden.

Die Eingriffe in die Persönlichkeit des Patienten, genauer die Verwendung der Körpersubstanz zur Ausforschung des Gesundheitszustandes, die Vervielfältigung von Erbmaterial und die Möglichkeit der Individualisierung des Patienten betreffen daher Bereiche, die sich nicht zur Kommerzialisierung eignen. Da es den betroffenen Persönlichkeitsrechten des Patienten an einem wirtschaftlichen Zuweisungsgehalt fehlt, kann er keine Herausgabe einer angemessenen Lizenzgebühr verlangen[973].

Erwähnt sei noch kurz die Auffassung *Heitmanns,* der davon ausgeht, daß das „Persönlichkeitsnutzungsrecht"[974] dem Menschen die Befugnis gebe, die eigenen Körperbestandteile ausschließlich wirtschaftlich zu verwerten[975]. *Heitmann* kommt nur zu diesem Ergebnis, weil er, im Unterschied zu der hier verfolgten Auffassung, Eigentumsrecht an der Körpersubstanz verneint[976] und statt dessen durch das persönlichkeitsrechtliche Nutzungsrecht die Handhabung der Körperbestandteile ermö-

972 Vgl. *Deutsch,* Das Recht der klinischen Forschung am Menschen, S. 62.

973 Dies gilt auch im Fall *John Moore.* Anders insoweit - ohne nähere Begründung - wohl *Müller,* Die kommerzielle Nutzung menschlicher Körpersubstanzen, S. 194 in Fn. 530, der allerdings nicht auf den wirtschaftlichen Zuweisungsgehalt des Persönlichkeitsrechts, sondern nur auf die unerlaubte Nutzung der Körpersubstanz durch den Arzt im Fall *John Moore* eingeht.

974 Hierzu siehe schon oben S. 181.

975 *Heitmann,* Der Schutz der materiellen Interessen an der eigenen Persönlichkeitssphäre durch subjektiv-private Rechte, S. 82.

976 *Heitmann,* Der Schutz der materiellen Interessen an der eigenen Persönlichkeitssphäre durch subjektiv-private Rechte, S. 84.

glichen will. Erkennt man indessen das Eigentumsrecht an der Körpersubstanz an, benötigt man diese von *Heitmann* vorgenommene Hilfskonstruktion nicht. Zur Frage, ob die vom Eigentumsrecht zu unterscheidenden persönlichen Interessen kommerzialisierbar sind, trifft *Heitmann* daher keine Aussage.

1.3 Beteiligung am sog. Verletzergewinn?

Zu erwägen wäre, ob der Patient anstelle einer angemessenen Lizenzgebühr die Herausgabe des vom Arzt erzielten tatsächlichen Gewinns, zumindest aber eine Beteiligung, verlangen kann.

Abgesehen davon, daß der tatsächliche Verletzergewinn nach den Grundsätzen der dreifachen Schadensberechnungmethode Berücksichtigung findet[977], bestehen zwei Ansichten, worauf der Anspruch gestützt werden kann: Zum einen wird die Herausgabe des vom Verletzer erzielten Gewinns als Bereicherungsanspruch[978], ein anderes Mal als ein Anspruch aus § 687 Abs. 2 i. V. m. §§ 681, 667 BGB bezeichnet[979].

Den Anspruch auf Beteiligung am Verletzergewinn auf Bereicherungsrecht zu stützen, verdient Ablehnung. Andernfalls müßte der erzielte Gewinn das auf Kosten des Verletzten primär durch den Eingriff „Erlangte" darstellen, zumindest aber den gem. § 818 Abs. 2 BGB zu ersetzenden Wert[980]. Nicht aber der erzielte Gewinn, sondern lediglich die Ausgangsposition (die Nutzung) ist „zuweisungswidrig" erlangt[981], die hier allerdings keinen Vermögenswert hat.

---

977 Kristisch hierzu oben S. 165 ff.

978 Siehe z. B.: *RGZ* 90, 137 (139 f.) - Erikamuster II; *Brander*, GRUR 1980, 359 (362 in Fn. 48); *Kleinheyer*, JZ 1970, 471 (477); *Koppensteiner*, NJW 1971, 1769 (1771); *Wilburg*, Die Lehre von der ungerechtfertigten Bereicherung, S. 122 ff.; *Erman/Westermann*, 6. Aufl., § 818 Rdnr. 17 ff., 28; *Kellmann*, Grundsätze der Gewinnhaftung, S. 41, 132 ff.; *Gieseke*, GRUR 1958, 17 (20).

979 *Larenz*, Schuldrecht, Bd. I, 14. Aufl., S. 516; *Staudinger/Wittmann*, 13. Aufl., § 687 Rdnr. 21; *Mertens*, JuS 1962, 261 (268); *Däubler*, JuS 1969, 49 (53); *Erman/Hauß*, 9. Aufl., § 252 Rdnr. 16; *Sack*, Festschrift für Hubmann, S. 373 (382); *ders.*, WRP 1984, 521 (528); *Schlechtriem*, Festschrift für Hefermehl, S. 455 (458 f.); *Staudinger/Medicus*, 12. Aufl., § 249 Rdnr. 180.

980 Vgl. ausführlich *Sack*, Festschrift für Hubmann, S. 373 (380 f.); ferner *Gursky*, JR 1972, 279 (280); *Larenz*, Schuldrecht, Bd. II, 12. Aufl., S. 359; *Schlechtriem*, Festschrift für Hefermehl, S. 455 (458 ff.).

981 *Reuter/Martinek*, Ungerechtfertigte Bereicherung, S. 260. Die bereicherungsrechtliche Gewinnhaftung gem. § 816 Abs. 1 BGB bildet einen Sonderfall, siehe *Gursky*, JR 1972, 279 (280). Diese hat ohnehin so viele Einschränkungen, daß selten gem. § 816 Abs. 1 BGB der Gewinn kondiziert werden kann, siehe oben S. 153 ff. Sofern zutreffend auf die angemaßte Eigengeschäftsführung im Sinne von § 687 Abs. 2 BGB abgestellt wird, wird der Anspruch teilweise modifiziert: Obwohl § 687 Abs. 2 BGB nach seinem Wortlaut nur vorsätzliche Eingriffe erfaßt, wollen einige diesen Anspruch bereits beim fahrlässigen Eingriff gewähren (*Däubler*, JuS 1969, 49 (53); *Larenz*, Schuldrecht, Bd. I, 14. Aufl., S. 516; *Staudinger/Wittmann*, 13. Aufl., § 687 Rdnr. 21 m.w.N.). Wegen der leichten Verletzbarkeit immaterieller Rechte, erachtet man diese Ausweitung als notwendig.

Die angemaßte Geschäftsführung setzt einen rechtswidrigen Eingriff voraus, der Eingriffe in das Persönlichkeitsrecht mit einschließt[982]. Dieses Erfordernis hat der Arzt durch die Ausforschung des Gesundheitszustandes durch die Vervielfältigung von Erbmaterial und durch die Ermöglichung der Identifizierung des Patienten erfüllt. Jedoch muß im Rahmen des § 687 Abs. 2 BGB in ein Persönlichkeitsrecht mit wirtschaftlichem Zuweisungsgehalt eingegriffen werden[983]. Diese Voraussetzung ist hier nicht erfüllt[984]. Eine Gewinnabschöpfung ist aus denselben Gründen auch *John Moore* versagt.

2. Ersatz des Immaterialgüterschadens?

Im Rahmen der Prüfung der Rechtsfolgen bei rechtswidrigen Eingriffen in das Persönlichkeitsrecht des Patienten durch den Arzt kommt abschließend die Möglichkeit des Ersatzes eines immateriellen Schadens in Betracht.

2.1 Funktion des Schadensersatzes

Nach dem herkömmlichen Verständnis verfolgt der Persönlichkeitsschutz nur ideelle Interessen. Ob bei einer pflichtwidrigen, schuldhaft hervorgerufenen Persönlichkeitsverletzung immaterieller Schadensersatz verlangt werden kann, insbesondere die dogmatische Begründung dieser Frage, hatte früher zu zahlreichen Kontroversen in Rechtsprechung und Literatur geführt. Nachdem der *BGH*[985] die Möglichkeit des Ersatzes bei Nichtvermögensschäden aufgrund des ausdrücklichen Gesetzeswortlauts der §§ 253, 847 BGB zunächst verneint hatte, änderte er später seine Rechtsauffassung: Er kam zu der Erkenntnis, daß der Schutz des allgemeinen Persönlichkeitsrechts weitgehend unwirksam wäre, wenn die Gewährung auch immateriellen Schadensersatzes versagt würde[986]. Daher erweiterte der *BGH* den Persönlichkeitsschutz, indem er Ersatz der immateriellen Schäden bei Vorliegen einer objektiv erheblich ins Gewicht fallenden Beeinträchtigung und bei schwerer Schuld in analoger Anwendung des § 847 BGB zugestand[987]. Dies geschah allerdings mit der Einschränkung, daß auf keine andere Weise hinreichend Ersatz beansprucht werden könne[988]. Der

---

982 Siehe hierzu Angaben in Fn. 981.

983 *Staudinger/Wittmann*, 13. Aufl., § 687 Rdnr. 5 a.E. u. Rdnr. 6.

984 Zum wirtschaftlichen Zuweisungsgehalt bei Persönlichkeitsrechten siehe oben S. 169 ff.

985 *BGHZ* 20, 345 (352 f.) - Paul Dahlke.

986 *BGHZ* 26, 349 (356) - Herrenreiter; siehe hierzu auch *Kaufmann*, JuS 1963, 347 (379, 382) m.w.N., der zur Unmöglichkeit des Naturalersatzes bei Verletzung des allgemeinen Persönlichkeitsrechts auf den unzureichenden Schutz durch Unterlassungs- und Beseitigungsklagen hinweist, welcher in der Regel erst zu spät komme.

987 *BGHZ* 26, 349 (354 f.) - Herrenreiter; die Voraussetzung einer objektiv erheblich ins Gewicht fallenden Beeinträchtigung und das Vorliegen einer schweren Schuld waren vom *BGH* erst alternativ, später dann in *BGHZ* 39, 124 ff. - Fernsehansagerin - kumulativ gefordert worden, hierzu *Schlechtriem*, DRiZ 1975, 65 (69).

988 *BGH*, NJW 1970, 1037 (1038); ferner *Deutsch*, Allgemeines Haftungsrecht, 2. Aufl., Rdnr. 911.

BGH hielt an dieser Analogie nicht lange fest, sondern stützte den Schmerzensgeldanspruch unmittelbar auf § 823 Abs. 1 BGB, trotz entgegenstehenden Wortlautes des § 253 BGB. Begründet wurde dies mit dem sich hinsichtlich des Persönlichkeitsrechts in Artt. 1 und 2 GG konkretisierenden Wertsystems des Grundgesetzes[989]. Das *BVerfG* hat den in dieser Weise eingeschlagenen Weg gebilligt[990].

Ungewißheit besteht jedoch darin, welche Funktion dem Geldersatz für immaterielle Schäden beizumessen ist. Nach der h. M. kommt dem Immaterialgüterschadensersatz eine Doppelfunktion zu[991]. Zum einen wird der *Ausgleichsgedanke* hervorgehoben, wonach starke Unlustgefühle, erlittene Schmerzen und entgangene Lebensfreude durch eine Geldzahlung zu deren Überwindung verhelfen sollen[992]. Bei einer ohnehin günstigen Vermögenslage des Betroffenen sah man die Ausgleichswirkung aber als unmöglich an. Ebenso bei schwersten Schicksalen, die den Zugang zur Lebensfreude nahezu ganz versperren oder bei Schädigungen, die dem Verletzten das Empfinden für die Schwere der Verletzung nehmen. Deshalb wurde zum anderen der *Genugtuungsgedanke* als wesentlich erachtet[993]. Gerade bei Verletzungen des allgemeinen Persönlichkeitsrechts rückt nach Auffassung des *BGH* die Genugtuungsfunktion des Schmerzensgeldes gegenüber der Entschädigungsfunktion in den Vordergrund[994].

Im Bereich der Genugtuungsfunktion sind drei Wirkungsweisen unterscheidbar: Erstens soll das gekränkte Rechtsempfinden des Geschädigten besänftigt werden, zweitens soll dem Schädiger ein fühlbares Vermögensopfer auferlegt werden und schließlich soll dadurch und darüber hinaus dem Präventionsgedanken Rechnung getragen werden[995]. Im Gegensatz zur Ausgleichsfunktion, deren Schwerpunkt auf Höhe, Maß und Dauer der Beeinträchtigung liegt, gewinnt bei Anwendung des Genugtuungsgedanken der Grad des Verschuldens

---

989 *BGHZ* 35, 363 (366 ff.) = NJW 1973, 1491 - Ginseng-Wurzel; in der Literatur wird sogar von einer unmittelbaren Anwendung der Artt. 1 und 2 GG in dieser Entscheidung ausgegangen, siehe *Hubmann*, JZ 1962, 121 (122); *Erdsiek*, NJW 1962,622 (625); zum Ganzen auch *Bussfeld*, Zum materiellen Charakter des Immateriellen, S. 38; das kann jedoch aus dem Wortlaut der Entscheidung nicht ohne weiteres gefolgert werden, im gleichen Sinne *Schwerdtner*, JuS 1978, 289 (925).

990 *BVerfGE* 34, 269 ff. - Soraya.

991 *BGHZ* 18, 149 (154) = NJW 1955, 1675; *BGH* LM § 847 Nr. 67 = NJW 1982, 2123; ferner *OLG Düsseldorf*, NJW 1974, 1289; *OLG Düsseldorf*, VersR 1975, 1152 (1153); *OLG Oldenburg*, VersR 1983, 1064; *OLG Düsseldorf*, VersR 1985, 291 (292 f.); *Lange*, Schadensersatz, 2. Aufl., S. 435 ff.; *Staudinger/Schäfer*, 12. Aufl., Rdnr. 8 ff.

992 Hierzu *Lange*, Schadensersatz, 2. Aufl., S. 35.

993 Zum Ganzen *BGHZ* 18, 149 (154); ferner *BGH*, VersR 1961, 164 (165).

994 Vgl. *BGHZ* 35, 363 (369) - Ginseng-Wurzel. Zu berücksichtigen ist, daß das Wort „Schmerzensgeld“, das ursprünglich nur die Geldablösung für körperliche Schmerzen bezeichnete, zu einem pars pro toto für die Entschädigung wegen Personenunbill geworden ist, vgl. *Deutsch*, JuS 1969, 197 (198).

995 *Kern*, AcP 191 (1991), 247 (249); *Lange*, Schadensersatz, 2. Aufl., S. 438.

des Schädigers wesentlich an Bedeutung[996]. Die Genugtuungsfunktion stellt also nicht allein auf den Geschädigten ab, sondern berücksichtigt zusätzlich den Schädiger[997]. Dennoch unterliegen Ausgleichs- und Genugtuungsfunktion nicht der strikten Trennung, sondern beide Wirkungsweisen desselben Anspruchs fließen unter dem Gesichtspunkt der Billigkeit in die Gesamtbetrachtung mit ein[998].

Die Genugtuungsfunktion ist großen Einwänden ausgesetzt, insbesondere weil sie in eine bedenkliche Nähe zur Privatstrafe rücke[999]. Ohne gesetzliche Grundlage verstoße sie gegen den in Art. 103 Abs. 2 GG konkretisierten Grundsatz „nulla poena sine lege“[1000]. Diese Kritik berücksichtigt allerdings nicht hinreichend, daß § 847 BGB durchaus pönalen Charakter trägt, ihn zumindest nicht ausschließt[1001], denn seine Herkunft läßt sich gerade aus der Privatstrafe erklären[1002]. Ohnehin findet Art. 103 Abs. 2 GG für die Privatstrafe keine Anwendung[1003], da diese weder Freiheitsstrafen, noch Ersatzfreiheitsstrafen vorsieht[1004].

Ferner wird vorgebracht, die Privatstrafe verstoße gegen die Funktionsteilung von Zivilrecht und Strafrecht[1005]. Zu Recht begegnet *Kern* diesem Einwand mit dem Argument, daß Entkriminalisierung im Strafrecht nicht schlechthin das Absehen von Sanktionen bedeute. Wenn ein Strafbedürfnis besteht, vermag das Deliktsrecht dieses ebenso auszufüllen, zumal eine Verwandtschaft zwischen Schadensersatz und Strafe anerkannt ist[1006].

Als Argument für die Anerkennung des Genugtuungsgedankens wird vorgebracht, daß das Verschaffen einer gewissen Genugtuung ebenfalls eine Art der Wiedergutmachung sei[1007]. Auch nehme der Immaterialschadensersatz das Gefühl der Erbitterung über zugefügtes Unrecht[1008]. Zudem könne und solle

996 *Kern,* AcP 191 (1991), 247 (249) m.w.N.; siehe ferner *Voß,* Vernichtung tiefgefrorenen Spermas als Körperverletzung?, S.160 ff. mit umfangreichen Nachweisen.

997 *Kern,* AcP 191 (1991), 247 (252 f.)

998 Vgl. *Kern,* AcP 191 (1991), 247 (250); ähnlich *Deutsch,* JuS 1969, 197 (201 f.), der die Genugtuungsfunktion als Ergänzung der Ausgleichsfunkton würdigt, ihr aber zugleich Eigenständigkeit im Bereich der präventiven Wirkung zuspricht.

999 Vgl. *MünchKomm/Mertens,* 2. Aufl., § 847 Rdnr. 2; ferner *Lorenz,* Immaterieller Schaden und „billige Entschädigung in Geld“, S. 102 ff.; *Soergel/Zeuner,* 11. Aufl., § 847 Rdnr. 12; *Nehlsen-v. Stryk,* JZ 1987, 119 f.

1000 *Bötticher,* MDR 1963, 353 (359 f.).

1001 Vgl. *Kern,* AcP 191 (1991), 247 (261, 263).

1002 Belege hierfür bei *Kern,* AcP 191 (1991), 247 (256 ff.)

1003 *BVerfG* 34, 269 (293) - Soraya.

1004 *Grossfeld,* Die Privatstrafe, S. 120 ff.; zum Ganzen auch *Kern,* AcP 191 (1991), 247 (263).

1005 *Hirsch,* Festschrift für Engisch, S. 306.

1006 *Kern,* AcP 191 (1991), 247 (263 f.). Gerade im Arztrecht wird die Einschränkung strafrechtlicher Verantwortlichkeit gefordert, siehe Nachweise, a.a.O., in Fn. 114. *Kern* entkräftet auch den Einwand, daß die Privatstrafe praktisch bedeutungslos sei, hierzu, a.a.O., S. 265 ff., der aber im Bereich der Persönlichkeitsrechtsverletzungen ohnehin nicht durchgreift.

1007 *Larenz,* Schuldrecht Bd. I, 14. Aufl., S. 476; *Wiese,* Der Ersatz des immateriellen Schadens, S. 55.

1008 *Staudinger/Schäfer,* 12. Aufl., § 847 Rdnr. 9; *Wiese,* Der Ersatz des immateriellen Schadens, S. 55.

das beeinträchtigte Selbstwertgefühl des Geschädigten wiederhergestellt werden[1009]. Statt von einer Doppelfunktionsformel auszugehen, beschreibt diese Auffassung ganz allgemein die Genugtuung als eine dem Wesen ideeller Schäden entsprechende Form des Ausgleichs auf anderer Ebene[1010].

Im Grunde ändert sich dadurch dennoch nichts an der Grundkonzeption des *BGH,* Schadensausgleich und Genugtuungsgedanke zu vereinigen, mit dem alleinigen Unterschied zum *BGH,* der Ausgleichs- und Genugtuungsgedanke als verschiedenartige rechtliche Prinzipien der Schadenszurechnung begreift. Überhaupt wenden sich die Angriffe gegen den Genugtuungsgedanken weniger gegen die dadurch erzielten Ergebnisse als vielmehr gegen die Begründung der Rechtsprechung[1011].

2.2 Rechtliche Voraussetzungen des Schadensersatzanspruchs

Bei Persönlichkeitsrechtsverletzungen hat die Rechtsprechung bestimmte Kriterien aufgestellt, die zur Zahlung von Schmerzensgeld führen. Nur bei Vorliegen einer objektiv erheblich ins Gewicht fallenden Beeinträchtigung *oder* beim Vorwurf einer schweren Schuld wird immaterieller Schadensersatz zugebilligt, sofern die Einbuße des Betroffenen auf keine andere Art auszugleichen ist[1012]. In späteren Entscheidungen wurden die genannten Voraussetzungen insoweit abgewandelt, als der Vorwurf einer schweren Schuld kumulativ zur objektiv erheblichen Beeinträchtigung hinzutritt[1013]. Gleichwohl war die Rechtsprechung des *BGH* nicht einheitlich; in einer späteren Entscheidung wurde auf eine schweres Verschulden verzichtet[1014].

1009 *Soergel/Zeuner,* 11. Aufl., § 847 Rdnr. 12.

1010 *Larenz,* Schuldrecht Bd. I, 14. Aufl., S. 476; *Honsell,* VersR 1974, 205 (206); *Knöpfel,* AcP 155 (1956), 135 (141 ff.); *MünchKomm/Mertens,* 2. Aufl., § 847 Rdnr. 3 f., 31; *Wiese,* Der Ersatz des immateriellen Schadens, S. 14, 55; *Soergel/Zeuner,* 11. Aufl., § 847 Rdnr. 12.

1011 *MünchKomm/Mertens,* 2. Aufl., § 847 Rdnr. 3; *Erman/Schiemann,* 9. Aufl., § 847 Rdnr. 2. Die neuere Rechtsprechung (*BGHZ* 128, 1 = NJW 1995, 861 (864) - Caroline von Monaco) stellt den Gesichtspunkt der Genugtuung des Opfers ausdrücklich in den Vordergrund und begründet dies mit dem Schutzauftrag, der auf Artt. 1 und 2 Abs. 1 GG zurückgehe. Sie befreit damit den „Geldentschädigungsanspruch" im Falle von Persönlichkeitsverletzungen weitgehend von seiner schadensrechtlichen Einkleidung nach § 847 BGB, siehe *Ehmann,* JuS 1997, 193 (202).

1012 *BGHZ* 35, 363 (369) - Ginseng-Wurzel.

1013 Z. B. *BGHZ* 39, 124 - Fernsehansagerin.

1014 *BGH,* NJW 1982, 635 - Böll/Walden; auch das *BVerfG* stellt nicht eindeutig die Voraussetzungen heraus: in *BVerfGE* 34, 269 - Soraya, wird die in *BGHZ* 35, 363 - Ginseng-Wurzel, alternative Formulierung der Voraussetzungen wiedergegeben, an späterer Stelle, a.a.O., S. 1224, jedoch kumulativ gebraucht. Die Entscheidung *BVerfGE* 54, 129 (139), verwendet wieder die alternative Formulierung.

Trotz uneinheitlicher Formulierungen der Gerichte kann davon ausgegangen werden, daß sowohl objektive als auch subjektive Momente bei der Beantwortung der Frage heranzuziehen sind, ob ein schwerer Eingriff in das Persönlichkeitsrecht vorliegt[1015]. Dies kommt insbesondere in Entscheidungen zum Ausdruck, die als Kriterien für die Gewährung von Schmerzensgeld die Art und Schwere der zugefügten Beeinträchtigung *sowie* den Grad des Verschuldens, auch Anlaß und Beweggrund des Handelns nennen[1016].

Obgleich es sich bei diesen von der Rechtsprechung aufgestellten Kriterien um ein „Kuriosum" im Haftungsrecht handelt[1017], sind die einschränkenden Voraussetzungen vorzugswürdig: Unter dem Gesichtspunkt des Ausgleichsgedankens sollen unbedeutende Persönlichkeitsrechtsverletzungen nicht in unangemessener Weise ausgenutzt werden, indem daran „verdient" wird[1018]. Hinsichtlich des Genugtuungsgedankens wird Schmerzenzgeld bei Hinzutreten weiterer, beim Schädiger vorliegenden Umstände gewährt werden[1019]. Daher sind den Tendenzen in der Literatur, welche die einschränkenden Voraussetzungen für die Gewährung eines Schmerzensgeldes bei einem Eingriff in das allgemeine Persönlichkeitsrecht anzweifeln[1020], nicht zu folgen.

Führt man sich die Fälle vor Augen, in denen die Rechtsprechung bei Persönlichkeitsrechtsverletzungen Schmerzensgeld gewährt, lassen sich in der Regel folgende Gemeinsamkeiten feststellen: Wichtiger Anhaltspunkt für die Schwere einer Verletzung bietet die Art und die Form, in der in die an sich verschlossene Persönlichkeitssphäre eingedrungen und gegebenenfalls bestehende Hindernisse zur Informationserlangung überwunden werden[1021]. Ferner ist von Bedeutung, ob die Verbreitung und Auswertung eines Geheimnisses aus der

---

1015 *Lange,* Schadensersatz, 2. Aufl., S. 449; *Staudinger/Schäfer,* 12. Aufl., § 847 Rdnr. 148; *Taupitz,* AcP, 191 (1991), 201 (227); ferner *MünchKomm/Schwerdtner,* 3. Aufl., § 12 Rdnr. 296, der darauf hinweist, daß je krasser die Rechtsverletzung sei, desto stärker eine tatsächliche Vermutung für ein schweres Verschulden spräche.

1016 *BGH,* GRUR 1974, 794 - Todesgift; ferner *BGH,* NJW 1985, 1617 (1619); *BGHZ* 128, 1 = *BGH,* NJW 1995, 861 (864) - Caroline von Monaco.

1017 Siehe nur *Schwerdtner,* JuS 1978, 289 (295).

1018 Vgl. *BGHZ* 35, 363 (369) - Ginseng-Wurzel.

1019 Siehe hierzu oben S. 163 ff.

1020 *Taupitz,* Beitrag zum Schutz der Persönlichkeitsrechte, Karlsruher Forum 1996, S. 75 (76), kritisiert, daß bei Persönlichkeitsverletzungen ein Schadensersatz nur bei „schweren Persönlichkeitsbeeinträchtigungen" gewährt werden soll. Dies führe zu dem merkwürdigen Phänomen, erst langwierige Feststellungen zu treffen, ob überhaupt eine rechtswidrige Persönlichkeitsverletzung vorliegt, diese Verletzung dann aber weithin als folgenlos behandelt werde. Siehe ferner *ders.,* JR 1995, 22 (24); *ders.,* NJW 1995, 745 (749) in Fn. 47; ihm folgend wohl *Voß,* Vernichtung tiefgefrorenen Spermas als Körperverletzung?, S. 157. Jedoch dürfte diese Auffassung folgerichtig sein, da *Voß* den Genugtuungsgedanken ablehnt.

1021 *Ermann/Ehmann,* 9. Aufl., Anh § 12 Rdnr. 500, so z. B. im Fall des *BGH,* JZ 1979, 351 - Kohl/Biedenkopf, wo ein Telefongespräch abgehört worden war.

Persönlichkeitssphäre zu einem schweren Vertrauensbruch führt[1022]. Auch wehren sich immer wieder erfolgreich Personen, die aus Profitinteresse der Skandal- und Sensationspresse zum Opfer fallen[1023], insbesondere wegen erdichteter Interviews über private Angelegenheiten[1024]. Fast immer spielt die soziale und finanzielle Stellung des Verletzten eine erhebliche Rolle[1025]. Liegt die nicht gerechtfertigte Beeinträchtigung der Persönlichkeit darin, ehrenrührige Behauptungen aufzustellen und Schmähungen zu äußern, geht die Rechtsprechung regelmäßig von einem schweren Eingriff aus[1026]. Auffallend in der Praxis der Rechtsprechung ist vor allem, daß die Gewährung von Schmerzensgeld fast immer von der Größe des Personenkreises abhängt, dem durch die eingreifende Handlung persönliche Informationen oder ehrrührige Behauptungen bekannt werden[1027]. Dementsprechend wird in einer neueren Entscheidung darauf hingewiesen, daß sich auch der Verbreitungsgrad der Veröffentlichungen auf die schwere der Persönlichkeitsverletzung auswirkt[1028]. Weil in einem Fall des *OLG Stuttgart* Anhaltspunkte für die Höhe der Anzahl der Leser einer Zeitung fehlten, trug dieser Umstand entscheidend dazu bei, nur von einer geringen Persönlichkeitsbeeinträchtigung auszugehen[1029].

2.3 Schmerzensgeld im Vergleich bei arbeitsgerichtlichen Fällen

Ohne daß es auf die Verbreitung einer persönlichen Information angekommen wäre, hat die arbeitsgerichtliche Rechtsprechung bei der unberechtigten Einholung eines graphologischen Gutachtens ohne Einwilligung des Arbeitnehmers Schmerzensgeld gewährt. Das Gutachten war im Vorprozeß des Berufungsverfahrens vorgelegt worden[1030]. Entscheidend kam es hier auf den Inhalt

1022 Siehe z. B. *BGH*, NJW 1987, 2667 (2668) - BND, wo das entäuschte Vertrauen in die Diskretion des Vertragspartners und eine komplexe Preisgabe der Person des Klägers an die Öffentlichkeit im Vordergrund stand.

1023 *BGH*, GRUR 1965, 256 - Gretna Green.

1024 *BGH*, NJW 1965, 685 - Soraya; *BGHZ* 128, 1 = NJW 1995, 861 - Caroline von Monaco.

1025 Zutreffend *Erman/Ehmann*, 9. Aufl., Anh § 12 Rdnr. 495 m.w.N.

1026 So im bekannten Fall *BGHZ* 39, 124, wo einer Fernsehansagerin Schmerzensgeld zugebilligt wurde, die in einer Zeitschrift als „ausgemolkene Ziege" bezeichnet worden war, „bei deren Anblick die Milch sauer werde". Siehe ferner *BGH*, NJW 1977, 1288 - Abgeordnetenbestechung; *LG Essen*, JZ 1972, 89; *BGH*, NJW 1962, 1004, wo ein Seemann in einer Wochenschau neben der Schlagzeile „Lebenslänglich für Doppelmörder" gezeigt worden war.

1027 Im Fall *BGHZ* 39, 124 - Fernsehansagerin, handelte es sich um eine Zeitschrift mit Millionenauflage; im Fall *BGH*, NJW 1977, 1288, um ein bekanntes Nachrichtenmagazin; im Fall *LG Essen*, JZ 1972, 89, um eine Fernsehsendung, im Fall *BGH*, NJW 1962, 1004, um eine Wochenschau; im Fall *BGH*, NJW 1965, 865 - Soraya, um eine Auflage von 900 000 Exemplaren; im Fall *OLG Köln*, NJW 1987, 1418, um eine bundesweit hohe Auflage; im Fall *BGH*, NJW 1985, 1617, um eine Fernsehsendung.

1028 *BGHZ* 128, 1 = NJW 1995, 861 (864) - Caroline von Monaco.

1029 *OLG Stuttgart*, NJW 1983, 1203 (1204).

1030 *LAG Freiburg*, NJW 1976, 310 f.

des Gutachtens an, mit dem die Klägerin konfrontiert worden war: Dort wurde sie als „nicht intelligente, schlaue, raffinierte, rachsüchtige, herrschsüchtige, durchtriebene, taktlose, schwatzhafte, kontaktarme, gefühls- und gemütskalte Intrigantin" geschildert, „der man nicht glauben kann und die hintergründig wählend auf Rache sinnt"[1031].

Der Eingriff, der durch ein graphologisches Gutachten erfolgt, wiegt nicht so schwer, wie beispielsweise ein Eingriff, der durch die Genomanalyse erfolgen kann. Denn die Wissenschaftlichkeit eines graphologischen Gutachtens, das sich hier ohnehin nur auf nach außen tretende persönliche Merkmale bezog, wird ernsthaft in Frage gestellt. Bei der Genomanalyse hingegen können bestimmte erbliche Veranlagungen, die entweder die Privatsphäre oder sogar die Intimsphäre betreffen[1032], sicher festgestellt werden. Deshalb hätte im Gutachtenfall Schmerzensgeld für die Klägerin verneint werden müssen[1033].

Ebenfalls ohne Bedeutung für die Gewährung immateriellen Schadensersatzes war das Ausmaß der Verbreitung der persönlichen Information in einem weiteren arbeitsgerichtlichen Fall. Die Benachteiligung einer Stellenbewerberin wegen ihres Geschlechts beim Zugang zum Arbeitsverhältnis ist vom *BAG* als schwerwiegende Persönlichkeitsverletzung gewertet worden[1034].

Als Begründung hierfür wurde die Vorschrift des § 611 a Abs. 2 BGB herangezogen, der eine Konkretisierung des allgemeinen Persönlichkeitsrechts darstelle. Außerdem verlange das Recht der europäischen Gemeinschaften bei einem Verstoß gegen das Benachteiligungsverbot eine Sanktion[1035]. Hiergegen wendet sich jedoch *Wiese*, der auf die Gesetzesmaterialien hinweist. Danach solle die Vorschrift des § 611 a Abs. 2 BGB eindeutig als arbeitsvertragsrechtliche Regelung verstanden werden. Deliktsrechtliche Folgen seien also nicht mit erfaßt[1036].

Zutreffend beanstandet *Wiese*, daß das Gericht keine sorgfältige Güter- und Interessenabwägung zur Ermittlung des schutzwürdigen Persönlichkeitsbereichs vorgenommen hat. Insbesondere fand die grundrechtlich geschützte vertragliche Abschlußfreiheit keine Berücksichtigung[1037]. Die geschlechtsspezifische Ungleichbehandlung per se als schwerwiegende Persönlichkeitsrechtverletzung zu qualifizieren, reicht nicht aus. Vielmehr bedarf es konkreter Anhaltspunkte, die sich aus den besonderen Umständen ergeben[1038].

1031 Dargestellt in der Entscheidung vom *LAG Freiburg*, NJW 1976, 310 (311).

1032 Siehe zur Persönlichkeitsverletzung durch die Genomanalyse oben S. 94.

1033 Kritisch zum Gutachtenfall auch *Bepler*, NJW 1976, 1872 (1874 f.), der sogar bezweifelt, daß das Gericht den Inhalt des Gutachtens berücksichtigt hat.

1034 *BAG*, NJW 1990, 65 (66) = DB 1989, 2279.

1035 *BAG*, NJW 1990, 65 (66) = DB 1989, 2279.

1036 *Wiese*, JuS 1990, 357 (359) m.N.

1037 *Wiese*, JuS 1990, 357 (359).

1038 *Wiese*, JuS 1990, 357 (360).

Die Benachteiligung der Bewerberin hätte nicht zur Begründung eines Schmerzensgeldanspruchs führen dürfen, auch wenn man von einer Persönlichkeitsverletzung ausgehen sollte. Denn der Verschuldensvorwurf des Arbeitgebers, der fahrlässig gehandelt hatte, wiegt nicht besonders schwer. Offenbar sah er deshalb von der Einstellung einer Bewerberin ab, da der Beschäftigungszweck die Bewachung von Tieren zur Spätzeit betraf und er aufgrund dieser äußeren Umstände nur einen männlichen Bewerber für geeignet hielt. Allein aus sanktionsrechtlichen Erwägungen heraus einen Schmerzensgeldanspruch zu gewähren, erscheint indessen nicht ausreichend[1039].

Zwar hätte in den angeführten Entscheidungen nach der hier vertretenen Auffassung von Schmerzensgeld abgesehen werden müssen. Dennoch zeigen diese Entscheidungen, daß das Ausmaß der Verbreitung der persönlichen Information keineswegs eine zwingende Voraussetzung für die Zubilligung immateriellen Schadensersatzes darstellt[1040].

2.4 Anspruch des Patienten auf Schmerzensgeld?

2.4.1 Schmerzensgeld bei der heimlichen Untersuchung auf Aids

Im Zusammenhang mit der Nutzung von Körpersubstanzen zur Ausforschung des Gesundheitszustandes befaßte sich die Rechtsprechung mit der heimlichen Untersuchung von Patientenblut auf HIV-Antikörper (sog. Aids-Test)[1041]. In allen Entscheidungen wurde von der Verletzung des Selbstbestimmungsrechts des Patienten ausgegangen[1042]. Die Verletzung des Selbstbestimmungsrechts wurde aufgrund der Vornahme bzw. des Veranlassens eines HIV-Antikörper-Tests ohne die Einwilligung des betreffenden Patienten bejaht. Jedoch wurde die Schwere des Eingriffs und damit die Gewährung von Schmerzensgeld verneint, sofern sich aus dem ärztlichen Befund keine Feststellung von HIV-Antikörper ergebe[1043]: Obgleich eine Persönlichkeitsrechtsverletzung vorliege, seien die Beweggründe des Arztes anerkennenswert, so daß allenfalls von einem geringen Verschulden ausgegangen werden könne, was jedoch einen Schmerzensgeldanspruch ausschließe. In der heimlichen Aids-Untersuchung konkretisiere sich nur ein allgemeines Lebensrisiko. Es handele sich hierbei um ein

[1039] Siehe in diesem Zusammenhang *Wißmann,* DB 1991, 650 (652), der darauf hinweist, daß eine rechtliche Sanktion, die nach der Rechtsprechung des *EuGH* verschuldensunabhängig gewährt werden soll, nicht auf § 823 Abs. 1 BGB i. V. m. § 847 BGB gestützt werden kann. Vielmehr ist eine gesetzliche Neuregelung erforderlich.

[1040] Auch im Fall des *LG Köln,* NJW 1995, 161 ff., wurde unabhängig vom Ausmaß der Verbreitung Schmerzensgeld gewährt, hierzu sogleich.

[1041] *AG Mölln,* NJW 1989, 775; *AG Göttingen,* NJW 1989, 776; *LG Köln,* NJW 1995, 161 ff. = MedR 1995, 409.

[1042] Siehe hierzu schon oben S. 87 ff.

[1043] *AG Mölln,* NJW 1989, 775 (776 f.), die Berufung dagegen wurde vom *LG Lübeck,* NJW 1990, 2344, zurückgewiesen; *AG Göttingen,* NJW 1989, 776 (77).

Problem des ärztlichen Selbstverständnisses und damit des Standesrechts[1044]. Im Fall, den das *LG Köln* zu enscheiden hatte[1045], war der Aids-Test allerdings positiv ausgefallen. Da die Kenntnis vom Ergebnis des Tests für den Patienten eine Belastung darstelle und die Genugtuung des Patienten auf keinem anderem Wege als dem einer Geldentschädigung zu erreichen sei, war dort dem Erben des inzwischen verstorbenen Patienten Schmerzensgeld zugesprochen worden[1046] und zwar unabhängig davon, daß der Arzt möglicherweise über die fehlende Einwilligung des Patienten im Irrtum war. Im Rahmen der Ausgleichsfunktion war für das Gericht wesentlich, daß der Patient ohne das Vorgehen des Arztes seine Erkrankung erst drei Wochen nach der Blutentnahme bzw. zwei Wochen nach der Eröffnung des Testergebnisses hätte zur Kenntnis nehmen müssen[1047].

In der Literatur wird jedenfalls im Falle einer durch den Test *festgestellten* HIV-Erkrankung eine schwere Beeinträchtigung der Persönlichkeit nicht ausgeschlossen[1048], insbesondere wenn man die horrenden Auswirkungen berücksichtige, die das Testergebnis haben könne[1049]. Wohl generell bei Aids-Tests, also unabhängig vom Testergebnis, stellt *Eberbach* die Forderung nach Schmerzensgeld. Andernfalls wäre der Patient de facto schutzlos[1050]. *Eberbach* spielt hier auf die Genugtuungsfunktion des Schmerzensgeldes an.

Erkennt man, wie *Eberbach,* den Genugtuungsgedanken als entscheidend an, muß der Person des Schädigers besondere Bedeutung zukommen, die sich beispielsweise in einer verwerflichen Gesinnung, wie der Persönlichkeitsbeeinträchtigung aus eigennützigen wirtschaftlichen Interessen heraus, äußert. Gerade im Zusammenhang mit Aids-Tests aber wird das Motiv des Arztes, sich und die Mitarbeiter vor einer Ansteckung zu schützen, in der Regel nicht als mißbilligend empfunden[1051].

Tatsächlich läßt sich keine allgemeingültige Aussage treffen, ob bei heimlichem Aids-Test Schmerzensgeld zu gewähren ist oder nicht. Vielmehr kommt es, wie bei Prüfungen von Persönlichkeitsverletzungen üblich und erforderlich, auf den Einzelfall an. Anhand der von der Rechtsprechung aufgestellten Kriterien wird dennoch in den meisten Fällen der heimlichen Untersuchung des Blutes auf HIV-Antikörper ein Schmerzensgeldanspruch zu verneinen sein:

1044 Vgl. *AG Mölln,* NJW 1989, 775 (776).

1045 *LG Köln,* NJW 1995, 161 f. = MedR 1995, 409 ff.

1046 Von den eingeklagten 10000 DM hatte das Gericht lediglich 1500 DM gewährt.

1047 *LG Köln,* NJW 1995, 161 (162) = MedR 1995, 409 (410); zustimmend die Anmerkung von *Teichner,* MedR 1995, 409 (411) u. *Uhlenbruck,* MedR 1996, 206 f.

1048 *Eberbach,* NJW 1987, 1470 (1471).

1049 *Taupitz,* AcP 191(1991), 201 (228).

1050 Vgl. *Eberbach,* NJW 1987, 1470 (1471).

1051 Siehe auch *Michel,* NJW 1988, 2271 (2275 f.), der von einem Zirkelschluß spricht, wenn man, wie *Eberbach,* allgemeine Überlegungen zur Schutzbedürftigkeit trifft, um diese als eigenständiges Kriterium für einen immateriellen Schadensersatzanspruch anzusehen.

Der *Art* nach betrifft die Ausforschung von Patientenblut nach Aids-Antikörper regelmäßig die Privatsphäre, was weniger intensiv wirkt als ein Eingriff in die absolut geschützte Intimsphäre[1052]. Die Eingriffschwere innerhalb der Privatsphäre kann nur in Verbindung mit dem Inhalt der Information näher bestimmt werden. Nur so läßt sich ermitteln, ob dem Patienten viel an der Geheimhaltung der Information liegt. Deshalb wirkt die positive Feststellung von HIV-Antikörpern im Blut gewichtiger als ein negativer Befund[1053].

Weiterhin hängt die Schwere des Eingriffs vom *Ausmaß der Verbreitung* der erlangten Information ab. Regelmäßig erhält nur ein kleiner Personenkreis vom Inhalt des Aids-Tests Kenntnis[1054]. Breitet sich das Untersuchungsergebnis trotz ärztlicher Schweigepflicht[1055] der Beteiligten aus, wiegt der Eingriff schwerer[1056]. Die Ausbreitung erscheint vor allem bei prominenten Patienten wahrscheinlicher als bei „gewöhnlichen" Patienten.

Aus der wichtigen Bedeutung der Größe des Personenkreises, der von der persönlichen Angelegenheit Kenntnis erhält, ergibt sich, daß in der Regel allein die Beschaffung dieser Information, die bereits einen Persönlichkeitseingriff darstellt, für den Eingreifenden ohne rechtliche Sanktion bleibt[1057]. Um die Ausbreitung des Untersuchungsergebnisses zu verhindern, kann sich der Betroffene in diesem Stadium bereits wirkungsvoll auf die (vorbeugende) Unterlassungsklage stützen.

Auch der *Grad des Verschuldens* soll in die Bewertung der Schwere des Eingriffs mit einfließen. Da die Untersuchung des Blutes nach HIV-Antikörpern mit Wissen und Wollen des Arztes erfolgt[1058], liegt eine vorsätzliche Persönlichkeitsbeeinträchtigung vor und zwar in Form des dolus directus[1059]. Denn beim direkten Vorsatz sieht der Handelnde die Verwirklichung der Tatbe-

---

1052 Siehe hierzu oben S. 91 ff.

1053 Siehe auch *Michel*, NJW 1988, 2271 (2274); wohl ebenso *LG Köln*, NJW 1995, 161 (162) = MedR 1995, 409 (410), da dort entscheidend auf die Belastung für den Patienten abgestellt wird.

1054 *Michel*, NJW 1988, 2271 (2274). Im einzelnen dürfte dies derjenige sein, der die Blutanalyse vornimmt, sowie der behandelnde Arzt einschließlich seines Pflegepersonals.

1055 § 203 Abs. 1 Nr. 1 StGB bzw. § 203 Abs. 3 i. V. m. Abs. 1 Nr. 1 StGB.

1056 Dem kann allerdings entgegengehalten werden, daß die Krankheit nach ärztlicher Beurteilung bald nach außen erkennbar ausbricht und deshalb eine Verbreitung über den Gesundheitszustand ohnehin bald publik wird. Denn dadurch dauert der Persönlichkeitseingriff kürzer an, was ihn nicht als so schwerwiegend erscheinen läßt.

1057 Anders aber möglicherweise im Fall des *LG Köln*, NJW 1995, 161 (162) = MedR 1995, 409 (410), da dort die Kenntnis des Testergebnisses eine große Belastung für den Betroffenen darstellte. Berücksichtigt man aber den baldigen Ausbruch der Krankheit, wäre auch die Nichtgewährung von Schmerzensgeld vertretbar.

1058 Zum Vorsatzbegriff siehe nur *BGH*, NJW 1965, 962 (963), wonach die zivilrechtliche und die strafrechtliche Definitionen übereinstimmen.

1059 Auch *Michel*, NJW 1988, 2271 (2275), geht von einem erheblichen Verschulden aus; anders *AG Mölln*, NJW 1989, 775 (776), das allenfalls ein geringes Verschulden des Arztes annimmt, allerdings weil es wohl den Beweggrund des Handelns in die Verschuldensfrage mit einbezieht.

standsmerkmale als (sichere) Folge seines Handelns voraus und handelt dennoch[1060].

Zweifel könnten allerdings deshalb bestehen, wenn dem Arzt das Bewußtsein der Rechtswidrigkeit fehlt, das nach der im Zivilrecht herrschenden Vorsatztheorie[1061] erforderlich ist. Jedoch abgesehen davon, daß sich die zivilrechtliche Rechtsprechung der Schuldtheorie nähert[1062], nach der nur tatsächliche Irrtümer über Rechtfertigungsgründe den Vorsatz entfallen lassen, kann davon ausgegangen werden, daß der Irrtum über die Rechtmäßigkeit des Eingriffs für den Arzt vermeidbar war. Gerade Ärzte trifft eine besondere Umsicht, wenn für sie erkennbar persönliche Interessen ihrer Patienten betroffen sind[1063].

Schließlich gilt es noch, *Anlaß und Beweggrund des Handelns* zu berücksichtigen. Genannt werden dabei die Sorge um die übrigen Patienten, um das medizinische Personal einschließlich die Sorge um die eigene Person. Deshalb läßt sich keine gesinnungsfeindliche oder aus wirtschaftlichen Interessen resultierende Motivation des Eingreifenden feststellen, die den Regelfall mißbilligender Persönlichkeitsverletzungen darstellt[1064].

Bei Berücksichtigung der genannten Kriterien wird man regelmäßig zur Verneinung eines Schmerzensgeldanspruchs kommen, wenn aufgrund des Aids-Tests keine HIV-Antikörper festgestellt worden sind. Denn die Kenntnis anderer über den insoweit unauffälligen Zustand des Patienten erweist sich als zu geringer Eingriff in die Persönlichkeitssphäre des Patienten[1065].

Stellt man HIV-Antikörper im Blut des Patienten fest, so dringt der Eingreifende erheblich in die Privatsphäre ein. Allerdings wird auch hier ein Anspruch auf Schmerzensgeld regelmäßig zu verneinen sein, solange ein nur kleiner Personenkreis davon Kenntnis erhält und die Motivation des eingreifenden Arztes nicht verwerflich ist[1066]. Der Patient vermag die Ausbreitung des Testergebnisses, die erst zu einem schweren Eingriff führen würde, schon durch einen Unterlassungsanspruch gegen den Eingreifenden zu verhindern, falls die Gefahr besteht, daß der Arzt seine Schweigepflicht nicht beachtet[1067]. Ohne Verbreitung des Testergebnisses können die befürchteten horrenden Auswirkungen[1068] aber nicht eintreten. Zwar mag man einwenden, daß der Aids-Test das Leben des Patienten entscheidend verändern könne, es also nicht so sehr auf

---

1060 *BGH,* NJW 1985, 1769 (1770 f.).

1061 Siehe nur *Staudinger/Löwisch,* 12. Aufl., § 276 Rdnr. 15.

1062 *MünchKomm/Hanau,* 3. Aufl., § 276 Rdnr. 56 m.w.N.

1063 Ebenso *LG Köln,* NJW 1995, 161 (162) = MedR 1995, 409 (411).

1064 Siehe auch *Michel,* NJW 1988, 2271 (2275).

1065 Zutreffend *Michel,* NJW 1988, 2271 (2276).

1066 Ebenso *Michel,* NJW 1988, 2271 (2276).

1067 Dies setzt freilich voraus, daß der Patient von dem Eingriff überhaupt Kenntnis erlangt.

1068 So *Taupitz,* AcP 191 (1991), 201 (228).

die Verbreitung des Ergebnisses ankomme[1069]. Dieser Umstand wiegt aber als nicht so erheblich, wenn man die ohnehin bestehende Gefahr berücksichtigt, daß die Krankheit bald ausbricht[1070]. Lediglich wenn die Krankheit ohne Vorsichtsmaßnahmen relativ sicher erheblich später ausbricht, kann dieser Umstand möglicherweise zu einem Schmerzensgeldanspruch des Patienten führen.

Weil regelmäßig ein Schadensersatzanspruch beim heimlich durchgeführten Aids-Test ausscheidet, wird die Forderung laut, zum Schutz des Betroffenen das Verhalten des Eingreifenden an rechtliche Sanktionen zu schaffen[1071]. Vorgeschlagen wird eine Anlehnung an § 203 StGB mit dem Inhalt, daß der einzelne vor Ausforschung seiner personenbezogenen Daten durch einen Aids-Test oder durch ähnliche Verfahren geschützt wird. Im Unterschied zu § 203 StGB soll danach nicht nur die Weitergabe, sondern bereits die Erlangung dieser Daten unter Strafe gestellt werden[1072].

Dieses Ergebnis bedeutet jedoch nicht immer die Absage von der Gewährung von Schmerzensgeld bei der *Ausforschung des Gesundheitszustandes* des Patienten. Greift der Arzt in den absolut geschützten Intimbereich[1073] des Patienten ein und stehen zusätzlich kommerzielle Interessen bei ihm im Vordergrund, wird man wohl zu Bejahung eines Schmerzensgeldanspruchs kommen, auch wenn der Personenkreis, der davon erfährt, klein ist. Denn der Personenkreis, der Informationen über den Betroffenen erlangt, muß nicht zwingend besonders groß sein[1074]. Je schwerer der Eingriff in die Privat- oder Intimsphäre wiegt, desto eher kann vom Erfordernis des Ausmaßes der Verbreitung der Information abgesehen werden. Dies gilt insbesondere dann, wenn der Beweggrund des Handelnden in erster Linie von kommerziellen Interessen bestimmt ist.

2.4.3 Schmerzensgeld bei weiteren Persönlichkeitseingriffen

Für die weiteren Persönlichkeitseingriffe des Patienten durch den Arzt ergibt sich folgendes: Wird das *Erbmaterial* des Patienten *vervielfältigt*, so ist von einem Eingriff in die Intimsphäre auszugehen[1075], der Schmerzensgeldansprüche auslösen kann, vornehmlich wenn die Motivation des Arztes wenig billigenswert ist.

1069 Entgegen der Auffassung von *Michel,* NJW 1988, 2271 (2276), ist dieser Umstand bereits in der Betrachtung der Schwere des Eingriffs als Ausmaß des Eingriffs zu berücksichtigen.

1070 Siehe hierzu auch Fn. 1057.

1071 *Michel,* NJW 1988, 2271 (2277); ferner *AG Mölln,* NJW 1989, 775 (776).

1072 *Michel,* NJW 1988, 2271 (2277).

1073 Zum Eingriff in den Intimbereich durch den Arzt siehe oben S. 91 ff.

1074 Andernfalls wären in der Hauptsache Prominente von dem Persönlichkeitsschutz erfaßt.

1075 Siehe hierzu S. 97.

Erfolgt der Persönlichkeitseingriff in der Weise, daß die *Individualisierung* des Patienten weiterhin möglich bleibt, so fragt sich, ob dem Patienten in diesem Falle Schmerzensgeld zugebilligt werden soll. Der Art nach betrifft die heimliche Aufrechterhaltung der Verbindung der Körpersubstanz zum Patienten zumeist die Privatsphäre und nicht die absolut geschützte Intimsphäre[1076]. Deshalb muß eine verwerfliche Motivation des Arztes hinzukommen, die den Ausschlag für die weiterhin mögliche Individualisierung des Patienten gab. Außerdem steht gerade bei diesem Eingriff das Ausmaß der Verbreitung im Mittelpunkt. Je größer der Personenkreis, dem die Individualisierung des Patienten möglich ist, desto schwerer wiegt der Eingriff. Können lediglich wenige Personen von dieser Möglichkeit Gebrauch machen, muß der Patient auf Unterlassungsansprüche gegen den Arzt verwiesen werden. Regelmäßig wird daher ein Schmerzensgeldanspruch des Patienten in diesem Falle zu verneinen sein[1077].

2.5 Gewährung von Schmerzensgeld im Fall *John Moore*?

Vorweg sei angemerkt, daß sich die amerikanischen Gerichte zu diesem Problem nicht äußern mußten. *John Moore* einigte sich mit seinen Klagegegnern wahrscheinlich außergerichtlich und wurde wohl mit einer Geldzahlung weitestgehend zufriedengestellt.

Um im Fall *John Moore* zur Gewährung von Schmerzensgeld nach deutschem Recht zu gelangen, muß die Schwere des Eingriffs anhand der hierfür erforderlichen Voraussetzungen untersucht werden.

Indem die Forscher die Individualisierung des Patienten ermöglichten, handelt es sich zwar nicht um einen Eingriff in die absolut geschützte Intimsphäre, jedoch ist nach *Art* des Eingriffs die Privatsphäre betroffen[1078]. Denn auf diese Weise wurden persönliche Informationen, wie die Patienten-Eigenschaft, die Milzentnahme, die Krebserkrankung und der Virusbefall offengelegt und weiterhin mit *Moore* in Verbindung gebracht.

Den in die Forschungsarbeiten involvierten Personen waren diese Informationen bekannt, möglicherweise auch den Forschern der Pharmaunternehmen. Der *Verbreitungsgrad* der persönlichen Informationen dürfte deshalb zwar höher als bei den zuvor diskutierten Aids-Fällen[1079] liegen. Allerdings entspricht das Ausmaß der Personenzahlen noch nicht den Fällen, welche die

---

1076 Siehe hierzu S. 96 f.

1077 Auch *Müller,* Die kommerzielle Nutzung menschlicher Körpersubstanzen, S. 190 f., will den Ersatz eines immateriellen Schadens nur gewähren, falls die Verletzung des Persönlichkeitsrechts nicht adäquat ausgeglichen werden könne. Zudem müsse eine schwere Persönlichkeitsverleztung vorliegen, die nur in Ausnahmefällen zu bejahen sei.

1078 Hierzu oben S. 111 f.

1079 Siehe hierzu oben S. 193 ff.

Rechtsprechung im Rahmen von Schadensersatzansprüchen bei Persönlichkeitsverletzungen für wesentlich erachtet.

Im Unterschied zu den oben diskutierten Aids-Fällen handelte der Eingreifende aber aus kommerziellen Interessen heraus und überwand sogar erhebliche Hürden, um an die Körpersubstanzen zu gelangen: Trotz der Tatsache, daß eine besondere Vertrauensbeziehung zwischen Arzt und Patienten herrscht, informierte der Arzt seinen Patienten nicht über die zusätzlichen Analysen, die er insbesondere auch an den zwecks Nachuntersuchungen entnommenen Körpersubstanzen vorgenommen hatte. Ferner muß berücksichtigt werden, daß der Arzt seine Vertrauensbeziehung zum Patienten dahingehend ausnutzte[1080], um ihn zu einer Unterschrift zu veranlassen, welche die Abtretung der Rechte an den Zellen auf die Träger der Universitätsklinik bewirken sollte.

Sofern diese Umstände derart gewichtig wirken, daß an die anderen Kriterien, wie das Ausmaß der Beeinträchtigung, geringere Anforderungen zu stellen sind, kommt man zur Bejahung eines Schmerzensgeldanspruchs. Berücksichtigt man das rücksichtslose Vorgehen des Arztes, welches ein fühlbares Vermögensopfer abverlangt, das gekränkte Rechtsempfinden des Betroffenen, der sich im Hinblick auf seine persönlichen Interessen übergangen und ausgebeutet fühlt und läßt man außerdem präventive Erwägungen in die Betrachtung mit einfließen, wird *ausnahmsweise* ein Schadensersatzanspruch in Form von Schmerzensgeld zu gewähren sein[1081].

Bei der Frage zur *Höhe* der Geldentschädigung ist die Erzielung von Gewinnen aus der Rechtsverletzung als Bemessungsfaktor mit einzubeziehen. Es handelt sich also nicht um eine „Gewinnabschöpfung" im eigentlichen Sinne, da nicht der Gewinn beim Arzt abgeschöpft und dem Patienten zugewiesen wird[1082]. Vielmehr wird die Gewinnerzielung bei der Höhe der Geldentschädigung berücksichtigt, um einen Hemmungseffekt bei dem Schädiger auszulösen[1083].

Als weiteren Bemessungsfaktor nennt die Rechtsprechung die Intensität der Persönlichkeitsverletzung[1084]. In casu wurden Erkenntnisse über die Privatsphäre *Moores* zwar einer relativ geringen Anzahl von Personen unterbreitet[1085]. Jedoch in Anbetracht des Verstoßes der ärztlichen Schweigepflicht und der besonderen Vertrauensbeziehung wirkt sich der Umstand der

---

1080 Erinnert sei daran, daß der Arzt *Golde* seinem Patienten *Moore* gegenüber äußerte, daß er keine Geschäfte, sondern reine Forschung betreibe, siehe hierzu oben S. 8 ff.

1081 Siehe auch *Taupitz*, AcP 191 (1991), 201 (228), der zur Gewährung von Schadensersatz bei *John Moore* neigt.

1082 Dies wäre beispielsweise bei der angemaßten Geschäftsführung der Fall.

1083 *BGH*, NJW 1995, 861 (865) - Caroline von Monaco.

1084 *BGH*, NJW 1995, 861 (865) - Caroline von Monaco.

1085 Erst durch Äußerungen *Moores* gerieten die Erkenntnisse an die breite Öffentlichkeit.

geringen Verbreitung in die Öffentlichkeit auf die Höhe des Schmerzensgeldes nicht aus[1086].

Da *Moore* allerdings bereits aufgrund angemaßter Geschäftsführung gem. § 687 Abs. 2 BGB Gewinnabschöpfung verlangen kann[1087], kommt der subsidiäre Schmerzensgeldanspruch[1088] hier dennoch nicht zum Tragen oder zumindest wird die Höhe der Geldentschädigung dadurch beeinflußt. Denn die Genugtuungsfunktion tritt zurück, wenn der Schädiger bereits aufgrund anderer gesetzlicher Vorschriften erheblichen Geldforderungen ausgesetzt ist. Die Beeinträchtigung des Betroffenen ist auf diese Weise schon gemindert, so daß das Bedürfnis nach einer Genugtuung nicht mehr besteht oder jedenfalls erheblich geschmälert ist[1089].

1086 Dies gilt insbesondere dann, wenn die Pharmaunternehmen in Kenntnis gesetzt wurden.

1087 Siehe oben S. 160, 176.

1088 Siehe oben S. 186 ff. m.N.

1089 Siehe auch zum Einfluß paralleler Sanktionen oder Regreßforderungen auf die Genugtuungsfunktion bei *Deutsch,* Allgemeines Haftungsrecht, 2. Aufl., Rdnr. 911 m.w.N.

III. Rechtsfolgen bei Verletzung persönlichkeitschützender Nebenpflichten des Behandlungsvertrags

1. Ersatz des Immaterialgüterschadens?

Die Vorschrift des § 253 BGB verlangt, daß eine Entschädigung für einen Schaden, der nicht Vermögensschaden ist, nur bei Vorliegen einer gesetzlichen Regelung zugebilligt werden darf. Mangels solcher gesetzlicher Vorschriften[1090] ist im Vertragsrecht der Ersatz von immateriellen Schäden ausgeschlossen[1091].

Will man dennoch zur Anerkennung eines Nichtvermögensschadens im Vertragsrecht gelangen, bieten sich zwei Möglichkeiten an: Entweder die Transformation des § 847 BGB in das Vertragsrecht oder die Begründung immateriellen Schadensersatzes aus dem Vertrag selbst[1092].

1.1 § 847 BGB als gesetzliche Grundlage?

Nach teilweise vertretener Auffassung wird die Vorschrift des § 847 BGB in das Vertragsrecht mit einbezogen, weil ein Spezialitätsverhältnis zwischen Vertrags- und Deliktshaftung bestehe[1093]. Dies habe zur Folge, daß diese Vorschrift des Deliktsrechts im dazu spezielleren Vertragsrecht zu berücksichtigen sei.

Auch falls man nicht der von der h. M. vertretenen Lehre von der Anspruchskonkurrenz[1094] folgen sollte, überzeugt diese Auffassung nicht. Denn die Spezialität des Vertragsrechts müßte gerade zur Verdrängung des § 847 BGB führen. Zudem bildet die Vorschrift des § 847 BGB eine gegenüber dem Vertragsrecht spezialgesetzliche Deliktsnorm, die eine Konkurrenz unmöglich werden läßt[1095].

1090 Ausnahmen bilden nur die §§ 651 f., 1300 BGB, § 40 Seemannsgesetz.

1091 Siehe auch *Müller*, Die kommerzielle Nutzung menschlicher Körpersubstanzen, S. 185. Aus den Gesetzesmaterialien ergibt sich, daß die Erfüllungsansprüche und die Vereinbarung einer Vertragsstrafe als ausreichend angesehen wurden, siehe *Mugdan*, Bd. II, S. 12.

1092 *Weise*, Persönlichkeitsschutz durch Nebenpflichten, S. 270.

1093 *Bruns*, JuS 1971, 221 (226); *Knetsch*, Das Verhältnis von Vertrags- und Deliktsrecht, S. 191; *Schwark*, AcP 179 (1979), 57 (83).

1094 Siehe nur *RGZ* 88, 433; *Fikentscher*, Schuldrecht, 8. Aufl., Rdnr. 1195 m.w.N.

1095 *Braschos*, Der Ersatz immaterieller Schäden im Vertragsrecht, S. 65; *Ströfer*, Schadensersatz und Kommerzialisierung, S. 141.

Demgegenüber schlägt *Braschos* vor, die analoge Anwendung des § 847 BGB im Vertragsrecht zuzulassen[1096]. Weil die Persönlichkeit von den Schutzgütern des § 847 BGB in Analogie erfaßt sei und diese Vorschrift wiederum analog im Vertragsrecht angewandt werden könne, sei auf diese Weise ein Persönlichkeitsschutz im Vertragsrecht möglich. Aus § 253 BGB ergebe sich kein Analogieverbot[1097], sondern es sei lediglich die Bildung eines allgemeinen Grundsatzes versagt (sog. Induktionsverbot)[1098]. Eine über Analogie sozusagen gesetzesimmanente Vorschrift[1099] sei „ein vom Gesetz bestimmter Fall" (vgl. § 253 BGB). Außerdem seien nach der Intention des Gesetzes im Vertragsrecht nur immaterielle Interessen wie das Affektionsinteresse ausgeschlossen, nicht aber sonstige persönliche Interessen[1100].

Führt man sich jedoch die Gesetzesmaterialien vor Augen, ergibt sich daraus keine Beschränkung des § 253 BGB auf das Affektionsinteresse, vielmehr soll § 253 BGB im Vertragsrecht ausnahmslos gelten[1101]. Ohnehin wäre die Trennung von Affektionsinteresse und sonstiger immaterieller Interessen nicht möglich[1102]. Weiterhin spricht die fehlende gesetzliche Integration des § 847 BGB in die §§ 249 ff. BGB gegen dessen Geltung im allgemeinen Schuldrecht. Lediglich bei unerlaubten Handlungen sollte nach dem Willen des Gesetzgebers ein Schmerzensgeldanspruch zugebilligt werden[1103].

1096 *Braschos,* Der Ersatz immaterieller Schäden im Vertragsrecht, S. 65; im Ansatz *Schwerdtner,* Das Persönlichkeitsrecht in der deutschen Zivilrechtsordnung, S. 261; wohl auch *Mertens,* VersR 1980, 399 (408); im Ergebnis ebenso *Knetsch,* Das Verhältnis von Vertrags- und Deliktsrecht, S. 193.

1097 Für ein Analogieverbot siehe umfassende Nachweise bei *Weise,* Persönlichkeitsschutz durch Nebenpflichten, S. 272 in Fn. 1.

1098 *Canaris,* Die Feststellung von Lücken im Gesetz, S. 187 f.; *Braschos,* Der Ersatz immaterieller Schäden im Vertragsrecht, S. 82 f.

1099 *Canaris,* Die Feststellung von Lücken im Gesetz, S. 187; *Braschos,* Der Ersatz immaterieller Schäden im Vertragsrecht, S. 85.

1100 *Canaris,* Die Feststellung von Lücken im Gesetz, S. 188; *Braschos,* Der Ersatz immaterieller Schäden im Vertragsrecht, S. 36; *Schwerdtner,* Das Persönlichkeitsrecht in der deutschen Zivilrechtsordnung, S. 261; siehe auch Darstellung bei *Weise,* Persönlichkeitsschutz durch Nebenpflichten, S. 272.

1101 Hierzu *Stoll,* Gutachten für den 45. Deutschen Juristentag, S. 35.

1102 *Ehlers,* Der Geldersatz für immaterielle Schäden bei deliktischer Verletzung des allgemeinen Persönlichkeitsrechts, S. 18; *Mertens,* Der Begriff desVermögensschadens im Bürgerlichen Recht, S. 155.

1103 *Deutsch,* Allgemeines Haftungsrecht, 2. Aufl., Rdnr. 893; *Ströfer,* Schadensersatz und Kommerzialisierung, S. 141. A. A. *Braschos,* Der Ersatz immaterieller Schäden im Vertragsrecht, S. 73 f., dagegen jedoch *Weise,* Persönlichkeitsschutz durch Nebenpflichten, S. 274, 271 ff., der zur Auffassung *Braschos* kritisch Stellung nimmt; ferner *Dietz,* Anspruchskonkurrenz bei Vertragsverletzungen und Delikt, S. 108.

§ 847 BGB kann daher im Vertragsrecht nicht als Ausnahmevorschrift im Sinne des § 253 BGB gewertet werden. Der vertragliche Schadensersatzanspruch schließt den Ersatz für immaterielle Schäden nicht mit ein[1104].

1.2 Die vertragliche Einigung als Grundlage?

Nicht nur durch Vereinbarung einer Vertragsstrafe, sondern auch durch sonstige vertragliche Regelungen kann nach der h. M. außerhalb des Deliktsrechts Ersatz für immaterielle Schäden verlangt werden[1105].

Arzt und Patient treffen in der Regel weder eine wörtliche noch eine konkludente Vertragsvereinbarung über den Ersatz des immateriellen Schadens. Eine ausdrückliche Vereinbarung dürfte im allgemeinen ohnehin äußerst selten sein, da meist eine umfassende Verständigung der Parteien über alle, das Rechtsgeschäft betreffenden Umstände und Inhalte fehlt[1106]. Gerade im Arztvertrag richten die Parteien ihr Augenmerk verstärkt auf die Gesundung des Patienten und weniger auf rechtliche Konsequenzen, die mit der Heilung des Patienten in keiner unmittelbaren Verbindung stehen. Außerdem gehören die immateriellen Interessen nicht zu den „essentialia negotii“, so daß ein Vertrag auch ohne eine Einigung hierüber zustande kommt. Naturgemäß liegt daher eher eine ausdrückliche Einigung allein über die „essentialia negotii“ vor[1107].

Mangels konkreter Anhaltspunkte, die sich aus der „Kommerzialisierungsferne“ des Arztvertrags[1108] heraus erklären lassen, kann keine einfache (normative) Auslegung erfolgen, ohne daß sie dem Einwand der Willensfiktion ausgesetzt wäre[1109]. Deshalb bleibt die Möglichkeit, im Wege einfacher oder

---

1104 Siehe auch *Lange,* Schadensersatz, 2. Aufl., S. 429; ferner *Wiese,* DB 1975, 2309 (2311 f.).

1105 *BGH,* JZ 1955, 581; *v. Beauvais,* Das Verhältnis von Vermögens- und Nichtvermögensschäden unter besonderer Berücksichtigung des Schmerzensgeldes, S. 94; *Wiese,* Der Ersatz des immateriellen Schadens, S. 12; *Nörr,* AcP 158 (1959/1960), 1 (2); *Braschos,* Der Ersatz immaterieller Schäden im Vertragsrecht, S. 46; *Ströfer,* Schadensersatz und Kommerzialisierung, S. 171 ff.; *Staudinger/Medicus,* 12. Aufl., § 253 Rdnr. 12; *BGHZ* 86, 212 (216); siehe auch *Lange,* Schadensersatz, 2. Aufl., S. 429 f. in Fn. 32.

1106 *Ströfer,* Schadensersatz und Kommerzialisierung, S. 193; *Stoll,* AcP 136 (1932), 257 (287).

1107 *Ströfer,* Schadensersatz und Kommerzialisierung, S. 193.

1108 Vgl. *Taupitz,* AcP 191 (1991), 201 (243); *ders.,* Kommerzialisierung menschlicher Körpersubstanzen, S. 51 (89).

1109 Zur normativen Auslegung siehe schon oben S. 114 m.w.N; ferner *Honsell,* JuS 1976, 222 (228), *Taupitz,* AcP 191 (1991), 201 (243); *ders.,* Kommerzialisierung menschlicher Körpersubstanzen, S. 51 (89).

ergänzender Vertragsauslegung zu ermitteln[1110], ob die Parteien den vertraglichen Schadensersatz auf immaterielle Schäden ausweiten wollten[1111].

Dient der spezielle Vertragszweck der Förderung immaterieller Interessen des Gläubigers, so liegt nach *Stoll* eine unselbständige Vertragsstrafenvereinbarung vor, die sich im Wege der ergänzenden Vertragsauslegung ergebe[1112].

Eine Vertragsstrafenvereinbarung muß jedoch eine ausdrückliche Bestimmung über die Strafsumme enthalten, da dies zu den „essentialia negotii" der erfüllungssichernden Vertragsstrafe gehört[1113]. Zwar werden über die persönlichen Nebenpflichten die immateriellen Interessen zum Vertragsinhalt. Gleichwohl führt dies noch nicht zur Verpflichtung einer Zahlung einer angemessenen Vertragsstrafe[1114]. Vielmehr bedarf die Vertragsstrafe einer zusätzlichen Einigung[1115].

Über den Gedanken der Korrespondenz von Schuld und Haftung[1116], der besagt, daß jede schuldhafte Leistungsstörung, die durch eine Verletzung der im weitesten Sinne aufzufassenden Vertragspflichten den Vertragsgegner schädigt, eine Verpflichtung zum Schadensersatz begründet[1117], ergibt sich folgendes: Jedes vereinbarte Leistungsversprechen - hier die Einbeziehung der immateriellen Interessen - ist bei Nichterfüllung durch Sanktionen abzusichern[1118]. Deshalb ist bei einer nicht geregelten Rechtsfolge von einer Lücke im Vertrag

---

1110 Kritisch zur ergänzenden Vertragsauslegung oben S. 119 ff. Dort wird der Weg über die Nebepflichten bevorzugt, siehe auch sogleich. Hier ist der Unterschied zu dem oben auf S. 115 ff. behandelten Fall zu beachten: Während es dort um die Frage geht, ob Patient und Arzt eine Vereinbarung über den Verbleib der entnommenen Körpersubstanz getroffen haben, stellt sich hier das Problem, ob die Parteien den vertraglichen Schadensersatz auf immaterielle Schäden ausweiten wollten.

1111 *Taupitz,* AcP 191 (1991), 201 (243); *ders.,* Kommerzialisierung menschlicher Körpersubstanzen, S. 51 (89).

1112 *Stoll,* JZ 1975, 252 (255); *ders.,* JZ 1978, 797 (798); *ders.,* Begriffe und Grenzen des Vermögensschadens, S. 34 ff.; zustimmend *Küppers,* Verdorbene Genüsse und vereitelte Aufwendungen, S. 152 f.; *ders.,* VersR 1976, 604 (608). Gerade beim Arztvertrag geht *Jhering* davon aus, daß hier die immateriellen Interessen vom künftigen Vertragsrecht besonders zu schützen seien, *Jhering,* Jhering Jahrbuch 18 (1880), 99 ff., 102.

1113 *Ströfer,* Schadensersatz und Kommerzialisierung, S. 194.

1114 *Braschos,* Der Ersatz immaterieller Schäden im Vertragsrecht, S. 120; *Ströfer,* Schadensersatz und Kommerzialisierung, S. 194.

1115 *Weise,* Persönlichkeitsschutz durch Nebenpflichten, S. 278; *Braschos,* Der Ersatz immaterieller Schäden im Vertragsrecht, S. 120; ähnlich *Staudinger/Medicus,* 12. Aufl., § 253 Rdnr. 13; im Ergebnis ebenso *Honsell,* JuS 1976, 222 (228).

1116 Hierzu *Jakobs,* Unmöglichkeit und Nichterfüllung, S. 166.

1117 Vgl. *BGHZ* 11, 80 (83 ff.).

1118 *Esser,* Schuldrecht, Bd. I, 4. Aufl., S. 81; *Ströfer,* Schadensersatz und Kommerzialisierung, S. 195.

auszugehen[1119]. Mangels Störungsfolgenregelung der Parteien vertrauen sie grundsätzlich auf das dispositive Recht[1120], mit der Folge, daß § 253 BGB Anwendung findet[1121].

Zwar wäre auch denkbar, die Vertragslücke mit der Vorschrift des § 847 BGB zu schließen, weil die immateriellen Interessen der Parteien den Persönlichkeitsgütern entsprechen[1122]. Unter Berücksichtigung der Sperrwirkung des § 253 BGB ist diese Ansicht jedoch abzulehnen[1123].

Anders als im Deliktsrecht, wo durch eine „Korrektur des Gesetzes"[1124] immaterieller Schadensersatz bei Persönlichkeitsverletzungen möglich ist, besteht im Vertragsrecht kein Bedürfnis, den Schadensersatzanspruch auf immaterielle Schäden auszuweiten. Vom potentiell Geschädigten kann eher verlangt werden, eigenverantwortlich eine ausreichende Schutzgewährleistung in die, im Gegensatz zum Deliktsrecht, regelmäßig auf zwei Personen beschränkte, vertragliche Regelung mit einfließen zu lassen[1125]. Die Vertragsstrafe erweist sich dabei als akzeptables Ersatzinstrument[1126].

1119 *Jakobs,* Unmöglichkeit und Nichterfüllung, S. 166; *Braschos,* Der Ersatz immaterieller Schäden im Vertragsrecht, S. 119 ff.; *Weise,* Persönlichkeitsschutz durch Nebenpflichten, S. 278.

1120 *Larenz,* NJW 1963, 737; *ders.,* Allgemeiner Teil, 7. Aufl., S. 546 f.; *Sandrock,* Zur ergänzenden Vertragsauslegung im materiellen und internationalen Schuldrecht, S. 47 ff.

1121 *Braschos,* Der Ersatz immaterieller Schäden im Vertragsrecht, S. 122; *BGH,* NJW 1980, 1947 (1948). Auch aus den Gesetzesmaterialien, *Mot.,* Bd. II, S. 3, 22, ergibt sich, daß § 253 BGB gerade dann heranzuziehen ist, wenn immaterielle Interessen zum Vertragsinhalt geworden sind, es aber an einer Regelung über rechtliche Konsequenzen fehlt; siehe auch *Prot.,* Bd. I, S. 298, 621 ff., hinsichtlich der Ablehnung weitergehender Anträge; ferner *Taupitz,* AcP 191 (1991), 201 (244); *ders.,* Kommerzialisierung menschlicher Körpersubstanzen, S. 51 (89 f.) m.w.N. Nach *Mugdan,* Bd. II, S. 515 f., gibt es keine Verkehrssitte, daß bei immateriellen Interessen eine Vertragsstrafe vereinbart sei. A. A. *Ströfer,* Schadensersatz und Kommerzialisierung, S. 179, der annimmt, § 253 BGB gelte nur für die gesetzliche, nicht jedoch für die vertragliche Haftung, hierzu zu Recht kritisch *Weise,* Persönlichkeitsschutz durch Nebenpflichten, S. 278.

1122 So *Braschos,* Der Ersatz immaterieller Schäden im Vertragsrecht, S. 122.

1123 Hierzu oben S. 202 f.; ferner *Weise,* Persönlichkeitsschutz durch Nebenpflichten, S. 278.

1124 Vgl. *Taupitz,* AcP 191 (1991), 201 (244); *ders.,* Kommerzialisierung menschlicher Körpersubstanzen, S. 51 (90).

1125 Zutreffend *Taupitz,* AcP 191 (1991), 201 (244); *ders.,* Kommerzialisierung menschlicher Körpersubstanzen, S. 51 (90).

1126 *Larenz,* Schuldrecht, Bd. I, 14. Aufl., S. 475; *Staudinger/Schäfer,* 12. Aufl., § 847 Rdnr. 16; *Taupitz,* AcP 191 (1991), 201 (244); *ders.,* Kommerzialisierung menschlicher Körpersubstanzen, S. 51 (90).

2. Ersatz eines Vermögensschadens?

Bei Pflichtverletzungen[1127] sieht das Vertragsrecht den Schadensersatz als Rechtsfolge vor. Sofern durch die Persönlichkeitsrechtsverletzung ein konkreter Vermögensschaden entsteht, bereitet der vertragliche Schadensausgleich keine Schwierigkeiten[1128]. Das Vorliegen eines konkreten Vermögensschadens kommt hier allerdings nicht in Betracht: Als Vermögensschaden ließe sich bei Persönlichkeitsverletzungen der entgangene Gewinn des Betroffenen gem. § 252 BGB anführen[1129]. Der Patient müßte geltend machen, er hätte die Einwilligung in den Eingriff seiner Persönlichkeit dem Arzt (oder einem Dritten) nur gegen ein Entgelt gewährt, was als entgangener Gewinn zu qualifizieren wäre. Da aber in casu die Zustimmung des Eingriffs in persönliche Interessen des Patienten nicht kommerzialisierbar ist[1130], scheitert es mithin an der Wahrscheinlichkeit der Gewinnerzielung. Ohnehin hätte der Patient nicht daran gedacht, sein Persönlichkeitsrecht wirtschaftlich zu nutzen. § 252 BGB verlangt demgegenüber, daß vom Betroffenen tatsächlich eine gewinnbringende Nutzung erfolgt wäre[1131]. Insofern fehlt es an einem Vermögensschaden[1132].

Nach der Rechtsprechung bleibt dem Betroffenen die Möglichkeit, neben dem konkreten Schaden eine angemessene Lizenzgebühr oder den Verletzergewinn zu verlangen (sog. dreifache Schadensberechnungsmethode)[1133]. Die schadensrechtliche Einkleidung dieser Ansprüche erfährt indessen erhebliche Kritik. Zutreffend ist die angemessene Lizenzgebühr oder der Verletzergewinn dem Persönlichkeitsrechtsinhaber über Bereicherungsrecht bzw. angemaßte Geschäftsführung zuzuordnen. Dann aber handelt es sich um keine Schadensersatzansprüche, die allein im Vertragrecht als rechtliche Sanktion Anerkennung finden[1134]. Diese Ansprüche können daher nicht über Vertragsrecht gewährt werden.

[1127] Die Pflichtverletzung muß auch schuldhaft sein. Dies wird jedoch der Fall sein, da für den Arzt zumindest erkennbar ist, daß er an der Körpersubstanz keine Nutzungen vornehmen darf, die in Rechte des Patienten eingreifen könnten. Er handelt mithin jedenfalls fahrlässig im Sinne des § 276 Abs. 1 Satz 2 BGB; siehe hierzu *Müller,* Die kommerzielle Nutzung menschlicher Körpersubstanzen, S. 183 f.

[1128] *Weise,* Persönlichkeitsschutz durch Nebenpflichten, S. 282.

[1129] Siehe auch *Taupitz,* AcP 191 (1991), 201 (244); *ders.,* Kommerzialisierung menschlicher Körpersubstanzen, S. 51 (90).

[1130] Hierzu oben S. 182 ff.

[1131] *Taupitz,* AcP 191 (1991), 201 (244), u. *ders.,* Kommerzialisierung menschlicher Körpersubstanzen, S. 51 (90), hingegen zieht den entgangenen Gewinn als Vermögensschaden beim Patienten, wenngleich selten, in Betracht.

[1132] Ähnlich *Müller,* Die kommerzielle Nutzung menschlicher Körpersubstanzen, S. 185 f., der die Voraussetzungen des § 252 BGB verneint, dies allerdings allgemeiner im Zusammenhang mit der fehlenden Befugnis des Arztes zur Weiterverwendung prüft.

[1133] Hierzu oben S. 163 ff. m.w.N.

[1134] Siehe auch *Taupitz,* AcP 191 (1991), 201 (245); *ders.,* Kommerzialisierung menschlicher Körpersubstanzen, S. 51 (91).

Selbst bei Bevorzugung der Schadensberechnungsmethode kann nicht ohne weiteres von einer vertraglichen Berücksichtigung dieser dann im Rahmen der Vermögensschäden einzuordnenden Ansprüche ausgegangen werden. Denn hier steht mangels Kommerzialisierung keine Verletzung eines vermögenswerten Ausschließlichkeitsrechts infrage, das dem Patienten einen vermögensrechtlichen Zuweisungsgehalt einräumen würde[1135]. Da vielmehr nur die immaterielle Ausprägung des Persönlichkeitsrechts des Patienten betroffen ist, fehlt es an einer entscheidenden Voraussetzung dieser Schadensberechnungsmethode[1136].

Weiterhin kann im Vertragsrecht von einer besonderen Schutzbedürftigkeitssituation keine Rede sein. Aufgrund der Vertragsbeziehung bleibt der Eingreifende stets offensichtlich[1137]. Außerdem besteht im Vertragrecht die Möglichkeit, eine Vertragsstrafe zu vereinbaren[1138].

Indessen ist zweifelhaft, ob eine Vertragsstrafenvereinbarung auch im Arzt-Patienten-Verhältnis von Vorteil ist. Zum einen dürfte die Vertrauensbeziehung dadurch gestört werden, zum anderen besteht kein Anlaß hierzu, da im Regelfall das Handeln des Arztes gerade nicht einen Vermögensschaden des Patienten nach sich zieht. Sollte eine derartige Situation tatsächlich ausnahmsweise eintreten, reichen die gesetzlichen Möglichkeiten aus, um dem Patienten eine Gewinnabschöpfung zu eröffnen.

Die Annahme einer gewohnheitsrechtlichen Legitimation der Schadensberechnungsmethode, die grundsätzlich eng auszulegen sei[1139], verbietet sich daher im Vertragsrecht[1140].

1135 Hierzu oben S. 182 ff.

1136 Siehe auch *Weise,* Persönlichkeitsschutz durch Nebenpflichten, S. 285.

1137 Zutreffend *Weise,* Persönlichkeitsschutz durch Nebenpflichten, S. 286; *Loewenheim,* ZHR 135, 97 (117 ff.); *Taupitz,* AcP 191 (1991), 201 (246); *ders.,* Kommerzialisierung menschlicher Körpersubstanzen, S. 51 (91 f.); ferner *Söllner,* JuS 1967, 449 (450); *Larenz,* Schuldrecht, Bd. I, 14. Aufl., S. 516. Voraussetzung ist freilich, daß der Vertragspartner merkt, daß Vertragspflichten verletzt worden sind. Dieses Problem stellt sich aber immer, d. h. auch bei einer nicht vertraglichen Beziehung.

1138 *BGHZ* 66, 277 (279); *BGHZ* 71, 234 (242); *Schulte,* Schadensersatz in Geld für Entbehrungen, S. 120.

1139 *BayObLG,* NJW 1965, 973 (975).

1140 *Taupitz,* AcP 191 (1991), 201 (246); *ders.,* Kommerzialisierung menschlicher Körpersubstanzen, S. 51 (91); siehe hierzu auch *Söllner,* JuS 1967, 499 (450); im Ergebnis ebenso *Müller,* Die kommerzielle Nutzung menschlicher Körpersubstanzen, S. 186 f. A. A. *Neumann-Duesberg,* BB 1965, 729 (731). Auch hat der Patient keinen Anspruch nach § 281 BGB, da der Patient weder eine Leistung verlangt, die er infolge nachträglicher Unmöglichkeit eines Gegenstandes verloren hat, ausführlich hierzu *Müller,* a.a.O., S. 182; ferner *Taupitz,* a.a.O., S. 92.

Zusammenfassung der wesentlichen Ergebnisse

1. Solange die Körpersubstanz noch nicht aus dem Körper des Patienten entnommen worden ist, wird sie vom „Recht am Körper“, dem Persönlichkeitsrecht, erfaßt, das sich sowohl in den in § 823 Abs. 1 BGB genannten Rechtsgütern manifestiert hat als auch im „sonstigen Recht“ des § 823 Abs. 1 BGB zum Ausdruck kommt.

Wird ein Körperteil des Patienten vom Arzt, gleichgültig aus welchen Gründen, entnommen, so erlangt der Körperteil ab dem Zeitpunkt der Trennung Sacheigenschaft. Unabhängig davon, ob der Patient eigentumsrechtliche Positionen an dem Körperteil verliert, bleibt ihm die Möglichkeit, sich auf sein Persönlichkeitsrecht zu berufen. Falls der Arzt Eigentum an der Körpersubstanz beispielsweise durch Übereignung seitens des Patienten erwirbt, so bestimmt § 903 BGB den Inhalt, zugleich aber auch die Begrenzung der Eigentumsausübung.

2. Gleichgültig, wie sich die konkrete Sachlage gestaltet, verliert der Patient das Eigentum an der Körpersubstanz: Regelmäßig erwirbt der behandelnde Arzt durch Eigentumsübertragung gem. § 929 BGB das Eigentum. Nur in Ausnahmefällen vollzieht sich die Verschiebung eigentumsrechtlicher Positionen auf eine andere Art und Weise: Abhängig von der konkreten Nutzung finden die gesetzlichen Erwerbstatbestände (§ 950 Abs. 1 und § 947 Abs. 2 BGB) Anwendung oder aber ein Dritter erwirbt gutgläubig das Eigentum an der Körpersubstanz vom Arzt als Nichtberechtigten nach § 932 BGB.

3. Soweit der Patient dem Arzt die ihm entnommene Körpersubstanz überläßt, sich dabei jedoch über eine verkehrswesentliche Eigenschaft der Körpersubstanz im Irrtum befindet, steht ihm nach § 119 Abs. 2 BGB ein Anfechtungsrecht zu. Da aber zumeist im Zeitpunkt der Übereignung unsicher ist, ob die Körpersubstanz wirtschaftlich verwertbar ist, also wertbildene Faktoren aufweist, ist eine Anfechtung nach § 119 Abs. 2 BGB regelmäßig nicht möglich. Denn allein die bloße Chance auf zukünftige wirtschaftliche Erträge stellt keine dem Körpermaterial „anhaftende“ Eigenschaft dar.

Auch kommt für den Patienten die Ausübung des Anfechtungsrechts nach § 123 Abs. 1 BGB wegen arglistiger Täuschung durch den Arzt grundsätzlich nicht in Betracht. Lediglich in ganz besonderen Fällen, wenn die verkehrswesentliche Eigenschaft der Körpersubstanz zwar für den Arzt, nicht jedoch für den Patienten erkennbar ist, hätte der Arzt aufklären müssen (Täuschung durch Unterlassen). Ein solcher Fall liegt dann vor, wenn der Arzt erkannt hat, daß die Körpersubstanz weiterverwendet werden kann und ihr dabei große wissenschaftliche und damit wirtschaftliche Bedeutung zukommt.

Basiert die Übereignung des Materials auf einer positiven Täuschungshandlung des Arztes, kann der Patient gem. § 123 Abs. 1 BGB die dingliche Einigung anfechten. Allerdings dürfte es sich hier ebenfalls um Sachverhaltsgestaltungen handeln, die sich äußerst selten ereignen.

4. Nutzt der Arzt das aus therapeutischen und/oder diagnostischen Gründen entnommene Körpermaterial ohne Zustimmung seines Patienten, so liegt Persönlichkeitsrechtsverletzung bei bestimmten Verhaltensweisen vor:

Der Arzt muß sich dann den Vorwurf einer Persönlichkeitsrechtsverletzung gefallen lassen, wenn die Verwendung der Körpersubstanz des Patienten zur *Ausforschung des Gesundheitszustandes* oder zur Erkenntnis über genetisch bedingte Dispositionen des Patienten führt. Dadurch macht sich der Arzt Informationen zueigen, welche die Körpersubstanz in sich birgt, deren Offenbarung wegen des höchstpersönlichen Charakters aber nur dem Patienten vorbehalten ist und somit nur mit dessen Zustimmung erfolgen darf. Unerheblich ist dabei, ob die Ausforschung zielgerichtet durchgeführt wird oder ob die patientenbezogenen Informationen lediglich sozusagen als „erforderliches Nebenprodukt" anfallen. Denn bereits mit der Beschaffung von Informationen greift der Arzt in das Selbstbestimmungsrecht des Patienten ein[1141]. Verwertet er außerdem diese gewonnenen Informationen, indem er sie Dritten zugänglich macht, so begeht er dadurch einen weiteren Eingriff in das Persönlichkeitsrecht des Patienten.

Gewinnt der Arzt zwar keine Erkenntnisse über den Patienten, führt er aber Forschungen durch, die zur *Vervielfältigung von Erbmaterial* des Patienten führen können, so liegt ebenfalls ein Eingriff in das Persönlichkeitsrecht des früheren Inhabers der Körpersubstanz vor.

Außerdem verletzt der Arzt das Persönlichkeitsrecht seines Patienten, wenn er trotz der Möglichkeit einer Anonymisierung während der Forschung am Körpermaterial die Verbindung der Körpersubstanz zum Patienten dergestalt aufrechterhält, daß eine *Zuordnung zum Patienten* nicht schwerfällt. Dadurch besteht für den Patienten die Gefahr, daß zumindest seine Patienten-Eigenschaft offenbart werden könnte.

[1141] Es genügt nicht die bloße Feststellung, jede Nutzung, die ohne das Wissen des Patienten erfolgt, beeinträchtige dessen Persönlichkeitrecht. Denn auch wenn der Arzt mit Wissen des Patienten, aber gegen dessen Willen Nutzungen vornimmt, kann das Persönlichkeitsrecht des Patienten beeinträchtigt sein. Der Aspekt der Heimlichkeit der Nutzung erlangt nur als zusätzliches Moment, d. h. im Hinblick auf den Verschuldensgrad des Arztes, an Bedeutung. Im Ergebnis ebenso *Taupitz,* AcP 191 (1991), 201 (210); *ders.,* JZ 1992, 1089 (1093); *ders.,* VersR 1991, 369 (375); *ders.,* Sonderdruck des DÄBl. vom 16. April 1993, S. 3.

5. Gewöhnlich ergibt sich aus dem Vertragsverhältnis zwischen Arzt und Patienten bezogen auf die Nutzung von Körpersubstanzen keine ausdrückliche Regelung. Wenn überhaupt, läßt sich eine ausdrückliche Vereinbarung der Parteien nur hinsichtlich der Zulässigkeit diagnostischer Untersuchungen feststellen. Darüber hinaus gelangt man mit Hilfe der normativen Auslegung des Verhaltens der Parteien dazu, eine Befugnis zur Vernichtung der entnommenen Körpersubstanz zu bejahen. Wesentliches Verhalten stellt insbesondere das Hinterlassen der Körpersubstanz beim Arzt dar. Weitere Befugnisse sind über das deliktsrechtlich geschützte Persönlichkeitsrecht des Patienten zu ermitteln, welches durch die Nebenpflichten in das Vertragsverhältnis transformiert wird.

6. Wegen der in der Regel untergegangenen Körpersubstanz kann der Patient nicht mehr ihre Herausgabe fordern. Die Körpersubstanz würde für ihn ohnehin nur belastenden Abfall darstellen. Deshalb war die Frage aufgeworfen worden, ob der Patient statt dessen Schadensersatz nach den Vorschriften des Eigentümer-Besitzer-Verhältnisses oder nach weiteren Vorschriften verlangen kann. Dabei waren mögliche Schadensersatzforderungen des Patienten ebenfalls unter den Begriff „Gewinnabschöpfung“ gefaßt worden.

Selbst bei Vorliegen der Anspruchsvoraussetzungen scheitert gewöhnlich diese Art der Gewinnabschöpfung: Selbst wenn die getrennte Körpersubstanz als vermögenswertes Gut qualifiziert werden kann, was von der Art der Körpersubstanz abhängt, und daher Ersatz ihres Wertes möglich wäre, der regelmäßig nicht besonders hoch wäre[1142], so kann jedoch kein Gewinn beim Patienten mit Hilfe der getrennten Körpersubstanz erwartet werden. Dies wäre aber für den Ersatz des entgangenen Gewinns erforderlich.

7. Die Weiterverwendung der vom Patienten entnommenen Körpersubstanz kann dem Arzt unter Umständen viel nützen: Gedacht sei an die Züchtung von Zellinien, an die Erlangung eines Patentrechts, an die Erzielung von Gewinnen (etwa durch Lizenzgebühren oder durch den Verkauf von Körpersubstanzen) und an die Möglichkeit der wissenschaftlichen Nutzung im allgemeinen (etwa durch Ge- oder Verbrauch, Verarbeitung oder Verbindung der Körpersubstanz).

Sollten Ansprüche auf Herausgabe der Nutzungen oder des Erlangten dem Grunde nach bestehen, sind diese jedoch beträchtlichen Einwänden des Arztes ausgesetzt.

Ein möglicher Anspruch nach § 987 Abs. 1 BGB auf Herausgabe des Patentrechts, das der Arzt aufgrund der Züchtung von Zellinien erworben hat, scheitert daran, daß der Arzt das Patentrecht nicht im Wege einer Nutzung im Sinne des § 100 BGB, sondern wegen seiner persönlichen Leistung erworben hat.

1142 Zum relativ niedrigen Wert menschlicher Körpersubstanzen: *Müller,* Die kommerzielle Nutzung menschlicher Körpersubstanzen, S. 185.

Bei den anderen infrage kommenden Ansprüchen des Patienten gegen den Arzt, die sich aus den §§ 812 Abs. 1 S. 1, 816 Abs. 1, 951 Abs. 1 BGB ergeben, fehlt es entweder bereits am Gebrauchswert der Körpersubstanz oder es steht dem Arzt wegen seiner erbrachten Aufwendungen und persönlichen Leistungen und Fähigkeiten ein Gegenanspruch zu. Diesen kann er im Wege der Aufrechnung geltend machen.

Der Anspruch des Patienten aus angemaßter Geschäftsführung gem. § 687 Abs. 2 BGB wird ebenfalls regelmäßig am fehlenden Verkehrswert von Körpersubstanzen, zumindest aber an der Wissentlichkeit der fremden Geschäftsbesorgung durch den Arzt scheitern. Lediglich im Falle der arglistigen Täuschung des Patienten durch den Arzt wird man letzteres Tatbestandsmerkmal bejahen können, so daß der Patient ausnahmsweise volle Gewinnabschöpfung verlangen kann, wobei die vom Arzt erworbenen Patentrechte an der Körpersubstanz unter den vom Patienten abschöpfbaren Gewinn fallen. Auch hier ist der Patient einem Aufwendungsersatzanspruch des Arztes ausgesetzt.

8. Mangels vermögensrechtlichen Zuweisungsgehalts der Persönlichkeitsgüter des Patienten, in die der Arzt rechtswidrig eingreift, kann der Patient weder eine angemessene Lizenzgebühr noch Herausgabe bzw. Beteiligung am sog. Verletzergewinn verlangen.

9. Liegt ein rechtswidriger Persönlichkeitseingriff des Arztes vor, so müssen noch weitere Kriterien hinzukommen, um dem Patienten einen Schmerzensgeldanspruch zubilligen zu können. Der Arzt muß nach Art und Form erheblich in die Persönlichkeit des Patienten eingegriffen haben. Ein Eingriff in die absolut geschützte Intimsphäre führt eher zur Bejahung eines Schmerzensgeldanspruchs als das Betroffensein der Privatsphäre. Weiterhin sind Anlaß und Beweggrund des Arztes in die Betrachtung mit einzubeziehen. Ließ sich der Arzt von kommerziellen Interessen leiten, kann dies maßgeblich zur Gewährung von immateriellem Schadensersatz beitragen. Da aber im Regelfalle durch die Nutzung der Körpersubstanz keine persönlichen Informationen des Patienten einem großen Personenkreis zugänglich gemacht werden, kommt dem Ausmaß des Eingriffs keine große Bedeutung zu. Daran wird der Schmerzensgeldanspruch des Patienten zumeist scheitern.

Wenn eines der genannten Kriterien allerdings in besonderem Maße vorliegt, wie beispielsweise ein Eingriff in die absolut geschützte Intimsphäre des Patienten, weshalb der Eingriff seiner Art nach erheblich erscheint, sind an die anderen Kriterien weniger strenge Anforderungen zu stellen. Auch der Grad des Verschuldens ist zu dabei berücksichtigen.

10. Zwar beinhalten die vertraglichen Nebenpflichten die Achtung immaterieller Interessen. Mangels Vertragsstrafenvereinbarung scheidet indessen ein Schadensersatzanspruch bei Verletzung dieser Pflichten aus. Der Patient kann daher kein Schmerzensgeld verlangen, das im Arztvertrag seine Begründung finden würde.

11. Auch kann vom Patienten kein Ersatz eines Vermögensschadens über das Vertragsrecht verlangt werden. Dies läßt sich daraus erklären, daß es mangels Kommerzialisierung der betroffenen Persönlichkeitsrechte an einem Vermögensschaden des Patienten fehlt, unabhängig davon, ob man die ohnehin fragwürdige Schadensberechnungsmethode der Rechtsprechung auf das Vertragsrecht anwendet oder nicht.

LITERATURVERZEICHNIS

Alternativkommentar zum Bürgerlichen Gesetzbuch — Band 2, Allgemeines Schuldrecht
Neuwied/Darmstadt 1980

Baden, Eberhard — „Wirtschaftliche Aufklärungspflichen“ in der Medizin
NJW 1988, 746 ff.

Bappert, Lieselotte — Arzt und Patient als Rechtsuchende
Das Vertrags- und Haftungsrecht des Arztes in Grundsatz-Entscheidungen bundesdeutscher Gerichte 1969-1980
Hamburg 1980

Bar, Christian v. — Deliktsrecht
in: Gutachten und Vorschläge zur Überarbeitung des Schuldrechts
Band II, Köln 1981

Bassenge, P. — Anmerkung zu BGH, JR 1975, 324 ff.
JR 1975, 326 f.

Batsch, Karl Ludwig — Vermögensverschiebung und Bereicherungsherausgabe in den Fällen unbefugten Gebrauchens bzw. sonstigen Nutzens von Gegenständen
Marburg 1968

Baumbach, Adolf/ Hefermehl, Wolfgang — Wettbewerbsrecht
16. Aufl., München 1990

Baur, Fritz — Einige Bemerkungen zum Stand des Schadensausgleichsrechts
in: Festschrift für Ludwig Raiser
Tübingen 1974, S. 119 ff.

Baur, Fritz/ Stürner, Rolf — Lehrbuch des Sachenrechts
16. Aufl., München 1992

Beauvais, Ernst v. — Das Verhältnis von Vermögens- und Nichtvermögensschäden
Diss. iur. Bonn 1956

Benda, Ernst — Humangenetik und Recht - eine Zwischenbilanz
NJW 1985, 1730 ff.

Bender, Albrecht W. — Der Entwurf eines Transfusionsgesetzes unter Einwilligungsgesichtspunkten: ein Zwischenruf
ZRP 1997, 353 ff.

Benkard, Georg — Patentgesetz, Gebrauchsmustergesetz
9. Aufl., München 1993

Beppler, Klaus — Persönlichkeitsverletzung durch graphologische Begutachtung im Arbeitsleben
NJW 1976, 1872 ff.

Berg, Hans — Bürgerliches Recht: Die unbefugte Untervermietung
JuS 1971, 310 ff.

Bernhardt Wolfgang/ Kraßer, Rudolf — Lehrbuch des Patentrechts
4. Aufl., München 1986

Biermann, Johannes — Bürgerliches Recht
1. Band, Berlin 1908

Böhmer, Emil — Immaterieller Schaden ist kein Vermögensschaden
MDR 1964, 453 f.

Bötticher, Eduard — Die Einschränkung des Ersatzes immateriellen Schadens und der Genugtuungsanspruch wegen Persönlichkeitsminderung
MDR 1963, 353 ff.

Bötticher, Eduard — Zur Ausrichtung der Sanktion nach dem Schutzzweck der verletzten Privatrechtsnorm
AcP 158 (1959/1960), 385 ff.

Brandes, Thomas — AIDS: Test und Einwilligung
VersR 1987, 747 ff.

Brandner, Hans Erich — Das allgemeine Persönlichkeitsrecht in der Entwicklung durch die Rechtsprechung
JZ 1983, 689 ff.

Braschos, Franz-Joseph Der Ersatz immaterieller Schäden im Vertragsrecht
Köln/München 1979

Brehmer, Nikolaus/ Voegli, Wolfgang Das allgemeine Persönlichkeitsrecht (APR)
JA 1978, 374 ff., 492 ff.

Brinker, Jürgen Die Dogmatik zum Vermögensschadensersatz
Berlin 1982

Britting, Eva Die postmortale Insemination
Diss. iur. Frankfurt/New York 1989

Brockhaus Enzyklopädie 22. Band (Tep - Ur)
19. Aufl., Mannheim 1993

Brunner, Johannes Theorie und Praxis im Leichenrecht
NJW 1953, 1173 f.

Bruns, Manfred Aids, Alltag und Recht
MDR 1987, 353 ff.

Busl, Peter Der Begriff des Vermögensschadens im BGB
JuS 1987, 108 ff.

Bussfeld, Klaus Zum materierellen Charakter des Immateriellen
Diss. iur. Düsseldorf 1978

Bußmann Anmerkung zu BGH, GRUR 1958, 408 ff.
GRUR 1958, 411

Bydlinski, Peter Probleme des Vertragsabschlusses ohne Annahmeerklärung
JuS 1988, 36 ff.

Caemmerer, Ernst v. Bereicherung und unerlaubte Handlung
in: Festschrift für Ernst Rabel, Band I
Tübingen 1954, S. 333 ff.

Caemmerer, Ernst v. Gesammelte Schriften, Band I
Rechtsvergleichung und Schuldrecht
Tübingen 1968

Canaris, Claus-Wilhelm Anmerkung zu BGH, Urteil vom 7.1.1971
JZ 1971, 560 ff.

Canaris, Claus-Wilhelm — Die Feststellung von Lücken im Gesetz
2. Aufl., Berlin 1983

Carstens, Thomas — Das Recht der Organtransplantation
Frankfurt/Bern/Las Vegas 1978

Coester-Waltjen, Dagmar — Die künstliche Insemination
in: Verhandlungen des sechsundfünfzigsten Deutschen Juristentages
Gutachten B, S. B 23 ff.
Band 1, München 1986

Coing, Helmut — Anmerkung zu BGH JZ 1954, 698 ff.
JZ 1954, 700

Dasch, Norbert — Die Einwilligung zum Eingriff in das Recht am eigenen Bild
München 1990

Däubler, Wolfgang — Anspruch auf Lizenzgebühr und Herausgabe des Verletzergewinns - atypische Formen des Schadensersatzes
JuS 1969, 49 ff.

Deutsch, Erwin — Allgemeines Haftungsrecht
2. Aufl., Köln/Berlin/Bonn/München 1996

Deutsch, Erwin — An der Grenze von Recht und künstlicher Fortpflanzung
VersR 1985, 1002 ff.

Deutsch, Erwin — Anmerkung zu BGH JZ 1979, 351 f.
JZ 1979, 352 f.

Deutsch, Erwin — Artifizielle Wege menschlicher Reproduktion; Rechtsgrundsätze
Konservierung von Sperma, Eiern und Embryonen: künstliche Fertilisation; Embryotransfer
MDR 1985, 177 ff.

Deutsch, Erwin — Arztrecht und Arzneimittelrecht
2. Aufl., Berlin/Heidelberg/New York/London/Paris/Tokyo/Hon Kon/Barcelona/Budapest 1991

Deutsch, Erwin Das Persönlichkeitsrecht des Patienten
AcP 192 (1992), 161 ff.

Deutsch, Erwin Das Recht der klinischen Forschung am Menschen
Franfurt a. M./Bern/Las Vegas 1979

Deutsch, Erwin Das Transplantationsgesetz vom 5.11.1997
NJW 1998, 777 ff.

Deutsch, Erwin Des Menschen Vater und Mutter
Die künstliche Befruchtung beim Menschen - Zulässigkeit und zivilrechtliche Folgen
NJW 1986, 1971 ff.

Deutsch, Erwin Die rechtliche Seite der Transplantation
ZRP 1982, 174 ff.

Deutsch, Erwin Rechtsprobleme von Aids: HIV-Test-Infektion-Behandlung-Versicherung
VersR 1988, 533 ff.

Deutsch, Erwin Schmerzensgeld und Genugtuung
JuS 1969, 197 ff.

Deutsch, Erwin Sicherheit bei Blut und Blutprodukten:
Das Transfusionsgesetz von 1998
NJW 1998, 3377 ff.

Deutsch, Erwin The Use of Human Tissue, particulary Foetal Tissue
in: Neurosurgery,
Medicine and Law 1990, 671 ff.

Deutsch, Erwin Unerlaubte Handlungen, Schadensersatz und Schmerzensgeld
2. Aufl., Köln/Berlin/Bonn/München 1993

Deutsch, Erwin Zum geplanten strafrechtlichen Verbot des Organhandels
ZRP 1994, 179 ff.

Diedrichsen, Uwe — Argumentationsstrukturen in der Rechtsprechung zum Schadensersatzrecht
in: Festschrift für Ernst Klingmüller
Karlsruhe 1974, S. 65 ff.

Dietz, Rolf — Anspruchskonkurrenz bei Vertragsverletzungen und Delikt
Bonn/Köln 1934

Dilcher, Hermann — Der Zugang von Willenserklärungen
AcP 154 (1955), 120 ff.

Dolder, F. — Schranken der Patentierbarkeit biotechnologischer Erfindungen nach dem Europäischen Patentübereinkommen
Mitt. 1984, 1 ff.

Eberbach, Wolfram H. — Heimliche Aids-Tests
NJW 1987, 1470 ff.

Ehlers, Wolfram — Der Geldersatz für immaterielle Schäden bei deliktischer Verletzung des allgemeinen Persönlichkeitsrechts
Diss. iur. Berlin 1977

Ehmann, Horst — Zur Struktur des Allgemeinen Persönlichkeitsrechts
JuS 1997, 193 ff.

Emmerich, Volker — BGB - Schuldrecht, besonderer Teil
7. Aufl., Heidelberg 1994

Emmerich, Volker — Schmerzensgeldanspruch wegen schuldhafter Vernichtung von Sperma?
Anmerkung zu BGH NJW 1994, 127 ff.
JuS 1994, 351

Enneccerus, Ludwig/ Nipperdey, Hans Carl — Allgemeiner Teil des Bürgerlichen Rechts
15. Aufl., Berlin 1959

Enquête-Kommission — Gentechnologie: siehe Deutscher Bundestag Referat Öffentlichkeitsarbeit (Hrsg.)

Erdsiek, Gerhard — Zur Entwicklung im allgemeinen Persönlichkeitsrecht
NJW 1962, 622 ff.

Erhard, Jochen/ Daul, Anton E./ Eigler, Friedrich-Wilhelm — Organspende und Organkonservierung
DÄBl. 92 (1995), S. C-27 ff.

Erman, Walter — Handkommentar zum Bürgerlichen Gesetzbuch
- Band 1, 7. Aufl., Münster 1975
- Band 1, 9. Aufl., Münster 1993
- Band 2, 9. Aufl., Münster 1993

Esser, Josef/ Weyers, Hans-Leo — Schuldrecht,
Band II, 7. Aufl., Heidelberg 1991

Fabricius, Fritz — Extensive Anwendung des § 12 BGB?
JR 1972, 15 ff.

Fikentscher, Wolfgang — Schuldrecht
8. Aufl., Berlin/New York 1992

Fikentscher, Wolfgang — Wirtschaftsrecht, Band II
München 1983

Fischötter — Anmerkung zu BGH GRUR 1976, 210 f.
GRUR 1976, 212 f.

Flume, Werner — Allgemeiner Teil des Bürgerlichen Rechts
Zweiter Band, Das Rechtsgeschäft
3. Aufl., Berlin/Heidelberg 1979

Forkel, Hans — Die Übertragbarkeit der Firma
In: Festschrift für Paulick
Köln 1973, S. 101 ff.

Forkel, Hans — Lizenzen an Persönlichkeitsrechten durch gebundene Rechtsübertragung
GRUR 1988, 491 ff.

Forkel, Hans — Verfügungen über Teile des menschlichen Körpers. Ein Beitrag zur zivilrechtlichen Erfassung der Transplantationen
JZ 1974, 593 ff.

Freund, Georg/ Heubel, Friedrich — Der menschliche Körper als Rechtsbegriff
MedR 1995, 194 ff.

Fritsche, Klaus M. — Das Verhältnis von Dereliktion und Vernichtungsabsicht
MDR 1962, 714

Fritz-Vannahme, Joachim — Dunkle Geschäfte mit der Not
Zeit-Punkte Nr. 2/1995, S. 34

Gareis, Hansgeorg — Anwendungsfelder und wirtschaftliche Bedeutung der Biotechnologie
GRUR Int. 1987, 287 ff.

Gareis, Karl — Das Recht am menschlichen Körper
in: Festgabe der Juristischen Fakultät zu Königsberg für Johann Theodor Schirmer
Königsberg i. Br. 1900, S. 59 ff.

Geis, Max-Emanuel — Der Kernbereich des Persönlichkeitsrechts
- Ein Plädoyer für die „Sphärentheorie" -
JZ 1991, 112 ff.

Gierke, Otto v. — Deutsches Privatrecht
Band I, Leipzig 1895

Giesen, Dieter — Der große Preis oder über den Anreiz zu großzügigem Umgang mit Schadensposten aus entgangenem Gewinn bei Kfz-Totalschaden
VersR 1979, 389 ff.

Göbbels, H. — Zur Frage des Eigentumsrechts an operativ entfernten Organen oder Organteilen
DMW 1958, 891

Goebel, Frank Peter — Biotechnologische Erfindungen in der Erteilungspraxis des Deutschen Patentamts
GRUR Int. 1987, 297 ff.

Gössel, Karl Heinz — Verfassungsrechtliche Verwertungsverbote im Strafverfahren
JZ 1984, 361 ff.

Götting, Horst-Peter — Persönlichkeitsrechte als Vermögensrechte
Tübingen 1995

Gottwald, Peter — Schadenszurechnung und Schadensschätzung
München 1979

Gramer, Eugen — Das Recht der Organtransplantation
Diss. iur. Würzburg 1991

Grefe, Christiane — Lassen Sie uns über Geld reden
Interview mit John Moore
Süddeutsche Zeitung Magazin Nr. 3
vom 20.1.95, S. 38

Grossfeld, Bernhard — Die Privatstrafe
Ein Beitrag zum Schutz des allgemeinen Persönlichkeitsrechts
Diss. iur. Frankfurt a. M./Berlin 1961

Grunsky, Wolfgang — Aktuelle Probleme zum Begriff des Vermögensschadens
Berlin 1968

Gursky, Karl-Heinz — Ersparnisgedanke und Reserveursache im Bereicherungsrecht
JR 1972, 279 ff.

Haas, Günter — Die Verwendungsersatzansprüche im Eigentümer-Besitzer-Verhältnis und die aufgedrängte Bereicherung
AcP 176 (1976), 1 ff.

Haines, Hartmut — Bereicherungsansprüche bei Warenzeichenverletzungen und unlauterem Wettbewerb
Köln/Berlin/München 1970

Harder, Manfred — Bürgerliches Recht: Das restaurierte Gemälde
JuS 1972, 395 ff.

Heck, Philipp — Grundriß des Schuldrechts
Tübingen 1929

Heck, Philipp — Literaturanmerkung
AcP 136 (1932), 105 ff.

Hefermehl, Wolfgang — Anmerkung zu BGH, GRUR 1972, 189 ff.
GRUR 1972, 191 f.

Heil, Ulf/ Roos, Michael — Zur dreifachen Schadensberechnung bei Übernahme sonderrechtlich nicht geschützter Leistungen - zugleich Anmerkung zu BGH GRUR 1993, 757 - Kollektion „Holiday“
GRUR 1994, 26 ff.

Heitmann, Lutz — Der Schutz der materiellen Interessen an der eigenen Persönlichkeitssphäre durch subjektiv-private Rechte.
Zugleich ein Beitrag zur Abgrenzung des allgemeinen Persönlichkeitsrechts
Diss. iur. Hamburg 1963

Heldrich, Andreas — Schadensersatz bei fehlgeschlagener Familienplanung - LG Itzehoe, FamRZ 1969, 90
JuS 1969, 455 ff.

Helle, Jürgen — Besondere Persönlichkeitsrechte im Privatrecht
Tübingen 1991

Henckel, Wolfram — Die ergänzende Vertragsauslegung
AcP 159 (1960), 106 ff.

Hesse, Konrad — Grundzüge des Verfassungsrechts der Bundesrepublik Deutschland
20. Aufl., Heidelberg 1995

Hirsch, Günter/ Schmidt-Didczuhn, Andrea — Fortpflanzungsmedizin, Humangenetik, Gentechnik auf dem Weg zur gesetzlichen Gestaltung
MedR 1990, 167 ff.

Hirsch, Hans Joachim — Zur Abgrenzung von Strafrecht und Zivilrecht
in: Festschrift für Engisch
Frankfurt a. M. 1969, S. 304 ff.

Hofmann, Hasso — Biotechnik, Gentherapie, Genmanipulation - Wissenschaft im rechtsfreien Raum?
JZ 1986, 253 ff.

Hofmann, Paul — Zum Begriff der Neuheit in § 950 BGB
NJW 1961, 1246 f.

Hollmann, Angela — Patientengeheimnis und medizinische Forschung
MedR 1992, 177 ff.

Honsell, Heinrich Die Funktion des Schmerzensgeldes
VersR 1974, 205 ff.

Honsell, Heinrich Die mißlungene Urlaubsreise - BGHZ 63, 98
JuS 1976, 222 ff.

Hubmann, Heinrich Anmerkung zu BGH, JZ 1962, 120 f.
JZ 1962, 121 f.

Hubmann, Heinrich Das Persönlichkeitsrecht
2. Aufl., Köln/Graz 1967

Hubmann, Heinrich Der Bereicherungsanspruch im Persönlichkeitsrecht
UFITA 39 (1963), 223 ff.

Hubmann, Heinrich Der zivilrechtliche Schutz der Persönlichkeit gegen Indiskretion
JZ 1957, 521 ff.

Hubmann, Heinrich/ Rehbinder, Manfred Urheber- und Verlagsrecht
8. Aufl., München 1995

Hüffer, Uwe Die Eingriffskondiktion
JuS 1981, 263 ff.

Jakobs, Horst Heinrich Eingriffserwerb und Vermögensverschiebung in der Lehre der ungerechtfertigten Bereicherung
Bonn 1964

Jakobs, Horst Heinrich Unmöglichkeit und Nichterfüllung
Bonn 1969

Janker, Helmut Heimliche HIV-Antikörpertests - strafbare Körperverletzung?
NJW 1987, 2897 ff.

Jansen, Norbert Die Blutspende aus zivilrechtlicher Sicht
Diss. iur. Bochum 1978

Jarass, Hans D. Das allgemeine Persönlichkeitsrecht im Grundgesetz
NJW 1989, 857 ff.

Jauernig, Othmar/ Schlechtriem, Peter/ Stürner, Rolf/ Teichmann, Arndt/ Vollkommer, Max	Bürgerliches Gesetzbuch mit Gesetz zur Regelung des Rechts der Allgemeinen Geschäftsbedingungen 7. Aufl., München 1994
Jhering, Rudolf v.	Ein Rechtsgutachten JahrJb 18 (1880), 1 ff.
Joerges, Christian	Bereicherungsrecht als Wirtschaftsrecht Eine Untersuchung zur Entwicklung von Leistungs- und Eingriffskondiktion Köln 1977
John, Uwe	Grundsätzliches zum Wirksamwerden empfangsbedürftiger Willenserklärungen AcP 184 (1984), 385 ff.
Johnsen, Karl	Die Leiche im Privatrecht. Zugleich ein kritischer Beitrag zur Lehre vom Recht am eigenen Körper Diss. iur. Heidelberg 1912
Kallmann, Rainer	Rechtsprobleme bei der Organtransplantation FamRZ 1969, 572 ff.
Karlsruher Forum 1996	Schutz der Persönlichkeitsrechte Karlsruhe 1997
Kaufmann, Ekkehard	Dogmatische und rechtspolitische Grundlagen des § 253 BGB AcP 162 (1963), 421 ff.
Kaufmann, Horst	Allgemeines Persönlichkeitsrecht und Schmerzensgeld JuS 1963, 373 ff.
Keller, Rainer	Die Genomanalyse im Strafverfahren NJW 1989, 2289 ff.
Kellmann, Christof	Grundprobleme der Willenserklärung JuS 1971, 609 ff.

Kellmann, Christof Grundsätze der Gewinnhaftung
Rechtsvergleichender Beitrag zum Recht der ungerechtfertigten Bereicherung
Diss. iur. Berlin 1969

Keßler, Helga Nur über meine Leiche
Zeit-Punkte Nr. 2/1995, S. 30, 33 f.

Kern, Bernd-Rüdiger Die Genugtuungsfunktion des Schmerzensgeldes
AcP 191 (1991), 247 ff.

Keyßner, Hugo Das Recht am eigenen Bilde
Berlin 1896

Kienle, Thomas Bioethik und Pränataldiagnostik in Europa
ZRO 1996, 253 ff.

Kippel, Diethelm Der zivilrechtliche Schutz des Namens
Paderborn/München/Wien/Zürich 1985

Klusemann, Max Das Recht des Menschen an seinem Körper
Diss. iur. Leipzig 1907

Knaak, Roland Das Recht der Gleichnamigen
Köln/Berlin/Bonn/München 1979

Knetsch, Alfred Das Verhältnis von Vertrags- und Deliktsrecht
Köln 1975

Knobbe-Keuk, Brigitte Möglichkeiten und Grenzen abstrakter Schadensberechnung
VersR 1976, 401 ff.

Knöpfel, Gottfried Billigkeit und Schmerzensgeld
AcP 155 (1956), 135 ff.

Kohlhaas, Max Neue Rechtsprobleme der Organtransplantation
NJW 1971, 1870 ff.

Köndgen, Johannes Ökonomische Aspekte des Schadensproblems
Bemerkungen zur Kommerzialisierungsmethode des Bundesgerichtshofs
AcP 177 (1977), 1 ff.

Koppe, Fritz — Das Recht am eigenen Körper (insbesondere seine Gestaltung bezüglich der Bestandteile, die vom Körper getrennt werden)
Diss. iur. Erlangen 1917

Koppensteiner, Hans-Georg — Probleme des bereicherungsrechtlichen Wertersatzes (II)
NJW 1971, 1769 ff.

Koppensteiner, Hans-Georg/ Kramer, Ernst A. — Ungerechtfertigte Bereicherung
2. Aufl., Berlin/New York 1988

Kretschmer, Friedrich — Bundestag: Anfrage zur Gen-Patentierung
GRUR 1992, 428

Krüger-Nieland, Gerda — Anwendungsbereich und Rechtsnatur des Namenrechts
in: Festschrift für Fischer
Berlin/New York 1979, S. 339 ff.

Kunkel, Wolfgang — Entscheidungsanmerkung
JW 1933, 42 ff.

Küppers, Karsten — Verdorbene Genüsse und vereitelte Aufwendungen im Schadensersatzrecht
Karlruhe 1976

Küppers, Karsten — Zauberformel Frustrationslehre
VersR 1976, 604 ff.

Lackner, Karl — Strafgesetzbuch mit Erläuterungen
21. Aufl., München 1995

Lamprecht, Rolf — Wieviel ist das Arztgeheimnis noch wert? Güterabwägung zwischen Privatsphäre und Strafrechtspflege, erläutert am Memminger Exempel
ZRP 1989, 290 ff.

Lange, Heinrich — Zur Umstellung der Bereicherung
NJW 1951, 685 ff.

Lange, Hermann — Schadensersatz
Handbuch des Schuldrechts
2. Aufl., Tübingen 1990

Lanz-Zumstein, Monika — Die Rechtsstellung des unbefruchteten und befruchteten menschlichen Keimguts
Ein Beitrag zu zivilrechtlichen Fragen im Bereich der Reproduktions- und Gentechnologie
Diss. iur. München 1990

Larenz, Karl — Allgemeiner Teil des deutschen Bürgerlichen Rechts
7. Aufl., München 1989

Larenz, Karl/ Wolf, Manfred — Allgemeiner Teil des deutschen Bürgerlichen Rechts
8. Aufl., München 1997

Larenz, Karl — Das „allgemeine Persönlichkeitsrecht“ im Recht der unerlaubten Handlung
NJW 1955, 521 ff.

Larenz, Karl — Ergänzende Vertragsauslegung und dispositives Recht
NJW 1963, 737 ff.

Larenz, Karl — Lehrbuch des Schuldrechts
- Band I, Allgemeiner Teil
14. Aufl., München 1987
- Band II, Besonderer Teil
12. Aufl., München 1981

Larenz, Karl/ Canaris, Claus-Wilhelm — Lehrbuch des Schuldrechts
Band II/2, Besonderer Teil
13. Aufl., München 1994

Laufs, Adolf — Arztrecht
5. Aufl., München 1993

Laufs, Adolf — Die Entwicklung des Arztrechts 1978/79
NJW 1979, 1230 ff.

Laufs, Adolf — Die künstliche Befruchtung beim Menschen
- Zulässigkeit und zivilrechtliche Folgen
JZ 1986, 769 ff.

Laufs, Adolf — Krankenpapiere und Persönlichkeitsschutz
NJW 1975, 1433 ff.

Laufs, Adolf/ Reiling, Emil — Schmerzensgeld wegen schuldhafter Vernichtung deponierten Spermas?
NJW 1994, 775 f.

Laufs, Adolf — Schutz der Persönlichkeitssphäre und ärztliche Heilbehandlung
VersR 1972, 1 ff.

Laufs, Rainer/ Laufs, Adolf — Aids und Arztrecht
NJW 1987, 2257 ff.

Lehmann, Michael — Das wirtschaftliche Persönlichkeitsrecht von Anbieter und Nachfrager
in: Festschrift für Heinrich Hubmann
Frankfurt a. M. 1985, S. 255 ff.

Leisse, Gert/ Traub, Fritz — Schadensschätzung im unlauteren Wettbewerb
- Beitrag zur Bezifferung des entgangenen Gewinns -
GRUR 1980, 1 ff.

Leithoff, H. — Rechtsmedizinische Fragen bei Blutentnahme
Med. Welt 1976, 174

Lenel, Otto — Der Irrtum über wesentliche Eigenschaften
AcP 123 (1925), 161 ff.

Leßmann, H. — Weiterentwicklung in Rechtsprechung und Lehre zu § 823 Abs. 1 BGB
JA 1988, 409 ff.

Lippert, Hans-Dieter — Zur Zulässigkeit medizinischer Forschung an menschlichen Körpermaterialien
MedR 1997, 457 ff.

Loewenheim, Ulrich/ Winckler, Annemarie — Grundfälle zum Bereicherungsrecht
JuS 1984, 116 ff.

Loewenheim, Ulrich — Möglichkeiten der dreifachen Berechnung des Schadens im Recht gegen den unlauteren Wettbewerb
ZHR 135 (1971), 97 ff.

Lorenz, Egon Immaterieller Schaden und „billige Entschädigung in Geld“
Berlin 1981

Löwe, Walter Schadensersatz bei Nutzungsentgang von Kraftfahrzeugen?
VersR 1963, 307 ff.

Maass, Hans-Heinrich Information und Geheimnis im Zivilrecht
Diss. iur. Stuttgart 1970

Maier, Joachim Der Verkauf von Körperorganen
Zur Sittenwidrigkeit von Übertragungsverträgen
Diss. iur. Heidelberg 1991

Mangold, Wolfgang Eigentliche und ergänzende Vertragsauslegung
NJW 1961, 2284 ff.

Manigk, Alfred Willenserklärungen und Willensgeschäft
Ihr Begriff und ihre Behandlung nach Bürgerlichem Gesetzbuch
Berlin 1907

Medicus, Dieter Anspruch auf Herausgabe
JuS 1985, 637 ff.

Medicus, Dieter Bürgerliches Recht
17. Aufl., Köln/Berlin/Bonn/München 1996

Meichsner, Irene Die genetische Ausbeutung
bild der wissenschaft Nr.6/1994, S. 48 ff.

Meichsner, Irene Patente aufs Leben
Zeit-Punkte Nr.2/1995, S. 65 ff.

Mertens, Hans-Joachim Der Begriff des Vermögensschadens im Bürgerlichen Recht
Stuttgart/Berlin/Köln/Mainz 1967

Mertens, Hans-Joachim Persönlichkeitsrecht und Schadensersatz - BGHZ 35, 363
JuS 1962, 261 ff.

Mertens, Hans-Joachim Verkehrspflichten und Deliktsrecht - Gedanken zu einer Dogmatik der Verkehrspflichtverletzung - VersR 1980, 399 ff.

Michel, Frank P. Forum: Aids-Test ohne Einwilligung - Körperverletzung oder Strafbarkeitslücke? JuS 1988, 8 ff.

Michel, Frank P. Schmerzensgeldanspruch nach heimlichen Aids-Test? NJW 1988, 2271 ff.

Monjau, H. Nachwirkende Treuepflichten BB 1962, 1439 ff.

Motive Motive zu dem Entwurfe eines Bürgerlichen Gesetzbuches für das Deutsche Reich Band II, Recht der Schuldverhältnisse Berlin/Leipzig 1888

Moufang, Rainer Genetische Erfindungen im gewerblichen Rechtsschutz Diss. iur. Köln/Berlin/Bonn/München 1988

Moufang, Rainer Patentierung menschlicher Gene, Zellen und Körperteile? Zur ethischen Dimension des Patentrechts GRUR Int. 1993, 439 ff.

Müller, Klaus Deliktsrechtliche Haftung im Eigentümer-Besitzer-Verhältnis JuS 1983, 516 ff.

Müller, Rolf Die kommerzielle Nutzung menschlicher Körpersubstanzen Rechtliche Grundlagen und Grenzen Diss. iur. Berlin 1997

Müller, Ulrich Die Verletzung des Persönlichkeitsrechts durch Bildnisveröffentlichung Diss. iur. Frankfurt a.M./Bern/New York 1985

Münchener Kommertar zum Bürgerlichen Gesetzbuch
- Band 1, Allgemeiner Teil (§§ 1-240), AGB-Gesetz
3. Aufl., München 1993
- Band 2, Schuldrecht, Allgemeiner Teil (§§ 241-432)
3. Aufl., München 1994
- Band 3, Schuldrecht, Besonderer Teil (§§ 433-651 k), 1. Halbband
2. Aufl., München 1988
- Band 3, Schuldrecht, Besonderer Teil (§§ 652-853), 2. Halbband
2. Aufl., München 1986
- Band 4, Sachenrecht (§§ 854 - 1296), Wohnungseigentumsgesetz, Erbbaurechtsverordnung
2. Aufl., München 1986

Murray, Thomas H.
On the Human Body as Property: The Meaning of Embodiment, Markets, and the Meaning of Strangers
Journal of Law Reform 20 (1987), 1055 ff.

Nehlsen v.- Stryk, Karin
Schmerzensgeld ohne Genugtuung
JZ 1987, 119 ff.

Neumann-Duesberg, Horst
Anspruch des Eigentümers gegen den Mieter wegen unberechtigter Untervermietung
BB 1965, 729 ff.

Nixdorf, Wolfgang
Zur ärztlichen Haftung hinsichtlich entnommener Körpersubstanzen: Körper, Persönlichkeit, Totenfürsorge
VersR 1995, 740 ff.

Nörr, Dieter
Zum Ersatz des immateriellen Schadens nach geltendem Recht
AcP 158 (1959/1960), 1 ff.

Opet, Otto
Das Namenrecht des bürgerlichen Gesetzbuchs
AcP 87 (1897), 313 ff.

Otto, Harro
Der strafrechtliche Schutz des menschlichen Körpers und seiner Teile
Jura 1996, 219 f.

Palandt, Otto — Bürgerliches Gesetzbuch
- 49. Aufl., München 1990
- 56. Aufl., München 1997

Pawlowski, Hans-Martin — Allgemeiner Teil des BGB
4. Aufl., Heidelberg 1993

Perels, Michael/ Teyssen, Johannes — Aids-Antikörpertest und Einwilligungserfordernis
MMW 123 (1987), 376 ff.

Peris, Dominik — Anmerkung zu BGH MedR 1994, 113 f.
JZ 1994, 114 f.

Pfeiffer, Thomas — Anmerkung zum BGH
Urteil v. 9. 11. 1993 - VI Z 62/93
LM BGB § 823 (Aa) Nr. 151

Pietzner, Rainer — Auskunft, Rechnungslegung und Schadensersatz bei wettbewerbswidrigen Eingriffen in fremde Firmenrechte
GRUR 1972, 151 ff.

Pilchmayr, Rudolf/ Oldhafer, Karl J./ Rodeck, Burkhard — Organtransplantation beim Kind
DÄBl. 92 (1995), S. C-32 ff.

Preu, Albert — Richtlinien für die Bemessung von Schadensersatz bei Verletzung von Patenten
GRUR 1979, 753 ff.

Protokolle — Protokolle der Kommission für die zweite Lesung des Entwurfs des Bürgerlichen Gesetzbuchs
- Band I, Allgemeiner Theil und Recht der Schuldverhältnisse Abschn. I, Abschn. II Tit. 1
Berlin 1897
- Band II, Recht der Schuldverhältnisse
Abschn. II Tit. 2-20, Abschn. III, IV
Berlin 1898
- Band VI, Anwendung ausländischer Gesetze. Entwurf II des Bürgerlichen Gesetzbuchs; Revision. Entwurf des Einführungsgesetzes. Entwurf eines Gesetzes betr. Aenderungen des Gerichtsverfassungsgesetzes, Berlin 1899

Püttner, Günther/ Brühl, Klaus — Fortpflanzungsmedizin, Gentechnologie und Verfassung
- Zum Gesichtspunkt der Einwilligung Betroffener -
JZ 1987, 529 ff.

Rademacher, Horst — Wem gehören John Moores Krebszellen?
FAZ Nr. 174 vom 29.7.88, S. 7 f.

Rademacher, Horst — Hoffnung auf patentierte Zellen
DNÄ Nr. 246 vom 22.12.1988, S. 2

Redeker, Konrad — Legitimation und Grenzen richterlicher Rechtsetzung
NJW 1972, 409 ff.

Reeb, Hartmut — Grundfälle zum Bereicherungsrecht
JuS 1972, 706 ff.

Reich, Jens — Glasnost für die Gentechnik
Zeit-Punkte Nr. 2/1995, S. 49 ff.

Reichsgerichtsrätekommentar — Das Bürgerliche Gesetzbuch
- Band I, §§ 1-240,
12. Aufl., Berlin/New York 1982
- Band II, 5. Teil, §§ 812-831 (Anhang nach § 823: I. Verletzung des Persönlichkeitsrechts, II. Arzthaftungsrecht)
12. Aufl., Berlin/New York 1989
- Band III, 1. Teil, §§ 854 - 1011
12. Aufl., Berlin/NewYork 1979

Reimann, Wolfgang — Die postmortale Organentnahme als zivilrechtliches Problem
in: Festschrift für Günther Küchenhoff
Band I, Berlin 1972, S. 341 ff.

Reinhardt, Rudolf — Das subjektive Recht in § 823 I BGB
JZ 1961, 713 ff.

Reuter, Dieter/ Martinek, Michael — Ungerechtfertigte Bereicherung
Tübingen 1983

Richard, Dagmar/ Junker, Abbo	Die zerstörte Fettecke - LG Düsseldorf, NJW 1988, 345 JuS 1988, 686 ff.
Ricker, Reinhart	Rechte und Pflichten der Medien unter Berücksichtigung des Rechtsschutzes des einzelnen NJW 1990, 2097 ff.
Rieger, Hans-Jürgen	Rechtsfragen im Zusammenhang mit HIV-Infektionen und Aids DMW 112 (1987), 736 ff.
Rieger, Hans-Jürgen	„Verkauf" von Körperbestandteilen an die pharmazeutische Industrie DMW 103 (1978), 290 ff.
Rohe, Mathias	Anmerkung zum Urteil BGH JZ 1994, 463 ff. JZ 1994, 465 ff.
Römer, Gerhard	Ist § 281 BGB auf das durch Rechtsgeschäft erlangte Entgelt anwendbar? AcP 119 (1921), 293 ff.
Rötelmann, Wilhelm	Persönlichkeitsrechte, insbesondere der Widerruf ehrenrühriger Behauptungen NJW 1971, 1636 ff.
Rothkegel, Ralf	Der Eigentumserwerb bei Verarbeitung Diss. iur. Köln/Berlin/Bonn/München 1974
Rüthers, Bernd	Die unbegrenzte Auslegung Zum Wandel der Privatrechtsordnung im Nationalsozialismus 3. Aufl., Heidelberg 1988
Sack, Rolf	Die eigenmächtige Werbung mit fremden Namen als Delikt WRP 1984, 521 ff.
Sack, Rolf	Die Lizenzanalogie im System des Immaterialgüterrechts in: Festschrift für Heinrich Hubmann Frankfurt a. M. 1985, S. 373 ff.

Sandrock, Otto — Zur ergänzenden Vertragsauslegung im materiellen und internationalen Schuldrecht
Köln 1966

Schäfer, Paul — Rechtsfragen zur Verpflanzung von Körper- und Leichenteilen
Diss. iur. Münster 1961

Schlechtriem, Peter — Inhalt und systematischer Standort des allgemeinen Persönlichkeitsrechts
DRiZ 1975, 65 ff.

Schmelcher, R. — Eigentum an operativ entfernten Sachen oder Organteilen
DMW 1960, 2036 f.

Schmidt-Salzer, Joachim — Zur Technik der topischen Rechtsbildung: Angemessene Lizenzgebühr und Verletzergewinn als Grundlagen der Schadensberechnung
JR 1969, 81 ff.

Schmidt, Walter — Die bedrohte Entscheidungsfreiheit
JZ 1974, 241 ff.

Schnorbus, York — Schmerzensgeld wegen schuldhafter Vernichtung von Sperma - BGH, NJW 1994, 127
JuS 1994, 830 ff.

Schreuer, Hans — Der menschliche Körper und die Persönlichkeitsrechte
in: Festgabe für Karl Bergbohm
Bonn 1919, S. 242 ff.

Schröder, Michael/ Taupitz, Jochen — Menschliches Blut: verwendbar nach Belieben des Arztes?
Zu den Formen erlaubter Nutzung menschlicher Körpersubstanzen ohne Kenntnis des Betroffenen
Stuttgart 1991

Schroth, Ulrich — Die strafrechlichen Tatbestände des Transplantationsgesetzes
JZ 1997, 1149 ff.

Schulte, Rainer — Patentgesetz mit europäischem Patentübereinkommen
5. Aufl., Köln/Berlin/Bonn/München 1994

Schulte, Werner — Schadensersatz in Geld für Entbehrungen
Berlin 1978

Schultheis, Rudolf — Über die Möglichkeit von Privatrechtsverhältnissen am menschlichen Leichnam und Teile desselben
Diss. iur. Halle 1888

Schulz, Fritz — System der Rechte auf den Eingriffserwerb
AcP 105 (1909), 1 ff.

Schünemann, Hermann — Die Rechte am menschlichen Körper
Diss. iur. Frankfurt/Bern/New York 1985

Schulz, Georg — Arztrecht für die Praxis
3. Aufl., Hannover 1965

Schwark, Eberhard — Kaufvertragliche Mängelhaftung und deliktsrechtliche Ansprüche
AcP 179 (1979), 57 ff.

Schwerdtner, Peter — Das Persönlichkeitsrecht in der deutschen Zivilrechtsordnung
Berlin 1977

Schwerdtner, Peter — Der zivilrechtliche Persönlichkeitsschutz
JuS 1978, 289 ff.

Scott, Russell — The Body as Property
London 1981

Siebert, Wolfgang — Vom Wesen des Rechtsmißbrauchs
in: Grundfragen der neuen Rechtswissenschaft
Larenz (Hrsg.)
Berlin 1935, S. 189 ff.

Simitis, Spiros — Datenschutz - Ende der medizinischen Forschung?
MedR 1985, 195 ff.

Soergel, Hans Theodor/ Siebert, Wolfgang
Bürgerliches Gesetzbuch
- Band 1, §§ 1-240,
12. Aufl., Stuttgart/Berlin/Köln/Mainz 1987
- Band 2, §§ 241-432
12. Aufl., Stuttgart/Berlin/Köln/Mainz 1990
- Band 4, §§ 705-853
12. Aufl., Stuttgart/Berlin/Köln/Mainz 1987
- Band 6, §§ 854-1296,
12. Aufl., Stuttgart/Berlin/Köln/Mainz 1990

Sohm, Rudolph
Der Gegenstand
Leipzig 1905

Solbach, Günter/ Solbach, Thomas
Zur Frage der Strafbarkeit einer Venenpunktion zum Zwecke einer „routinemäßigen" Untersuchung auf „Aids"
JA 1987, 298 ff.

Stark, Christian
Verfassungsrechtliche Beurteilung der im Zusammenhang mit der künstlichen Befruchtung vorgenommenen medizinischen Maßnahmen
in: Verhandlungen des sechundfünfzigsten Deutschen Juristentages
Gutachten A, S. 21 ff.
Band I , München 1986

Staudinger, Julius v.
Kommentar zum Bürgerlichen Gesetzbuch
- Erstes Buch, Allgemeiner Teil, §§ 21-103
13. Aufl., Berlin 1995
- Erstes Buch, Allgemeiner Teil, §§ 90-240
12. Aufl., Berlin 1980
- Zweites Buch,
Recht der Schuldverhältnisse, §§ 243-254
12. Aufl., Berlin 1983
- Zweites Buch,
Recht der Schuldverhältnisse, §§ 652-704
13. Aufl., Berlin 1995
- Zweites Buch,
Recht der Schuldverhältnisse, §§ 812-822
13. Aufl., Berlin 1994
- Drittes Buch, Sachenrecht, §§ 903 - 931;
Anhang zu §§ 929-931;§§ 932 - 936
12. Aufl., Berlin 1989
- Drittes Buch,
Sachenrecht, §§ 937 - 1011; ErbbVO

12. Aufl., Berlin 1989
- Drittes Buch, Sachenrecht, §§ 985-1011
13. Aufl., Berlin 1993

Steffen, Erich — Abkehr von der konkreten Berechnung des Personenschadens und kein Ende?
VersR 1985, 605 ff.

Steindorff, Ernst — Abstrakte und konkrete Schadensberechnung
AcP 158 (1959/1960), 431 ff.

Steindorff, Ernst — Persönlichkeitsschutz im Zivilrecht
Heidelberg 1983

Stoll, Heinrich — Abschied von der Lehre von der positiven Vertragsverletzung
AcP 136 (1932), 257 ff.

Strätz, Hans-Wolfgang — Zivilrechtliche Aspekte der Rechtsstellung des Toten unter besonderer Berücksichtigung der Transplantation
Paderborn 1971

Ströfer, Joachim — Schadensersatz und Kommerzialisierung
Diss. iur. Berlin 1982

Systematischer Kommentar zum Strafgesetzbuch — - Band I, Allgemeiner Teil (§§ 1-79 b)
6. Aufl., Neuwied/Kriftel/Berlin 1995
- Band II, Besonderer Teil (§§ 80-358)
4. und 5. Aufl., Neuwied/Kriftel/Berlin 1995

Taupitz, Jochen — Anmerkung zu BGH JR 1995, 21 f.
JR 1995, 22 ff.

Taupitz, Jochen — Der deliktsrechtliche Schutz des menschlichen Körpers und seiner Teile
NJW 1995, 745 ff.

Taupitz, Jochen — Die Standesordnungen der freien Berufe
Geschichtliche Entwicklung, Funktionen, Stel lung im Rechtssystem
Berlin 1991

Taupitz, Jochen — Die Zellen des John Moore vor den amerikanischen Gerichten: Ende der „heimlichen" Nutzung menschlicher Körpersubstanzen?
VersR 1991, 369 ff.

Taupitz, Jochen — Kommerzialisierung menschlicher Körpersubstanzen
in: Rechtliche Regulierung von Gesundheitsrisiken
Reinhard Damm/Dieter Hart (Hrsg.)
Baden-Baden 1993, S. 51 ff.

Taupitz, Jochen — Menschliche Körpersubstanzen: nutzbar nach eigenem Belieben des Arztes?
DÄBl. Sonderdruck vom 16. April 1993, 1 ff.

Taupitz, Jochen — Privatrechtliche Rechtspositionen um die Genomanalyse:
Eigentum, Persönlichkeit, Leistung
JZ 1992, 1089 ff.

Taupitz, Jochen — Um Leben und Tod: Die Diskussion um ein Transplantationsgesetz
JuS 1997, 203 ff.

Taupitz, Jochen — Wem gebührt der Schatz im menschlichen Körper?
AcP 191 (1991), 201 ff.

Teichner, Matthias — Anmerkung zu LG Köln, MedR 1995, 409 ff.
MedR 1995, 411

Teichner, Matthias — Zur Frage der Zulässigkeit einer routinemäßigen HIV-Serologie
DMW 112 (1987), 113 f.

Tolk, Martin — Der Frustrierungsgedanke und die Kommerzialisierung immaterieller Schäden
Diss. iur. Berlin 1977

Tress, Peter Die Organtransplantation aus zivilrechtlicher Sicht
(Eine Untersuchung unter besonderer Berücksichtigung der schuldrechtlichen Problematik bei der Transplantation vom lebenden Spender)
Diss. iur. Mainz 1977

Uhlenbruck, Wilhelm Rechtliche Aspekte des Kontrastmittelzwischenfalls und des Strahlenrisikos in der ambulanten Diagnostik
NJW 1981, 1294 ff.

Uhlenbruck, Wilhelm Schmerzensgeld wegen HIV-Test ohne Einwilligung des Patienten
MedR 1996, 206 f.

Vangerow, Carl Adolph v. Lehrbuch der Pandekten
Band 1, 6. Aufl., Marburg 1851

Venzky, Gabriele Blind an Buddhas Seite
Zeit-Punkte Nr. 2/1995, S. 32

Voß, Andreas Vernichtung tiefgefrorenen Spermas als Körperverletzung?
Deliktsrechtliche Probleme ausgelagerter Körpersubstanzen des Menschen
Diss. iur. Lage 1997

Weise, Stefan Persönlichkeitsschutz durch Nebenpflichten dargestellt an Beispielen des Arbeits- und Arztvertrages
Diss. iur. München 1987

Weitnauer, Hermann Persönlichkeitsschutz und Pressefreiheit (I)
DB 1976, 1365 ff.

Wenzel, Karl Egbert Das Recht der Wort und Bildberichterstattung
Handbuch des Äußerungsrechts
3. Aufl., Köln 1986

Westermann, Harm Peter Sachenrecht Band I, Grundlagen und Recht der beweglichen Sachen
6. Aufl., Heidelberg 1990

Wiese, Günther — Der Persönlichkeitsschutz des Arbeitnehmers gegenüber dem Arbeitgeber
ZfA 1971, 273 ff.

Wiese, Günther — Der Ersatz des immateriellen Schadens
Tübingen 1964

Wiese, Günther — Genetische Analysen und Rechtsordnung
Neuwied/Kriftel/Berlin 1994

Wiese, Günther — Persönlichkeitsrechtliche Grenzen sozialpsychologischer Experimente
in: Festschrift für Konrad Duden
München 1977, S. 719 ff.

Wiese, Günther — Verbot der Benachteilung wegen des Geschlechts bei der Gründung eines Arbeitsverhältnisses - BAG, Betr. 1989, 2279
JuS 1990, 35 ff.

Wieser, Eberhard — Empirische und normative Auslegung
JZ 1985, 407 ff.

Wiethölter, Rudolf — Arzt und Patient als Rechtgenossen
in: Die Aufklärungspflicht des Arztes
Hrsg. Stiftung zur Förderung der wissenschaftlichen Forschung über Wesen und Bedeutung der freien Berufe
Köln/Berlin 1962, S. 71 ff.

Wilburg, Walter — Die Lehre von der ungerechtfertigten Bereicherung nach österreichischem und deutschem Recht
Graz 1934

Wilburg, Walter — Zusammenspiel der Kräfte im Aufbau des Schuldrechts
AcP 163 (1963), 346 ff.

Wißmann, Helmut — EuGH: Neues zur Geschlechtsdiskriminierung - Anmerkung zum Urteil des EuGH vom 8.11.1990, DB 1991 S. 286
DB 1991, 650 ff.

Wolf, Manfred
Die Verwendungsersatzansprüche des Besitzers im Anspruchssystem
AcP 166 (1966), 188 ff.

Zeitz, Dietmar
Schadensersatz bei Nutzungsentgang an Gebrauchsgegenständen
Diss. iur. Frankfurt 1978

Zeuner, Albrecht
Historische Linien in der Entwicklung des Rechts am Gewerbebetrieb, des allgemeinen Persönlich keitsrechts und der Verkehrssicherungspflichten
Beiheft 2 zu VersR 41, 1983, 196 ff.

Zierl, Gerhard
Zivilrechtliche Aspekte artifizieller Reproduktion
DRiZ 1986, 302 ff.

FSC
www.fsc.org
MIX
Papier | Fördert gute Waldnutzung
FSC® C083411

Kolibri 360 GmbH
Ferdinand-Jühlke-Straße 7
99095 Erfurt, Deutschland
produktsicherheit@kolibri360.de

Druck:
CPI Druckdienstleistungen GmbH
im Auftrag der
Kolibri 360 GmbH
Ferdinand-Jühlke-Str. 7
99095 Erfurt